놀이문화기호의
스토리 변천

놀이문화기호의 스토리 변천

© 권현주, 2020

1판 1쇄 인쇄__2020년 11월 15일
1판 1쇄 발행__2020년 11월 30일

지은이__권현주
펴낸이__홍정표
펴낸곳__글로벌콘텐츠
　　　　등록__제25100-2008-000024호

공급처__(주)글로벌콘텐츠출판그룹
　　　　대표_홍정표　이사_김미미　편집_권군오 김수아 이상민 하선연 홍명지　기획·마케팅__이종훈
　　　　수소__서울특별시 강농구 붕성로 87-6
　　　　전화__02) 488-3280 팩스__02) 488-3281
　　　　홈페이지__http://www.gcbook.co.kr
　　　　이메일__edit@gcbook.co.kr

값 23,000원
ISBN 979-11-5852-297-1 93380

※ 이 논문은 2018년 한국연구재단의 재원으로 학문후속세대지원사업(학술연구교수)의 지원을 받아 수행된 연구임.
　　(NRF-2018S1A5B5A02035830)

놀이문화기호의
스토리 변천

권현주 지음

글로벌콘텐츠

놀이문화기호의 스토리 변천

- 화투의 메커니즘 -

놀이가 일상적 여가가 된 현실을 문화적 변용으로 인식하면서 화투를 문화 텍스트로, 화투놀이를 즐거움으로 이해하는 시각이 필요하다. 이러한 추세에서 화투놀이 텍스트가 지닌 재매개현상은 건전한 놀이산업의 활성화를 위한 하나의 방식으로 주목할 필요가 있다. 놀이 텍스트의 재매개에 대한 연구는 최근 들어 우리나라에서만 생긴 현상이 아니다. 다른 나라에서도 새로운 놀이가 등장하면 이전 놀이의 놀이방식을 개조하거나 변형하여 새로운 놀이에 응용하는 사례는 드물지 않다.

본 연구의 목적을 위해 놀이와 텍스트의 상호작용성에 초점을 두고 연관성이 있다고 추정된 여섯 재매개체의 성립과정과 상관관계를 역사적으로 고찰한 결과 마조, 골패, 수투, 카르타, 하나후다, 화투 순으로 내러티브 구조와 텍스트에 서로 영향을 미치며 각각 발전·지속되어 왔음을 알 수 있었다.

화투가 국내에서 놀이를 시작한 지 이미 130~140여 년 가까이 되지만 아직도 여러 의미에서 정당한 평가와 대우를 받지 못하고 있다. 종종 한국의 민속놀이로 거론되기는 하나, 대개 왜색이나 중독, 사행성 등의 단어들과 결합해 인식되는 경향을 보인 것도 사실이다.

화투에 관한 학술적 관심도 이 모순을 반영한다. 비교적 최근까지 화투에 관한 연구는 매우 실질적인 목표를 갖거나 아니면 부정적 함의를 내포하는 연구가 주를 이루었다. 하지만 화투를 놀이 그 자체나, 혹은 문화의 역사 속에서 이해하려는 학술적 시도는 많지 않다.

2000년대 들어서 화투에 관련된 학술적인 연구로는 놀이 텍스트의 서사구조 차이를 와카(和歌) 내의 화조풍월 종류 연구나 화투 도안에 등장하는 한국 꽃 연구 등을 통해 한국적 화투디자인의 소재개발을 위해 고려해야 할 점을 제시하여 재매개 과정에서 활용할 수 있는 유용한 가이드라인을 제안한 것이 눈에 띈다.

이 연구들은 놀이 빈도수에 비해 놀이로서의 가치가 폄훼되었던 화투를 연구대상으로 진지하게 고려하는 데 기여하였으나 화투의 도안물만 주로 다루었기 때문에 원류놀이가 다양한 놀이로 전환되는 재매개현상의 순환을 포괄하는 데는 한계가 있다.

그러므로 본 저서에서는 화투가 토착화되는 데 있어서, 놀이와 텍스트 간의 상호작용에 중점을 둔 놀이 재매개 과정에 참여한 마조, 골패, 수투, 투전, 카르타, 하나후다의 구체적인 여섯 사례를 통해 각 놀이가 가진 특성에 의해 원류의 스토리텔링이 변형되어가는 양상을 살펴보고자 한다.

권현주

목차

제3장 놀이에 나타나는 문화기호의 해석 차이

제4장 화투의 '놀이문화기호' 메커니즘

제5장 화투의 기호학적 분석

제1장

화투는 어떻게
놀이가 되었을까?

제1장

화투는 어떻게 놀이가 되었을까?

화투(花鬪)는 우리나라에서 많은 사람들이 즐기는 놀이도구이다. 화투놀이는 한국인에게 있어서 남녀노소를 불문하고 다양한 부류의 사람들이 즐기는 대중적 놀이인 동시에 일상적 상황에서도 쉽게 가능한 통상적(通常的) 놀이라고 정의된다.

1.1. 놀이란 무엇인가

화투라는 놀이 도구를 분석하기 위해서는 우선 놀이란 무엇인가를 정의할 필요가 있다. 그래서 우선 놀이란 무엇이고 어떤 것을 놀이라고 하는지 놀이의 어원과 민속놀이에 대한 의미를 알아보고자 한다.

놀이는 오랜 세월에 걸쳐 전승되는 과정에서 줄어들거나 보태어지는 변화의 과정을 거치며 그 자체의 형식과 내용이 변하기 마련이다. 그와 동시에 '놀이'라는 말의 의미도 변화해 왔다. 우리 말 '놀'에는 원초적으로 놀이(遊)·장난(戱)·소리(歌)·춤(舞)·놀음(劇)·쉼(休息)·내기(賭) 등의 의미가 함유되어 있다. 이와 같은 자유분방함이 넘치는 놀이는 규칙과 준수가 유효성을 얻거나 유지되는 속에서만 표현된다.

요한 호이징가(Johan Huizinga, 1872~1942)는 인류 최초로 놀이에 대한 연구를 본격적으로 시작한 네덜란드의 역사학자이다. 저서 『호모루덴스(Homo Ludens)』(1938)에서 당시 비생산적인 활동이라고 보고 있던 놀이를 인간 생활의 중요한 사실로 부각시키면서 놀이의 문화적 창조력을 정확하게 보여주었다. 호이징가는 놀이는 문화보다 오래 되었고, 놀이 자체가 문화의 한 기초가 되기도 하며, 놀이 자체가 전승되어 문화가 된 것도 있다고 하였다. 그리고 놀이란 긴장과 즐거움의 감정이 수반되어 탈일상성의 의식이 생기는 것이라고 주장하며, 문화야말로 놀이에서 생기는 것이라고 하였다. 호이징가는 '놀이정신(l' esprit de leu)'이라는 어원에서 사회의 질서와 제도를 정립하는데 공헌한 근원을 찾았다. 놀이가 나타내는 문화란 놀이 그 자체가 아니라 놀이가 표현하는 방식이 문명의 중요한 요소를 구성한다는 것이다.

이에 대하여 로제 카이와(Roger Caillois)도 저서 『놀이와 인간』(1979)에서 놀이란 그 내용이 변하기 쉽고 때로는 일상생활의 내용과도 교환 가능한 고유 영역을 차지하고 있기 때문에 어린아이의 속성으로 간주되면서도 다른 형태로는 어른도 유혹하는 것이 놀이 활동의 특수한 성격이라고 피력하였다.

"놀이를 한다(jouer le jeu)"는 다른 많은 행위와 교제에서 사용된다. 그 예를 들면 '사업을 하다'는 'jouer son jeu', '큰 도박을 하다'는 'jouer gros jeu', '열연하다'는 'jouer le grand jeu' 등의 의미가 있다며, 놀이가 나타내는 문화란 놀이 그 자체가 아니라 놀이가 표현하고 의미하는 심적 경향이 문명의 중요한 요소를 구성한다고 주장하였다.

이어 카이와는 놀이의 소비성을 강조하였다. 이 표현은 현대를 대표하는 소비사회에서 놀이가 상품화되어 대중에게 소비되는 현상을 평가한 것이다. '놀이'란 곧 '여가활동'이라는 것이다. '여가 활동'은 생존을 위한 작업 활동에 반대되는 인간 활동의 한 형태로서 '휴식(Relaxation)'이나 '기분전환(Diverse)' 그리고 '인성의 개선'을 목적으로 실시하는 활동이다. 즉 '놀이'를 '여가 활동'으로 보기 시작했다고 할 수 있다.

이와 같이 한 가지의 놀이가 전승되는 과정에서는 놀이의 확대 및 축소가 이뤄지는데 이것은 재미의 보충과 생략 때문이다. 그리고 전파·수용과정에서의 변용은 재미에 그 기조적인 의미가 있다. 놀이는 다른 문화와 관계없이 단독으로도 쉽게 전파되는 성질이 있고, 어디로 전파되든 그 지방에서 쉽게 변용되는 특성이 있다. 그 변용은 부분적인 것으로 그치는 때도 있고, 전체가 완전히 변신해서 원래의 형태, 즉 원초적인 원형을 알 수 없는 경우도 있다. 또한 놀이는 다른 놀이와 결합할 수 있으며 축약되거나 간소화하기도 한다.

에릭 홉스보옴(Eric J. Hobsbawm)과 테렌스 랑거(Terence ranger)는 저서 『전통의 날조와 창조(The invention of Tradition)』(1995)에서 '전통은 만들어지는 것'이라고 주장하였다. 원래 '전통'이라는 용어는 '받아 전하다'는 의미가 강하다. 또 변함없이 대대로 계속 이어져 온 것들이 전통의 기반이 된다고도 하였다. 그런 가운데 옛날부터 전승되어 온 것처럼 보이는 전통도 사실은 근대에 와서 만들어진 것도 상당히 많다고 하였다. 이처럼 홉스보옴과 랑거는 '전통'을 '변화·변용의 상(相)'으로 볼 수 있도록 관점을 전환해 주었다는 점에서 높이 평가받고 있다. 소우가와 쓰네오(寒川肛夫)도 저서 『놀이의 역사 민족학』(2005)에서 전통은 사회가 변하면 쉽사리 변하거나 소멸해버리기도 한다. 그러므로 진정한 문화인지의 여부를 논의하는 것은 민족문화 주체성의 처소를 추구하는 사람들이지 결코 제삼자가 아니라고 하였다.

이처럼 놀이는 다른 놀이와 복합하는 수도 있으며 아주 축약되어 간소화되기도 한다. 중요한 문화현상은 모두 놀이를 본떠서 만들어진 것이다. 문화현상은 놀이가 일으키고 유지하는 탐구 정신, 규칙의 존중 등에 의지한다. 이러한 놀이와 문화가 어떠한 관계를 형성해 왔는지를 알아보기 위해서는 민속놀이에 대한 의미를 확인해 볼 필요가 있다.

김선풍은 '놀이'와 '민속놀이'의 의미를 『민속놀이와 민중의식』(1996)에서 다음과 같이 구별하였다. 민속이란 그 사회의 필연성에 의하여 발생하고 유지되며 전승되는 것이다. 그러나 필연성이 없어지면 쇠퇴하거나 마침내 중단·소멸하여 버리는 운명을 지닌다. 민속놀이도 이 원리에서 벗어나지 않는다. 또 놀이와 민속놀이와는 그 함축된 기본적인 뜻이 다르다. 민속놀이란 전승과 반복이라는 큰 속성을 지니고 있는 것이라고 하였다. 즉 민속놀이란 그 사회의 필연성에 의하여 발생·유지되며, 전승(傳承) 또는 소멸의 속성을 지닌다. 그러므로 민속놀이를 연구할 때는 대상이 전승되는 것인지를 먼저 파악해야 한다.

한국의 민속놀이는 민속유희(民俗遊戲)·민속오락(民俗娛樂)·민속경기(民俗競技)·민속예능(民俗藝能)·향토오락(鄕土娛樂)·전승(傳承)놀이 등으로 불리어 왔다. 이는 민속놀이 속에 유희·오락·경기·극적인 요소들이 잡다하게 혼합되어 있기 때문이다. 그렇다면 한국의 민속학계(民俗學界)에서는 실내 놀이인 화투를 어떤 놀이로 분석하는지 민속학자들의 분류를 통하여 살펴본 뒤, 화투놀이의 성향에 관해서도 고찰하고자 한다.

김광언은 저서 『한국의 민속놀이』에서 모두 211가지로 분류한 한국의 민속놀이 중에서 화투를 209번째로 설명한다. 그리고 민속놀이를 주체별 특성에 따라 분류한 통계에서 화투가 차지하는 비중을 살펴보면, 어른놀이 중에서는 12.32%, 상대놀이 중에서는 47.39%, 내기를 위한 놀이 중에서는 5.68%, 연중 놀이에서는 51.18%, 전국놀이에서는 45.97%를 차지하고 있다.

이외에도 다른 학자들이 분류한 한국의 놀이 종류를 살펴보면 김성배는 저서 『한국의 민속』에서 화투놀이를 민속놀이로 분류하며, 어른 놀이 13가지 중 11번째로 소개하고 있다. 광주민속박물관 학예실에서는 보고서 형식의 『光州의 民俗놀이-光州民俗博物館調査研究書; 第3輯 광주민속박물관 조사연구서; 3』에서 화투놀이를 어른 놀이로 분류하며, 오락놀이 7가지 중 7번째 내기놀이로 소개하고 있다. 한정섭은 저서 『한국인의 민속신앙』에서 한국인의 놀이문화를 다루는 부분에서 화투놀이를 73번째로 소개하고 있다. 김용환은 저서 『한국의 풍속화(韓國의 風俗畵. 上)』에서 한국의 놀이 100가지 중 44번째로 화투를 내기놀이로 소개하고 있다. 최영란은 저서 『전통놀이 문화의 이론과 실제』에서 전통놀이를 소개하면서 208번째로 화투놀이를 제시하고 있다. 위에서 민속학자들이 분류한 것을 종합해 보면, 화투놀이는 한국의 민속놀이에 속하며, 우연과 조합의 성향을 지닌 소인원수(小人員數)놀이로 분류되어 있는 것을 알 수 있다. 김선풍도 화투를 민속놀이〉 남성놀이〉 집단놀이〉 투기적 놀이〉 우연놀이에 넣고 있다.

　우리나라의 놀이 중에서 개인놀이나 소인원수의 놀이에는 내기의 성격을 띤 것이 많다. 그러나 내기놀이는 우리나라보다 중국에 더 많다. 중국의 놀이들이 수천 년간 밀접한 교섭관계를 가졌던 우리나라에 많이 전파된 것으로 보인다. 놀이의 전파는 다른 문화의 경우와 그 성질이 다르다. 어떤 것은 쉽게 수용되고, 어떤 것은 정착하지 못하였다. 수용된 것도 우리의 취향이나 생활양식에 맞게 변용되었을 수도 있다. 쌍륙, 승경도 등은 원래 중국의 산물로서 국내에 유입되었으나 정착하지 못하였고, 바둑과 장기, 투호는 현재까지도 놀이되고 있다. 특히 바둑은 현재 그 놀이기반이 상당히 탄탄하다. 골패, 마조의 경우는 현재 국내에서 놀이가 미미하지만, 수투, 투전 등으로 변용되어 놀이되다가 외래놀이인 화투에 놀이의 기능이 수용되어 오늘날 국민오락이라고 불리기도 하는 가장 대중적인 놀이중 하나인 '고스톱'이 탄생되기도 하였다.

　김광언은 저서 『동아시아의 놀이』에서 윷놀이도 대중적인 놀이에 속하지만, 오늘날 명절과 같은 특정한 날에만 하므로 화투놀이처럼 일상놀이라고는 할 수 없다. 심지어 명절에 하는 놀이의 예로 윷놀이를 많이 들지만 실제로는 화투의 놀이 방식 중 하나인 고스톱이 주를 이룬다. 이러한 사실은 각종 설문조사를 통하여 잘 알 수 있다.

2003년 '한국응용통계연구소'가 서울에 거주하는 10대 이상의 남녀 1,470명을 대상으로 고스톱을 하는 횟수에 대하여 조사한 바에 의하면, '자주 즐긴다'는 18.8%와 '가끔 즐긴다'는 54.5%가 전체 응답자의 73.3%로 '즐기지 않는다'고 응답한 26.7%에 비해 압도적으로 높게 나타났다. 더욱 놀라운 것은 2003년 설문조사에 응답한 사람 중, 10대가 71.2%나 있다는 사실이다.

또 같은 해인 2003년 '문화일보' 보도(1.27)에 따르면 우리나라 인구의 2/3가 훨씬 넘는 3,800만 명이 즐긴다는 화투는 가히 '국민오락'이라고 해도 과언이 아니라고 하였다. 13년 전인 1990년 1월 30일, 한국갤럽연구소가 제주도를 제외한 전국의 만 18세 이상 남녀 1천5백 명을 조사한 결과, 우리나라 국민들 가운데 69%는 고스톱을 칠 줄 안다고 하였다. 교육 수준이 높을수록(국졸 이하 22.6%, 중졸 44.3%, 고졸 59.4%, 대재 이상 75.7%), 상류 생활층 일수록(하층 43.1%, 중층 49.4%, 상층 57.2%) 상대적으로 고스톱을 더 즐기고 있는 것으로 나타났다. 화투놀이에 대한 조사는 신문기사에서도 쉽게 찾아볼 수 있다.

같은 해의 '동아일보' 보도(1990.1.30., '놀이문화가 없다' 제하)에 따르면 고스톱은 한국 사회에서 놀이의 1순위를 차지하고 있다고 하였다.

2002년 9월, 한국갤럽연구소가 '성인 1500명을 대상으로 한가위놀이 방문조사'한 결과에 따르면 고스톱(30%)이 첫 번째이며, 윷놀이(23%)가 두 번째, 바둑(7%)이 세 번째로 되어 있다. 동 연구소가 1993년에 조사한 것과 비교해 보아도 고스톱(29%), 윷(22%), 바둑(10%) 순으로 되어있다. 1~3순위까지의 놀이 비율이 각각 약 1~3% 정도의 비율 가감을 보일 뿐이다. 이를 표로 나타내면 〈표 1-1〉과 같다.

〈표 1-1〉 명절놀이의 인기 순위

1993	고스톱(29%)	윷놀이(22%)	바둑(10%)
2002	고스톱(30%)	윷놀이(23%)	바둑(7%)

2020년 현재도 여전히 대중적인 놀이로 많이 사용되고 있다. 위 〈표 1-1〉에서 알 수 있듯이 고스톱은 많은 비중을 차지하며 놀이로 이용되고 있음에도 불구하고 화투에 대한 이미지는 좋지 않은 것이 현실이다. 김경철의 「심리적인 분석으로 본 화투놀이의 레크리에이션적 가치」(1990)에서 조사 결과를 살펴보면 내기 없이 화투를 즐기는 사람은 소수에 불과하고 응답자 334명 중 과반수가 넘는 186명이 '돈내기'를 한다고 응답했다. 이는 돈의 액수에는 차이가 있겠으나 많은 사람이 화투놀이를 할 때 돈내기를 선호하고 있음을 알 수 있다. 이외에도 설문조사 결과에 의하면 사람들이 화투놀이를 하는 목적이 친목 도모, 시간 보내기, 스트레스 해소 등으로 나타났으며 오늘날 한국 놀이 문화의 상징적 표상인 '고스톱놀이'가 불가피하게 확산될 수밖에 없는 이유에 대하여 대부분의 참가자들은 화투놀이에 돈을 걸고 있기 때문이라고 하였다.

오순환이 저서 『한국 여가문화의 이해』(1999)에서 조사한 연구결과를 살피면, 금전이 개입된 화투놀이가 '무조건 안 된다'는 의견과 '액수가 적으면 무방하다', 그리고 "성인들에게는 괜찮다"라는 의견이 각각 46.7%, 41.0%, 11.1%로 나왔다. 여기에서 알 수 있는 것은 놀이꾼은 놀이에 재미 요소를 극대화시킬 목적으로 돈을 걸지만, 그 금액에 따라 화투놀이에 대한 사회적인 시각이 달라질 수 있다는 것이다.

이처럼 내기 성향을 띤 민속놀이 화투를 둘러싼 문제점은 세 가지로 나누어 볼 수 있다. 첫째 화투놀이가 내기 놀이의 속성을 지녔기 때문에 발생하는 문제점, 둘째 전통사회에서 근세 산업국가로 넘어가는 시점에서 적절하게 대응하지 못해서 생긴 여가선용 문제, 셋째 하나후다와 유사하다고 보는 관점에서 발생하는 문제점 등이다.

첫 번째, 내기 놀이의 속성 때문에 발생하는 문제점을 살펴보면 돈내기 화투놀이는 오락으로 인정할 수 없다는 일차적인 판단이 가능하나, 실제 상황에서는 예외적인 경우가 많아 결국 도박과 오락사이에 뚜렷한 구분을 설정하는 일이 하나의 난제라고 하겠다.

점수를 가지고 승부를 겨루는 화투는 우연성(偶然性)에 기조를 둔 기회성 놀이양식(game of chance)이다. 우연성은 결과를 예측할 수 없는 것을 말하며, 예측할 수 없는 결과는 놀이가 진행될 때 긴장감을 고조시키는 재미를 준다. 이 우연의 묘미는 놀이의 집중에서 오는 희열감과 현실 세계에서의 해방감을 동시에 느낄 수 있게 한다. 이렇게 우연성은 놀이의 독자적인 세계를 확보하여 준다. 이러한 우연놀이는 노동의 가치에 기초를 두는 산업혁명(産業革命) 시기에도 성행하였다고 한다.

리보(Th. Ribot)의 표현에 따르면 인내와 노력은 확실한 수입을 가져다주지만 그 액수가 얼마 되지 않는 데 반해서 우연놀이의 매력은 순식간에 큰 재산을 얻을 수 있는 가능성을 주는 데 있다고 하였다. 도박을 하나의 기회형 놀이로 간주한 카이와(Caillois)는 적은 노력으로 보다 많은 이익을 얻고 싶어 하는 인간의 본성이 도박과 같은 기회형 놀이를 유행시키며 사회를 지배할 만큼 경제력을 가지고 있다. 또 이러한 기회형 놀이가 잘못되는 경우에는 나태함(indolence), 혹은 체념(fatalism)등과 같은 폐단을 초래할 가능성도 있다고 하였다. 스튜워트(Stewart)는 도박의 숨은 가치(subterranean value)로서 쾌락(excitement)을 인정하고 이와 같은 모험과 즐거움은 대부분의 오락(recreation)이 가지고 있는 속성임을 강조하였다. 또한 도박을 하는 동기를 보상이론(compensation theory)으로 설명하고 있다. 특별한 대가나 발전을 예견할 수 없는 평범한 사람들이 예기치 않는 결과를 희망함으로써 자신의 인생을 보상하고 싶은 욕구를 갖게 된다는 이론이다. 베블렌(Thorstein Veblen)도 도박성 놀이가 사회에 만연될 경우 경제적인 장애가 발생한다고 경고하였다. 운세를 믿으려는 인간의 습성이 도박을 연출하며, 이들 투기와 도박의 경계는 불분명하므로 놀이의 투기성에 대한 기준 설정과 책임은 전적으로 놀이에 참가한 사람들의 몫이라고 하였다. 도박은 노동을 우롱하며, 노동과 대립되는 것이다. 이것은 경우에 따라서는 사회 전체의 생활양식을 좌지우지할 정도의 중요성을 갖는다. 이 때문에 많은 사람들이 우려하는 것이다. 투기성향이 강한 놀이는 자칫 도박으로 발전될 가능성을 내포하고 있다.

두 번째는 전통사회에서 근세 산업국가로 넘어가는 시점에서 적절하게 대응하지 못해서 발생한 여가선용 문제이다. 전통 농경사회에서는 일정한 생산력의 고양을 전제로 하는 마을 단위의 공동체, 또는 공동체 구성원간의 놀이가 주를 이루었다. 이러한 집단놀이는 내부의 모순을 극복하고 구성원들의 힘을 단결시키기 위한 강력한 수단이기 때문이다.

원래 우리나라의 전통놀이는 아이들의 소집단놀이를 제외하고는 대부분이 집단놀이이며, 비일상적인 시·공간에서 행해지는 대동놀이적 성격, 대동(大同)이란 말 그대로 크게 하나가 된다는 의미로서 평등을 토대로 모든 참가자가 일치하고 화합하는 상태 그리고 그 상태를 지속시키고자 하는 의지를 포함하고 있다. 화투에 반감을 가지는 이유 중에 하나가 바로 이것이다. 즉 전통사회에서 놀이의 중심을 이루던 대동놀이가 강압에 의해 급격히 쇠퇴해가자 이를 대신할 놀이가 없었던 것이다. 그러나 이 문제는 화투놀이에서 발생한 문제라고만은 할 수 없다. 전통사회에서 근대사회로 옮겨가는 과정의 사회현상이 맞물려 있는 것이다. 오늘날과 같이 대부분의 생활양식이 서구적으로 급변한 상황에서는 재래의 전승놀이는 고루하다고 느끼기 쉽다. 그리하여 전승놀이의 존재 의미를 잃어버리게 되고, 도구를 조작하거나 기구를 이용하는 놀이가 그 자리를 차지하는 추세를 보인 것이다.

전통이란, 어떤 집단이나 공동체에서 지난 시대에 이미 이루어져 계통을 이루며 전해 내려오는 사상·관습·행동 따위의 양식을 말하며, 민속놀이는 민간에 전해 내려오는 놀이로서 각 지방의 생활과 풍속이 잘 나타난다. 민속학에서 화투 분류 시, 전통놀이와 민속놀이 등으로 분류하고 있으므로 혼동의 여지가 있다. 그러므로 본 저서에서는 혼동의 여지를 없애고자 전통놀이라는 표현은 모두 민속놀이로 바꾸어 호칭하려고 한다. 이외에도 세 번째 문제점으로는 화투의 도안물이 일본 하나후다(花札)의 도안과 그림이 유사하다는 이유로 그 가치를 제대로 인정을 받지 못하고 있는 것을 들 수 있겠다.

위에서 화투를 둘러싼 세 가지 문제점을 살펴본 결과, 놀이가 지닌 속성 때문에 발생하는 본질적인 문제점과 시대·사회적인 상황에 의해서 발생된 여가 선용 문제와 화투를 하나후다로 보는 관점에서 생기는 문제점을 따로 구분할 필요가 있음을 알 수 있다. 이중 화투가 지닌 내기 성향의 속성 때문에 발생하는 문제점 및 여가 선용 문제는 본 저서의 연구 방향과 직접적인 연관성은 적으나 따로 떼어 구분할 수 없는 본질적인 요소이다. 이에 2장, 3장, 4장에서는 화투의 스토리텔링 성립과정을 역사와 도안, 기능을 중점적으로 다루고 5장에서는 화투의 존재론적 기능을 기호학적으로 집중 분석하고자 한다.

1.2. 화투놀이를 학문적으로 접근한 이유

본 연구는 화투의 외래 놀이문화로서의 성립과정을 밝히고, 성립 초기의 외래적 문화기호를 확인한 뒤, 이미 국민적 놀이문화로 자리매김한 화투의 문화기호가 한국화한 양상을 밝힘으로써 이미 한국 문화가 된 화투의 위상을 규명하는 데 목적이 있다. 이를 위하여 화투의 도안물 뿐만 아니라 화투 형성에 영향을 준 마조, 골패, 수투, 투전, 카르타, 하나후다, 6개의 재매개체물의 도안물 형성 과정과 유입 과정, 그리고 전파 과정 전반에 관하여도 면밀히 비교 분석하고자 한다.

현재, 화투를 비롯한 놀이산업은 미래 성장 동력으로 주목받으며 위상이 높아지고 있다. 특히 여가 환경의 변화와 정부정책 지원 등에 힘입어 놀이산업은 급격한 성장세를 보이고 있다. 여기에 화투(花鬪)놀이도 MMORPG(대규모 다중 온라인 롤플레잉게임, Massive Multiplayer Online Role Playing Game)를 통하여 보편적인 여가 활동을 가능하게 하는 문화 콘텐츠로 자리하고 있다. 또 화투는 위에서 살핀 놀이에서뿐만 아니라 일상생활에서도 사회, 문화적으로 많은 영향을 미치고 있다. 화투 디자인을 이용한 미술품이나 악세사리, 생활용품 등이 있고, 고스톱 용어를 이용한 세태 풍자어나 경제서적, 역서(易筮) 등도 눈에 띈다.

이처럼 화투는 실제 놀이에서 많은 비중을 차지하면서 여러 분야에 많은 영향을 미치고 있음에도 불구하고 그동안 학문적인 연구는 활발하지 못한 것이 사실이다.

국내에서도 1980년대 말부터 우리 것에 대한 관심이 늘어나고 차츰 문화 연구도 여러 분야에서 조금씩 시작되었다고 볼 수 있다. 문화 연구가 시작되면서 민속놀이에 대한 본격적인 관심을 갖게 된 다음에도 화투에 대한 연구는 본격화되지 못하였다.

화투가 국내에서 놀이를 시작한지 이미 130~140여 년 가까이 되며, 민속놀이로 거론되기도 하지만, 대개 왜색이나 중독, 사행성 등의 단어들과 결합해 인식되는 경향을 보이는 것도 사실이다. 또 현대에 와서는 사용자들의 필요에 따라 게임 방식과 함께 화투 기호물의 명칭도 각기 다르게 표현하고 있고 기준 설정도 모호하다. 아울러 화투의 도안이 일본의 하나후다(花札)도안과 유사하다는 이유로 그 가치를 제대로 인정을 받지 못하고 있다.

이것은 학계에서 화투에 대한 연구가 소홀하게 다루어지는 이유 중의 하나이기도 하며, 학술적 관심도 이 모순을 반영한다. 최근까지 화투에 관한 연구는 매우 실질적인 목표를 갖거나 아니면 부정적 함의를 내포하는 연구가 주를 이루었다.

2000년대 들어서 화투에 관련된 학술적인 연구로는 놀이 텍스트의 서사 구조 차이를 비교한 것이 있다. 그 중 눈에 띄는 것은 하나후다 내의 화조 풍월 종류와 화투 도안에 등장하는 한국 꽃 연구 등의 비교를 통해 한국적 화투디자인의 소재개발을 위해 고려해야 할 점을 제시하여 재매개 과정에서 활용할 수 있는 유용한 가이드라인을 제안한 것이다.

하지만 화투를 놀이 그 자체나, 혹은 문화의 흐름 속에서 이해하려는 학술적 시도는 그다지 많지 않다. 이 연구들은 놀이 빈도수에 비해 놀이로서의 가치가 폄훼되었던 화투를 진지한 연구대상으로 고려하는 데 기여하였으나 화투 도안에 제한하여 다루었기 때문에 원류놀이들이 자국화 놀이로 전환되는 재매개현상의 순환을 포괄하는 데는 한계가 있다.

따라서 본 저서에서는 국민적 오락이라고 일컬어지며 많은 사람들이 놀이하는 화투의 도안물에 대한 연구를 문화기호와 함께 다룰 수 있는 새로운 접근법을 시도하고자 한다. 그리고 그 접근법을 바탕으로 화투의 도안물 형성 과정에 어떠한 요소가 작용하였는지를 고찰하여 표출되는 문화기호를 제안하고자 한다.

이를 위하여 화투놀이의 분석을 위하여 놀이와 텍스트 간의 상호작용에 중점을 둔 놀이 재매개 과정의 구체적인 여섯 사례로 수투, 투전, 마조, 골패, 카르타, 하나후다를 통해 각 놀이가 가진 특성에 의해 원류의 스토리텔링이 변형되어가는 양상을 다루려고 한다.

한 공간에서 많은 비중을 차지하며 이루어지는 놀이는 인적 구성원의 생성을 규명하는 데 많은 도움이 된다. 또한 놀이는 그 구성원의 문화적 성향을 알아보는 데 큰 역할을 하기도 하지만, 구성원이 공통으로 지닌 성향을 강화시켜줌으로써 그 놀이의 문화적 가치를 보다 명확히 하고 발전시키는 데에도 기여하는 것이다. 현대 프랑스의 대표적인 사상가 중의 한 사람인 카이와는 놀이가 어떤 나라나 지역의 국민이 지닌 문화의 도덕적 지적 가치를 나타낸다고 하였다. 특히 인기 있는 놀이를 통해서 한 문명에 대해 진단을 시도하는 것은 의미 있는 일이라고 하였다.

1.3. 화투놀이를 어떻게 연구할 것인가

놀이가 문화의 한 구성 요소라면 어떤 문명 내부의 한 시기는 어느 정도 그 놀이를 통해 특징지어질 수 있다고 하겠다. 즉 놀이는 한 문명의 일반적인 특징을 반영하고 있으므로 알고자 하는 사회나 국가가 선호하는 경향이나 국민성, 또는 그 사회나 국가가 나아갈 방향에 대하여 유용한 지표를 제공한다고 할 수 있다. 현존하는 화투는 현대 한국 문화의 일부분을 차지하는 요소이다. 그러므로 화투놀이를 통하여 한국인들의 사회·문화적인 측면을 엿볼 수 있다. 화투가 전승 발전되는 과정에 어떤 요소와 기능이 접목되었는지 여부를 고찰해 보면 왜 그토록 많은 사람들이 즐겨하는지 이유도 알 수 있을 것이다. 이를 위하여 본 저서에서 정한 연구 범위와 연구 방법은 다음과 같다.

우선 1장에서는 화투가 한국의 놀이에서 어떠한 위치를 차지하는지를 민속학자들의 놀이 분류를 통하여 고찰한다. 그리고 '놀이' 정의를 바탕으로 화투놀이가 표현하는 방식을 살펴서 화투와 문화와의 연관성을 살필 것이다.

2장에서는 화투의 공통분모를 원류(源流) 관점에서 검토하기 위하여 유럽산 카르타(Carta)까지 확장하여 추적하려고 한다. 선행연구를 토대로 문헌을 통한 계보를 추적하여, 이 과정에서 중국의 마조, 골패, 조선의 수투, 투전, 유럽의 카르타, 일본의 하나후다 전래를 역사적으로 고찰하여, 화투의 놀이 형성에 위의 6개 재매개체들의 텍스트가 어떠한 영향을 미쳤는지, 또 이 영향은 상호간의 작용은 없었는지 등을 살펴서 화투의 문화기호에 다양성이 내포될 수 있었던 시대적 여건과, 화투놀이도구를 분석할 수 있는 토대를 마련하고자한다. 이 결과는 다음과 같다. 화투의 문제는 여러 측면에서 고찰될 수 있으나, 본래 일본 것인데 한국에서 일본 것을 놀이하는 것이라는 인식과 일본의 하나후다 도안과 유사하다는 평가를 받기도 하는 것이 가장 근원적인 문제점이다. 그러므로 마조, 골패, 수투, 투전, 카르타, 하나후다의 원류와 전파 과정, 타 놀이와의 연관성 등을 고찰하여 화투의 위치를 확인할 수 있게 한다.

3장에서는 한국의 화투와 일본의 하나후다는 도안물이 흡사한 공통분모를 가지고 있지만 한국에서는 많은 사람들이 관심을 가지고 놀이를 하는 반면, 하나후다는 현재 일본에서 대중성을 거의 상실하였다. 이렇게 상반된 현상이 생기게 된 정치, 사회, 문화적 저변요인도 함께 검토하여 화투와 연관성이 있는 마조, 골패, 수투, 투전, 카르타, 하나후다 도안물 형성 과정에 어떠한 영향을 미쳤는지를 분석하고자 한다.

이렇게 화투의 재매개(remediation) 과정에 어떠한 요소가 작용되었는지 여부를 고찰함으로써 화투의 도안물이 '놀이문화기호'체계로 전환되며 토착화하는 과정은 내러티브의 변환과정을 통하여 확인할 수 있을 것이다. '재매개 과정'은 하나의 매체가 내용과 형식 차원에서 다른 매체의 테크놀로지, 표현양식, 사회적 관습 등을 답습하거나, 개선, 개조하여 자신의 것으로 만드는 과정을 의미하는 것이므로 놀이와 텍스트의 상호작용을 밝힐 수 있는 절차가 될 것이다.

4장에서는 재매개체물인 수투, 투전, 마조, 골패, 카르타, 하나후다의 기능을 자세히 비교분석하여 화투의 도안물에 대한 검증을 하고자 한다. 화투가 갖추게 된 '문화기호'를 확인하고자 한다. 화투가 한국 대중문화에 영향을 끼친 일정한 유형의 문화기호를 고려하여 화투놀이의 도안물이 상징하는 내용과 형식을 구체적으로 살펴보려고 한다.

문화를 다양한 기호들의 연쇄적 조합으로 이해하고 그 발생을 연구하는 기호학의 기호 체계를 화투와 6개의 매개체에 연계하여 이들 놀이 도구의 구조를 비교 분석해 봄으로써, 앞에서 살핀 화투의 매개체들에 대한 검증이 적절한지 여부를 알아보고자 한다.

5장에서는 2장을 비롯하여 3장과 4장에서 분석된 6개의 재매개체들의 놀이도구 성립 과정과 도안물 형성 과정을 통하여 비교 고찰해 낸 문화 성향에 대하여 되짚어 볼 필요가 있다. 이를 위하여 5장에서는 화투의 기호물군을 중심으로 문화를 코드화된 기호 체계로서 간주하고 다양한 정보를 생성하는 문화기호의 의미 작용 체계에 대한 새로운 접근법을 시도하고자 한다. 기호학은 일정한 문화 유형의 정체성과 경계성을 규정짓는 것은 무엇인지, 기호틀에서 다양한 문화들이 어떻게 서로 관련을 맺고 있는 것인지 등의 현상에 대한 물음에 이론적 토대를 구축하는데 도움을 줄 수 있다고 본다.

따라서 문화를 다양한 기호들의 연쇄적 조합으로 이해하는 기호학은 5장에서 다루고자 하는 화투에 나타나는 문화 현상을 경험적으로 이해하고 비교 분석할 수 있는 인문학적 방법론으로, 화투의 문화적 의미와 정체성을 확인하고, 이를 토대로 화투 도안물의 정보를 공유하게 해주는 역할을 확인하는 데 매우 효과적인 분석 도구라 할 수 있다. 에른스트 카시러(Ernst Cassirer)는 문화기호학은 어느 한 문화에서 그 문화에 영향을 끼친 기호 체계를 고려하여 그 문화에서 사용하고 있는 기호 체계를 연구하는 것이므로, 한 사회의 상징과 형식이 그 사회의 문화를 규명한다는 논제에서 출발한 것이 '문화기호학'이라고 하였다. 문화를 연구 대상으로 삼는 '문화기호학'은 기초 체계의 분석과 의미 작용을 다루는 기호학의 한 분과로서 일정한 유형의 기호 체계를 '상징 형식'으로서 기술한다. 따라서 문화기호학은 한 사회의 상징과 형식이 그 사회의 문화를 규명한다는 논제에서 출발한다.

이에 본 저서에서는 현재까지 단편적으로 이루어진 화투의 도안물에 대한 연구를 기능과 함께 분석하여 체계화하고, 이어 화투 도안물의 고유성을 찾는 데 일조하고자 문화를 연구 대상으로 삼는 '문화기호학' 이론을 적용하여 한국 문화에서 사용하고 있는 화투의 기호 체계를 고찰하고자 한다.

1.4. 도안물 분석을 위한 예비적 고찰

본 저서에서 화투와 화투 성립과정에 기여한 수투(數鬪), 투전(鬪牋), 마조(馬弔), 골패(骨牌), 카르타(Carta), 하나후다(花札)의 여섯 도안물이 지닌 문화성향을 비교 검토할 때 가장 큰 난점은 비교 대상이 도안물이라는 것이다. 도안물을 형상 자체만 비교하여 분석하는 기법에는 주관과 감상이 개입되는 무리수가 따를 수 있다.

따라서 의미작용(signification)을 분석하는 데 기반을 둔 기호학(semiotics)적 접근이 필요하다. 즉 창조자의 입장이 아니라 잠재적 기대치를 포용해 낸 수용자의 입장에서 기호학적으로 재구성해야 한다는 것이다. 본고에서 비교 대상으로 삼은 여섯 개의 재매개체와 화투는 동일한 공간적 조건관계를 갖고 있지는 않지만 시각테스트로 치환할 수 있는 형태, 선, 면, 색채의 조형적인 구조가 비슷한 도안물 구조이므로 이를 기반으로 기호학적 접근을 하고자 한다.

이들의 도안물을 기호학적 생성구조와 연계하여 고찰하기 위해서는 우선적으로 분석 기준과 분석틀을 검토할 필요가 있다. 이에 4장에서는 이들 도안물을 기호화해 가는 과정에 적합하다고 판단되는 기호학적 방법론을 제시하여 마조, 골패, 수투, 투전, 카르타, 하나후다, 여섯 개의 재매개체와 화투의 문화 성향을 비교 분석하는데 필요한 논증을 뒷받침하고자 한다.

기호물 창작자는 도안의 내용물을 기호학적인 항목으로 지정할 때 구체적인 접근방법과 연결하여 제시해야 한다. 그러므로 화투를 비롯한 위 6개의 도안물을 통하여 전달되는 정보의 다양한 소통적 의미 가치를 새로운 관점에서 살펴보기 위해 기호학적 분석을 이용할 것이다. 기호학적 분석은 한 사회에서 사용되는 상징 형식들이 그 사회의 문화를 규명한다는 관점에서 유용하다.

이어서 화투를 포함한 7개의 도안물이 지닌 의미의 동질성과 이질성의 자질을 확인하기 위하여 본 저서에서는 두 가지 분석 기준을 선택하였다. 하나는 물질적 기호인 도안물 텍스트를 매개수단으로 7개 매개체의 도안 유형이 갖는 특성을 확인하고, 그 도안의 문화기호 유형 속에 담겨진 콘텐츠를 읽는 데 적용하고자 한다. 또 다른 하나는 이 7개의 놀이기능 텍스트를 매개수단으로 하여 정신적, 심리적 전달 교류에 참여하는 다양한 요소의 복합적 의미 관계를 설명해줄 수 있는 기호의 의미 체계를 다루려고 한다. 이를 위하여 화투를 비롯한 마조, 골패, 수투, 투전, 카르타, 하나후다, 7개 도안물이 기호물로 생성될 수 있도록 세 단계의 과정(process)을 설정한다.

첫째, 이들 7개 도안물에 기호학적인 접근을 하자면 도안물의 그림 텍스트를 여러 기호로 구성된 텍스트, 즉 형상으로 치환하는 과정이 필요하다. 여기에 사용한 분석틀은 옐름슬레브(L. Hjelmslev)의 언어텍스트 단계와 그레마스(A. J. Greimas)의 의미생성 경로과정이다. 조형예술의 하나인 이들의 도안 분석에 기호학적 접근을 시도하는데 있어서 옐름슬레브의 언어텍스트 단계는 중요한 토대가 된다. 분석 구조는 (1) 표현의 형식과 실질 (2) 내용의 형식과 실질로 구분된다. 그러므로 이들 도안물을 기호의 기능을 지닌 기호물로 보기 위하여 옐름슬레브의 언어텍스트 단계로 화투를 비롯한 마조, 골패, 수투, 투전, 카르타, 하나후다, 여섯 재매개체의 서사(narrative) 구조를 기호 기능의 도표인 4등분 도표로 도식화하면 아래 〈표 1-2〉와 같다.

〈표 1-2〉 화투를 비롯한 마조, 골패, 수투, 투전, 카르타, 하나후다
여섯 재매개체의 서사 구조

여섯 재매개체	형식: 서사적 전달구조 실질: 도안의 등장물 및 그들의 상호관계
화투	형식: 대중 문화의 구성 요소 실질: 사회적 요소 및 사물 요소의 관계

의도→기호→ 형상

〈표 1-2〉에서 크게 네 가지 사실을 확인할 수 있다. 서사구조는 표현과 내용으로 나누어 이들을 형식과 실질로 구분 지으며 '담론(Discourse)'과 '이야기(Story)' 관계로 구성된다. 그러므로 첫째, 표현과 내용은 서로를 필요로 한다. 이에 대하여 옐름슬레브는 '표현(expression) 없는 내용, 내용(content) 없는 표현이란 있을 수 없다.'고 주장하였다. 이어서 기호 자체에 대한 단순한 논의보다 기호의 기능에 대하여 언급하였다. 옐름슬레브는 기호를 표현면과 내용면으로 나눌 때, 이 두 측면이 한 쌍을 이루지는 못한다고 하였다. 이것을 기호학에서는 세미오시스라고 한다.

둘째, 각각의 형식과 실질을 가지고 있으면서도 서로 연대성(solidarity)이 있는 기호의 기능을 '표현'과 '내용'으로 분류한 것이다. 둘째, 형식에서 실질로 이동하는 과정이 있다. 옐름슬레브에 따르면 의도(purport) 또는 내용 의도란 어떤 형식을 위한 실질(substance)이고, 내용 형식(form)은 의도를 하나의 내용 실질로 이루어내는 것이라고 하였다. 이것은 형식이 실질에 선행하고, 형식은 그것이 지닐 수 있는 가능성들에 입각해서 실질을 분할한다는 것이다. 따라서 이것으로 추상적인 내용이 구체적인 표현으로 전이해 가는 과정을 엿볼 수 있다.

셋째, 기호는 양면성의 실체로서, 내용 실질은 개념적 기반을 지니는 반면, 표현 실질은 물질적 기반을 지닌다. 기호의 이러한 이중성으로 말미암아 화투 도안물의 이미지와 그 이미지의 의미를 분류할 수 있게 되는 것이다.

넷째, 표현과 내용에서 의미가 각각 추출될 때는 '비기호(non-sign)'이지만 그것이 형식에서 실질로 이동하는 과정을 거치면 형상(figures)이 된다. 형상은 물질적 실체로서 기호의 자질을 말한다.

옐름슬레브에 따르면 서사구조는 내용(content)의 층위를 나타내고, 상징구조는 표현(expression)의 층위를 나타낸다고 하였다. 아울러 이 두 구조 위에서 형식과 실질은 다르게 나타난다고 하였다. 이에 이들 7개의 도안물을 각각 표현과 내용으로 분리하여 살필 수 있도록 옐름슬레브의 언어

텍스트 모형을 분석 도구로 삼았다. 그러나 옐름슬레브의 언어텍스트 모형을 분석 도구로 하여 도안물에 나타나는 상징구조를 비교 분석할 때 실질에서 자연스러운 쌍을 이루지 않는다.

따라서 본 저서에서는 표현의 층위를 나타내는 6개의 재매개체에 나타나는 서사적 전달 구조와 화투의 사회적 요소 및 사물 요소의 관계로 이루어진 상징구조를 분석할 때는 시모어 채트먼(Seymour Chatman)의 '사회적 요소와 사물 요소의 관계'를 나타내는 기호학적 구조를 결합하여 표현과 내용을 분리하여 따로 분석해서 완성하였다.

시모어 채트먼의 기호학적 구조와 옐름슬레브의 언어텍스트 모형을 결합하여 완성한 도표는 6개의 재매개체와 이들이 영향을 미친 화투 도안물은 표현 면과 내용 면을 형식과 실질로 구분 지어 분석하는데 이용한다. 이들의 기호학적 구조를 도식화하면 〈표 1-3〉과 같다.

〈표 1-3〉 여섯 재매개체 도안물의 기호학적 구조

기호	표현	내용
실질	매체	사회적 코드를 통해 걸러지는 것
형식	서사적 전달 구조 (담론)	사회적 요소와 사물 요소의 관계 (이야기)

위 〈표 1-3〉의 기호학적 구조를 이용하여 7개의 재매개체 도안물을 분류할 때는 그레마스의 '의미 생성 과정'을 토대로 한다. 그레마스에 따르면 외계 지각적인 범주로 얻어진 핵의소는 조형 언어의 표현면을 이루며 꼴, 그림, 도형 등의 형상소(figure)를 이룬다고 하였다. 플로슈(J. M. Floch)에 따르면 형상소(figure)는 조형언어의 표현면을 이룬다고 보았다. 표현의 기본범주인 위상범주(고/저, 좌/우), 색채범주(빛나는/빛나지않는), 형태범주(장/단)등을 설정하고 이들이 결합해서 하나의 형상소(figure)를 이루기 때문이다.

자기 수용적 의미 범주인 부류소는 내용면의 주제를 구성하며 주제와 유연성을 갖는 형상소를 이룬다. 이때 주제면과 형상소의 상동성을 가정하는 것을 조형 형성이라 한다. 플로슈(J. M. Floch)에 의하면 조형 형성은 '내용면에 속하는 단위에 대응하는 표현 연속체의 일부 혹은 기표 조직이라고 하였다. 앞의 〈표 1-2〉에서 추출해 낸 형상은 언어적 텍스트를 요구하는 일종의 그림 텍스트로서 창작자의 지향성이 담겨진 기호체가 된다. 결국 위의 도식은 본 저서에서 분석을 시도하는 7개의 재매개체 도안물에 대한 기호학적 접근 가능성을 타진하는데 유용하다고 하겠다.

　그레마스의 '의미 생성 과정'은 형식에서 실질로 형상을 이끌어낼 때 의미산출을 역동적으로 표현하는 모델이다. 형상의 의미산출은 그레마스의 의미 생성 경로를 거쳤다. 이것은 최초에 분절된 의미가 거쳐 가는 연속적인 단계들이 질서정연하게 정돈된 배열을 말한다. 즉 의미가 단순하고 추상적인 상태에서 풍부하고 구체적으로 바뀌어가는 담화적 상위언어 구축 방법이다. 형상은 여러 매체를 통해 실현된다. 시나리오, 회화, 사진 등 다양한 매체를 통해 갖가지 방식으로 실현되더라도 그 근본적인 이야기 구조라든가 의미 생성 방식은 동일하다고 보았다.

　그레마스의 기호학은 '의미'의 생성과정을 '심층구조'부터 '표층구조'를 통하여 설명하며 언어외적인 현상도 포함하고 있다. 만들어진 내용은 문화가 만들어가는 행위이며, 이러한 행위는 내용물의 특징을 만들어내고 다면적 속성의 기호물을 표출해 내는 것이다. 이때, 대조 차원에서 당위적으로 제시할 수 있는 성질의 것이 아닌 도안물은 분해하거나 조합하여 재구성한다. 그레마스의 기호학은 '담론' 또는 '의미'의 생성과정을 '심층구조'부터 '표층구조'를 통하여 설명하며 언어외적인 현상도 포함하고 있다. 그러므로 본 저서에서 시도하는 화투의 의미 생성 과정을 그레마스의 의미 생성 경로를 원용하여 전개하면 다음 〈표 1-4〉와 같다.

<표 1-4> 그레마스의 의미 생성 경로

생성 경로			
	통사적 구조		의미론적 구성성분
도안물 구조	표층	형상소	조형체
	심층	해석소	문화
기호물 구조	-핵의소 -부류소		-주제 -기능

　화투와 6개의 재매개체 도안에 나타나는 기호물의 표현면과 내용면을 분석할 때, 이들의 표현면과 내용면 기능에서 공통적으로 추출되는 단위는 수(數)이다. 즉 숫자의 기능은 이들 도안에 나타나는 기호물이 각각 담당하고 있다. 옐름슬레브는 이렇게 각각 수(數)적으로 추출된 단위들은 비기호이므로 기호소(figure)로 부른다고 하였다. 'figure'라는 용어는 옐름슬레브 언어학에서는 기호소라고 옮기지만 기호학의 담화계층에서 문제될 경우에는 '형상'으로 번역한다.

　기호는 형식과 실질을 지닌 양면성의 실체이다. 형식은 개념적 기반을 지닌 반면 실질은 물질적 기반을 지닌다. 기호의 이러한 이중성은 화투를 비롯한 6개 재매개체 도안의 기호물 이미지와 그 이미지의 의미를 분류할 수 있다. 위와 같이 정리한 내용을 토대로 화투를 비롯한 6개 재매개체의 기호물 형상 과정을 도식화하면 아래의 <표 1-5>와 같다.

<표 1-5> 화투와 화투에 영향을 미친 여섯 재매개체의 기호물 형상 과정표

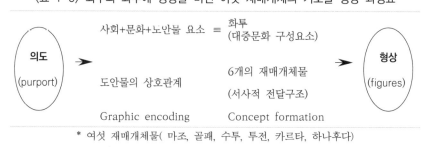

* 여섯 재매개체물(마조, 골패, 수투, 투전, 카르타, 하나후다)

하나의 주제를 공유하는 형상적 동위성의 집합(ensemble of figurative isotopies)을 더욱 복잡한 단위인 조직화(configuration)로 유도해 내면 처음 형상소에 나타난 추상적인 내용들은 기표 단위로 확정되면서 기호물군(configuration of code)으로 구축된다. 그레마스는 이 기호물군에 특징지어지는 두 가지 형태의 유형론을 제시한다. 이 두 기본 발화체 형상소는 정형적 공식에서 출발한다. 이를 다시 직선적인 표기법으로 표시하면 〈표 1-6〉과 같이 나타낼 수 있다.

〈표 1-6〉 여섯 재매개체 문화기호가 발현하는 기호물군의 기호작용

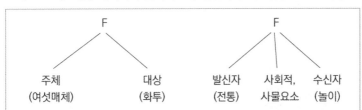

*F(형상소, figure)=발신자 →대상 →수신자

형상소는 기호물군에 참여하는 방식에 따라 정의되는 의미소 역할을 한다. 의미소는 그 자체의 새로운 해석소를 산출하는 역동적 과정을 거치며 기호작용(semiosis)을 한다. 이러한 과정 속에서 의미가 표출된 기호는 반드시 같은 대상을 나타내는 그 이전의 기호에 대한 기호라 할 수 있다. 이러한 과정을 통해 도달된 최종적 해석소(final interpretant)는 대상이 최대한으로 실현된 기호라 할 수 있다.

그러므로 본 저서에서는 화투를 비롯한 마조, 골패, 수투, 투전, 카르타, 하나후다, 6개 재매개체의 도안물 체계에서 엿보이는 일정한 유형의 문화기호를 기호체계로 규정 및 연구하여 두 놀이도구의 도안물이 상징하는 표현과 내용에 나타나는 실질적인 면과 형식적인 면을 규명해 내고자 한다.

제2장

여러 국가에서 나타나는
화투의 모습

제2장

여러 국가에서 나타나는 화투의 모습

2장에서는 화투(花鬪) 놀이도구를 분석할 수 있는 토대를 마련하고자 화투와 연관 관계가 있는 세계의 놀이도구를 살펴보려고 한다. 이를 위한 구체적인 방법으로는 화투와 연관성이 깊다고 추정되는 수투(數鬪), 투전(鬪牋), 마조(馬弔), 골패(骨牌), 카르타(Carta), 하나후다(花札)를 원류(源流) 관점에서 검토할 것이다.

먼저 화투의 재매개체 중에서 화투와 가장 유사한 도안 형태를 갖춘 하나후다의 원류인 카르타의 기원을 중심으로 살피려고 한다. 그러자면 카르타의 유래에 관하여 다양한 국가의 놀이에서 연관성을 찾아낸 학자들의 선행연구에 마조, 골패, 수투, 투전, 차투랑가, 타로가 있으므로, 이들 개별 놀이의 특성과 아울러 이들 '재매개체'의 텍스트에 어떠한 다양성이 내포되어 있는지 역사적으로 고찰하는 것이 우선되어야 할 것이다. 이어서 카르타를 적극 수용하여 만들어진 하나후다 도안은 어떻게 탄생되었으며, 어떤 성향의 놀이인지를 고찰하려고 한다.

'재매개'는 놀이와 텍스트의 상호작용을 강조하는 개념이다. 따라서 '재매개' 체계는 하나의 매체가 내용과 형식 차원에서 다른 매체의 테크놀로지, 표현양식, 사회적 관습 등을 답습하거나, 개선, 개조하여 자신의 것으로 만드는 과정을 분석하는 것이 가능하다. 그러므로 이 집합체로 화투와 연관관계가 있는 여러 국가에서 놀이되는 카드도구의 역사를 고찰하여 화투 도안의 역사적 흐름을 살피려고 한다.

2.1. 카르타에 녹아든 한반도의 수투

2.1.에서는 먼저 시기적으로 앞서는 카르타(Carta)의 기원인 조선의 수투(數鬪)도안과 놀이형태를 지금까지 이루어진 학자들의 선행연구를 검토하여 추정한 내용을 자세히 살펴보려고 한다.

카르타의 조선 기원설(起源說)은 다음과 같다. 조선의 수투(數鬪)를 유럽산 카르타의 원류로 추정하는 다섯 명의 외국 학자들 고증과 두 명의 한국 학자들 주장을 한국 내외에서 찾을 수 있다. 이들의 주장을 살피면 다음과 같다.

첫 번째, P. 아놀드(P. Arnold)의 조선기원설이다. P. 아놀드는 저서『도박 백과』에서 화살 그림을 그린 갸름한 카드, 곧 수투(數鬪)가 플레잉카드의 시조라고 밝히고 있다. 수투가 서양 카드의 시조라고 지명하며 카르타를 주사위 던지기나 경주, 판 게임보다 좀 더 복잡해서 갬블의 편리한 수단으로 이용되었다고 피력한 바 있다.

두 번째, 극동 여러 나라의 유희를 조사한 스튜어트 컬린(Stuart Cullin, 1858~1929)은 1895년 저술한 저서『조선의 놀이와 그에 상응하는 중국과 일본의 놀이』에서 P. 아놀드 등의 주장을 근거로, 길쭉한 종이를 손에 들고 펼치는 조선(또는 고대신라, 삼국시대)의 수투가 서양 트럼프의 뿌리라고 피력하였다. 펜실베니아대학교수이면서 브루클린 고고학박물관장이었던 S. 컬린의 이 저서는 일본 히로시마대학 윤광봉(한국학)교수에 의해 108년 만에 『한국의 놀이』(2003)로 번역되었다.

〈사진 2-1〉『한국의 놀이 1 한국기층문화의 탐구 9』

세 번째, C. P. 휴그렙(C. P. Hugh Grape)도 조선의 카드에 대해서 위의 두 학자와 견해를 같이 한다고 하였다. 저서 『플레잉카드의 역사』에서 조반니 코페르트오(Giovanni Coperto)라는 연대기 편자가 카드가 전해진 과정을 서술한 것을 기록하며 조선의 카드(수투) 도안에 그려져 있는 화살 모양이 플레잉카드 도안과 많이 닮아있음을 지적하며, 카르타(Carta)에 관한 최초 서술은 14C 말경의 유럽이라고 추정하였다.

네 번째, B. 이네스(B. Ines)는 저서 『타로(Tarot)』에서 「조선의 뒷면에 화살 도안이 있는 80장 1조의 카드」에 주위를 집중하며, 동방에서 귀환한 병사가 가져온 것으로 알고 있다는 것이 현재의 결론이라고 하였다. 또한 수투에 큰 관심을 갖고 있다며 여러 가지 그림이나 문자 따위를 넣어 끗수를 표시한 종잇조각을 가지고 노는 놀이라고 설명하기도 하였다.

B. 이네스는 앞서 동방기원설을 주장한 S. 테이라와 마찬가지로 위의 설명 이외에 어디에서 발견하였는지, 또는 무엇을 모방한 것인지에 대한 명확한 자료는 아직 나오지 않았다. 분명한 것은 유럽산 카르타에 대한 최초 서술은 14C경으로 추정되며, 유럽에서 처음 제작한 것이 아니라 어떤 경로를 통해 유럽에 전래되었다고 보는 것이 보편적인 견해라고 밝히고 있다.

다섯 번째, 서양 카드의 조선 카드 기원설을 제시한 일본 학자도 있다. 마스카와 코이치(2005)도 저서『도박』에서 한국(고대 신라)의 수투가 카르타의 기원이라는 S. 컬린의 보고서를 토대로 하나후다의 기원으로 수투를 들고 있다. 저서에 다음과 같이 기록하고 있다.

조선의 카드 기원설에 대한 근거는 극동(동아시아) 여러 나라의 유희를 연구 조사한 부룩클린 박물관장 S. 컬린의 보고서를 토대로 하고 있다.
「朝鮮のカード起源說の根據は、極東の国々の遊戯を調査したブルックリン博物館長の S·クリンの報告が基になっている。」

이외에 국내학자들의 주장도 있다. 여섯 번째, 국내학자 임재해는『한국 민속과 오늘의 문화』(1994)에서 20C 초 S. 컬린이 19C 말경 기록을 남긴 보고서를 근거로 하여 한국의 수투가 11C경 서양에 전파되어 카르타가 되고, 이것이 일본에 유입되어 하나후다의 근간을 이루게 된 것이라고 주장하였다.

일곱 번째, 이호광 역시 저서『고스톱百科: 고스톱 세태 비평서』(2003)에서 P. 아놀드의 자료를 근거로 수투가 카르타의 시초라는 주장을 하였다.

스튜어트 컬린(Stuart Cullin, 1858~1929)을 비롯한 B. 이네스(B. Ines), C. P. 휴그렙 (C. P. Hugh Grape), P. 아놀드(P. Arnold), 마스카와 코이치 (增川宏一), 임재해, 이호광 등 7명의 학자들이 추정한 바 있는 유럽산 카르타의 기원인 수투(數鬪)는 한반도에서 상류층이 즐기던 놀이로 네 사람이 한패를 이루어 우열승부를 가리는 놀이다.

위의 P. 아놀드의 조선 수투 견해는 재고의 여지가 있다. 조선시대 (1392~1910)의 수투라면 시기적으로 맞지 않는다. 그러므로 조선시대의 투전이 아니라, 앞에서 스튜어트 컬린이 주장한 것처럼 고대 신라시대(삼국시대, 4C~7C)의 수투형태라고 볼 수 있다. 조선시대에는 주로 사대부들이 즐기던 놀이로서 여러 장의 긴 종이 패로 만든 도구를 가지고 실내에서 즐겨하던 전통 놀이이다.

수투의 사진을 제시하면 다음과 같다. 수투의 도안물 디자인이 다양한 이유는 당시는 인쇄술이 사용되기는 하였지만 기술력이 발달되지 않았고 교통수단도 많지 않았기 때문에 지역적이고 제한적일 수밖에 없었기 때문이다.

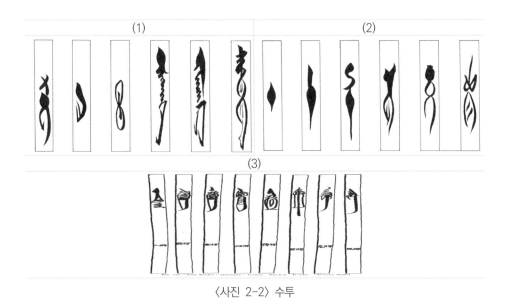

〈사진 2-2〉 수투

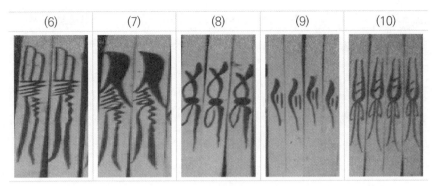

〈사진 2-3〉 수투

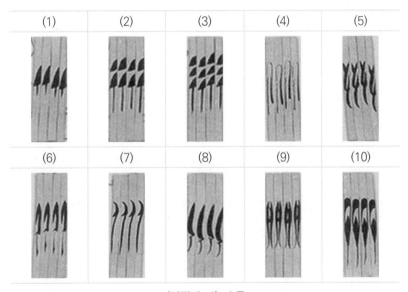

〈사진 2-4〉 수투

　조동탁은 「수투전교(數鬪牋巧)-주곡의 팔목놀이에 대하여-」(1966)에서 수투(數鬪)는 콩기름을 먹인 한지를 여러 겹 덧붙여 만든 1.3cm×15.3cm의 장방형(長方形) 지편으로, 80장의 목 앞면에 사람(人), 물고기(魚), 새(鳥), 꿩(雉), 노루(獐), 별(星), 토끼(兎), 말(馬) 문형 여덟 종류와 1에서 10까지의 숫자를 문자도 기호도 아닌 난이한 형태를 먹으로 흘려 적어 끗수를 표시한다. 그리고 각 수투 목 뒤에는 초서(草書)로 '낙엽(落葉)'이라고 휘갈겨 써서 이를 펴들어도 상대는 내용을 알 수 없다고 수투놀이에 대하여 설명하고 있다.

위 학자들의 주장을 정리하면 우리의 수투가 유럽 쪽으로 건너가 카르타가 되었고, 이 카르타가 포르투갈 상인들에 의하여 일본으로 유입되어 하나후다가 되었다고 할 수 있다. 그러나 현재까지 카르타의 원류나 기원에 대한 것은 명확하지 않다. 학자들의 주장은 있으나, 정설(定說)은 존재하지 않는다.

이렇게 카르타에 영향을 준 수투의 도안은 골패 도안과는 전혀 다른 모습이지만 놀이방법은 골패를 승계하면서 카르타의 도안제작과 놀이방식에 영향을 미친 것으로 추정된다. 이에 대한 자세한 분석은 4장에서 다루고자 한다.

2.2. 카르타에 소통의 거점을 둔 중국의 마조

카르타의 전래에 대한 또 다른 견해로는 중국 기원설도 있다. 『중국 사회 풍속사』에 송나라 선화 2년(宣和, 1120) 마조(馬弔)는 아패 32장, 천패 2장, 지패 2장, 화패 2장 등으로 이루어졌다는 기록이 있다.

마조는 보통 4인용 놀이이며 글씨나 숫자가 새겨진 136개 패를 가지고 짝을 맞추며 진행한다. 마조 놀이는 기본적으로 13개의 손 패를 가지고 있다가 선이 14개를 가진 상태에서 1개를 버림으로써 게임은 시작된다. 상아나 골재(骨材)에 대쪽을 붙인 136개의 패를 가지고 여러 모양으로 짝짓기를 하여 승패를 겨루는 실내오락이다. 마작 패 뒷면에는 대를 깎아 붙였으며, 크기는 가로 2㎝~2.4㎝, 세로 1.5㎝~1.8㎝, 높이 1.4㎝ 정도의 장방형을 이룬다. 표면에는 일만(一萬)부터 구만(九萬) 까지 숫자, 동서남북(東西南北)을 표현한 사방위 문자, 중(中), 발(發)이라는 문자, 춘하추동(春夏秋冬) 문자와 이를 표현하는 꽃그림, 이외에도 일정한 도형과 도형다발, 일정한 꽃그림 등이 새겨져 있다. 마조놀이 도구의 사진을 제시하면 다음과 같다.

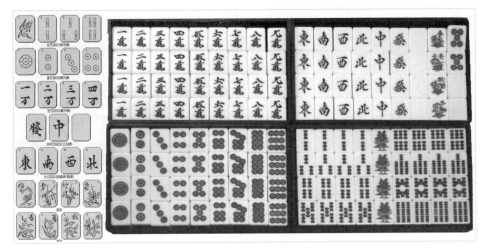

〈사진 2-5〉 마조

　J. P. 제네스(J. P. Gennes)는 『도박, 어제와 오늘』에서 플레잉카드는 중국에서 황제의 후궁들이 놀이를 하기 위하여 만들어진 마조(馬弔)에서 전래된 것이라고 북경에서 발행된 사전(1678년)에 기록되어 있다고 주장하였다. J. P. 제네스에 따르면 1120년에 만들어진 것으로 추정하는 마조는 기원전 2C경 중국 우(禹)황제 때, 궁중에서 파림(巴林) 패 40장을 사용하여 놀던 것이 시초라고 하였다.

　또 하나의 가설은 여전히 확실하게 밝혀지지 않았지만, 일설에 의하면 파림은 동기(同琪) 또는 도동기(倒銅琪)라고 불리는 게임을 기초로 춘추시대인 기원전 6세기경 공자가 발명했다고도 한다. 이에 대한 근거로는 종이 생산이 일찍이 발달되어서 지편(紙片)에 황제, 황후, 지방 장관 순서로 그림이 그려 넣었던 것이나, 지폐(紙幣)나 저화(楮貨)에 액면을 표시했던 것이 카드의 발생일거라는 추정을 하였다. 이 지폐나 저화가 페르시아를 거쳐 가면서 라틴식 문양으로 변형이 일어나 카르타로 정착했다는 설도 있다. 이에 따르면 라틴 수트 기준으로 다이아몬드는 동전 한 개, 클로버는 동전 꾸러미를 나타낸 것이며, 하트는 지폐의 액면에 표시되었던 만(万)자를 거꾸로 변형한 것이고, 스페이드는 십만(十萬)의 십(十)자에서 파생한 것이라고 해석되기도 한다. 마작에도 비슷한 종류의 통수패, 삭수패, 만수패가 있다는 점에서 설득력이 있다.

P. 아놀드 역시 한반도의 수투 기원설에 이어 중국에서 사용된 지폐에서 진화한 것이라는 주장도 함께 하였다. S. 테이라도『플레잉카드의 역사』에서 J. P. 제네스와 같은 견해이지만, 제네스가 다룬 고대 중국의 카드에 대한 짧은 문장에는 인도의 카드와 혼동한 부분이 있다고 피력하고 있다.

위에서 살펴본 내용으로 유추해 볼 수 있는 것은 유럽에 마조가 전해지고, 확산될 수 있었던 것은 최소한 종이의 대량 생산과 밀접한 관계가 있다는 것이다. 서기 105년 중국 후한(後漢)시대의 환관이었던 채륜(蔡倫)에 의해 발명되었다고 전해지는 제지술은 기록에 따르면 751년경 중앙아시아의 슈마르칸트에 전파된 것을 시작으로 바그다드, 카이로, 모로코, 스페인을 차례로 거쳐 서유럽에 퍼졌으며 14C경에는 서유럽 각지에 종이 공장이 생겨났다. 이는 앞서 살펴본 카르타의 이동 경로와 비슷하다는 것을 알 수 있다.

중국에서 발명된 종이가 점복사상이 담긴 역경(易經)과 같은 문헌으로 중세시대 문물 교류가 이루어질 때, 실크로드를 통해 중동(아랍지역)을 거쳐 중세 십자군전쟁 당시 서유럽에 전해질 때 마조도 함께 전파되었으리라고 추측하는 것은 어렵지 않다. 그렇게 전래된 마조는 카르타의 전신인 타로카드에 영향을 주었을 것이라고 추정된다. 타로카드 도안은 처음에는 동전(화폐), 검(삽), 성배(또는 잔), 곤봉(또는 몽둥이)을 그려 넣어 각각 상인, 귀족(또는 기사), 성직자, 농민 계급을 의미했는데, 이것이 나중에 카르타의 다이아몬드, 스페이드, 하트, 클로버로 상징된다.

마조가 어떻게 유럽에 전래되었는지에 대해서는 아직까지 확실하게 밝혀진 내용은 없지만, 초기의 일부 타로 카드에 중국에서 사용하던 표식이나 유사한 그림들이 그려져 있는 것으로 미루어보아 13세기 후기, 중국을 왕래하던 마르코 폴로에 의해 중국여행에서 돌아오는 길에 유럽에 전해졌을 수도 있다.

이처럼 카르타의 기원으로 추정되는 마조가 중국 본토에서 민간에 성행되던 시기는 북송(北宋, 960~1126) 말기부터 현재에 이른다. 일설에서는 당나라 시대(618~907)의 밀교승인 대혜선사가 발명했다는 추정이 있고, 또는 송나라시대(960~1127)의 놀이인 추패구(推牌九) 일명, 골패(骨牌)나 원나라시대(1206~1368)의 놀이였던 간호(看湖, 看虎)에서 유래했다고도 한다.

유럽에 마조가 전해질 때 골패도 같이 전래된 것으로 추정된다. 보이듯 안 보이며 유럽산 타로와 유럽산 카르타의 도안 형성에 많은 영향력을 미친 골패는 마조(馬弔)와 파림(巴林) 놀이도구를 간략화 하여 만들어진 것이라는 추정이 가장 설득력이 있다. 골패모양은 마작도안과 상당히 비슷하다.

이와 같이 마조와 비슷한 놀이로 인식하고 있던 골패(骨牌)는 하늘에 떠 있는 27개의 별을 본 따서 만들었다는 설과, 송(宋)의 사마광(司馬光, 1018~1086)이 만들었다는 설 이외에, 아패(牙牌)와 계점(計點)으로 별자리 배열을 살피던 것이 계기가 되어 만들어졌다는 설도 있다.

골패는 마조와 도안뿐만 아니라 놀이도구의 재질도 상당히 비슷하다. 골패(骨牌)의 이칭(異稱)으로 강패(江牌), 아패, 호패, 소골, 미골 등이 있다. 골패는 가로 1.2~1.5㎝, 세로 1.8~2.1㎝의 납작하고 네모진 대나무 바탕에 같은 크기의 상아나 짐승 뼈를 붙이고 여러 가지 수를 나타내는 크고 작은 구멍을 새긴 것으로 모두 32개이다. 골패 사진을 제시하면 다음과 같다.

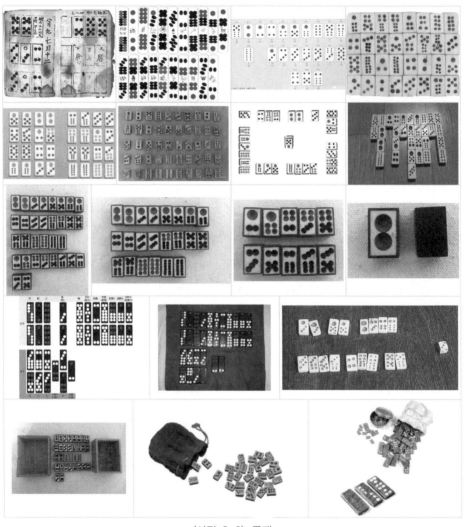

〈사진 2-6〉 골패

　중국에서는 골패를 선화패(宣和牌)라고 부른다. 오늘날의 패구(牌九)는 바로 선화패의 한 가지이다. 상아로 만든 것을 초기에 아패(牙牌)라고 불렀다. 이후 상아 외에 소 뿔, 구리, 감나무(烏木), 참대로 만든 것도 아패라 불렀다. 골패(骨牌)라는 이름은 뼈를 깎아 만들었다고 해서 붙여진 이름이나 뼈로만 만든 것은 민패라고 하고, 뒤에 대나무 쪽을 붙인 것은 사모패라고 한다.

중국 골패의 역사적 연원에 대해서는 여러 가지 설이 있다. 마조와 비슷한 놀이로 인식하고 있던 골패(骨牌)는 백낙천(白樂天, 772~846)이 하늘에 떠있는 27개의 별을 본 따서 만들었다는 설과, 송(宋, 960~1279)의 사마광(司馬光, 1018~1086)이 만들었다는 설 이외에도 장자열(張自烈)의 『정자통(正字通), 1120년』에 따르면 송(宋, 960~1279) 선화(宣和) 2년에 한 신하가 아패(牙牌)와 계점(計點)으로 32개의 패(牌)를 별자리 배열에 맞추어 127개의 조합을 이루도록 만들었다는 설도 있다. 아패(牙牌)는 오늘날의 유희구이다. 명(明, 1368~1633)의 사조제는 『오잡조』에서 다음과 같이 적고 있다.

오늘날 박혁(博奕) 가운데 크게 유행하는 것에 골패(骨牌)가 있다. 이 놀이는 옛적에는 없었으며, 선화(宣和) 2년(1120) 어떤 사람이 (황제에게) 바친 것이 시초라고 한다. 모두 32선(扇), 227점으로 성진(星辰) 수의 배열을 비유한 것이다. 천패이선(天牌二扇) 24점은 24기(氣)를, 지패이선(地牌二扇) 4점은 사방을 나타내고, 인패이선(人牌二扇) 16점은 사단(四端)을 나타내며, 사람은 그 가운데 수에 있는 것으로, 천지인(天地人)을 본떴다. 상대의 12를 정패(正牌)라고 하고, 화패이선(和牌二扇) 8점은 대화원기유행팔절지간(大和元氣流行八節之間)을 상징한 것으로 상대하지 않는 잡패(雜牌)라고 한다. 이처럼 이름에 모두 의미가 있으며, 세 가지 색으로 패를 만든 뒤, 두 패를 짜고 색(色)을 내어 승부를 짓는다.

골패 패의 색칠은 천원(天圓)·지방(地方)·앵도(櫻挑)·구숙(九熟) 따위를 본 뜬 것으로, 뒤에 사람이 설명을 덧붙였으며 당시(唐詩)의 한 구로 바꾼 것은 그럴듯한 묘미가 있다. 이 놀이는 주와(朱窩)에 견주면 아취가 있고, 바둑에 비기면 돈이 들지 않아 당시 인기가 높았다(권 6 「인부」 2).

그러나 골패와 비슷한 형태의 마조에 대한 설명은 좀 더 다양하고 분명하다. 마조는 명나라(1368~1644) 천계연간(天啓年間: 1621~1627)에 만들어진 마땨오(馬吊)라는 놀이에서 40장의 엽자희(葉子戲)로 명칭이 변형되었다는 것이 정설로 되어 있으며, 현대 마작 형태와 내용이 완성된 것은 청나라 초기였다고 한다. 인기가 많아지면서 놀이 방법도 점차 다양해져서, 청대(1616~1924) 중엽에는 쌍륙과 비슷한 투자(骰子)와 엽자(葉子)를 결합한 마조(馬吊)의 후신인 마작(麻雀)이 나왔다. 마작(麻雀)은 패를 뒤섞을 때의 소리가 마치 대나무 숲에서 참새들이 떼 지어 재잘거리는 소리를 닮았다고 하여 붙여진 이름이라고 한다.

청나라 말 동치제 때, 진정약(陳政鑰, 1817~1878)이 축약한 것에, 십자의 9장이 빠지고 꽃패가 추가되어 화마작(花麻雀)이 되었다. 이후 화패, 공장, 문장 등의 다양한 패가 추가되어 구성이 150~160장으로 늘어났다. 이어서 삼원패와 풍패를 남기고 다른 잡패들은 제외되며 청마작(淸麻雀)으로 정립되어 현재와 거의 유사한 형태로 정착되었다는 설이다. 마조의 기원에 대해서는 여러 설(說)이 있으나 중국에서 시작된 놀이라는 데는 이견이 없다. 그러나 언제 누가 만든 놀이인지에 대해서는 정확하게 알려진 바가 없다.

현재 중화권의 마작 인구는 압도적이다. 통일된 게임 규칙은 없고, 지역마다 천차만별이다. 지역별로는 상하이, 쓰촨, 광둥, 홍콩, 베이징 마작이 유명한 편이다. 정부기관인 중국체육총국에서는 1998년 마작을 255번째 공식 체육 종목으로 인정하여, 통일된 국제 경기 공식 룰(국표마작 国标麻将)을 제정한다. 마작은 도박이라는 인식이 매우 강하여, 과거 문화대혁명을 주도했던 마오쩌둥은 1949년부터 1985년까지 사행성을 이유로 중국인들에게 마작을 금지하였지만 실패하였다. 그리고 엄격한 법규를 내세웠던 싱가포르의 리콴유(1965~1990 집권)도 국민들에게 마작을 못하게 하려고 많은 노력을 기울였지만 실패했을 만큼 중독성이 강한 게임이라고 할 수 있다.

"마작이 나날이 번창하고 시드는 모습을 보이지 않으니, 가히 망국(亡國)의 큰 해로움이라고 할 만하다."- 후스(胡適)

"중국인들에게 어지간한 것들은 강요하고 금지할 수 있어도 마작은 금지할 수 없었다."-싱가포르 총통 리콴유

마작에 필요한 용구에는 패(파이)·파이줘(牌卓)·사이쯔(骰子)·초우마(籌馬) 등이 있다. 파이줘는 마작을 하는 탁자로 초우마를 넣는 서랍이 달려 있는데. 초우마는 득점을 계산하기 위해 사용하는 골재로 만든 가늘고 긴 작은 막대기이다. 사이쯔는 주사위를 말하며 2개를 사용한다. 이 놀이는 세 사람이 할 수도 있으나, 네 사람이 하는 것을 원칙으로 한다. 게임에 들어가는 것을 입국(入局)이라 하며, 먼저 좌석을 정하고 선(先)을 결정한다. 선이 결정되면 패를 배열하고 분배한 뒤 짝지어진 패를 가지고 점수를 헤아려 승패를 결정짓는다. 마작은 패가 독특한 분위기를 지녔고, 규칙이나 방법이 매우 복잡하며, 놀이의 승패가 우연과 기술의 적절한 조화에 의해서 이루어지고, 부정을 저지르기 어려운 점 등의 매력이 있다. 바둑이나 장기에 비하면 운의 요소가 강하기는 하지만, 300판 이상의 대국을 하면 결국은 전적이 실력으로 수렴하게 되어 있다. 마작을 1국 진행할 때마다 최대 18순이 소모되는데, 매 순마다 무엇을 택하고 버릴 것인지 내 손 패의 상황과 상대의 버림 패의 상황이라든지 점수 차이 등을 모두 고려해서 선택해야 한다. 게다가 마작은 4국~8국 정도가 진행되어야 한 게임이 끝난다.

일본에는 메이지시대(1868~1912) 말기부터 다이쇼시대 중기 사이에 중국으로부터 전래되었다. 일본인으로서 최초로 마작을 언급한 것은 근대작가인 나츠메 소세키로서, 1909년 중국 청나라의 만주와 조선을 여행한 뒤, 같은 해 '아사히신문'에 「만주와 한국의 여기저기(滿韓ところどころ)」를 연재하였다.

그리고 1924년 1차 세계대전 참전을 계기로 중국인에게 마작을 배우게

된 뒤 상아 마작패 2벌을 갖고 귀국한 히라야마 사부로(平山三郎)가 도쿄도 미나토구 니시신바시(西新橋)에 일본 최초의 마장 난낭클럽(南々俱楽部)을 열었고, 이후 1929년 작가인 키쿠치 칸(菊池寛)이 일본마작연맹을 창설하며 도쿄 신주쿠구 카구라자카(神楽坂) 중심으로 마작이 널리 퍼지게 되었다.

1940년대 중반 간사이 지방에서 '도라' 개념이 탄생하고, 2차 대전 이후인 1953년 일본마작연맹의 아마노 다이조(天野大三)에 의해 '리치'가 도입되었으며, 1964년 오사카에 위치한 마작패 제조사 미즈노마루이치(ミズノ丸一)에서 도쿄 올림픽을 기념하며 오륜기를 상징하는 아카 5통을 만들어 처음으로 적도라를 도입하는 등 여러 차례의 변형 끝에 지금과 같은 룰로 정립되어 리치마작이란 이름으로 유명해졌다.

이후 1970년 아사다 테츠야가 코지마 타케오, 후루카와 가이쇼 등과 마장신선조(麻雀新撰組)를 결성하여 활동하면서 마작이 대중적인 놀이로 보급되기 시작했다. 이러한 영향으로 1981년 코지마 타케오등을 중심으로 한 일본프로마작연맹을 비롯하여 2017년 총 9개의 프로마작단체가 존재한다. 기본적으로 중국식 용어를 쓰며 '리치', '도라' 등 일본 마작에만 있는 일부 요소들만 일본식 용어를 쓴다.

마조는 조선시대 말 갑오개혁(甲午改革, 1894~1896)을 전후하여, 개화의 일환으로 청나라를 왕래하는 인사들에게 의해 본격적으로 보급되기 시작하였다. 일제강점기에는 일본으로부터 마작이 전파되었는데, 1930년대 후반이 배경인 채만식의 『태평천하』에서 윤 직원(윤두섭)의 아들 윤 주사(윤창식)가 마작을 하는 장면이 묘사되어 있다. 당시에는 왕실의 궁녀들도 마작을 쳤다고 한다. 그러나 놀이기구의 특수성으로 인하여 극히 일부 사람들만이 즐기고 있다.

그러나 현재 국내에서의 마작 인기는 미미하다. 마작의 온라인 게임 상황은 거의 없다고 해도 무방할 정도이다. 한국에 마작이 잘 퍼지지 않는 가장 큰 이유는 기본적으로 규칙도 복잡하고, 한 판이 너무 길기 때문이라는 견해가 있다. 패의 구성이 52개 이내인 화투, 트럼프, 투전, 골패와 달리, 마작은 삭수를 빼놓고도 패가 104개나 필요하고 구성이 복잡하며, 한국에 두 시간이 넘는 일이 허다하므로, 국내 서비스 중인 온라인 마작 게임은 모두 한 국만 치고 끝난다고 한다.

한국에서 마작이 흥행하지 못한 또 하나의 이유는 마작패가 비싼데다 일반적으로 구하기 어렵다는 것도 한 몫 한다. 고급스러운 재질을 요구하다보니 가격도 화투보다 상대적으로 비싸다.

마지막으로 제일 큰 문제는 한국 사회 전반에 자리잡은 마작은 도박이라는 인식이 강하기 때문이다. 차지은의 「인천 마작역사의 마침표」(인천미디어 884호)에 따르면 마작이라면 무조건 도박이라는 인식이 강한 것은 북부 중국인이나 조선족, 재중 동포 등이 국내에서 마작에 돈을 걸고 도박을 하다 입건되는 사건이 자주 발생한 것에서 기인된다. 서울, 인천. 군산 등 한국 서북부 지역에서 인기를 끌었던 마작은 점차 세력이 축소되어, 2014년 한국의 마지막 마작 업체인 인천의 '천일사'가 폐점되었다.

2.3. 다문화가 공존하는 유럽의 카르타

우리가 흔히 알고 있는 트럼프(trump)는 영어식 표현이며, 이탈리아어로는 Trionfi, 프랑스어로 Atout이다. 플레잉카드(Playingcard)를 가리키며 원조는 카르타(Carta)이다. 숫자나 그림이 그려져 있는 서양의 놀이용 카드(card)를 일컫는다.

카르타(Carta), 트럼프(trump), 플레잉카드(Playingcard), 카드(card), 으뜸패(Caneppel)는 국가나, 지역, 시대에 따라 달리 사용되던 명칭이나 같은 의미를 지닌다. 그러므로 화투와 연관하여 분석할 때 이들의 호칭을 혼용할 시, 독서할 때 많은 혼선을 초래하므로 본 저서에서는 카르타(Carta)로 통칭하여 분석하려고 한다.

모리스에 요시아키(森末義彰)와 히노니시 스케노리(日野西資孝)가 편찬한 『풍속사전(風俗辭典)』(1957)에 의하면, 유럽 기록에 남아있는 가장 오래된 게임은 카네펠(Caneppel)이라는 게임이라고 하였다. 카네펠은 '으뜸패'라는 의미이며, 유럽에서는 으뜸패가 있는 이 게임이 오랫동안 주류를 이루었다. 카르타 도입 초기에 생겨나, 당시 귀족들의 그림이 도안에 그려졌다.

14C경부터 유럽에서 사용되기 시작한 그림카드인 카르타는 한 벌이 48장인 뉴메랄(numeral)과 78장인 타로(Tarot), 두 종류가 있다. 78장 구성의 타로(Tarot) 영향을 받아 만들어진 형태의 카르타는 메이저 알카나(Major Arcana)와 마이너 알카나(Minor Arcana)로 나뉘어 있다. 메이저 알카나는 22장이다. 도안물 형태는 4종류로 나뉘며 각각 악마, 태양, 심판, 죽음 등의 개별적인 의미의 우의화 카드로 구성되어 있다. 56장의 마이너 알카나는 계급, 원소 등으로 표현된 점수카드이다. 총 78장 구성이라고 하나, 74장 구성설도 있다.

22장의 메이저 알카나 도안은 0. 어리석은 자, 1. 기술사, 2. 여교황, 3. 여제, 4. 황제, 5. 사제, 6. 연인, 7. 전차, 8. 힘, 9. 은자, 10. 운명의 바퀴(輪), 11. 정의, 12. 거꾸로 매달린 사나이, 13. 죽음, 14. 절제, 15. 악마, 16. 탑, 17. 별, 18. 달, 19. 태양, 20. 심판, 21. 세계이다. 이렇게 만들어진 메이저 알카나가 카르타의 기본 도안이 된다.

56장의 마이너 알카나는 4개의 점수 카드(Pip Card)로 나뉜다. 세부적으로는 이탈리아와 스페인에서 널리 사용되는 라틴식 분양을 기준으로 하고 있으며, 지팡이, 컵, 검, 펜타클(오각형별)로 구분된다. 수트 당 14장씩 구성되어 트럼프 카드와 같은 4원소의 마이너카드 56장으로 만들어졌다. 유럽에서는 으뜸패가 있는 이 게임이 오랫동안 주류를 이루었다. 플레잉카드는 타로카드의 마이너 알카나가 변해서 된 것으로, 본래는 점을 치기 위해서 생긴 것이었는데, 카르타로 전래된 후에 게임이나 도박에 이용되는 일이 많아졌다고 한다.

다양한 문화의 영향을 받아 만들어진 유럽산 카르타의 도안을 제시하면 다음과 같다. 〈사진 2-7〉은 포르투갈 카르타 도안, 〈사진 2-8〉은 프란시스 코플로레스가 만든 16C 에스파냐 카르타 도안, 〈사진 2-9〉는 이탈리아 베르가모 카르타이다.

현존하는 유럽산 카르타에 대한 기록을 살피면 대략 세 가지 정도이다. 이에 대한 자료를 살피면 다음과 같다.

〈사진 2-7〉 포르투갈 카르타

첫째, 이탈리아 피렌체(Firenze, 1377년 3월 23일)에 기록되어 있는 것이 유럽에서의 카르타에 대한 첫 기록이라고 서술하고 있다. H. 로젠페르드(H. Rosenfühld)와 E. 콜만(E. Coleman)이 편찬한 『아름다운 독일 카드』에는 카르타가 짧은 기간 안에 전 유럽으로 확산되어 돈을 벌어들여서 관청의 규제를 받았지만, 도박으로서는 많은 갈채를 받았다고 서술해놓은 것이 있다.

B. 이네스가 편찬한 『타로』에서도 근소한 차이가 있지만 거의 이 무렵이라고 서술되어 있다. 같은 해, 독일 프라이베르그(friedberg) 태생인 도미니크파의 요하네스(Johannes)가 카르타에 대하여 기록한 것이 남아 있다.

P. 아놀드가 편찬한 『도박백과사전』에도 1377년 날짜가 찍힌 대영박물관 소장물 중, 최초의 독일 카르타

〈사진 2-8〉 에스파냐 카르타

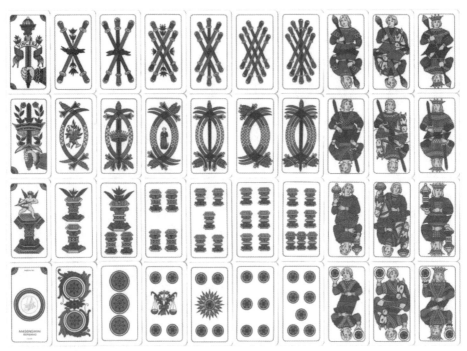

〈사진 2-9〉 이탈리아 카르타

에 대하여 언급한 문서가 남아 있어서 이를 반증하고 있다. 또한 1377년~1379년 사이, 요하네스라는 독일인 수도사가 스위스 브레훼르드에서 "우리들이 카드라고 부르는 게임을 갖고 왔다"는 기록도 있다.

둘째, 다른 자료에서도 프랑스 파리에 카드가 보급된 것은 1377년이라고 되어 있다. 그리고 1378년에는 콘스탄틴과 바르세로나에 전해졌다고 한다. 그리고 1381년에는 마르세이유, 그 다음해에는 리레, 프란데룬, 브르그운트, 1391년에는 아우구스부르그, 프랑크프르트 암 마인(Frankfurt am Main), 연속적으로 이어져서 1397년에는 우름에 퍼졌다.

셋째, 또 다른 유럽에서의 카르타 기록은 C. P. 휴그렙의 저서 『플레잉카드의 역사』 내용에서 찾을 수 있다. 1379년에 죠반니·코페르트오라는 연대기 편자가 작성한 것이다. 그 내용을 옮기면 다음과 같다.

울바인 6세는 모든 종류의 약탈을 자행한 로마국가의 강탈자이지만, 적대하는 클레멘트의 군 세력과 비테르보 주변에서 야영하였다. 이 같은 큰 고난의 해에 카드 게임이 비테르보에 전해졌다. 이것은 사라센인(십자군시대의 아라비아인 회교도)이 전한 것으로 나이브로 불린다.

따라서 현재 카르타에 관한 최초 기술은 14C 말경의 유럽으로 추정된다. 이외에도 이탈리아에서는 이미 1299년에 카르타에 대하여 언급한 기록이 있으며, 스페인에서는 1371년부터, 베네룩스 3국(벨기에·네덜란드·룩셈부르크)에서는 1379년부터 카르타에 대한 기록이 있다. 프랑스에서도 14세기 초에 쓰인 필사본에서 카르타에 대하여 언급한 내용으로 '1392년 샤를 6세의 샹브르 데 콩트의 기록원은 금색과 다양한 색상이 칠해져 있는 카드 게임에서 3판을 이겼다'는 기록이 있다.

1465년경 영국에서는 카르타의 이용이 더욱 널리 보편화되어서 국내의 카르타 제조업자들이 수입 카르타로부터 국내 카르타를 보호해줄 것을 국가에 청원하기도 했다고 한다. 이러한 카르타는 콜럼버스에 의해 아메리카 대륙에 처음으로 전해진 것으로 여겨지는데 영국, 프랑스, 네덜란드 식민주의자들이 유입되면서 확고하게 자리 잡았다는 추측이 무성하다.

위의 자료로 카르타가 유럽에서 제조·보급되기 시작한 것이 1377년에서 1379년 사이라는 것을 추정할 수 있다. 1392년 프랑스에서 처음 제조되었다는 설도 있으나 다음의 자료를 대조 분석한 결과, 유럽에서 발생한 것이 아니라 어떤 경로를 통해 유럽에 전래되었다고 보는 것이 타당하다.

2.3.1. 카르타의 인도기원설 차투랑가

유럽산 카르타에 대한 기원은 수투와 마조 이외에도 인도의 차투랑가(Chaturanga)기원설도 있다. P. 아놀드는 카르타의 기원에 대하여 세 가지 추정설을 제시해 왔다. 수투와 마조에 이어 또 하나가 인도의 차투랑가 기원이다. 인도에서 유래했다는 설은, 유럽에서 사용되었던 초기의 일부 카드에 힌두교 상들의 4개 손에 전통적으로 그려져 있던 고리, 검, 성배, 곤봉과 유사한 상징의 그림들이 묘사된 사항을 근거로 하고 있다. "인도의 원숭이신 하누만은 카드 도안에 사용된 술잔, 검, 창, 수레바퀴 등으로 권력의 상징을 나타내고 있다."고 하며 이 내용이 최초로 카드에 이용되었다는 것이다.

〈사진 2-10〉 차투랑가

이에 대해서 B. 이네스는 『타로』에서 중국의 지폐 기원설 추정과 더불어 인도에서 생겨난 차투랑가에서 카르타가 고안된 것이라고 추정만 할 뿐, 어떤 카드가 유럽에 전해졌는지는 밝히지 못한 실정이라고 했다. 대부분 동방에서 전해졌다고 추측하는데, 귀환한 십자군 병사가 집시한테 얻어왔다는 것이 현재의 결론이라고 하였다. 이상과 같이 카르타의 발생지나 기원에 대해서는 여전히 여러 추정만 있을 뿐이다.

차투랑가에서 사용되던 말 모양의 장기가 체스와 타로카드에 이어지고 카르타에 전래되었다는 것이 정확한 기원설이 없는 가운데 정설로 자리매김하고 있다. 아르다나리라는 타로의 4원소들은 인도예술에서 락슈미(Lakshmi)여신의 네 개 손에 쥐고 있는 홀, 검, 링, 술잔과 원숭이 형상을 한 하누만 신이 쥐고 있는 동일한 심볼로 묘사된다. 탄생 시기는 BC 2000

년경으로 추측되고 있다.

차투랑가(Chaturanga)는 고대 인도
어, 즉 산스크리트어(sanskrit, 楚語)이
다. 차투랑가의 뜻을 살펴보면 챠툴
(chatur)은 4를 의미하고, 앙가(anga)
는 부분, 원(員)을 의미한다. 고대 인
도의 군대제도인 상군, 기병대, 전차
대, 보병대로 조직된 "네 개의 부분"
을 의미하는 "Chaturanga"라고 명명
되었다. 네 가지 구성원으로 차(車),
마(馬), 상(象), 보졸(步卒)을 가리키므
로 전군(全軍)을 의미하는 것이다. 놀

〈사진 2-11〉 2대 2의 4인용 차투랑가

이에서 사용하는 말은 코끼리, 기병, 전차, 보병, 왕, 5종류이다. 차투랑가는
2대 2의 4인용 게임이다.

차투랑가는 가로 세로 8칸, 흑백이 번갈아 교차되는 64개 격자무늬의 판
(board) 위에서 백과 흑이 벌이는 게임이다. 흑과 백은 각자에게 주어진 16
개의 말(chessman)을 움직여 상대편의 킹을 잡으면 된다. 이후, 2인용 차투

랑가가 등장하면서 놀이할 때
사용하던 주사위도 사라지게 된
다. 그리고 2인용 차투랑가는 페
르시아와 아랍쪽으로 전파되면
서 샤트란지(Shatranj)라는 게임
으로 재탄생된다.

샤트란지게임이 탄생하면서 놀
이 규칙도 조금 바뀐다. 추가적으
로 피어(Fears)라고 하는 기물이

〈사진 2-12〉 2인용 차투랑가

하나 추가된다. 이 기물은 훗날 유럽 쪽으로 넘어가면서 퀸으로 바뀌고 기존 기물들의 숫자는 두 배로 늘어난다. 타로카드의 구성개념은 왕, 귀족, 신하, 평민으로 이루어진 중세사회를 보여주는데, 중세의 귀족사회 또한 인도의 카스트에서 유래되었다고 하여 카르타의 기원설 중 하나로 보고 있다.

  C. P. 휴그렙은 저서 『플레잉카드의 역사』에서 유럽 카르타의 기원으로서 가장 오래된 설(說) 중 하나는 집시의 점성술이 유랑을 하다가 인도에서 가져온 것이라고 하였다. 그렇지만 집시들이 만들어낸 것인지, 또는 무엇을 모방한 것인지, 혹은 어디에서 발견하였는지에 대한 자료는 아직 명확하지 않다.

  이외에도 이집트기원설과 유대기원설도 있으므로 간략하게 살펴보면 다음과 같다. 이집트기원설로는 고대 이집트와 인도에서 쓰이던 점술용 카드인 '힌트카드'가 오늘날의 타로가 되었다는 설이 있다. '힌트카드'는 12세기 십자군에 의해 유럽에 하나의 놀이도구로, 또 점을 보는 도구로 쓰였다고 한다.

  타로 도안에 7대 불가사의로 손꼽히는 피라미드의 벽화나 파피루스에 그려진 그림들에 재칼 머리의 신 '아누비스'가 죽은 자를 심판하기 위해 저울질을 하는 모습, '람세스 6세'의 묘화, 하늘의 여신 '누트'의 모습, '아니'의 사자의 서(제19왕조) 등 타로 이미지의 상징 및 의미의 시초가 되는 것들이 많이 발견되고 있으므로 이를 바탕으로 이집트기원설이 대두되고 있다. 다음 사진은 이집트기원설에 바탕을 둔 15세기에 만들어진 이집트의 맘루크 카드(Mamluk kanjifah card)이다. 왼쪽부터 펜터클(pentacle, 또는 화폐), 막대기(봉), 검, 성배를 나타낸다.

  이외에도 유대기원설을 주장하는 내용을 살피면,

〈사진 2-13〉 맘루크 카드

타로카드는 일반적으로 22장의 메이저카드와 56장의 마이너카드로 이루어져 있는데, 히브리어가 처음 만들어질 때 22개의 알파벳으로 구성되어 22장의 타로카드들은 히브리어 글자들과 하나씩 대응되기 때문이라고 하였다. 현재의 타로카드와는 순서는 다르지만 18세기경까지는 순서도 비슷하였다고 한다. 고대 타로카드는 히랍어를 가르치기 위한 수단이라는 것이 유대기원설의 핵심이며, 후에 유대교 신비주의와 연결되어 타로에 영향을 미치게 되었다고 한다.

현재는 교육용 자료나, 마술에서 눈속임도구로도 사용되기도 하는 등 다양하게 활용되고 있다고도 한다. 이후 18세기 점성술자들에 의해 메이저, 마이너, 아르카나 따위의 점술적 기능이 부가된 것이 지금의 타로 카드이다. 카르타에 영향을 준 타로카드는 14C 이후부터는 역으로 카르타의 영향을 받아 상호교류 형태를 보여준다. 한편, 놀이수단으로서의 카르타가 타로카드로부터 영향을 받은 것은 19세기 이후에 생긴 조커카드로, 타로의 "풀(Fool)"카드 문양과 역할을 그대로 가져왔다

위에서 살펴본 내용으로 유추해 볼 수 있는 사항은 카르타는 유럽에서 처음 제작되지 않은 것이 분명하며, 유럽에 카르타가 전해지고, 확산될 수 있었던 저변에는 최소한 종이의 대량 생산과 밀접한 관계가 있다는 것을 유추해 볼 수 있다.

한편, 한국 역사 및 문화 교육 위원회의 추론에 따르면, 인쇄술의 중국 기원설을 주장하는 사람들은 목판인쇄술의 발명시기를 당 현종시대(712~756)로 추정하지만, 현존 최고(最古)의 목판인쇄물인 통일신라의 무구정광대다라니경의 인쇄 시기가 이보다 앞선 704년경이다. 이어 금속활자본도 1377년 고려에서 인쇄된 '백운화상초록불조직지심체요절(白雲和尙抄錄佛祖直指心體要節)'이 1972년 프랑스에서 전시되면서 최고(最古)로 인정받고 있으므로 수투의 카르타 기원설에 힘을 싣고 있다.

2.3.2. 카르타의 동방기원설 타로

카르타에 대한 대표적인 네 가지 기원설은 한반도의 수투, 중국의 마조, 인도의 차투랑가 그리고 또 하나가 타로(tarot)카드에서 비롯되었다는 추정이다. 이를 구체적으로 살피면 다음과 같다. 첫 번째, 동방기원설은 다음과 같다. S. 테이라(S. Teira)는 저서 『플레잉카드의 역사』에서 페르시아(고대명, 이탈리아 중부 움부리아지방의 도시)의 카르타 도안을 자세히 설명한 「M. 프리쉐(M. Priche)의 보고서」를 소개하면서, 제작 연도나 경로가 명확하지 않은 것을 지적하며 유럽인에 있어서, 당시 정세로 보아 중국보다도 가깝고 문화적 교류 밀도도 높은 페르시아 쪽이 보다 이해가 쉬울 것이라고 하면서, 페르시아 카르타에 관한 M. 프리쉐의 보고서를 다음과 같이 소개하고 있다.

이 페르시아 카르타는 작은 장방형의 상아 재질 도구에 장방형 터번, 검, 투구, 왕관과 아직 해독하지 못한 추상적인 상형문자 상징이 그려져 있다. 추정연대는 정확하지 않다.

두 번째, 아라비아(아시아 서남부 페르시아만, 인도양, 아덴만, 홍해에 둘러싸여 있는 지역)에서 유래했다는 설에 따르면 사라센인들의 시칠리아 침략이나 무어인들의 스페인 정복에 의해 유럽에 전래되었을 수 있다는 추정이며, 카드를 의미하는 스페인어 나이페스(naipes)나 이탈리아어 나이비(naibi) 등은 아랍어에서 전해져 온 것으로 여겨진다. 사진으로 제시하면 다음과 같다. 〈사진 2-14〉는 이탈리아 비스콘티 타로, 〈사진 2-15〉

〈사진 2-14〉 이탈리아 비스콘티 타로

는 유럽산 타로, 가장 오래된 〈사진 2-16〉 마르세이유 타로, 가장 대중적인 〈사진 2-17〉 웨이트 타로 등이다.

유럽에서는 으뜸패가 있는 카네펠게임이 오랫동안 주류를 이루었다고 한다. 카네펠은 카르타의 한 종류이다. 이 카네펠의 으뜸패 개념을 진화시킨 것이 타로(Tarot)이다. 이 두 게임의 다른 점은 타로에서는 승부 시 으뜸패가 되는 것이 아니라, 처음부터 으뜸패가 따로 있다. 점술(占術)에 사용되었던 타로카드의 기원에 대하여 아직까지 언제 누구에 의해 어떻게 만들어졌는지 정확하게 알려진 것은 없다.

〈사진 2-15〉 유럽산 타로

타로가 유럽에 전해진 것은 11세기에서 13세기 사이로 추정되는데, 13세기 성행하기 시작하여 14세기에는 여러 나라로 전파되었다. 유럽에서 오래 놀이된 형태의 타로카드는 독일의 타록(TAROK), 프랑스의 타로(TAROT), 이탈리아의 타로키(TAROCCHI)가 있다. 이와 같이 설명되는 타로카드의 발생은 분명하지 않다.

이러한 타로카드의 유래를 추정하면 동방기원설, 아라비아기원설, 이집트기원설, 중국 기원설, 인도 기원설, 유대기원설 등을 들 수 있다. 그중에서 인도나 중동 근처에서 발생했다는 동방기원설이 유력하다고 피력하였다.

〈사진 2-16〉 마르세이유 타로

중동은 아시아 남서부와 아프리카 북동부지역, 아프가니스탄, 서남아시아, 아프리카북동부의 이집트, 리비아, 이슬람권, 아랍권을 포함한다. 동방은 중동지역과 겹치는 지역이 많으며 구체적으로는 소아시아(터키), 이집트, 소아시아 남단의 시리아, 메소포타미아, 아라비아, 이스라엘, 페르시아 등이 해당된다.

또 한편으로 유럽산 카르타는 집시들의 타로카드에서 비롯되었다고도 한

〈사진 2-17〉 웨이트 타로

다. 원래 집시들이 타로카드를 가지고 점술과 놀이용으로 사용했던 것이 중세시대 유럽에 전래되면서 권력자들이 게임으로 즐겨 사용함으로써 의미까지 변하며 대중에게도 알려지게 되었다는 추정도 있다. 당시 집시들은 서아시아, 유럽, 특히 동유럽에 주로 거주하는 인도 아리아계의 유랑민족을 일컫는 말이며, 이란이나 이집트, 이라크, 시리아, 아프가니스탄 등 중앙아시아 국가들과 중동국가들에도 도마리로 불리며 소수의 집시가 살고 있었다.

과거의 카르타는 지금과 같이 숫자나 문양으로 간단한 구성을 이루지 않고, 타로카드처럼 당시 화가들이 그림을 그려 사용하는 경우가 많았다. 점술용 타로카드로부터 영향을 받았다는 이유로 카르타는 우상을 숭배하는 악마의 그림책이라는 여론이 형성되어 14세기의 종교 지도자들로부터 마법과 이단의 상징으로 여겨져 탄압의 대상이 되기도 하였다. 영국의 헨리 7세

(1485~1509)는 크리스마스 휴일을 제외하고는 카드나 주사위 게임을 할 수 없게 하였다. 또 1423년 이탈리아 중북부 볼로냐에서는 성직자 존 카피스트란이 막대한 양의 카드를 군중 앞에서 태워 버렸다는 기록도 있다. 이러한 이유로 카르타는 단속을 피하기 위하여 도미노 숫자 카드나 색깔 타일 등으로 대체된 경우가 많았다. 그래서 카드 게임의 규칙을 따온 다양한 게임명칭이 생기게 되었다. 타로카드의 마이너 알카나가 카르타로 변해서 게임이나 도박에 이용된 것은 훨씬 뒤의 일이다. 현대에 와서는 56장의 마이너 알카나(점수카드)를 32장으로 줄여서 점술에 이용하거나 게임에 사용한다.

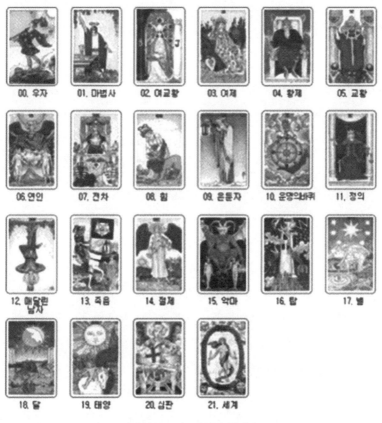

〈사진 2-18〉 메이저 알카나

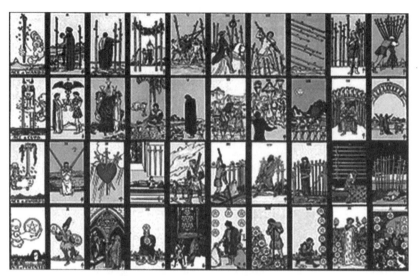
〈사진 2-19〉 마이너 알카나

타로카드 종류는 현재 8,000종 이상이 존재하며 지금도 계속 만들어지고 있다. 현재 서양에서 볼 수 있는 타로카드의 도안은 미국의 여류디자이너 파멜라 콜만 스미스(Pamela Colman smith)가 그린 것이라고 한다.

2.4. 하나후다의 원류에 녹아든 한반도의 수투

수투 명칭은 지방에 따라 수투(數鬪, 殊鬪), 수투전(數鬪牋), 팔대가(八大家), 팔목(八目), 수천(數千) 따위로 불리며 놀이 방법에 따라서도 육목, 팔목투전, 두타투전 등으로 조금씩 달라지고, 한자어노 수투전(數鬪牋)이외에 수투전(數鬪錢), 수투전(數投箋), 수투전(數投牋) 등으로 다양하게 발견되었다. 이중 투전에 대한 한자 표현은 투전(鬪錢, 鬪牋, 投牋, 斗钱)등이 있다. 투전의 옛말은 투전(『동문유해』 하; 32, 『한청문감』 9; 16), 요지패(要紙牌) 투전ᄒ다(『역어유해』 보(補) 47)가 있다.

조선시대 문헌 중, 성대중의 『청성잡기(靑城雜記)』에는 투전(鬪牋), 유득

공의 『경도잡지(京都雜誌)』에는 투전(投箋)으로 다른 표기가 보인다.

이외에도 중국에서 사용하던 투패(鬪牌), 투엽(鬪葉)을 혼용하기도 하였고, 수투목 재질이 종이(전, 牋)였으므로 지패(紙牌)라는 이칭(異稱)으로 표현 된 것도 있다.

수투 용어와 수투에 대한 한자어를 정리하면 수투(數鬪), 팔대가(八大家), 팔목(八目), 팔목투전(八目鬪牋), 수천(數千), 수투전(數鬪牋), 육목(六目), 두타투전(頭打鬪牋), 투전(鬪牋, 鬪錢, 投箋, 投牋, 斗钱), 투패(鬪牌) 지패(紙牌)등의 12가지 이칭(異稱)과 18가지의 한자 표현이 있다.

용어 자체도 표기가 다양하고 해당하는 한자어도 여러 가지이어서 많은 혼선이 초래된다. 그러므로 본 저서에서는 편의상 수투(數鬪) 용어 하나로 통일하여 피력하고자 한다.

유럽산 카르타의 기원인 수투는 8종의 각종 동물이 표시된 본 패와 그에 해당하는 장수(將帥) 패가 있어서 일정한 규칙대로 우열승부를 가리는 놀이다. 그런데 점차 수투의 오락적 기능은 사라지고 투전의 도박성이 커지는 노름놀이가 되었다. 조동탁은 논문 「수투전교(數鬪牋巧)-주곡의 팔목 놀이에 대하여-」(1966)에서 수투는 팔목 80매, 육목(六目)은 두타(頭打), 40엽(葉)투전(鬪牋)은 투전이라고 수투와 투전을 구별하고 있다.

이러한 수투는 성대중(成大中, 1732~1812, 조선 정조 때 학자)의 『청성잡기(靑城雜記)』에 따르면 중국 원(元, 1271~1368) 때 제작된 여진산 동관 패, 혹은 숭정 말(崇禎 末, 1628~1644), 마조(馬弔) 패 120개를 조선조 숙종(1674~1720) 때 당상통역관(堂上通譯官)이었던 장현(張炫)이 북경에서 구입해 와서 80개로 간략화해서 고안했다는 설이 있다.

또 다른 자료인 이규경(李圭景, 1788~1863, 조선후기 학자)의 『오주연문장전산고(五州衍文長箋散稿)』「희구변증설(戲具變症說)」에 따르면 당(唐, 618~902) 대 중기에 제작된 엽자희(葉子戲)를 가져와 모방한 것이라는 내용이 있다.

'투전은 원(元)나라에서 기원되었으며, 조선에서는 17세기 숙종 때 역관인 장현 (張炫)이 중국의 노는 법을 고쳐 만들었다.'

장현은 장희빈(張禧嬪)의 부(父)인 장형(張炯)의 종제(從弟) 되는 사람이 다. 장희빈의 당숙이었던 장형은 역관으로 북경에 자주 오가며 여진 및 몽 골사람들과 교류하여 재산을 모았고, 중국에서 희귀한 물건도 많이 들여왔 다. 장씨 집안이 역모에 연루되었을 때 장현도 옥살이를 하였는데, 이때, 옥중에서 투전을 만들었다는 설도 있다. 장현은 당시 당상통역관(堂上通譯 官)으로서 중국어뿐만 아니라 여진어(女眞語)까지 할 수 있었는데, 투전에 적혀진 문자는 여진어라고 추측한다.

그리고 최남선이 매일신보의 학예면에 연재하였던 『조선상식(朝鮮常識) 풍속편, ③ 유희류』(1948)에서는 투전은 중국의 마조(馬弔)에서 기원하였 다고 추정하였다. 전국시대에 연(燕, 기원전 475~221)나라에서 만들어져 놀이되던 마조를 임진왜란(1592~1598) 당시 명(明)나라 군사를 통해서 유 입된 것이라고 추정한 기록이 있다.

"명의 마조(馬弔) 패 120장이 그대로 일부 놀이되다가 장씨(장현)에 이르러 간 화(簡化)하여 팔목 80장의 물(物)이 되고 이것이 다시 간화하여 6목(60장) 5목(50 장)이 되었다가 마침내 목도 없이 점수만 표시하는 현금의 투전을 만들어낸 것이 그 연혁인양 하다."고 적고 있다.

그러나 마조가 연(燕, 기원전 475~221)나라에서 만들어져 놀이되었다는 설, 당(唐) 중기의 엽자희(葉子戲) 후신이라는 설과, 명(明)대 천계(1621~1627) 연간에 나왔다는 설, 중국 원(元, 1271~1368) 때 제작되었다는 설이 있는 만 큼, 투전의 출현 시기를 정확하게 알 수는 없다.

최남선(催南善)은 투전이 대중성을 갖게 된 이유로 규칙의 간소화를 들었다. 골패는 놀이방법이 복잡한데 반하여 투전은 규칙이 간단하여 금방 놀이 방법을 익힐 수 있다. 또한 투전패를 만드는 방법이 매우 간단하므로 한양뿐만 아니라 지방에서까지 성행할 수 있었다고 주장한다.

팔목(八目) 80장을 수투전(數鬪牋)이라 한다고 한다는 것으로 미루어 보아 우리나라의 수투전은 장현이 중국의 마조패(馬弔牌)를 간략화한 것으로서 후대로 내려오면서 점차 간단하게 되어 오늘날의 40엽(葉) 투전이 된 것으로 파악된다. 이외에 25장을 쓰기도 한다. 그리고 그러한 와중에 조선 후기, 양반계층에 크게 유행하게 되면서 조선통신사를 통해 수투 놀이방법이 일본에도 전래되었다는 견해가 지배적이다.

그러나 당시는 중국에 대한 사대주의 사상이 팽배해 있던 시기이므로 중국에서 유래되었다고 하나, 수투 목의 형태나 놀이방법으로 미루어보아 우리 고유의 놀이였을 것으로 생각된다. 수투전(數鬪牋)의 경우는 문아(文雅)한 양반들이 즐기는 놀이였다고 한다. 또한 금전 추구에 집착하기 보다는 우열승부를 결정하는 놀이였다. 그런데 점차 수투의 오락적 기능은 사라지고 투전의 도박성이 커지게 되었다. 투전의 도박성이 확대됨에 따라 큰 폐해가 생겨났다.

2.4.1. 수투의 확대형 투전

투전은 '투전치기'라고 하여, '투전을 친다'라고 표현한다. 조선 후기(18세기 초)에 크게 유행했으며 영·정조를 거치면서 급속도록 퍼져서 관아에서 아무리 단속 하여도 효과가 없었다. 항간의 서민들뿐만 아니라 사대부의 자제들도 투전에 빠져 재산을 잃는 경우도 생기면서 큰 폐해를 입혔다. 심지어 투전꾼들은 상가에 대한 경계가 소홀한 것을 이용하여 생판 모르는 남의 초상집에서도 투전판을 벌이는 등, 주막, 혼사집, 잔칫집 등등, 사람이 많이 모인 곳이라면 판을 벌여서 당시 큰 사회문제가 되었다고 한다.

〈사진 2-20〉 투전

　18세기에 나온 임천상(任天常, 1754~1822)의 『교거쇄편(郊居瑣編)』에는 원인손(元仁孫)이라는 인물이야기가 있다. 1753년 문과에 급제하여 우의정까지 지낸 그는, 소년시절 국수(國手)라 불릴 정도로 노름을 즐겼다. 아버지(이조판서 원경하)는 비록 도박일망정 아들의 재주가 어떤 정도인지 알아보고 싶었다. 투전 목 가운데 인장(人將)을 감추고, 아들에게 뽑으라면서 못 맞추면 매를 치겠다고 하였다. 목을 이리 저리 만져본 그는 "인장이 없습니다."고 하였다. 이에 아버지는 "어릴 때부터 기름종이 조각만 보면 노름 시늉을 하더니, 이제는 어쩔 수 없다. 네 마음대로 하라."는 탄식을 늘어놓았다. 이에 크게 깨달은 원인손은 학문을 닦아 정승 자리에 올랐다는 것이다.

　다음은 1776년 3월부터 1800년 6월까지 24년 4개월간의 역사를 다루고 있는 『정조실록(1800~1805)』에 실린 내용이다.

　　사직(司直) 신기경은 정조에게 올린 글에서 '잡기의 폐해는 투전이 가장 심합니다. 위로는 사대부 자제들로부터 아래로는 일반 백성들에 이르기까지, 집과 땅을 팔고 재산을 털어 없앱니다. …(중략)… 곧 경외에 분명한 분부를 내리시고 …(중략)… 투전을 만들어 팔아 이문을 얻는 자 또한 엄하게 다스리소서. (정조 15년, 1791년 9월 신묘)'

정약용(丁若鏞, 1762~1836)도 『목민심서(牧民心書)』(1818)에서 '삼법사(三法司) 형전 6조에 도박 금지법이 있지만, 투전, 골패, 장기, 쌍륙 따위가 저자에서 공공연하게 일반 물건처럼 팔린다.'고 한탄한 내용이 있다. 또 "여러 가지 내기놀이 중에서도 심보가 나빠지고 재산을 탕진하며 가문과 친족들의 근심이 되게 하는 것은 투전이 첫째가 되고, 쌍륙, 골패가 그 다음이다."라고도 하였다.

이처럼 투전은 접하기 쉬웠기 때문에 사대부 자제에서부터 일반 서민에 이르기까지 적지 않은 이들이 투전에 빠져서 가산을 탕진하고 가정이 파탄나는 일이 허다하여 정조 대에는 금령을 내려 투전을 금지하기도 했지만 금지령만으로는 투전을 막을 수 없었고 이후로도 100년간이나 투전이 유행하였다.

도박용이던 투전은 영·정조를 거치면서 급속도로 퍼져 평민들뿐만 아니라 사대부 자제들도 재산을 잃는 경우가 허다하다고 했다. 이처럼 투전이 확산된 배경에는 화폐(상평통보)의 통용과 발달을 들 수 있다.

투전이 확산되는 배경으로는 먼저 화폐의 통용과 발달을 들 수 있다. 조선 후기의 풍속화를 보면 으레 투전판에는 동전묶음이 놓여 있다. 숙종(肅宗) 4년(1678) 이후, 각도(各道)의 감영(監營)에는 주전(鑄錢)을 허가함으로써 많은 양의 주화가 유통되었다. 이러한 화폐경제의 발달은 거래를 수월하게 할 수 있었다. 상업이 활성화되고 장시가 발달하는 것도 투전 확산의 배경이 된다. 전문적인 도박판은 인구가 집중된 한성부나 지방에서는 장시·기방 등 저자거리에 형성되었다.

투전에 대한 내용은 민속 문화의 다양한 장르에서 확인된다. 탈춤에 등장하는 투전판, 농악의 도둑잡이굿, 숫자풀이, 사시랭이소리 등의 민요에 투전이야기가 등장하거나 활용되고 있다. 이것은 투전이 미친 사회적 파장이 매우 컸기 때문으로 보인다. 투전 놀이 방식은 화투놀이에 많이 도입되었다.

임재해는 『한국 민속과 오늘의 문화』(1994)에서 하나후다의 수투 기원설을 두 가지로 설명하고 있다. 하나는 한반도에서 오래전부터 놀이되던 수투가 지형적으로 접근성이 용이한 일본으로 건너가 하나후다의 원류가 된 것이라는 것이고, 또 하나는 19C 초 스튜어트 컬린(2003)이 저술한 저서 안의 보고서를 근거로 하여 조선시대(1392~1910)의 수투가 11C경 서양에 전파되어 카르타가 형성되는데 모티브가 된 뒤, 이후 이 카르타가 일본에 유입되어 유럽형 가루타의 과정을 거쳐 하나후다 도안의 근간을 이루게 되었으므로 지금까지 정설처럼 여겨져 오던 하나후다의 화투 원조설을 뒤집고, 오히려 일본 하나후다의 원천은 한국의 수투에 있다고 주장하였다. 이 견해는 일리가 있다. 앞에서 스튜어트 컬린(1895)이 주장한 것처럼 카르타에 영향을 미친 수투는 하나후다의 도안에도 영향을 미쳤을 거라는 추측이 가능하다.

〈사진 2-21〉 수투

또 다른 추정으로는 조선과의 직접 연관설을 살펴볼 수 있다. 임진왜란 이후 단절되었던 조선과 일본 간의 문화 교류가 17C부터 18C에 걸쳐 12차례의 조선통신사(朝鮮通信士)를 기반으로 다시 재개되면서 당시 조선의 사대부 계층에서 유행하던 수투와, 민중들이 즐겨하던 투전 등의 놀이가 일본에 전래되게 되었고, 이것이 도박계통의 유럽형 가루타에 접목되어 하나후다의 원형이 만들어졌다는 설이다. 이외에도 조선통신사보다 앞선 임진왜란(1592~1598) 때 가져갔을 수도 있고, 조선을 드나들던 왜상을 통해서도 충분히 전해질 수 있는 상황이었다.

일본 전국역사교육연구협의회(1988)에서 편찬한 『일본사용어집』에 조선통신사는 임진왜란 이후 단절되었던 외교 통상을 하고자 1607년부터 조선을 방문한 이래, 일본은 쇼군(將軍)이 바뀔 때마다 조선을 방문하였고 이에 대한 응답으로 조선에서 보낸 문화교류단이다.

선진문화국의 사절로서 300~500명 규모로 구성된 조선통신사는 일본의 요청에 따라 선조 34년(1601)에 손문혹, 사명대사 등이 파견되었다. 선조 40년(1607)부터 순조 11년(1811)까지 12차례에 걸쳐서 통신사가 파견되었다는 기록이 있다.

통신사 일행에는 문인과 서화가 등이 동행했으며 일본의 지식인들은 회담을 통해 조선의 선진문화는 물론 역사, 경사(經史), 풍물, 화풍까지도 받아들였다. 이러한 상황에서 조선의 놀이가 자연스럽게 전래되었을 것으로 추정하는 것은 그다지 어렵지 않다.

이외에도 조선통신사보다 앞선 임진왜란(1592~1598) 때 가져갔을 수도 있고, 조선을 드나들던 왜상을 통해서도 충분히 전해질 수 있는 것이다. 이렇게 여러 가지로 추정한다는 것은 정확한 기록이 남아있지 않기 때문이기도 하고 일본에서 주장하는 탈아입구론(脫亞入口論)이 적용되어 조사를 하지 않은 부분도 있을 것으로 여겨진다.

그러나 조선과의 연관설을 제외하고 여섯 가지로 추정하는 내용들의 공통점은 당시 무역이 가능했던 남유럽 상인들을 통해서 들어왔다는 것이다. 그리고 일본 가루타의 원류도 한 종류가 아니라 여러 종류의 카르타와 타로가 시간차를 두고 일본에 유입된 것이라는 것은 일본 내 학자들의 저서에서 밝혀졌으므로, 그동안 추정에 그칠 수밖에 없었던 하나후다의 원조는 남유럽산 카르타라는 것에는 이견이 없다.

2.5. 다양성의 합체 일본의 하나후다

화투의 원류가 되는 하나후다는 어떠한 놀이도구의 영향을 받아 만들어졌는지 그 성립과정과 상관관계를 역사적으로 고찰하여 어떻게 다양성을 띠게 되었는지를 분석하려고 한다. 하나후다의 원조로 확인된 유럽산 카르타와 마조, 골패, 수투 등의 재매개체와의 상호 영향관계를 관찰하여 하나후다와 관련이 있는 일본에서 변형된 도박계통의 유럽형 가루타가 어떤 변형과정을 거쳐서 하나후다로 완성될 수 있었는지를 분석하기 위하여 하나후다의 변천사를 중심으로 고찰하고자 한다.

하나후다의 원류는 카르타라며, 플레잉카드의 도래설을 주장한 학자들의 내용을 확인하려고 한다. 먼저 시기적으로 앞서는 모리스에 요시아키(森末義彰)와 히노니시 스케노리(日野西資孝)의 저서『풍속사전』(1957)에 기록된 1950년대 주장을 살펴보면, 하나후다의 원류는 1350년경 이탈리아에서 놀이되던 카르타이며, 베네치아에서 창제된 카르타가 일본에 유입된 것이라고 하였다. 내용을 살피면 다음과 같다.

> 트럼프가 일본에 전해진 것은 무로마치시대(1338~1473) 말기이며 총포와 함께 포르투갈에서 전해졌다고 한다.
> 「トランプが日本に伝わったのは室町時代末期で、鉄砲などとともにポルトガルか ら伝えられたとされている。」

15C 중반 무렵, 일본에 도입된 남유럽산 카르타의 도안은 앞서 살핀 〈사진 2-7〉 포르투갈 카르타 1도안, 〈사진 2-8〉 에스파냐 카르타 2도안, 〈사진 2-9〉 이탈리아 베르가모 카르타 3 등이다.

그러나 1990년대 들어 가타 코지(加太こうじ)가 저서『일본풍속사전(日本風俗史事典)』(1994)의 「하나후다(花札)」 편에서 주장한 내용을 살피면

카르타의 일본 유입 시기는 같은 16C 중반으로 추정하면서도, 카르타의 원류는 앞서 모리스에 요시아키·히노니시 스케노리가 주장한 플레잉카드(Playingcard)가 아니라 타로(Tarot)라고 주장하였다. 내용을 옮기면 다음과 같다.

남유럽산 카르타는 16C 중반 포르투갈 선박을 통해서 일본에 들어온 것이다. 카르타는 포르투갈어로 카드라는 의미이다. 이 유럽산 카르타의 원류는 타로로 짐작된다. 「南蛮歌留多は16世紀半ば、ポルトガルから日本にもたらされた船来から入った。かるた(carta)という言葉はポルトガル語でカードの意味である。この南蛮かるたの源流はタロットカードだと考えられている。」

16C 중반 무렵, 일본에 도입된 남유럽산 타로는 22장의 메이저 알카나와 56장의 마이너 알카나, 총 78장 구성이다. 일본에 도입된 남유럽산 타로의 도안은 앞서 살핀 〈사진 2-15〉 유럽산 타로 1도안 등이 있다.

2000년대 들어서는 마스카와 코이치(增川宏一)도 저서 『도박 I(賭博 I)』(2005)에서 1950년대의 모리스에 요시아키·히노니시 스케노리와 마찬가지로 일본에 유입된 카르타의 원류는 플레잉카드라고 주장하고 있다. 마스카와 코이치는 일본에서 일반적으로 플레잉카드를 트럼프라고 부르는 것은 잘못된 표현이라고 하면서, 트럼프의 의미를 밝히는 부분에서 일본에 유입된 카르타의 원류는 플레잉카드라고 주장하고 있다. 내용을 인용하면 다음과 같다.

트럼프는 본래 으뜸패라는 의미이다. 영어권에서는 플레잉카드 또는 단순히 카드라고 호칭한다. 이것을 포르투갈어로는 카르타라고 한다. 즉 카르타는 트럼프의 이명(異名)이다.

「トランプは本来は切り札という意味で、英語ではプレイングカードまたは単に
カードという。これをポルトガル語にすると「カルタ」である。つまりカルタとは元々
トランプのことだったのである。」

　위 일본학자들의 주장을 살피면 일본 내에서는 카르타를 플레잉카드, 트
럼프, 으뜸패, 카드 등으로 혼용하여 사용하고 있었던 것을 알 수 있다.
　위 학자들의 주장으로 알 수 있는 것은 16C 중반부터 본격적으로 일본
에 유입되기 시작한 남유럽산 카르타는 한 종류만이 아니었던 것으로 분석
된다. 일본에 유입될 당시 이미 카르타도 타로도 여러 종류가 일본에 유입
되었다는 것을 확인할 수 있다. 당시의 인쇄술로 미루어본다면 쉽게 이해
가 되는 부분이다.
　세계는 대항해시대(大航海時代, 15C 초~17C 초)에 접어들어서, 항해술
이 발전한 유럽의 상선 등이 미개척 대륙을 돌아다니며 항로를 만들어서
무역자본이 성장하고 요즘과 같은 국가, 민족이라는 개념이 등장했던 시기
이다. 유럽에서는 이탈리아와 프랑스를 중심으로 타로(Tarot)가 보급되고
있었을 당시, 일본은 아즈치·모모야마시대(安土·桃山時代)에 해당되며, 다
이묘(大名)들이 군웅 할거하는 전국시대(戰國時代, 16~17C)이었다. 다이
묘들이 페르시아·인도·유럽 등과 무역을 시작하자 교토(京都)는 국제색이
짙은 문화도시로 발전하게 되고 무사(武士)와 쵸닌(町人)들 사이에는 유럽
풍속(南蛮風俗)이 유행하게 된다.
　이 과정에서 유럽산 카르타가 일본에 유입된 경로는 대략 일곱 가지 정
도로 추정된다. 그중 하나는 당시 무역을 하던 스페인이나 포르투갈 선박
의 선원이 긴 항해에 따른 무료함을 달래기 위해서 가지고 놀던 카르타를
일본의 다이묘(大名)들에게 선물하면서 유입되기 시작한 것으로 알려졌다.
또 하나는 1543년 규슈(九州) 오무라령(大村領) 다네가시마(種子島)에 내
항한 포르투갈 선박의 상인에 의해 수입되었다. 포르투갈, 또는 스페인에

서 수입된 카드로, 48장이 한 벌이다. 소위 일본에서 말하는 남유럽산 카드이다. 16C 중엽 남유럽에서 수입되었다. 가루타의 한 갈래가 16세기 중엽(아즈치·모모야마시대)에 포르투갈에서 큐슈로 유럽 도래품(총포·생사·피혁 등)들과 함께 들여온 남유럽 문화의 카드놀이이다.

다른 하나는 유럽 수입품과 함께 서양 문화의 일환으로 들어온 가루타와 그 놀이방법을 포르투갈 상인으로부터 전해서 들은 미이케 테이지(三池貞次)가 도쿠가와 막부에 진상하면서 유입되었다는 설이 있다. 이외에도 네덜란드에서 들어왔다는 설과 14C 후반 유럽에서 유행하던 플레잉카드(Playingcard)가 16C경 동남아시아와 동아시아에 퍼진 뒤, 일본인의 동남아시아 진출에 따라 들어왔다는 설 등도 있다. 또 다른 견해로는 앞에서 살핀 뉴메랄(numeral)이 16C 후반(1571년)에 일본으로 들어왔다는 것 등이다. 일본은 적극적인 수용으로 유럽산 카르타와 유럽산 타로를 받아들인 사실을 확인할 수 있다.

15C 중반 무렵부터 적극적으로 수용한 남유럽산 카르타를 모방하여 일본 내에서 처음 만들어진 것이 텐쇼가루타(天正加留多)이다. 이에 대하여 모리스에 요시아키·히노니시 스케노리(森末義彰·日野西資孝)는 초기에는 주로 규슈(九州)의 지쿠고(筑後, 옛 지명. 지금의 후쿠오카현(福岡縣) 남쪽)·미이케(三池)에서 생산되었으며 유럽산 카르타를 토대로 만들어졌기 때문에 도안물의 형태는 유럽산 카르타와 흡사하다고 설명하고 있다. 미이케(三池)는 후쿠오카현(福岡県) 오다시(大田市)의 일부이다. 원래는 다치바나성(立花城)을 중심으로 발달한 시가로서, 유메이(有明)해안가에 있으며, 미이케 석탄(三池炭田)의 운반항으로 유명하다. 일본 지도에서 해당 지방을 표시하면 다음과 같다.

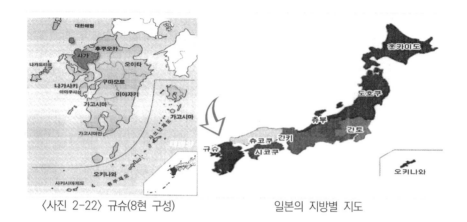

〈사진 2-22〉 규슈(8현 구성)　　　　일본의 지방별 지도

　　국산 가루타 1호는 유럽산 카르타를 토대로 규슈 지쿠고 미이케(죠카마치가네야도바쵸)에서 만들어진 것을 덴쇼가루타라고 한다. 48장이 한 벌이다. 도안은 서양풍이며 화려한 모양을 갖추고 있다. 덴쇼가루타는 장방형의 두껍고 작은 종이에 칼, 옥, 술잔, 법사(法師), 기사(騎士) 등의 그림이 그려져 있으며, 숫자 패 9장(9X4)과 그림 패 3장(3X4), 총 48장으로 구성되어 있다. 1992년(平成 3年) 복원된 고베(神戶)시립박물관에 소장된 일본에서 가장 오래된 가루타 도안인 「덴쇼가루타판목중상(天正かるた版木重箱)」의 덴쇼가루타 도안을 사진으로 제시하면 다음의 〈사진 2-23〉과 같다. 조금 다른 형태의 덴쇼가루타도 발견되었으므로 함께 제시한다.

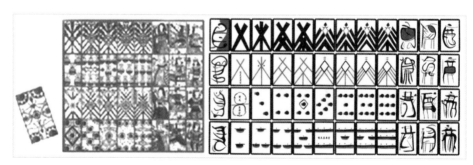

〈사진 2-23〉 덴쇼가루타 1, 2

마스카와 코이치(增川宏一)는 저서 『도박의 일본사(賭博の日本史)』(1989)에서 다음과 같이 설명하고 있다.

　　원래 도박용이었던 '포르투갈 카르타'는 일본에서 '가루타'가 되어서도 마찬가지로 도박용이었다. 덴쇼가루타는 그 후 갖가지 다양한 형태로 변형되어 갔다. 서양 카드를 토대로 하여 덴쇼 연대에 만들어진 국산 '가루타'이다. 후에 '덴쇼가루타'라고 불리워지게 되었다.

　　「もともと賭博用具であった「カルタ」は日本で「かるた」となってもやはり賭博用具であった。天正かるたはその後さまざまな形態に変化していく。西洋のカードを元に天正年間(1573-1592)に作られた国産「かるた」。後に「天正かるた」と呼ばれる。」

　일본에서 처음 만들어졌다는 덴쇼가루타(天正加留多)에 대한 위의 두 자료를 분석한 결과 두 가지 추정이 가능하다. 하나는 15C 중반부터 16C 초 무렵에 유입된 남유럽산 카르타에 일본식 명칭이 후세에 와서 붙여졌을 것이라고 보는 견해이다. 또 다른 추정은 유럽산 카르타를 토대로 덴쇼시대(天正年間, 1573~1591)에 일본에서 모방하여 만들어내기 시작한 초기의 가루타를 지칭한 것이다.

　지방에 국한된 금지령이라 하더라도 29년과 22년, 7년의 간격 차를 두고 세 차례에 걸쳐 내려진 '가루타 금지령'들이 내포한 의미는 크게 두 가지이다. 덴쇼가루타라는 명칭과 덴쇼가루타의 도안이 점차 자취를 감추는 계기가 된다. 적극적으로 수용된 유럽산 카르타의 급격한 세력 확산은 국산 1호라는 덴쇼가루타를 만들어내고, 이어 덴쇼가루타의 지나친 성장세가 사회 문제를 야기하자 국가가 이를 금지하기에 이른다. 이 국가적인 단속을 피하고자 덴쇼가루타의 도안 형태 및 명칭, 장수가 다른 운슨가루타를 이용하게 된다. 표면상 사라진 덴쇼가루타를 대신하여 등장한 운슨가루타를 제시하면 〈사진 2-24〉와 같다.

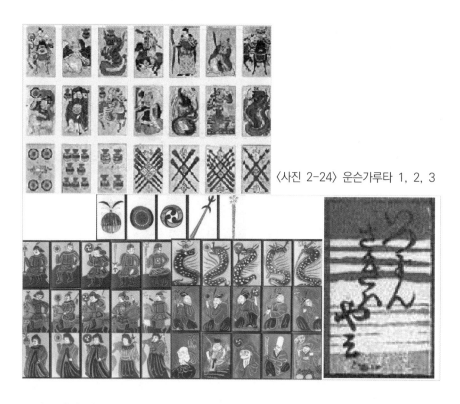

〈사진 2-24〉 운슨가루타 1, 2, 3

가루타가 유행함에 따라 폐해도 늘어나자 막부는 재차 금지령을 내린다. 그런 가운데 고안해 낸 것이 초기 유럽형의 운슨가루타와 달리, 수표(数標)가 있는 변형된 운슨가루타이다. 총 75장(5종X15장)으로 구성된 화려한 가루타로서 고급스러운 형태이며 인기가 높았다. 게임 내용이 상당히 복잡하고 난이도가 높다. 2020년 현재도 놀이를 하는 사람이 있을 정도라고 한다. 운슨이라는 명칭의 유래를 추정하는 설은 크게 세 가지이다.

첫 번째 자료(1957)를 살피면 모리스에 요시아키·히노니시 스케노리(森末義彰·日野西資孝, 1957)는 처음 만들어지기 시작한 시기를 1684~1687년 사이로 추정하며, 운슨가루타에는 '운'이라고 부르는 패와 '슨'이라고 부르는 패가 있다. '운슨'의 어원은 포루투갈어로 최고라는 뜻이다. (um은 포르투갈어로 하나를 의미하고, sum은 최고를 의미한다.) 지금도 일본에서 아무런 대꾸가 없을 때 사용하는 표현인 '이렇다 저렇다 별말이 없다'는 여기에서 유래된 것이라고 하면서 운슨이라는 명칭의 유래를 포르투갈어에서 찾았다.

한편 1688년경으로 추정하는 두 번째 자료를 살피면 명칭에 다른 의미를 담고 있다. 사무카와 히로유키(寒川廣行)는 두 번째 저서인 『하나후다 입문(花札入門)』(1980)에서 '운슨'이라는 명칭은 후기에 나온 가루타 그림에 운(검)과 슨(인물)이 들어 있던 데에서 유래되었다고 하면서, 17C 후반으로 추정되는 시기에 국산가루타의 변형으로 5종류X15조, 총 75장이 한 세트인 '운슨가루타'가 나타났다. "이것은 국산일 뿐만 아니라 놀이방법을 보더라도 일본의 독창적인 가루타이다. 가루타 기법을 흡수한 것에 이어서 우리들의 조상은 독특한 가루타를 창조하였다. 그 후 우리나라의 가루타는 외국의 트럼프와는 다른 독자적인 길을 걸었다."며 새로운 놀이도구가 생겨난 것처럼 피력하고 있으나 도안의 실물을 비교해보면 이 주장에는 무리가 있음을 알 수 있다.

또 다른 세 번째 명칭 추정설로는 오사다케 다케키(尾佐竹猛)의 견해가 있다. 같은 운슨가루타의 명칭을 다르게 해석한 것인지 아니면 다른 종류의 운슨가루타가 존재한 것인지는 좀 더 살펴 볼 필요가 있다. 오사다케 다케키는 저서 『도박과 도모 연구(賭博と掏摸の研究)』(2005)에서 유럽산 카르타의 영향을 받아 제작된 운슨가루타의 명칭이 조선어에서 인용한 것이라고 추정하는 사견을 다음과 같이 밝히고 있다.

운슨이라는 명칭에 대해서는 니이무라 설을 채용하였지만, 사견을 피력하면 일본어에서는 잇신토(一親等) 니신토(二親等)로 표현하는 것을, 조선에서 1촌, 2촌이라고 표현하는 조선어 표기 잇슨(一寸), 니슨(二寸)을 사용한 것으로 보아, 단순히 이 호칭을 본 따서 부른 것은 아닌가 하는 비과학적인 생각도 든다.

「何故にウンスンというかについて新村説を採用することとなるのであるが、これ
につきまた愚説を出せば朝鮮では一親等，二親等というべき所を一寸，二寸というて
おるから單純にこの稱號を真似て呼んだのでは無いかとの非科學的妄斷もして見た
いような気もする。」

　운슨가루타가 등장한 시기라면 조선에 대한 동경이 있던 시대이기 때문
에 충분히 추측 가능한 일이다. 그러한 추측을 굳이 망령적인 판단이라는
망단(妄斷) 표현을 써가면서 애써 감추려는 행태를 학자의 모습에서도 엿
볼 수 있는 부분이라 하겠다. 운슨가루타 명칭의 유래가 조선어라고 추정
하면서 하나후다의 선배격인 운슨가루타에 명칭 외, 놀이방법이나 도안이
부분적이든 전체든 인용되거나 이용되었을 것이라는 것을 추측하는 것은
어렵지 않다고 본다.
　운슨가루타 명칭의 유래에 대한 오사다케 다케키(尾佐竹猛)의 사견은
당시 1607년(조선 선조 40년)부터 조선통신사의 왕래가 있던 시기이므로
충분히 설득력이 있다.
　이외에도 에도시대 지지(地誌)인 『옹주부지(雍州府志)』의 「반일한화(半日
閑話) 토산부(土産部)」에 따르면 교토의 육조방문(六條坊門)에서 만든 운슨
가루타는 미이케(三池)가루타라는 별칭이 있었다. 미이케가루타는 매우 화
려하고 고급스러웠다. 금·은박(金銀箔)으로 치장하였기 때문에 박(箔)가루
타라고도 불렸는데, 원래는 네덜란드인이 놀던 것이라고도 한다.
　그렇다면 위에서 분석한 내용으로 추정할 수 있는 것은 운슨가루타로
명명되는 가루타도 이미 한 종류가 아닌 여러 종류가 존재하였다는 것이
다. 운슨가루타가 유행한 시기는 17C 말~18C 초(1688년~1703년) 사이다.
만들어진지 약 20여 년만이고 뒤를 잇는 메쿠리후다와는 약 30여 년의 차
이를 보인다. 이는 도박용 가루타로서 많은 인기가 있었다는 사실을 입증
한다.

18C 중엽부터 후기에 이르기까지 도박용 가루타는 최고의 유행을 보인다. 막부는 이러한 가루타 변화에 대응하여 몇 차례에 걸친 금지령을 내리게 된다. 막부는 이러한 유럽형 가루타의 변화에 대응하여 1702년에는 에도에서 도박을 철저하게 금지시키기 위해 도도고찰(賭徒考察)이란 관직을 만들어서 지속적인 단속을 시작하였다. 그러자 가루타는 막부의 금지령을 피하기 위해 형태를 서양풍에서 일본풍으로 바꾸어가면서 명칭과 놀이방법을 바꾸어 지속시켜 나갔다.

담당부서를 상설하여 관리 단속하였다는 것은 이미 유럽용 가루타는 도박용 가루타라는 인식이 사회 전반에 널리 퍼져 있었다는 사실을 입증한다. 이 때문에 더 빨리 단속의 대상이 되었고 이로 인하여 단속을 피하기 위하여 새로 만든 가루타의 사용 수명도 짧아졌다. 지속적인 금지령이 내려진 후부터는 후속되는 가루타와의 교체 시기가 급속도로 빨라졌음을 의미한다.

마스카와 코이치(增川宏一)는 앞에서 서양 카드를 토대로 하여 만들어진 덴쇼가루타가 갖가지 다양한 형태로 변형되어 갔다고 분석하였는데, 이어서 덴쇼가루타의 도안 형태가 시대의 흐름에 따라 서양풍과 일본풍의 그림이 섞인 호화스러운 형태의 운슨가루타의 도안 형태로 서서히 변신을 하게 된 것을 이어서 설명하고 있다.

변형되기 시작한 초창기의 그림 모양은 이국풍의 유럽인 모습이었지만, 적극적인 변형이 시도된 후에는 에비스(惠比寿), 후쿠로쿠쥬(福祿壽)등의 일본화로 도안이 바뀌었다. 이 시기에 서양풍에서 일본풍으로 많이 개량되었다. 에비스는 칠복신(七福神)의 하나로서, 오른손에는 낚싯대를, 왼손에는 도미를 안은 어업·상가(商家)의 수호신을 가리킨다. 후쿠로쿠쥬는 높은 지위와 재산, 행운을 담은 중국의 사슴 상징 복록수(福祿壽)는 중국인이 가장 좋아하는 것이다. 따라서 이 세 글자를 이용한 상징이나 부적이 많다.

이와 같이 도안에 여러 형태로 변형을 시도하지만, 아직은 일본풍의 모습을 많이 보인다기 보다는 유럽산 카르타를 일본에서 모방하여 만들어내기 시작한 초기의 덴쇼가루타 도안 형태와 마찬가지로 〈사진 2-7〉의 사진에서도 보아 알 수 있듯이, 일본에서 만들어 낸 유럽산 카르타로 보는 것이 적절하다. 즉 국산 1호라고 지칭한 덴쇼가루타와 마찬가지로 운슨가루타 도안 역시 아직은 일본풍이라고 보기 힘들다.

앞서 살핀 자료 〈사진 2-23〉과 〈사진 2-24〉를 비교해 보면 운슨가루타는 덴쇼가루타 도안 형태와 현격한 차이를 보인다. 장 수 구성면에서도 많은 차이를 보인다. 덴쇼가루타가 총 48장(4장X12조) 구성인데 반해, 운슨가루타는 1세트가 총 75장(5종류X15조)으로 구성이다. 놀이방법이 상당히 수준이 높고 복잡하다고 운슨가루타를 소개하면서 도안형태가 18C 초 서양과 일본의 것이 섞여 만들어진 고급스러우면서도 화려한 놀이도구를 만들어냈다고 설명한다.

이에 대해서는 처음에 48장이었던 것을 75장으로 개량했다는 설과 처음부터 75장이었다는 설이 있다. 이 두 주장 모두 운슨가루타는 덴쇼가루타가 변형된 가루타라는 가설을 토대로 한 것이며, 확실한 근거에 의존한 것은 아니다. 그러나 본 저서에서 살펴본 바로는 〈사진 2-24〉의 운슨가루타는 〈사진 2-23〉 덴쇼가루타가 변형 발전된 형태가 아니라 다른 종류의 유럽산 타로카드로 추정된다. 즉 얼마만큼의 시간적인 간격을 두었는지는 알 수 없으나, 일본에 유입된 유럽산 카드는 한 종류가 아니라는 것이다. 근거로는 〈사진 2-7, 8, 9〉의 유럽산 카르타와 〈사진 2-14, 15, 16, 17〉의 유럽산 타로에 대한 사진과 장 수(張數)의 차이를 들 수 있다.

48장~52장 정도의 장 수 가감은 가능하겠지만, 낯선 이국풍의 그림을 약 26여 장이나 늘여서 74장~78장으로 만든다는 것은 불가능하다고 본다. 본 저서 〈사진 2-7, 8, 9〉 유럽산 카르타의 사진 자료를 살펴보면 48장 구성이며 〈사진 2-23〉 덴쇼가루타의 원류임을 알 수 있다. 또한 78장으로 구성된 〈사진 2-14, 15, 16, 17〉 유럽산 타로의 사진 자료를 살펴보면 이

유럽산 타로가 〈사진 2-24〉 운슨가루타의 원류임을 알 수 있다. 그러나 다른 한편으로는 덴쇼가루타가 아닌 운슨가루타가 일본 최초의 국산 가루타라는 모리스에요시아키(森末義彰)와 히노니시스케노리(日野西資孝)의 견해도 있다. 이를 자료로 살펴보면 다음과 같다.

가루타가 일본에 수입되어 유행한 순서는 운슨을 시작으로 덴쇼가루타, 현재형의 트럼프 순이다. 그들이 일본 고유의 가이오오이와 하나아이의 우아한 놀이와 견주게 된다.
「カルタの日本輸入流行の順序は、ウンスンから天正カルタ、現在型のトランプで、それらが日本固有の貝覆い(貝を合わせる)花合い(花を合わせる)のみやびやかな遊びにならんだのである。」

그러나 1573년~1591년 사이에 만들어진 것으로 추정하는 덴쇼가루타와 운슨가루타가 만들어진 시기를 1684년~1688년 사이로 추정하는 설 이외에도 야마모토 다쿠(山本卓)는 저서 『도박대백과(賭博大百科)』(2005)에서 변형 형태나 놀이 방법 등의 유래를 보아도 덴쇼가루타가 역사적으로 앞서는 것으로 추정하는 설이 더 설득력이 있다. 아래 자료에서 연도를 재추정해 보고자 한다.

가루타도 에도시대에 대유행을 한 놀이의 하나이다. '운슨가루타'는 에도를 중심으로 대유행을 하였다.
「カルタも江戸時代に大流行した遊びのひとつだ。"うんすんカルタ"は江戸を中心に大流行したのである。」

위의 인용문에 보이는 에도시대(1603~1867)라면 운슨이 만들어졌다는 연도보다 80년이나 앞선 연도이며, 덴쇼가루타가 만들어졌다는 연도는 에도막부가 들어서기 전이므로 운슨가루타가 덴쇼가루타의 뒤를 이어 나온 가루타라는 주장이 설득력이 있다고 본다. 또한 운슨가루타의 특징을 든 사례를 살펴보면 덴쇼가루타와 달리 만들어짐과 동시에 처음부터 도박용으로 사용되면서 급속도로 유행했다는 대목이 있다. 이것은 이 놀이 도구의 규칙이나 도안물이 낯설지 않고 비교적 친숙하기 때문에 가능한 것이다.

일본에서 제조되기 시작한 덴쇼가루타와 운슨가루타, 이 두 가루타의 공통점과 차이점을 살피면 다음과 같다. 일본에서 생산되기 시작한 초기 형태의 유럽형 가루타라는 것이 공통점이다. 이어 차이점을 살펴보면 덴쇼가루타는 수입한 유럽산 카르타의 공급 부족으로 생겨난 것에 반해, 운슨가루타는 여러 차례에 걸친 국가 차원의 금지령 때문에 생겨난 것이다.

여기에서 간과할 수 없는 것은 덴쇼가루타의 맥이 완전히 끊기고 운슨가루타로 계승된 것이 아니다. 17C 중·후반에 이루어진 세 차례의 덴쇼가루타 단속 이후 운슨가루타가 활동하는 동안 덴쇼가루타는 에도(江戶)에서 표면적으로는 사라졌지만 국가의 단속을 피해 놀이 방법과 함께, 명칭과 도안 장 수 등에 점차 변형을 주며 지속되고 있었다.

위에서 카르타의 유입설을 비교 분석한 결과, 가타 코지(加太こうじ, 1994)가 일본에 유입된 것은 남유럽산 타로카드라고 하였고, 위에서 살펴보았듯이 타로의 구성은 78장 구성이다. 그리고 모리스에 요시아키·히노니시 스케노리(森末義彰·日野西資孝, 1957)가 표현한 남유럽산 트럼프와, 마스카와코이치(増川宏一, 2005)가 표현하는 남유럽산 카드는 둘 다 카르타를 의미한다. 앞에서 살펴보았듯이 48장 구성이다.

여기에서 추정 가능한 것은 도안의 변화는 단기간에 가능하나, 장 수의 구성이 78장에서 48장으로, 또는 48장에서 78장으로 변화가 이루어지자면 적지 않은 놀이기간이 필요하다. 그러므로 유럽산 카르타와 유럽산 타로는 각각의 경로의 통하여 일본에 유입되었고, 각각의 도안 변천이 이루어지게 된 것으로 보인다.

2.6. 화투의 스토리텔링

일본에서 유입된 하나후다는 화투라는 명칭으로 한국에 널리 퍼지게 되었다. 이에 2.6.에서는 화투의 어원과 유입 경로를 분석하여 어떻게 화투라는 명칭이 붙게 되었는지 그 연유를 살핀 뒤, 화투 형태의 놀이가 양국 간에 역사적으로 상호 교류된 부분은 없었는지도 아울러 확인하고자 한다.

한국의 민속놀이 중 편싸움이나 격구 등의 놀이는 외적의 침입에 대비하기 위한 군사적 목적으로 행해졌고, 줄다리기나 달집태우기 등은 풍농과 마을의 안녕을 기원할 목적으로 행해졌다고 한다. 이처럼 특정한 놀이가 성행된 배경에는 그 시대의 사회적 상황이 중요한 역할을 하고 있다. 이에 투기적 놀이가 성행하는 데에도 사회적 상황이 역시 크게 작용하였다고 하겠다.

투기적 성격이 강한 민속놀이로는 윷놀이, 승경도(陞卿圖, 벼슬살이를 하는 도표라는 뜻)들이 있다. 승경도 놀이는 조선시대 양반자제들이 하던 한국의 민속놀이로 '종경도(從卿圖)', '승정도(陞政圖)', '종정도(從政圖)'라고도 한다. 승경도는 조선시대의 수많은 관직의 등급과 상호관계를 놀이를 통해 익히며 벼슬에 오르는 포부를 키워준다. 조선 초기의 문신 성현(成俔 1439~1504)이 지은 잡록(雜錄)인 『용재총화, 慵齋叢話』에 하륜(1347년~1416년)이 창안했다는 기록이 있다.

놀이는 종정도라는 관직도표가 필요하며 숫자방망이와 각색의 말들이 있어야 한다. 놀이 인원은 제한이 없으나 4~8명이 가장 적당하다. 도판 크기는 길이 2m 내외, 폭 40㎝ 내외가 적절하다. 여러 가지 까다로운 규칙들이 있어 그 길이의 3/4만을 관직 도표에 충당하고 나머지 1/4에는 놀이의 규칙들을 기입해둔다. 놀이방법에는 사헌부와 사간원 벼슬자리를 찾아나서는 양사법(兩司法), 승정원의 관리들이 사용하는 은대법(銀臺法) 등이 있다. 놀이를 하는 동안 양반집 자녀들이 자연스럽게 조선시대의 벼슬 직제에 대하여 학습할 수 있는 효과가 있다고 한다.

<사진 2-25> 투전놀이

이중에서 윷놀이와 승경도놀이는 조선시대에 성행했던 놀이이다. 규칙이 단조롭고 놀이도구를 쉽게 장만할 수 있는 윷놀이는 서민층이 즐겼으며, 놀이 규칙이 다소 복잡한 승경도놀이는 양반들이 즐겼다. 하륜(1347년~1416년)이 창안했다는 기록이 있는 승경도놀이의 연도를 보면 이미 신분제도를 놀이에 적용한 것은 16C 중반으로 일본에 유입된 유럽산 가루타보다도 200년 정도 앞선다.

이외에도 수투와 투전이 있었다. 해방 전까지의 주된 투기적 놀이는 이 놀이들이 차지하고 있었으나 개화기 이후에 일본에서 유입된 화투와 해방 이후 미국에서 들어온 서양의 카드(일명 트럼프)는 14~15C의 국가를 모델로 고안된 것이다. 카드는 크게 스페이드(spade), 다이아몬드(diamond), 하트(heart), 클럽(club)의 4대 가문으로 구성되며, 각각의 가문은 다시 왕(King), 왕비(Queen), 시종(Jack), 그리고 숫자로 표시된 왕의 군사 등 모두 13명으로 구성된다. 카드 게임의 방식 중 하나인 포커는 52장의 카드를 사용하며 놀이꾼이 7장의 패를 받아 그 중에서 5장을 가지고 승부를 겨루는 놀이로써 투기성이 매우 강한 특성을 가지고 있다.

트럼프가 점점 인기를 끌면서 윷놀이와 승경도놀이의 비중은 점차 축소되었다. 그러다가 급속한 산업화의 진행과 함께 외래 문물의 도입이 활발해진 1960년대 이후 승경도놀이는 아예 자취를 감추었고, 윷놀이는 명절 때 가족 단위로 행해질 정도로 그 비중이 축소되었다.

하나후다가 유입되기 이전에 우리나라에는 이미 이와 비슷한 형태의 놀이이면서 내기성향이 강한 전통놀이로 투전과 수투전이 있었다. 그리고 이 놀이의 투기성으로 인한 폐해에 대한 것도 이미 일반에 잘 알려져 있는 상태이다. 투전은 주로 서민층 남자들의 놀이였으며 수투전은 상류층인 사대부들의 놀이로 이용되었다.

화투(花鬪)라는 명칭은 투전(鬪牋) 형식의 수투(數鬪)에 하나후다(花札) 명칭이 접목되어 생긴 것이라는 이덕봉(2000)의 추정이 유력하다. 기존 토착놀이의 명칭과 교섭을 이룬 점으로 미루어 볼 때 화투라는 명칭이 자생적으로 생긴 것은 일제 강점기(1910.8.29~1945.8.15)보다 앞선 것으로 보인다. 이어서 한국에 유입된 하나후다의 경로를 살피면 다섯 가지로 집약할 수 있다.

첫 번째 추정은 교토지역의 지방 후다 중 하나이었던 하나후다가 조선에 건너온 것은 근세조선 이후로 추정한다. 이 추정으로는 대개 개화기(1876~1909) 무렵으로 보고 있다. 동학농민투쟁과 갑신정변 등의 국내 정세에 이어 일제가 실질적으로 한반도를 장악해 가던 무렵이었다. 19C 말에서 20C 초에 부산을 중심으로 활약하던 쓰시마(對馬島)의 일본 상인들에 의해 본격적으로 도입되었다는 설이다. 이에 대하여 황현(黃玹: 1855~1910)은 1864년부터 1910년(고종 1~융희 4)까지의 역사를 편년체로 서술한 한말의 역사서인 『매천야록(梅泉野錄), 6권 7책 구성의 필사본』에서 왜인(倭人)들이 서울과 항구도시에 화투국을 설치하면서 신사와 상인들이 파산하는 경우가 많다고 기록하고 있다.

두 번째, 한국민속사전 편찬위원회의 『한국민속대사전』(1991)에 따르면 한국의 수투가 조선통신사에 의해서 일본에 전래된 후, 일본에 유입된 유럽산 가루타의 영향을 받아 분화한 뒤 이것이 다시 일본 고유의 가루타에 접목되어 하나후다의 원형이 만들어져서 근세 이후 영향을 받았던 한국에 역으로 전해졌다는 설이다.

세 번째, 문화일보에 실린 "윷놀이는 주사위 게임의 원형"(2003.1.27.)의 내용을 살피면 두 번째에서 주장한 내용과 시대적인 순서가 바뀐 추정이다. 한국의 수투가 유럽으로 건너가 유럽산 카르타가 되었고, 이 카르타가 포르투갈 상인들에 의하여 일본에 유입되어 하나후다로 발전되었으며 이것이 다시 한국에 전해져 화투가 되었다는 설이다.

네 번째 추정은 두 번째 추정과 일맥상통한다. 일제 강점기 당시 경찰관이었던 이마무라 모토(今村基)가 발간한 저서『조선풍속집』(1914)에 하나후다는 조선 내 일본인 거류지에서 확산·전파되었다는 내용이 있다.

『조선도박요람(朝鮮賭博要覽)』(1926)에는 '지금부터 약 30년 전후 內地(일본)에서 조선에 수출하여…(중략)… 일본에서 사용하던 하나후다를 이용한 도박(賭戱)이 성행하였다.'고 적혀있다.

다섯 번째 추정은 황상철 기자가 작성한 한겨레신문(1997.8.18)의 내용이다. 1940년 이후 일본군이 실시한 대륙 정책의 일환으로 중국과 한국에 적극적으로 수출하여 각계각층에 급격하게 전파시킨 의도설이다. 이로 인하여 강제 징용 및 군속으로 참여했던 한국인들에 의해서 본격적으로 도입되었다는 것이다.

위의 다섯 가지 추정 중 세 가지는 자연스러운 유입 형태이고, 두 가지는 강제적이면서도 의도적인 면이 수반되는 형태이다. 다섯 가지로 집약된 하나후다의 유입 경로에서 유추할 수 있는 것은 19C 말에서 20C 초에 도박계통의 유럽산 카르타는 하나후다 형태로 한국에서 놀이되고 있었다는 것이다.

첫 번째 1884년쯤의 추정설은 하나후다의 형성 시기인 1804년~1818년과 비슷하며 일본 상인들과 무역을 하던 시기이므로 충분히 설득력이 있다. 그리고 두 번째와 세 번째 추정설 중 두 번째 추정설을 분석하면 유럽산 가루타가 유입된 시기 중 가장 빠르게 추정되는 시기가 1543년이고, 조선통신사들의 활동시기가 1607년부터이므로 이 둘의 영향 아래 만들어졌다는 추정이 가능하다.

　그러나 세 번째 형태를 분석하면 추정되는 한국의 수투 형성 시기가 17C이고, 유럽산 카르타의 형성 시기가 14C이므로 이 가설에는 무리가 따른다. 투전이 삼국시대의 것이라면 추정이 가능하다. 수투, 트럼프, 하나후다, 화투는 모두 도안에 그려져 있는 그림이 주도하는 것이 아니라, 도안물이 상징하는 숫자가 게임의 기능을 담당한다는 것이 공통점이다.

　하지만 임진왜란 이후 단절되었던 조선과 일본 간의 문화교류가 17C 조선 통신사를 기반으로 재개되면서 조선의 사대부 계층에서 유행하던 수투(殊鬪) 등의 놀이 방법이 유럽산 카르타에 접목되어 이 시기에 두 나라에 유사한 형태의 도박이 성행하게 되었다는 것은 추정이 가능하다.

　네 번째와 다섯 번째의 추정을 분석하면 당시는 이미 일제 강점기였으므로 네 번째 역시 가능하다. 다섯 번째 추정설인 의도설을 분석하면 1940년 이후 시민 지배 정책의 일환이라는 일본 신정부의 묵인 아래 국내 각계각층에 급격하게 전파되면서 전국적으로 퍼져 나갔다는 것인데, 당시 정황으로 보면 역시 있을 수 있는 일이다.

　도박계통의 유럽산 카르타를 유입하여 놀이한 역사가 400~500년에 이르는 일본은 이미 같은 계통인 하나후다의 해악이나, 사회에 미치는 파장 효과와 이에 따라 어떠한 결과가 초래된다는 것을 알고 있었던 것으로 추정된다.

　일본 국내에서는 골패세를 매겨 하나후다 제조·판매회사에 타격을 가하여 하나후다 놀이가 사라지게 한 것과 달리 조선 및 해외에 수출한 화투량은 1915년부터 1918년까지 약 4년 동안 무려 5,000만 벌을 넘어섰다.

　마스카와 코이치(增川宏一)는 저서『도박의 일본사』(1989)에서 조선에 수출한 화투의 수출량을 싣고 있다. 60만 벌(1909년), 86만 벌(1910년), 120만 벌(1911년), 1900년대 초 5년 동안 모두 376만 벌을 수출해서 일본 국내 소비량 312만 벌보다 54만 벌이 더 많으며 점점 더 증가하여 667만 벌(1915년), 1326만 벌(1916년), 1763만 벌(1917년)이라면서 주 수출국은 조선이었다고 피력하였다.

1940년의 사치품 제조 판매 제한 규칙(奢侈品製造販売制限規則) 규제안으로 하나후다가 쇠퇴의 길을 걸을 때 이미 전국 유통망을 갖춘 닌텐도(任天堂)골패회사가 판로를 개척하는 과정에서 수출에 적극적이었을 것이라는 추정이 가능하다. 현재는 게임기 전문회사이다. 당시 일본은 근대적인 유통시스템과 광고의 개념이 이용되고 있었다.

연도별로 보아 닌텐도가 대량으로 제조한 하나후다가 본격적으로 한국에 수입되었을 가능성이 높다. 닌텐도는 1907년(明治 40年) 일본에서 처음으로 트럼프 제작을 시작하면서 판매시장의 확대를 모색하는 차원에서 일본전매공사(日本專賣公社)와 교섭하였다. 당시 일본전매공사는 전국적인 유통망을 지닌 국영기업이었다. 담배 케이스와 하나후다·트럼프 케이스의 크기가 거의 비슷하다는 점과 하나후다가 주로 도박장에서 사용될 때 담배를 자주 피운다는 사실에 착안하여 닌텐도는 일본전매공사와 교섭을 성공시켰다고 한다. 그 결과 닌텐도의 하나후다는 담배 유통로를 타고 전국적으로 판매되기에 이른다.

앞에서 화투의 재매개체인 수투, 투전, 마조, 골패, 카르타, 하나후다의 성립과정과 상관관계를 역사적으로 고찰하여, 개별 놀이 특성과 아울러 재매개체의 텍스트에 어떠한 다양성이 내포되어 있는지 텍스트 제작 및 유입시기를 표로 정리하면 다음과 같다.

〈표 2-26〉 분석대상의 텍스트 제작 및 유입시기

명칭	1) 마조	2) 인도 차투랑가	3) 골패	4) 삼국시대 수투	5) 타로
시기	BC 2000년경	BC 2000년경	960~1277 10~13C	4C~7C	1271~1368 13~14C
명칭	6) 이집트 맘루크 카드	7) 조선 수투	8) 카르타	9) 하나 후다	10) 화투
시기	15C	1271~1368 13~14C	14C 말경~ 16C 중반	1818~1843 19C 중반	1876~1909 19C 후반

〈표 2-26〉에서 분석한 화투 재매개체의 텍스트 제작 및 유입시기와 학자들의 추론을 연계하여 살펴보면 마조와 골패의 영향을 받아 만들어진 수투가 집시들에 의해 중동을 거쳐 유럽으로 건너가 카르타가 되었고, 이 카르타가 포르투갈 상인들에 의해 일본에 유입되어 하나후다가 되었고 일본 카르타 상인들의 장사술로 한반도에 건너와 화투가 되었다는 것이다. 그리고 아쉽게도 대부분의 놀이 특징이 그러하듯이, 아직 카르타나 플레잉카드, 타로의 원류나 기원에 대한 정설(定說)을 찾지 못하였다.

이상과 같이 카르타의 발생지나 기원에 대해서 마조와 골패, 수투, 타로, 차투랑가 등과의 상관관계를 여러 학자가 주장하고 있으나 여전히 여러 추정만 있을 뿐이다. 이것은 놀이의 특성이기도 하다. 요한 호이징가(Johan Huizinga)가 저서 『호모 루덴스』에서 피력하였듯이 "놀이는 문화보다 오래 되었고, 놀이 자체가 문화의 한 기초가 되기도 하며 놀이 자체가 전승되어 문화가 된 것도 있다"고 하였다.

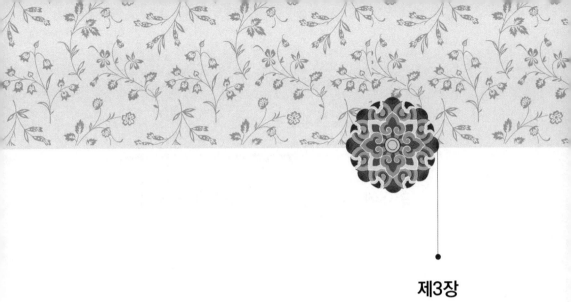

제3장

놀이에 나타나는
문화기호의 해석 차이

제3장

놀이에 나타나는 문화기호의 해석 차이

　2장에서 화투와 연관성이 깊은 수투(數鬪), 투전(鬪牋), 마조(馬弔), 골패(骨牌), 카르타(Carta), 하나후다(花札), 여섯 매개체를 역사적으로 고찰한 결과 성립과정에서 상호 연관관계가 활발하게 이루어졌고, 놀이기능에 공통분모를 갖고 있음을 알 수 있었다. 이에 화투 성립 과정에 기여한 수투, 투전, 마조, 골패, 카르타, 하나후다의 개별 놀이 특성과 아울러 이들 여섯 도안물이 지닌 문화성향을 비교 검토할 필요가 생겼다. 따라서 3장에서는 화투가 여섯 개의 재매개체와 공통분모를 갖게 된 원인을 도안물 형태로 검토하기 위하여 유럽산 카르타까지 확장하여 고찰한다. 이를 위하여 통합체적 축을 중심으로 도안물의 생성과정과 사회 문화적 배경을 인과관계로 연결하는 서사적 요소를 살필 수 있으므로 시니피에(signifier)라는 틀을 가지고 분석을 시도하려고 한다.

　방식은 시모어 채트먼(S. Chatman)이 제시한 옐름슬레브(L. Hjelmslev)

의 이원분류 방식을 적용하여 이야기에 초점을 두고 분석을 시도하는 서사 구조 분석 방식을 채택하였다. 내러티브는 인과관계로 엮인 실제적이거나, 허구적인 이야기를 다루는 것이므로, 본 저서에서 분석하려고 하는 여섯 재매개체의 구체적인 내러티브는 서사적 요소와 놀이적 요소로 구분할 수 있다. 그러므로 서사적 요소가 분석되는 내러톨로지(Narratology)에서는 통합체적 축을 중심으로 도안물의 생성과정과 사회 문화적 배경을 인과관계로 연결하여 관찰할 것이다. 현대적 내러톨로지는 놀이 그 자체에 대한 인문학적인 접근을 위한 이론적 바탕을 제공한다. 이것은 놀이가 배경이나 플롯 등 기존의 내러티브와 공통점을 갖는다는 데 그 의미가 있다.

단순히 도안을 비교하는 형태로는 놀이 특성에 따른 변형과정을 구체적으로 밝혀내기가 어려우므로 서사 구조 분석을 통하여 놀이 특성에 따른 내러티브 변형과정을 살피고 이 과정에 수반되는 사회, 문화적 의미 변화도 함께 검토하려고 한다.

통합체적 축을 중심으로 검토된 수투(數鬪), 투전(鬪牋), 마조(馬弔), 골패(骨牌), 카르타(Carta), 하나후다(花札)의 도안물 생성과정과 사회 문화적 배경을 연결고리로 하여 성립된 이들 여섯 재매개체가 화투의 텍스트에 어떠한 다양성을 기여하게 되었는지를 살피고자 한다. 이것은 프롭(Prop)과 그레마스(A. J. Greimas)의 이론을 바탕으로 놀이에서 서사가 차지하는 위치를 강조하고 이를 놀이의 가장 중요한 측면으로 간주하는 이론적 경향을 의미한다.

3.1. 카르타 도안은 다문화 소통의 장

화투의 여섯 재매개체 중에서 화투와 가장 유사한 도안 형태를 갖춘 하나후다의 원류인 카르타 도안은 어떻게 탄생되었으며, 어떤 성향의 놀이인지를 고찰하려고 한다. 앞에서 카르타 도안과 연관성이 있는 놀이를 찾아본 결과 차투랑가, 타로, 마조, 골패, 수투 등 여러 국가의 다섯 개 놀이와 깊은 상호교류가 있었음을 알 수 있었다.

그러므로 3.1.에서는 이들 다섯 개 재매개체의 개별 놀이 특성과 아울러 이들 다섯 개의 재매개체와 카르타 사이에 이루어진 상호작용이 카르타 도안 텍스트에 어떠한 형태로 표현되었는지를 살펴볼 필요가 생겼다. 따라서 차투랑가, 타로, 마조, 골패, 수투 등의 다섯 재매개체가 카르타 도안 텍스트의 내용면에서는 고유문화와 사회적 관습 등을 어떻게 적용하였고, 또 형식면에서는 어떻게 개선, 개조하여 자신의 것으로 만들어 표출해 내었는지를 그 표현양식과 생산과정을 면밀히 들여다보려고 한다.

카르타의 52장 카드는 일 년을 의미한다. 왕을 제외한 52장의 카르타 숫자는 1년에 52개 주일이 있음을 대표한다. 한 가지 무늬에 포함된 13장의 카드는 태음력의 일 년을 이루는 13달을 의미한다. 13장에 표시된 숫자를 합하면 91장인데 이는 매 계절이 13개 주일, 91일로 이루어진 것을 나타낸다.

카르타의 J, Q, K가 각각 4장씩 도합 12장은 일 년에 12달이 있음을 표시하며 태양이 1년에 12개의 별자리를 지나감을 표시한다. 이탈리아 카르타의 왕, 귀족, 기사 도안물을 사진으로 제시하면 다음과 같다.

또한 시간을 나타내기도 하는데 각각 10개의 숫자와 3장의 인물 카드, 조커 카드를 합하면 모두 365일을 나타낸다. 그 외, 카르타에 그려진 4종류의 무늬인 다이아몬드, 스페이드, 클로버, 하트는 4대 원소(공기, 물, 불, 흙), 4방위,

■ 이탈리아 카르타의 귀족, 기사, 왕의 도안물이 플레잉카드 잭, 퀸, 킹 도안물로 변천된 형태

〈사진 3-1〉 플레잉카드 잭, 퀸, 킹

사계(일 년 4계절 즉 봄, 여름, 가을, 겨울), 신분 등을 의미한다. 포르투갈 카르타에서 중세 유럽의 신분제도를 나타내는 도안물을 사진으로 제시하면 다음과 같다.

카르타 도안이 14C경 유럽에서 사용되기 시작할 당시는 중세 유럽의 신분제도를 상징하는 검(삽), 성배(또는 술잔), 동전(화폐), 곤봉(또는 창) 그림을 그려 넣어 각각 왕, 귀족(또는 기사계급), 성직자, 상인,

■ 포르투갈 카르타의 신분제도를 나타내는 도안물 형태

〈사진 2-7〉 포르투갈 카르타

농민계급을 의미하였다. 이것이 나중에 위의 의미를 내포하는 스페이드(♠), 하트(♥), 다이아몬드(♦), 클로버(♣)로 변형되었다.

즉, 스페이드는 검(삽)을 나타내므로 왕이나 귀족, 기사계급을 상징하고, 하트는 성직자들이 사용한 성배(또는 술잔)를 도안화한 것이고, 다이아몬드는 동전(화폐)을 표현한 것으로 상인을 상징하며, 클로버는 농민이 사용하는 곤봉(또는 창)을 표현하게 되었다. 또 하트와 다이아몬드는 낮을 대표하고, 스페이드와 클로버는 밤을 나타내기도 한다. 이외에도 스페이드는 올리브 잎을 상징하고 평화를 표시하며, 하트는 심장 모양으로서 지혜를 표시하며, 클로버의 검은색 세 개 잎은 토끼풀에서 기원된 것이며, 다이아몬드는 재물을 의미한다고 해석하기도 한다. 카르타의 빨간색은 따뜻한 계절과 빛이 가진 힘이고, 검은색은 추운 계절과 어둠의 힘을 의미한다.

이 네 가지 신분제도를 초월하여 어떤 계층으로도 변신이 가능한 것이 바로 조커인데, 조커는 만능 재주꾼의 상징으로 때와 장소에 따라 여러 가지로 변신이 가능하기 때문에 다른 네 종류와는 다른 그림으로 나타내었다. 트럼프 카드 중 특이한 카드인 조커카드도 계급을 나타내는데 조커는 왕실에 있는 광대로 왕이 기분을 좋게 해주는 역할을 한다. 프랑스의 루이

〈사진 3-2〉 조커 도안

14세가 조커가 자신의 기분을 좋게 해준다는 이유로 카드에 광대(The Fool)의 얼굴을 집어넣은 것이 조커(Joker)의 유래라고 한다.

조커는 네 가지 신분제도를 초월하여 어떤 계층으로도 변신이 가능하다. 조커는 만능 재주꾼을 상징하므로 때와 장소에 따라 여러 가지로 변신이 가능하기 때문에 다른 네 종류와는 다른 그림으로 나타냈다고 한다.

초기의 카드는 직접 손으로 색칠해 만들었지만 15세기 독일에서 방대한 양의 카드가 제작되었던 사실로 미루어볼 때 목판인쇄법이 카드 제작에 이용되었던 것으로 보인다. 사실상 독일의 카드 제조업자들은 유럽에서 최초로 목판인쇄법을 개발한 제판기술자이다.

■ 곤봉, 검, 성배, 동전을 손에 든 귀족(기사)의 그림이 그려져 있는 이탈리아 카르타 도안물이 플레잉카드 잭 도안물로 변천된 형태

〈사진 2-9〉 이탈리아 카르타
▼

〈사진 3-1〉 플레잉카드 잭

카르타에는 왕이나 역사, 전설 등에 나오는 당시 유명했던 사람들을 주로 그려 넣었다. 곤봉(또는 창), 검(삽), 성배(또는 술잔), 동전(화폐)를 손에 든 왕, 귀족(또는 기사계급), 성직자의 그림이 그려져 있는 이탈리아 카르타 도안을 사진으로 제시하면 다음과 같다.

스페이드 잭은 덴마크의 전설적인 영웅이나 설화 속 인물을 그린 것이라는 추측이다. 다이아몬드 잭은 가공의 인물인 롤랑,

클로버 잭은 원탁의 기사 랜슬롯, 하트 잭은 프랑스 왕 샤를 7세를 모델로 삼았다는 추정 등이 있다.

스페이드의 퀸은 아테나(전쟁과 지혜의 여신), 다이아몬드 퀸은 성경에 나오는 라헬(요셉의 어머니이자 야곱의 아내), 클로버 퀸은 프랑스를 구한 성녀 잔 다르크, 하트 퀸은 트로이 전쟁의 원인인 헬레네 등을 모델로 삼았다고 한다.

스페이드 킹은 다비드 왕을 모델로 삼았던 것이고, 다이아몬드 킹은 로마의 율리우스 카이사르(시저)를, 클로버 킹은 알렉산더 대왕을 모델로, 하트 킹은 프랑스를 통일한 샤를마뉴 대제 등을 모델로 삼았다고 한다. 이외에도 전설 속 인물이나 중세 유명세를 떨친 기사들을 모델로 삼았다. 매우 다양한 그림으로 표현하기 시작했던 초기 도안은 15C 프랑스의 카드 수출업자들의 영향을 받아 점차 단순화되었는데, 이 단순한 그림이 놀이하기 편리해졌으므로 더 확산세를 보이며 널리 유행하게 되었다. 16C 무렵의 유럽산 카르타

■ 곤봉, 검, 성배, 동전을 손에 든 귀족(기사)의 그림이 그려져 있는 이탈리아 카르타 도안물이 플레잉카드 퀸 도안물로 변천된 형태

〈사진 2-9〉 이탈리아 카르타

▼

〈사진 3-1〉 플레잉카드 퀸

■ 곤봉, 검, 성배, 동전을 손에 든 왕의 그림이 그려져 있는 이탈리아 카르타 도안물이 플레잉카드 킹 도안물로 변천된 형태

〈사진 2-9〉 이탈리아 카르타

▼

〈사진 3-1〉 플레잉카드 킹

■ 남유럽산 카르타 도안 형태 제시

〈사진 2-7〉 포르투갈 카르타

〈사진 2-8〉 에스파냐 카르타

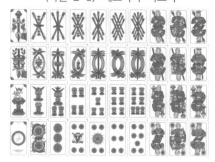

〈사진 2-9〉 이탈리아 카르타

를 사진으로 제시하면 다음과 같다.

카드 그림을 변형시켜 만든 현대적인 카드의 그림은 주로 킹·퀸·잭 등의 그림 패에서 찾아볼 수 있다. 위와 같은 도안은 타로, 차투랑가, 마조, 골패, 수투 도안 매개체와 재매개 되어있다.

현대의 표준 카드는 가로 6㎝, 세로 9㎝의 규격으로 양쪽 머리의 모서리 부분에 각 카드 패를 상징하는 표시가 새겨져 있다. 카드 뒷면에는 동일한 그림이나 도안이 인쇄되어 있다. 2장의 조커를 포함한 한 벌의 카드는 그림이 밖으로 비치지 않게 하기 위해 검은색 풀을 사이에 발라 2겹으로 붙인 판지에 인쇄한다.

다이아몬드, 스페이드, 클럽, 하트 등 4개의 짝패로 구성되어 있으며, 각 짝패별로 13장의 카드가 있다. 스페이드와 클럽의 짝패는 보통 검은색으로 인쇄하며 하트와 다이아몬드 짝패는 빨간색으로 인쇄한다. 한 장의 카드는 틀에 넣어 찍히는 동시에 가장자리가 칼날에 의해 깨끗하게 잘라지는데, 때때로 가장자리에 래커를 칠하기도 한다.

52장짜리 카드 한 벌을 '팩(pack)' 또는 '덱(deck)'이라 부르는데, 한 벌을 뜻하는 이 두 용어는 셰익스피어 시대에도 사용되었다. 중세 왕궁의 어릿광대 그림이 그려져 있는 2장의 조커는 보통 52장의 일반 카드와 함께 한 벌을 이루기도 하지만 카드 게임에 항상 사용되는 것은 아니다. 제조회사의 상표는 대부분 카드의 포장 위에 찍는다. 대부분의 각국 정부는 카드를 국가의 세입원으로 하고 있다.

3.1.1. 타로 도안의 재매개

카르타 도안과 연관성이 있는 타로의 개별 놀이 특성과 아울러 카르타 사이에 이루어진 상호작용이 카르타 도안 텍스트에 어떠한 형태로 표현되었는지를 살펴보려고 한다. 타로 재매개체가 카르타 도안 텍스트의 내용면과 형식면에서 어떠한 교류가 있었는지를 표현양식과 생산과정을 통하여 살피려고 한다.

당시, 유럽에서는 이탈리아와 프랑스를 중심으로 타로(Tarot)가 보급되고 있었다. 유럽산 타로의 도안물 형태를 살펴보면 4종류로 나뉘

〈사진 2-15〉 유럽산 타로

어 각각의 개별적인 의미의 그림이 그려져 있다.

22장의 메이저 알카나에는 악마, 태양, 심판, 죽음 등이 56장의 마이너 알카나에는 계급, 원소 등이 그려져 있다. 78장 구성이라고 하나, 74장 구성설도 있다. 다음에 제시하는 메이저 알카나 22장은 각각의 별자리와 행성을 상징하고 있다. 마이너 알카나는 44장이다.

타로의 지팡이(wands)는 카르타에서 클로버, 성배(cups)는 하트로, 검(swords)은 스페이드로, 펜타클(pentacles)은 다이아몬드로 바뀌었다.

〈사진 2-18〉 메이저 알카나

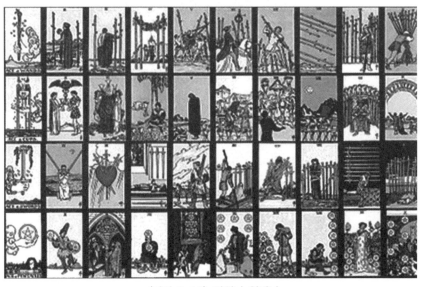

〈사진 2-19〉 마이너 알카나

■ 유럽산 타로와 이탈리아 카르타 지팡이 도안 비교

 ▶

〈사진 2-15〉 유럽산 타로 　〈사진 2-9〉 이탈리아 카르타

■ 유럽산 타로와 이탈리아 카르타 성배 도안 비교

 ▶

〈사진 2-15〉 유럽산 타로 　〈사진 2-9〉 이탈리아 카르타

■ 유럽산 타로와 이탈리아 카르타 검 도안 비교

 ▶

〈사진 2-15〉 유럽산 타로 　〈사진 2-9〉 이탈리아 카르타

■ 유럽산 타로와 이탈리아 카르타 펜타클 도안 비교

 ▶

〈사진 2-15〉 유럽산 타로 　〈사진 2-9〉 이탈리아 카르타

■ 유럽산 타로와 이탈리아 카르타의 곤봉 도안 비교

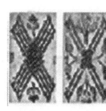 ▶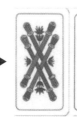

〈사진 2-15〉 유럽산 타로 　〈사진 2-9〉 이탈리아 카르타

■ 이탈리아 비스콘티 타로와 이탈리아 카르타의 동전 도안 비교

 ▶

〈사진 2-14〉 이탈리아 비스콘티 타로 　〈사진 2-9〉 이탈리아 카르타

그리고 메이저 알카나의 광대(The Fool)가 추가되어 조커(Joker)가 된다. 조커는 네 가지 신분제도를 초월하여 어떤 계층으로도 변신이 가능하다. 조커는 만능 재주꾼을 상징하므로 때와 장소에 따라 여러 가지로 변신이 가능하기 때문에 다른 네 종류와는 다른 그림으로 나타냈다고 한다.

■ 유럽산 타로의 광대(The Fool)가 유럽산 카르타에서 조커(Joker)로 변형

 ▶

〈사진 2-15〉 유럽산 타로　　　　〈사진 3-2〉 조커 도안

〈표 3-3〉 분석대상 텍스트의 도안물 비교

명칭	타로	카르타
상징	펜타클, 악마, 태양, 심판, 죽음, 계급, 원소	사계, 4원소, 4방향, 1~12월, 펜타클, 왕, 귀족, 기사계급, 성직자, 상인, 농민, 심장
도안	지팡이, 성배, 검, 다이아몬드, 광대, 태양, 심판, 죽음, 계급, 원소	왕, 술잔, 검, 수레바퀴, 투구, 왕관, 다이아몬드, 클로버, 올리브잎, 토끼풀, 하트, 광대(조커)

3.1.2. 차투랑가 도안의 재매개

카르타와 타로의 도안 형성에 영향을 미친 인도의 차투랑가(chaturanga) 도안은 유럽에서 사용되었던 초기의 일부 카드에 힌두교 상들의 4개 손에 전통적으로 그려져 있던 고리·검·성배·곤봉과 유사한 상징의 그림들이 묘사된 사항을 근거로 하고 있다. 이외에 '인도의 원숭이신 하누만(Hanuman)은 카드 도안에 사용된 성배, 검, 수레, 바퀴 등으로 권력의 상징을 나타내고 있다.'는 내용이 최초로 카드에 이용되었다고 설명하였다. 기본 포지션은 그림과 같다.

차투랑가에서 사용되던 말 모양의 장기가 체
스와 타로카드에 이어지고 카르타에 전래되었
다는 것이 정확한 기원설이 없는 가운데 정설
로 자리매김하고 있다. 아르다나리(Ardhanari)
라는 타로의 4원소들은 인도예술에서 락슈미
(Lakshmi)여신의 네 개 손에 쥐고 있는 홀, 검,
링과 원숭이 형상을 한 하누만 신이 쥐고 있는
동일한 심볼로 묘사된다. 아래 그림과 같다.

〈사진 2-10〉 차투랑가

■ 차투랑가 도안물이 포르투갈 카르타 도안으로 변형된 형태

〈사진 2-10〉 차투랑가   〈사진 2-7〉 포르투갈 카르타

고대 인도어, 즉 산스크리트어(sanskrit: 楚語)이다. 챠툴(chatur)은 넷
(四), 앙가(anga)는 원(員)을 뜻하므로 이는 군대의 네 가지 구성원인 차
(車), 마(馬), 상(象), 보졸(步卒)이니 전군(全軍)을 의미하는 것이라고 한다.
차투랑가는 인형으로 만들어진 코끼리를 탄 병사, 2륜 전차를 끄는 병
사, 보병 등의 말을 가지고 벌이는 일종의 전쟁놀이다. 고대 인도의 군제
가, 상군, 기병대, 전차대, 보병대로 조직된 '네 개의 부분'을 의미하는 차
투랑가(Chaturanga)라고 명명되었다. 차투랑가(Chaturanga)의 말은 코끼
리, 기병, 전차, 보병, 왕 5종류이다.

■ 차투랑가와 고구려고분벽화 수렵도그림과 유럽산 타로와 포르투갈 카르타 도안 비교

〈사진 2-10〉 차투랑가

고구려고분벽화

〈사진 2-15〉 유럽산 타로

〈사진 2-7〉 포르투갈 카르타

　　원래 차투랑가는 2대 2의 4인용 게임이다. 이후, 2인용 차투랑가가 등장
하면서 동시에 주사위도 사라지게 된다. 그리고 2인용 차투랑가는 페르시아
와 아랍 쪽으로 전파되면서 샤트란지(Shatranj)라는 게임으로 재탄생된다.

덕흥리 고분은 유주자사(幽州刺史, 랴오둥(遼東)지방의 지방장관으로 지금의 도지사 격) 진(鎭)이 77세 때인 408년(영락: 永樂 18년, 광개토대왕 시절의 고구려 연호)에 숨졌다는 내용을 포함해서 벽화 장면마다 먹으로 글을 써 놓고 있다. 이미 5C 초, 고구려가 랴오둥을 지배해 지방관을 파견했음을 알려주는 고분이다. 고분의 문자 기록은 고구려에서는 드문 예로 벽화에 대한 도상(圖上)해석을 가능케 해준다.

〈사진 2-11〉 2대 2의 4인용 차투랑가   〈사진 2-12〉 2인용 차투랑가

샤트란지라는 게임이 탄생하면서 게임 규칙도 조금 바뀐다. 추가적으로 피어(Fears)라고 하는 기물이 하나 추가된다. 이 기물은 훗날 유럽 쪽으로 넘어가면서 퀸으로 바뀌고 기존 기물들의 숫자는 두 배로 늘어난다. 타로 카드의 구성개념은 왕 귀족 신하 평민으로 이루어진 중세사회를 보여주는데, 중세의 귀족사회 또한 인도의 카스트에서 유래했다고 하여 카르타 도안의 원조 중 하나로 보고 있다.

■ 차투랑가, 유럽산 타로, 포르투갈 카르타, 이탈리아 카르타 도안 비교

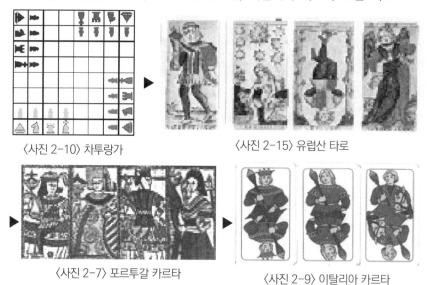

〈사진 2-10〉 차투랑가

〈사진 2-15〉 유럽산 타로

〈사진 2-7〉 포르투갈 카르타

〈사진 2-9〉 이탈리아 카르타

이때, 페르시아인들은 주사위를 없애고 선수의 수를 둘로 줄였다. 그러다가 아랍을 통해 유럽으로 전해지게 된다. 그때, 코끼리와 같은 기물들의 이름이 바뀌게 되었다. 그리고 새로운 말을 추가했다. 유럽 왕권에서 여왕의 힘이 강해지자, 그 기물이 '퀸'이 된다. 그렇게 많은 변화를 거치면서 체스가 탄생하게도 되고 동쪽으로 전파되어서 한국과 중국의 '장기'가 탄생되기도 하였다.

〈표 3-4〉 분석대상 텍스트의 도안물 비교

명칭	차투랑가	타로	카르타
상징	코끼리기병, 전차, 보병, 왕	펜타클, 악마, 태양, 심판, 죽음, 계급, 원소	사계, 4원소, 4방향, 1~12월, 펜타클, 왕, 귀족, 기사계급, 성직자, 상인, 농민, 심장
도안	고리, 검, 성배, 곤봉, 수레바퀴, 말, 홀	지팡이, 성배, 검, 다이아몬드, 광대, 태양, 심판, 죽음, 계급, 원소	왕, 술잔, 검, 수레바퀴, 투구, 왕관, 다이아몬드, 클로버, 올리브 잎, 토끼풀, 하트, 광대(조커)

3.1.3. 마조, 골패 도안의 재매개

카르타 도안에 영향을 준 마조, 골패의 개별 놀이 특성과 아울러 카르타 도안 텍스트에 어떠한 형태로 표현되었는지를 살펴보려고 한다. 마조와 골패 매개체가 카르타 도안 텍스트의 내용면과 형식면에 어떠한 영향을 끼쳤는지를 표현양식을 통하여 살피고자 한다.

경기놀이인 마조(馬弔)는 흔히 '마장(麻將, 馬將)', 마작(麻雀)이라고도 하며, 이칭(異稱)은 파림(巴林), 유호(遊湖), 강서지패(江西紙牌), 또이패, 엽자희(葉子戲), 꽃마작(花麻雀), 마종(Mahjong, Majong), 마디아오(Ma Diao), 마영(Mah young), 마축(Ma cheuk, Mah cheuck) 박링(Baak Ling)등이 있다. 마작(麻雀)은 패를 뒤섞을 때의 소리가 마치 대나무 숲에서 참새들이 떼 지어 재잘거리는 소리를 닮았다고 하여 붙여진 이름이라고 한다. 마작은 보통 4인용 놀이이며 글씨나 숫자가 새겨진 136개 패를 가지고 짝을 맞추며 진행한다. 상아나 골재(骨材)에 대쪽을 붙인 136개의 패를 가지고 여러 모양으로 짝짓기를 하여 승패를 겨루는 실내오락이다. 패 뒷면에는 대를 깎아 붙였으며, 크기는 가로 2.4㎝, 세로 1.8㎝, 높이 1.4㎝ 정도의 장방형을 이룬다. 표면에는 일만(一萬) 또는 이만(二萬) 따위의 문자나 일정한 그림이 새겨져 있다. 마조 사진을 제시하면 다음과 같다.

카르타 도안에 영향을 준 마조는 중국에서 발명된 종이와 함께 유럽에 전래되었다. 종이가 실크로드를 통해 중동(아랍지역)을 거쳐 건너온 이후, 중세 십자군전쟁 당시 건너갔다고 추정된다. 중세시대 문물 교류를 통해 점복 사상이 담긴 문헌인 역경(易經)이 전해지고, 그것이 카르타의 전신인 타로카드에 영향을 주었으리라 추측하고 있다.

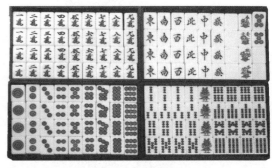

〈사진 2-5〉 마조

또 하나의 가설도 확실하게 밝혀지지 않았지만, 6C~10C에 만들어진 중국 지편(紙片)에서 저화(지폐)의 액면을 표시하던 것이 페르시아를 거치면서 변형이 일어나 라틴식 문양으로 정착되었다고 추정되는 설도 있어 중국이 유력한 발상지로 여겨지고 있다. 이에 따르면 이탈리아의 라틴 수트(4장 1세트)를 기준으로 스페이드(♠)는 검(삽), 왕이나 귀족, 기사계급을 상징을 도안화한 것이고, 하트(♥)는 성직자들이 사용한 성배(컵, 또는 술잔)을 도안화한 것이고, 다이아몬드(♦)는 상인의 상징을 도안화한 것이며, 클로버(클럽, ♣)는 농민이 사용하는 곤봉(바톤, 또는 창)을 표현한 것으로 보는 견해도 있다. 도안을 사진으로 제시하면 다음과 같다.

■ 마조, 골패, 유럽산 타로, 이탈리아 카르타 도안 비교

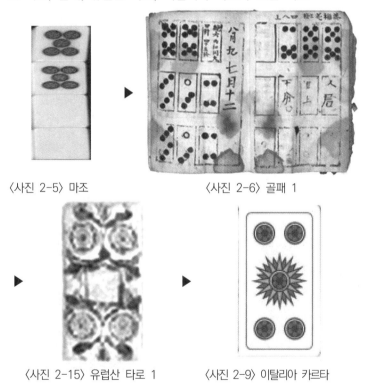

〈사진 2-5〉 마조   〈사진 2-6〉 골패 1

〈사진 2-15〉 유럽산 타로 1   〈사진 2-9〉 이탈리아 카르타

■ 마조의 꽃 도안과 이탈리아 카르타의 도안 비교

〈사진 2-5〉 마조　　　　　〈사진 2-9〉 이탈리아 카르타　　　　▶ 하트(♥)

마조의 꽃 도안은 이탈리아 카르타에서 성직자들이 사용하는 성배(또는 술잔)로 재매개되며, 플레잉카드에서는 하트로 연결된다. 하트(♥)는 성배(컵, 또는 술잔)가 변형된 것으로서, 지폐의 액면이었던 만(萬)자를 거꾸로 도안화한 것이라고도 한다.

■ 마조의 동전꾸러미 도안과 이탈리아 카르타 도안 비교

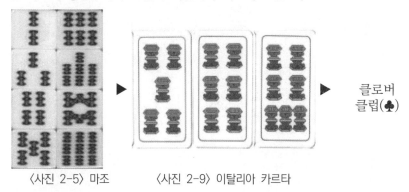

〈사진 2-5〉 마조　　　　　〈사진 2-9〉 이탈리아 카르타　　　　▶ 클로버 클럽(♣)

클로버(클럽, ♣)는 동전 꾸러미로 농민이 사용하는 곤봉(바톤, 또는 창)을 표현한 것이라고 한다.

■ 마조의 동전 도안과, 이탈리아 카르타 도안 비교

〈사진 2-5〉 마조   〈사진 2-9〉 이탈리아 카르타

다이아몬드(◆)는 코인(화폐, 동전) 한 개를 표현한 것이며, 상인의 상징
을 도안화한 것이라고 한다.

■ 마조, 이탈리아 카르타 도안 비교

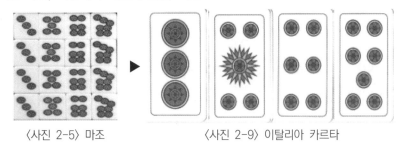

〈사진 2-5〉 마조   〈사진 2-9〉 이탈리아 카르타

■ 마조, 포르투갈 카르타, 이탈리아 카르타 도안 비교

〈사진 2-5〉   〈사진 2-7〉   〈사진 2-9〉 이탈리아 카르타
마조   포르투갈 카르타

스페이드(♠)는 검(삽)에서 재매개된 것이며, 왕이나 귀족, 기사계급을 상징하며 도안화한 것으로 십만(十万)의 십(十)자로부터 파생한 것이라고 해석되기도 한다.

놀이할 때, 일반적인 수트(4장 1세트) 간 강약에도 일치하는 면이 있고, 마작에도 비슷한 종류의 통수패, 삭수패, 만수패가 있다는 점에서 설득력이 있다. 도안을 제시하면 다음과 같다.

■ 마조와 이탈리아 카르타의 수트(4장 1세트)도안 비교

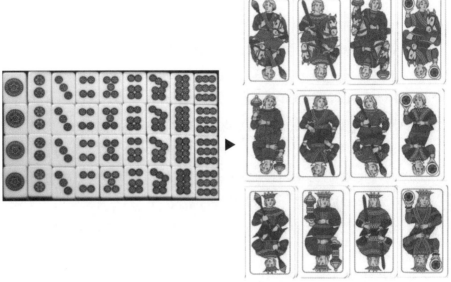

〈사진 2-5〉 마조   〈사진 2-9〉 이탈리아 카르타

또 다른 기원설로는 중국에서 황제의 후궁들이 놀이를 하기 위하여 1120년에 아패 32장, 천패 2장, 지패 2장, 화패 2장 등으로 이루어진 마조(馬弔)에서 전래된 것이라고 1678년 북경에서 발행된 사전에 기록되어 있다고 주장하였다.

이에 대한 근거로는 종이 생산이 일찍이 발달되고, 지편(紙片)에 물품의

형상, 모양, 색채를 결합하여 디자인한 엽자금(葉子金)이나 유럽인이 말하는 지폐(紙幣), 또는 서양에서 만들어진 골패의 일종인 도미노가 만들어진 중국이 카드의 발생지라는 추정을 하고 있다. 실제 지편에 황제, 황후, 지방 장관 순서로 그림이 그려져 있는 것도 있다고 한다. 또는 중국에서 사용된 지폐에서 진화한 것이라는 주장도 있다.

마스카와 코이치도 J. P. 제네스와 같은 견해이지만, 제네스가 다룬 고대 중국의 카드에 대한 짧은 문장에는 인도의 카드와 혼동한 부분이 있다고 피력하고 있다. 이에 P. 아놀드 역시 중국에서 사용된 지폐에서 진화한 것일 수도 있다는 주장이다.

위에서 살펴본 내용으로 유추해 볼 수 있는 것은 유럽에 카드가 전해지고, 확산될 수 있었던 것은 최소한 종이의 대량 생산과 밀접한 관계가 있다는 것이다. 서기 105년 중국 후한(後漢)시대의 환관이었던 채륜(蔡倫)에 의해 발명되었다고 전해지는 종이는 중동을 거쳐 서유럽으로 전파되었다.

기록에 따르면 제지술은 751년경 중앙아시아의 슈마르칸트에 전파된 것을 시작으로 바그다드, 카이로, 모로코, 스페인을 차례로 거쳐 서유럽에 퍼졌으며 14C경에는 서유럽 각지에 종이 공장이 생겨났다. 이는 앞서 살펴본 카르타의 이동 경로와 비슷하다는 것을 알 수 있다. 카드가 어떻게 유럽에 전래되었는가에 대해서는 아직 확실하게 밝혀진 바는 없지만, 초기의 일부 카드에 중국의 표식과 유사한 그림들이 그려져 있는 것으로 보아 당시 13세기 후기에 중국을 왕래했던 마르코 폴로에 의해 중국여행에서 돌아오는 길에 유럽에 전해졌을 수도 있다.

카르타의 기원으로 추정되는 마조(馬弔)는 북송(北宋, 960~1126) 말기부터 20세기 초까지 민간에서 성행되었다. 인기가 많아지면서 놀이 방법도 점차 다양해졌으며, 파림(巴林)이라는 40장 패를 사용하여 놀던 것이 시초라고 하였다. 일설에 의하면 파림(巴林)은 동기(同琪) 또는 도동기(倒銅琪)라고 불리는 게임을 기초로 춘추시대인 기원전 6세기경 공자가 발명했다고도 한다.

또 당나라 시대의 밀교승인 대혜선사가 발명했다는 설과, 송나라 시대의 게임인 추패구(推牌九)는 골패(骨牌)를 가리키는데, 원나라 시대의 게임인 간호(看湖, 看虎, Khanhoo)에서 유래했다고도 한다. 그러나 한편으로는 명나라 천계연간(天啓年間: 1621~1627)에 만들어진 마따오(馬吊)라는 놀이에서 엽자희(葉子戲, 40장)로 명칭이 변형되었다는 것이 정설이라며, 현대 마작 형태와 내용이 완성된 것은 청나라 초기라는 일설도 있다. 청나라 말 동치제 시기 진정약(陳政鑰, 1817~1878)이 축약한 투자(骰子)와 엽자(葉子)를 결합한 마작(麻雀)이 나왔다. 이후 십자의 9장이 빠지고 꽃패가 추가 되어 화마작(花麻雀)이 되었다. 이후 여기에 화패, 공장, 문장 등의 다양한 패가 추가되어 구성이 150~160장으로 늘어났다. 이후, 삼원패와 풍패를 남기고 다른 잡패들은 제외되며 청마작(淸麻雀)으로 정립되어 현재와 거의 유사한 형태로 정착되었다는 설이다. 중국에서 시작된 놀이라는 데는 이견이 없으나, 언제 누가 만든 놀이인가에 대해서는 역시 정확하게 알려진 것이 없다.

마조(馬弔)와 파림(巴林)을 간략화한 골패 도안이 많은 영향을 끼친 것으로 추정되는 유럽산 카르타 도안을 제시하면 다음과 같다.

■ 골패와 이탈리아 카르타 동전(화폐) 도안 비교

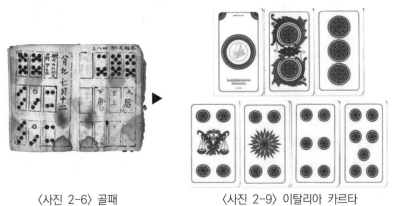

〈사진 2-6〉 골패　　　　　〈사진 2-9〉 이탈리아 카르타

■ 골패와 유럽산 타로의 동전(화폐) 도안 비교

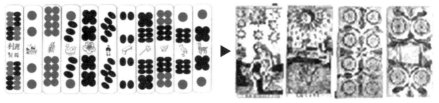

〈사진 2-6〉 골패   〈사진 2-15〉 유럽산 타로

■ 골패와 유럽산 타로의 동전(화폐) 도안 비교

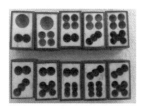  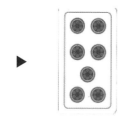

〈사진 2-6〉 골패   〈사진 2-14〉 이탈리아 비스콘티   〈사진 2-9〉 이탈리아 카르타
                            타로

■ 마조, 골패, 유럽산 타로, 이탈리아 카르타의 동전(화폐) 도안 비교

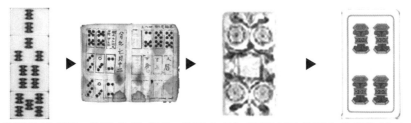

〈사진 2-5〉 마조   〈사진 2-6〉 골패   〈사진 2-15〉 유럽산 타로 〈사진 2-9〉 이탈리아 카르타

　별자리 배열을 본 따서 만들었다는 골패 1과 이탈리아 카르타의 동전 도
안을 비교한 것을 살펴보면 도안의 형태가 비슷하다. 골패 2와 유럽산 타
로 1의 동전 도안을 비교한 것도, 골패 3과 비스콘티 타로와 이탈리아 카
르타의 동전 도안을 비교한 것도 둥근 원 모양이라는 것과 숫자를 의미하
는 바가 같다는 것을 알 수 있다.

현재 중국에서는 파이고우(天九, 천구, 티엔고우) 등의 놀이로 명맥을 유지하고 있다. 패는 보통 흑단(黑檀)으로 만들어지며, 빨간색과 하얀색으로 칠한 점이 새겨져 있으며, 세로로 좀 더 길쭉하다. 그리고 패의 상단에는 빨간 점이 새겨져 있다. 오늘날의 패구(牌九)는 선화패의 한 가지이다. 패는 장방형 한 쪽에 적·녹·백색의 점을 상하 두 줄로 새겼으며, 따 놓은 점수로 우열을 결정하거나, 같은 점수를 차례로 늘어놓아 겨루는 놀이이다.

골패는 점복(占卜) 도구로도 쓰였는데, 천패이선(天牌二扇) 24점은 24기(氣)를, 지패이선(地牌二扇) 4점은 사방을, 인패이선(人牌二扇) 16점은 사단(四端)을, 화패이선(和牌二扇) 8점은 대화원기유행팔절지간(大和元氣流行八節之間)을 상징한 것으로 별자리의 배열을 비유한 것이다.(권 6 「인부」 2).

중국 송나라 때 생겨났다고 하므로 우리나라에 유입된 시기는 고려시대(918~1392)이었을 가능성이 높다. 이후 조선시대(1636~1912) 임진왜란 때 명나라(明, 1368~1633)말, 군사들에 의해서 전해졌다는 설과 이후 청(淸)에서 유입되었다는 다양한 설이 있다. 이규경(李圭景)의 저서 『오주연문장전산고(五洲衍文長箋散稿)』에 마조를 간략화한 골패에 관한 내용을 전하며, 우리나라의 골패에 소골(小骨)·미골(尾骨)의 이름이 있다는 기록이 있다.

정약용(丁若鏞, 1762~1836)은 『목민심서(牧民心書)』에서 투전에 대한 평가를 다음과 같이 하였다.

"여러 가지 내기놀이 중에서도 심보가 나빠지고 재산을 탕진하며 가문과 친족들의 근심이 되게 하는 것은 투전이 첫째가 되고, 쌍륙·골패가 그 다음이다." 라고 하였다.

저서에서 골패를 "강패(江牌)"라고 밝혀 도박하는 놀이로 정의하고 있는 것으로 보아 이 기록 이전에 이미 널리 보급되어 있었던 것으로 짐작된다.

또한 기록 안에 마조를 간략화한 골패라든가, 마조강패(馬弔江牌)라는 연구(連句)로 마조와 골패를 같이 표현하고 있는 것으로 보아 마조와 골패는 비슷한 놀이로 인식하고 있다는 것을 알 수 있다.

골패는 투전(鬪牋)·쌍륙(雙六)과 함께 조선시대의 3대 도박에 속하였던 놀이였다. 주로 양반·기생 등이 즐겼던 놀이였다. 기산풍속도(箕山風俗圖)에서는 당시의 골패놀이 풍속을 잘 보여준다. 이것은 손님들이 기생집에서 모여 술상을 시켜놓고 기생과 골패를 하는 장면을 생생하게 그린 것이다. 옛 신문을 살펴보면 양반들 혹은 부유층과 관련한 골패놀이 기사들을 심심치 않게 볼 수 있다.

조선시대 민간에서 중국의 마조와 골패의 영향을 받아 투전의 일종인 동당치기나 가보치기가 일시적으로 유행했지만, 이에 대한 구체적인 연구는 아직 없다. 복잡한 골패 놀이 방법을 기록한 조선시대『골보(骨譜)』혹은『골부(骨簿)』라는 작은 크기의 수진본도 있는 것으로 미루어 보아 상당히 오래된 연원을 갖고 있다는 것을 추정할 정도이다. 최남선은『조선상식(朝鮮常識)』풍속 편(風俗篇)에서 "골패가 한 번 성립되어 그 수리적(數理的) 변화성으로 인하여 이용이 복잡하여 오락·도박의 양 방면으로 무수한 법식을 유발한다."고 하였다.

이것은 비록 중국에서 골패가 유입되었다고 하지만 골패의 놀이양식과 방법이 한국의 상황에 따라서 많이 변화하였음을 말해준다. 골패는 민간놀이의 하나로서 투전과 더불어 대표적인 노름기구로 손꼽혀왔으나, 값이 비싸고 놀이방법이 복잡하여 투전처럼 대중화되지는 못하였다. 그러나 골패에 한번 빠져들면 헤어 나오기가 힘들 정도로 중독성이 강한 놀이다. 며칠씩을 골패 판에서 지새울 정도로 도박성이 강하다고 한다.

1908년 8월 9일자『대한매일신보』의 기사를 보면 "양반들이 골패짝 잡기를 밥숟가락 붙잡기보다 좋아하여… 후략"이라고 지적하고 있다. 조정의 인물 가운데 골패에 빠져든 이도 적지 않았다. 『매천야록(梅泉野錄)』에서는 주일공사 조민희(趙民熙)를 도박 중에서도 골패를 생명처럼 여긴 인물로 소개하고 있다. 그는 주야로 두루마기의 소매 속을 만지면서 골패를 하다가 골패 쪽이 떨어지는 바람에 주위에서 그를 '골귀(骨鬼)'라고 부르기까지 하였다고 한다.

가야금 병창으로 불렸던 골패타령(부록 참조)에서는 이러한 별칭들이 잘 녹아들어 있다. 19세기 중반의 유만공이 오가는 이가 드문 깊은 밤에 한가한 장사꾼들이 골패 치는 광경을 읊조린 노래도 있다.

> "육시루(六市樓)가 십자가(十字街) 가까이 있으니, 사랑(舍廊) 곁에 작은 점포를 따로 두었다. 밤에 아무 일이 없는 장사치 아이들, 양뿔(羊角) 등잔 앞에서 골패를 치누나."

골패는 때로는 점술(占卜) 도구로 사용되기도 하였다. 골패를 일렬로 쭉 늘여놓고 패들을 뒤집어 놓고, 패들을 맞추어 본 다음 패의 점수를 더해서 점패를 보는 것이 일반적이다. 패를 가지고 신수점을 보는 풍속은 중국에서도 널리 행해졌다.

중국의 골패는 한국과 마찬가지로 32개 패가 한 세트를 이루고 있다. 그러나 골패에 뚫려 있는 구멍과 짝짓는 방식에 약간의 차이가 있다.

민간에서 중국의 마조와 골패의 영향을 받아 투전의 일종인 동당치기나 가보치기가 일시적으로 유행했지만, 중국의 골패와 우리 것이 얼마나 닮았는지, 놀이 방법에 어떤 차이가 있는지에 대한 구체적인 국내연구는 아직 없다. 조선시대 놀이되던 골패는 일본으로부터 유입된 화투가 급속도로 퍼지면서 점차 사라지게 되었다.

〈표 3-5〉 분석대상 텍스트의 도안물 비교

명칭	차투랑가	타로	카르타	마조	골패
상징	코끼리, 기병, 전차, 보병, 왕	펜타클, 악마, 태양, 심판, 죽음, 계급, 원소	사계, 4원소, 4방향, 1~12월, 펜타클, 왕, 귀족, 기사계급, 성직자, 상인, 농민, 심장	일만(一萬), 이만(二萬), 삼원패, 풍패, 꽃패	별자리 배열
도안	고리, 검, 성배, 곤봉, 수레바퀴, 말, 홀	지팡이, 성배, 검, 다이아몬드, 광대, 태양, 심판, 죽음, 계급, 원소	왕, 술잔, 검, 수레바퀴, 투구, 왕관, 다이아몬드, 클로버, 올리브 잎, 토끼풀, 하트, 광대(조커)	동남서북, 통모양, 중발백의 글자, 매난국죽, 춘하추동의 꽃패	227개 구멍

3.1.4. 수투 도안의 재매개

P. 아놀드가 카르타 도안의 시조라고 밝힌 수투(數鬪)의 도안을 '화살 그림을 그린 갸름한 카드'라고 설명하고 있다. 수투가 서양 카드의 시조라고 지명하며 카르타를 주사위 던지기나 경주, 판 게임보다 좀 더 복잡해서 갬블의 편리한 수단으로 이용되었다고 피력한 바 있다. 스튜어트 컬린(Stuart Cullin, 1858~1929)도 길쭉한 종이를 손에 들고 펼치는 조선(고대신라, 삼국시대)의 수투가 서양 트럼프의 뿌리라고 피력하였다. 이들의 도안을 직접 비교한 사진을 제시하면 다음과 같다.

■ 수투의 추상적 문형과 유럽산 타로의 추상적 문형, 이탈리아 카르타의 검 도안 비교

〈사진 2-2〉 수투   〈사진 2-15〉 유럽산 타로   〈사진 2-9〉 이탈리아 카르타

■ 수투의 추상적 문형과 유럽산 타로의 추상적 문형, 포르투갈 카르타,
  이탈리아 카르타의 검 도안 비교

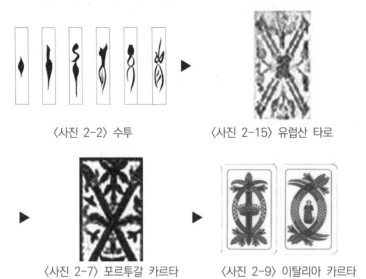

〈사진 2-2〉 수투   〈사진 2-15〉 유럽산 타로

〈사진 2-7〉 포르투갈 카르타   〈사진 2-9〉 이탈리아 카르타

■ 수투와 유럽산 타로, 포르투갈 카르타 도안에 등장하는 동물 비교

〈사진 2-2〉 수투   〈사진 2-15〉 유럽산 타로 〈사진 2-7〉 포르투갈 카르타

■ 수투의 추상적 문형과 이탈리아 카르타의 곤봉 도안 비교

〈사진 2-3〉 수투   〈사진 2-9〉 이탈리아 카르타

C. P. 휴그렙 (C. P. Hugh Grape)도 조선의 카드(수투) 도안에 그려져 있는 화살 모양이 플레잉카드 도안과 많이 닮아있음을 지적하며, 카르타 (Carta)에 관한 최초 서술은 14C 말경의 유럽이라고 추정하였다. B. 이네스(B. Ines)도 조선의 뒷면에 화살 도안이 있는 80장 1조의 수투에 큰 관심을 갖고 있다며 여러 가지 그림이나 문자 따위를 넣어 끗수를 표시한 종잇조각을 가지고 노는 놀이라고 설명하기도 하였다.

스튜어트 컬린(Stuart Cullin, 1858~1929)을 비롯한 B. 이네스(B. Ines), C. P. 휴그렙(C. P. Hugh Grape), P. 아놀드(P. Arnold), 마스카와코이치(增川宏一, 2005) 임재해(1994), 이호광(2003)등 7명의 학자들이 추정한 바 있는 유럽산 카르타의 기원인 수투는 8종의 동물 본 패와 그에 해당하는 장수(將師)패가 일정한 규칙대로 우열 승부를 가리는 것이다.

사진으로 비교하면 다음과 같다.

■ 수투, 포르투갈 카르타, 에스파냐 카르타의 동물 도안 비교

〈사진 2-2〉 수투   〈사진 2-7〉 포르투갈 카르타 〈사진 2-8〉 에스파냐 카르타

이렇게 카르타에 영향을 준 수투의 도안은 골패 도안과는 전혀 다른 모습이지만 놀이방법은 골패를 승계하면서 카르타의 도안제작과 놀이방식에 영향을 미친 것으로 추정된다.

이러한 수투는 여진산 마조 패(馬弔, 혹은 동관패) 120개를 장현(張炫)이 80개로 간략화해서 고안했다는 설이 있다. 또 다른 자료인 이규경(李圭景)에 따르면 당(唐) 대 중기의 엽자희(葉子戱)를 가져와 모방한 것이라는

내용이 있다. 장현은 당시 당상통역관(堂上通譯官)으로서 중국어뿐만 아니라 여진어(女眞語)까지 할 수 있었는데, 투전에 적혀진 문자는 여진어라고 추측한다. 최남선은 투전은 중국의 마조(馬弔)에서 기원하였다고 추정하였다. 이외에도 연(燕, 기원전 475~221)나라에서 만들어져 놀이되던 마조라고 추정한 기록이 있다.

명의 마조(馬弔) 패 120장이 그대로 일부 놀이되다가 장씨(장현)에 이르러 간화(簡化)하여 8목 80장의 물(物)이 되고 이것이 다시 간화하여 6목 (60장) 5목(50장)이 되었다가 마침내 목도 없이 점수만 표시하는 현금의 40장 투전을 만들어낸 것이 그 연혁인양 하다는 기록도 있고, 이외에 25장을 쓰기도 한다.

팔목(八目) 80장을 수투전(數鬪牋)이라 한다고 한다는 것으로 미루어 보아 우리나라의 수투전은 장현이 중국의 마조패(馬弔牌)를 간략화한 것으로서 후대로 내려오면서 점차 간단하게 되어 오늘날의 40엽(葉) 투전이 된 것으로 파악된다. 그리고 이것이 조선 후기, 양반계층에 크게 유행하게 되면서 조선통신사를 통해 그 놀이방법이 일본에도 전래되었다는 견해가 지배적이다.

수투와 투전은 여러 장의 긴 종이 패로 이루어진 조선 시대의 전통 놀이다. 이러한 투전의 놀이 방식은 화투에도 도입되었다. 마조, 골패, 수투 투전의 도안형태를 비교하면 마조 도안은 수투 도안에 모멘트 역할을 한 것이 엿보이나 골패에서는 수투가 모티브를 얻었다고 보기 어렵다. 그러나 놀이방식은 골패와 비슷한 부분이 많은 것으로 미루어 보아 오랜 옛날부터 내려오던 놀이가 상호교류하며 재정비된 것이 아닌가 하는 추정도 가능하다.

명칭	차투랑가	타로	카르타	마조	골패	수투
상징	코끼리, 기병, 전차, 보병, 왕	펜타클, 악마, 태양, 심판, 죽음, 계급, 원소	사계, 4원소, 4방향, 1~12월, 펜타클, 왕, 귀족, 기사계급, 성직자, 상인, 농민, 심장	4방향, 4계절, 숫자	별자리 배열	숫자
도안	고리, 검, 성배, 곤봉, 수레바퀴, 말, 홀	지팡이, 성배, 검, 다이아몬드, 광대, 태양, 심판, 죽음, 계급, 원소	왕, 술잔, 검, 수레바퀴, 투구, 왕관, 다이아몬드, 클로버, 올리브잎, 토끼풀, 하트, 광대(조커)	동남서북, 통모양, 중발백의 글자, 매난국죽, 춘하추동의 꽃패, 일만(一萬), 이만(二萬), 삼원패, 풍패, 꽃패	227개 구멍	사람, 물고기, 새, 꿩, 별, 말, 토끼, 노루, 1~10의 숫자, 낙엽

3.2. 생존을 위한 하나후다 도안의 '전통문화기호'

분석 전, '가루타'에 대한 용어정리를 할 필요가 있다. 조사한 바에 의하면 일본에서 사용하는 가루타라는 용어는 포르투갈어에서 외래어 과정을 거쳐 일본어로 안착되는 동안 최소한 네 가지 용도로 사용되었음을 알 수 있다. 이렇게 사용하는 가루타 용어는 본 저서에서 논지를 전개하는 데에도 많은 혼란을 초래하므로 일본에서 사용하고 있는 가루타에 대한 용어의 쓰임새를 정리할 필요가 있다. 다음과 같이 정리하였다.

첫째, 판화(版畵)라는 의미의 포르투갈어인 카르타(Carta) 발음이 그대로 일본에 전해져서, 도박계통의 하나후다에 계승되는 역사성을 갖고 있는 경우이다.

둘째, 유럽형 가루타가 들어오기 전에는 저포(樗蒲)라고 표현하였는데, 가리야 에키사이(狩谷棭齋)가 주석(註)을 단 전주왜명유취초(箋注倭名類聚抄, 楊守敬刊本, 1906)에 판화(版畵)라는 의미의 포르투갈어 카르타(Carta)는 일본말로 가리우지(加利宇知)라고 한다는 내용이 있다. 이외에 저포(樗蒲)는 주사위라는 의미도 있다. 골패(骨牌) 등의 표현으로 일본 고유의 실내용 놀이도구를 호칭하였으나, 유럽산 카르타가 들어온 이후에는 가루타(歌留多)라는 일본어가 새로 만들어져서 위의 저포와 골패, 두 의미와 혼용하여 사용된 경우이다.

셋째, 카드놀이 변천 과정에서 근세에 이르러 외래어 표현인 카드(カード)로 전용(轉用)되기도 하면서 타로와 트럼프라는 표현이 각각 고유명사가 되기까지 타로와 트럼프, 두 표현과도 혼용하여 사용된 경우이다.

넷째, 가루타(賀留多)라는 한자어로 완성하여 완전히 일본어로 안착된 형태이다. 현재 일본에서는 실내 게임용으로 사용하는 딱지 형태의 놀이도구를 통틀어 가루타(賀留多)라고 한다. 남유럽산 카르타가 일본산 가루타(カルタ)로 자리 잡기까지 가루타(加留多, 歌留多, 賀留多), 가류다, 가루다, 곳파이(骨牌), 저포(樗蒲), 가리우지(加利宇知)등의 표현이 있다. 이것을 표로 나타내면 아래의 〈표 3-7〉과 같다.

〈표 3-7〉 남유럽산 카르타의 계보

계열적 관계	
차투랑가, 마조. 저포(樗蒲), 골패(骨牌), 수투, 타로	남유럽산카르타
	통합적 관계
으뜸패 타로 플래잉카드 트럼프	가루타(加留多) 가루타(歌留多) 가루타(賀留多) 가루타(カルタ) 카드(カード) 지방후다 하나후다

이에 본 저서에서는 일본에서 사용하는 가루타에 대한 여러 용어가 혼돈을 초래하므로, 남유럽에서 유입되어 도박계통의 하나후다에 계승되는 역사성을 지닌 포르투갈(Portugal) 카르타(Carta)를 중심으로 분석 전개하

고자 한다. 다른 용도로 사용된 세 의미의 가루타(加留多, 歌留多, 賀留多)는 카르타 분석 시, 필요할 때만 제한적으로 다루고자 한다.

3.2.1. 수투, 카르타 도안의 재매개, 덴쇼가루타

3.2.1.에서는 하나후다의 도안물이 지닌 문화 기호의 내용을 분석하여 이러한 성격의 문화기호를 도안물로 삼게 된 사회적 배경이 무엇인지를 하나후다 도안물의 형성 과정과 쇠퇴 과정을 통하여 살피려고 한다. 그렇다면 유럽산 카르타(Carta)가 어떠한 과정을 거쳐서 일본화 되어갔으며, 무엇 때문에 카르타의 일본식 발음인 가루타(加留多)라는 명칭을 쓰지 않고 하나후다가 되었으며, 그 존재는 어떠한 형태로 계승되었는지를 고찰하고자 한다.

일본에 유입된 남유럽산 카드에 대한 자료를 살펴보면 카르타와 타로(Tarot), 두 가지로 나뉜다. 플레잉카드의 도래설을 주장한 모리스에 요시아키와 히노니시 스케노리(森末義彰·日野西資孝)가 편찬한 『풍속사 사전』(1957)에서 카드를 의미하는 '트럼프'라는 표현은 플레잉카드를 가리키는 것이며, 트럼프가 일본에 전해진 것은 무로마치시대 말기이며 총포와 함께 포르투갈에서 전해졌다고 하였다. 그러면서 1350년경 이탈리아 베네치아에서 창제된 플레잉카드가 일본에 유입된 것이라고 하였다.

마스카와 코이치(增川宏一)도 저서에서 일본에서 일반적으로 플레잉카드를 트럼프라고 부르는 것은 잘못된 표현이라고 지적하면서, "트럼프는 본래 으뜸패라는 의미이다. 영어에서는 플레잉카드 또는 단순히 카드라고 한다. 이것을 포르투갈어로 하면 카르타이다. 즉 카르타란 원래 트럼프를 가리킨 것이었다." 이렇게 트럼프의 의미를 밝히는 부분에서 일본에 유입된 카르타의 원래 명칭은 플레잉카드라고 밝히고 있다.

가타 코지(加太こうじ)도 저서 『일본 풍속사 사전』(1994)에서 유럽산 카르타는 16C 무렵, 포르투갈 선박을 통해서 일본에 들어온 것이다. 그리고 앞서 살핀 학자들의 견해와 같이 '카르타'라는 용어는 포르투갈어로 '카드'

라는 의미라고 표현한다면서 이 유럽산 카르타의 원류는 타로라고 덧붙여 피력하였다.

앞에서 세 유입설을 비교 분석한 결과, 모리스에 요시아키와 히노니시 스케노리와 가타 코지가 일본에 유입되었다고 한 카르타는 포르투갈 선원들에 의해 전래된 것으로 추정할 수 있다.

모리스에 요시아키와 히노니시 스케노리가 표현한 트럼프와 마스카와 코이치가 표현하는 카드는 모두 플레잉카드를 의미하며 앞의 〈사진 2-7, 8, 9〉에서 살펴보았듯이 48장으로 구성된 남유럽산 카르타를 가리킨다.

마스카와 코이치도 플레잉카드에 대한 용어를 포르투갈어로 '카르타' 라고 한다면서 카르타를 플레잉카드, 트럼프, 카드, 으뜸패로 혼용하여 용어 사용하는 실태를 설명하며 원래 명칭은 플레잉카드라고 주장하였다. 플레잉카드라는 표현은 역사적으로 가장 최근에 붙여진 것이므로 앞서 밝혔듯이 본 저서에서는 역사적으로 시기가 가장 앞서는 '카르타'라는 용어로 통일하여 서술하려고 한다.

2.4.에서 살펴본 하나후다의 유래설 중에서 한국과의 연관설을 제외한 나머지 여섯 가지 추정 내용들의 공통점은 당시 무역이 활발했던 남유럽 상인들에 의해 일본 큐슈쪽으로 들어왔다는 것이다. 16C 중반 무렵 남유럽에서 유입된 카르타를 토대로 일본 내에서 처음 만들어진 것이 덴쇼가루타(天正Carta)이다. 덴쇼가루타의 도안을 제시하면 다음과 같다.

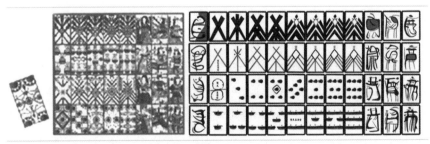

〈사진 2-23〉 덴쇼가루타 1, 2

본 저서에서 수집한 덴쇼가루타의 도안은 두 종류이다. 위의 〈사신 2-23〉 덴쇼가루타 1, 2도안을 살펴보면 명칭이 같은 덴쇼가루타인데도 불구하고 색상이나 디자인 등, 전체분위기가 다른 도안 형태를 보인다. 이것은 16C 당시의 인쇄술이나 기술 여건에 비추어보면 아직 대량생산이 가능한 시대가 아니므로 충분히 그럴 수 있겠다고 보인다. 그렇다고 하더라도 두 도안의 등장물 형태가 많은 부분이 다르게 표현되어 있다.

두 도안의 등장물을 비교해 보면 덴쇼가루타 1도안에는 중세 유럽의 신분제도를 상징하는 귀족, 상인, 성직자, 기사계급 등을 표현한 인물들과 동전 검, 봉황, 용 등이 그려져 있고, 덴쇼가루타 2도안에는 무엇을 표현하는지 명확하지는 않지만 신분제도를 상징하는 인물대신 사람, 동물, 물고기 등의 상형문자가 그려져 있는 16장과 동전, 검(곤봉, 창, 화살) 등이 그려져 있다. 그러나 두 도안의 제작연도는 확인되지 않고 있다. 만약 두 도안에 시간적인 차이가 있고, 덴쇼가루타 2도안이 훨씬 뒤에 제작된 것이라면 남유럽산 카르타 도안만 그대로 모방한 것이 아니라, 다른 놀이도구의 재매개가 이루어졌을 확률이 높아 보인다. 그렇다면 마스카와 코이치가 저서에서 국산(國産)이라는 표현을 사용한 것은 덴쇼가루타 2도안을 평가한 것이 아닌가 짐작된다. 그렇지만 위의 유럽산 카르타 두 도안 모두 하나후다의 원조이지만 아직 하나후다가 연상되지는 않는다.

위와 같은 형태를 갖춘 덴쇼가루타에 대해서는 모리스에 요시아키와 히노니시 스케노리는 덴쇼가루타는 초기에 주로 규슈(九州)의 지쿠고(筑後)·미이케(三池)에서 생산되었으며 유럽산 카르타를 토대로 만들어졌기 때문에 그림 형태는 유럽산 카르타와 흡사하다고 설명하고 있다. 이어서 마스카와 코이치도 덴쇼가루타는 원래 도박용이었던 포르투갈의 '카르타'를 지칭하는 것이다.

이러한 덴쇼가루타는 일본에서 '가루타'가 되어서도 마찬가지로 도박용으로 사용되었다. 그리고 이후 갖가지 다양한 형태로 변형되어 갔다. 서양 카드를 토대로 하여 덴쇼 연대에 만들어진 국산 '가루타'이므로 '덴쇼가루타'라고 불리게 되었다며 모리스에 요시아키, 히노니시 스케노리의 견해와 마찬가지로 국산 가루타 1호는 지쿠고(筑後)·미이케(三池)(죠카마치가네야도바쵸)에서 유럽 카르타를 토대로 만들어진 것을 덴쇼가루타라고 하였다. 48장이 한 벌이며, 도안은 서양풍이고 화려한 모양을 갖추고 있다고 덴쇼가루타를 설명하고 있다.

일본에서 처음 만들어졌다는 덴쇼가루타에 대한 위의 모리스에 요시아키, 히노니시 스케노리, 마스카와 코이치 등의 세 일본 학자들의 자료를 분석한 결과, 두 가지 추정이 가능하다. 하나는 16C 중반부터 17C 초 무렵에 유입된 유럽산 카르타에 일본식 명칭이 후세에 와서 붙여졌을 것이라고 보는 견해이다. 또 다른 추정은 유럽산 카르타를 토대로 덴쇼시대(天正年間, 1573~1591)에 일본에서 모방하여 그림을 만들어내기 시작한 초기의 카르타를 지칭한다는 의미로 보는 것이 타당하겠다.

앞서 2장에서 화투와 비교되는 하나후다 도안이 만들어지기까지의 일본에서의 변천사를 살펴보기 위하여 유럽산 카르타까지 확장하여 검토한 결과, 하나후다의 원류(源流)는 남유럽산 카르타임에 틀림없다. 그러므로 외래에서 도입한 카르타와 하나후다의 원조 도안물인 덴쇼가루타를 비교 분석하기 위해서는 도안의 형태를 직접 확인할 필요가 생겼다. 그래서 일본에 실제로 유입된 남유럽산 카르타 2종류의 도안과 덴쇼가루타의 도안 2종류를 비교하여 살펴보려고 한다.

〈사진 2-7〉 포르투갈 카르타

〈사진 2-23〉 덴쇼가루타 1

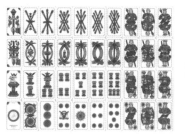

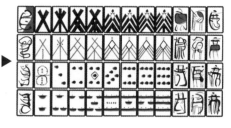

〈사진 2-9〉 이탈리아 카르타　　　　　　　　〈사진 2-23〉 덴쇼가루타 2

　　앞서 살핀 〈사진 2-23〉 덴쇼가루타 1과 덴쇼가루타 2는 같은 명칭의 덴쇼가루타인데도 디자인과 색상이 조금 다른 도안형태를 보였다. 그렇지만 위와 같이 〈사진 2-23〉 덴쇼가루타 1과 〈사진 2-7〉 포르투갈 카르타 1도안을 비교한 사진, 〈사진 2-23〉 덴쇼가루타 2와 〈사진 2-7〉 이탈리아 카르타 도안을 비교한 사진을 비교해보면 일본에서 만들어진 가루타들과 유럽산 카르타들이 디자인과 색상을 비롯하여 전체적인 분위기가 매우 흡사하고 장수도 동일한 48장 구성을 이루고 있었다. 남유럽산 카르타가 덴쇼가루타의 원류이거나 동일한 품목임을 알 수 있는 대목이다. 그리고 또 하나, 유입된 카르타가 한 종류가 아닌 것도 확인된 셈이다.

　　마스카와 코이치가 저서에서 '국산'이라는 표현을 사용하고 있으나, 유럽산 카르타의 영향을 받아 일본 내에서 처음 만들어지기 시작한 것이 덴쇼가루타라고 하더라도 위 〈사진 2-23〉 덴쇼가루타 1, 2, 두 사진의 도안형태로 미루어 보아 일본풍이라고 보기는 어렵다. 마스카와 코이치의 견해처럼 일본풍으로 만들어졌다기보다는 유입된 유럽산 카르타의 일본식 명칭이거나 일본 내에서 유럽산 카르타를 모방하여 만들기 시작한 형태일 확률이 높고 여기에 '덴쇼'라는 명칭을 붙인 것으로 보인다.

　　유럽산 카르타가 일본에 유입된 초기에는 외국에서 수입한 진귀품이었기 때문에 귀족과 무사들 사이에서만 이용되었다. 그러나 30~50년이 지나자 일반 군사들에까지 확산되기에 이른다. 이렇게 빠른 확산 추세를 보이자, 수요를 충당하기 위하여 일본 내에서 만들어 내기 시작했을 것이고, 당시의 인쇄 기술로는 유럽산과 똑같이 만들기 어려웠을 것이다. 초창기의 모방 과정에서 도안의 형태나 색깔 등에 변화가 생겼을 것이라고 보인다.

남유럽산인 〈사진 2-7〉 포르투갈 카르타와 일본 내에서 제작된 유럽형 가루타인 〈사진 2-23〉 덴쇼가루타 1의 도안을 한 장씩 구체적인 비교를 하면 얼마나 흡사한지 더 자세히 알 수 있다. 도안을 제시하면 다음과 같다.

중세 유럽의 신분제도를 상징하는 〈사진 2-7〉 포르투갈 카르타 도안 네장과 〈사진 2-23〉 덴쇼가루타 1 도안 네 장의 등장물 형태를 비교해보면 몹시 흡사하다. 섬세한 묘사가 조금 부족하고 거친 느낌을 주는 것 이외에는 왕족의 의상이나 왕관, 말 탄 귀족, 성직자, 말 탄 기사 모습도 대부분 그대로 모방해서 그려진 것을 확인할 수 있다.

■ 포르투갈 카르타와 덴쇼가루타의 신분제도를 나타내는 도안 형태 비교

〈사진 2-7〉 포르투갈 카르타

▼

〈사진 2-23〉 덴쇼가루타 1

더불어 성배와 검을 상징하는 〈사진 2-7〉 포르투갈 카르타 도안과 〈사진 2-23〉 덴쇼가루타 1도안을 비교해 보면 더 확실하게 흡사하다는 것을 알 수 있다.

■ 포르투갈 카르타와 덴쇼가루타 1의 성배 도안 비교

 ▶

〈사진 2-7〉 포르투갈 카르타   〈사진 2-23〉 덴쇼가루타 1

■ 포르투갈 카르타와 덴쇼가루타 1의 검 도안 비교

 ▶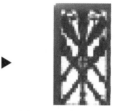

〈사진 2-7〉 포르투갈 카르타   〈사진 2-23〉 덴쇼가루타 1

　성배를 상징하는 〈사진 2-7〉 포르투갈 카르타 도안과 〈사진 2-23〉 덴쇼
가루타 1도안을 살펴보면 포르투갈 카르타 도안에 있던 양쪽 테두리의 디
자인이 없어지고 크기가 작아졌으며, 역시 세밀한 묘사가 좀 떨어진다는 느
낌이다. 검을 상징하는 〈사진 2-7〉 포르투갈 카르타 도안과 〈사진 2-23〉
덴쇼가루타 1도안을 비교하면 포르투갈 카르타 도안은 손잡이가 달린 검이
X자 형태로 자리잡은 상태에 사방을 잎사귀로 장식한 것이 한 눈에 보이는
데 덴쇼가루타 1도안은 검이라는 형태를 정확하게 알 수 없고 주변의 디자
인이 대부분 생략된 형태이다. 그렇지만 전달하려는 이미지와 의미는 확실
하게 흡사하다는 것은 쉽게 알 수 있다.

　마스카와 코이치는 저서 『도박의 일본사(賭博の日本史)』(1989)에 이어
서 『도박 I』(2005)에서는 덴쇼가루타의 평가를 조금 달리하고 있다. '국산'
이라는 표현을 사용하지 않고, 초기의 국산 가루타에 '덴쇼'라는 단어를 붙
였기 때문에 이것을 '덴쇼가루타'라고 부르게 된 것이라고 하였다. 그러면

서 덴쇼연대(天正年代, 1573~1592)에 제조되었다고 단정할 수는 없다. 아마 제조 연대를 좀 더 오래 된 것으로 보이게 하려는 시도이거나, 덴쇼(天正)연대에 수입되었다고 한 것을 기록한 것일 수 있다고 추정하였다. 이어서 '덴쇼'라는 명칭은 초기 국산 가루타의 총칭 또는 그 유희법을 가리키는 명칭으로 전해졌으며, 후에는 막부의 공식 판결문에도 사용되었다고 설명한다.

즉 한 종류의 가루타에 대한 명칭에 한정하지 않고, 덴쇼시대에 사용하는 모든 가루타를 호칭하는 것이고, 더불어 덴쇼가루타를 가지고 놀이하는 다양한 놀이방법을 지칭할 때도 사용한 것으로 보인다. 즉, 일본으로 유입된 남유럽산 카르타는 이탈리아 베네치아에서 창제된 플레잉카드 한 종류만이 아니라, 포르투갈, 스페인 등에서 사용되던 카르타등이며, 한 국가에서 한 가지가 아니라 한 나라에서도 여러 종류가 유입된 듯하며, 때로는 카르타와 타로도 용어를 혼용하여 사용하고 있음을 알 수 있다.

덴쇼가루타가 1573년 제조·사용되었다는 기록이 보인 뒤 약 24년만인 1597년에 막부의 첫 금지령이 내려진다. 이 법령은 규슈 나고야(名古屋)의 진중에서 무사들의 가루타를 금지한다는 내용으로 가루타류를 법으로 금지한 일본 최초의 금지령이다. 도박 가루타 승부령 정지(博打歌留多諸勝負令停止)라는 문구 속에 가루타라는 문자가 처음 등장한다.

휴대가 간편한 가루타는 손쉽게 가지고 다닐 수 있으며, 많은 장소도 차지하지 않기 때문에 전국시대(戰国時代)에는 진지(陣地)에서 무사들의 휴식용으로 자주 사용되었다. 그러다가 점차 도박용으로 사용되는 횟수가 높아지고 여기에 빠져드는 무사들이 많아지자, 시코쿠·도사(四国·土佐)지방의 장(長)인 소가베(曽我部元親)는 가루타를 중지시키라는 추서(掟書)를 올리고 도박을 금지시켰다.

통신 수단이 그다지 발달되지 않은 당시의 시대적인 정황으로 보았을 때 가루타가 놀이꾼들 사이에 얼마나 빨리 확산되었는지를 알 수 있다. 유

럽형 가루타인 덴쇼가루타를 일본에서 제조하기 시작한 제조 시기는 1573
년(元龜 初)과 1591년(文祿 初), 두 가지가 대두되고 있다.

　이 두 연도의 차이는 18년이다. 제조시기에 대한 두 가지 설인 1573년
(元龜 初)과 1591년(文祿 初) 중 어느 연도가 좀 더 근접한 설인지는 최초
의 가루타 금지령인 도박 가루타 승부령 정지(博打歌留多諸勝負令停止)가
발령된 연도(1597년)로 추정해 볼 수 있다. 제조 시기는 1573년으로 보는
것이 옳다고 본다. 외국의 낯선 놀이인 유럽산 카르타 형태에 익숙하기까
지는 상당한 시간이 소요되었을 것이라는 추정이 가능하기 때문이다. 즉
후자의 1591년 제조설은 유럽산 카르타가 유입된 지 6년 만에 국가의 금
지령이 내려졌다는 것인데, 당시의 사회적인 여건으로는 무리하게 보인다.
따라서 시간이 좀 더 경과된 전자의 1573년 추정설이 더 설득력이 있다.

　17C 초, 일본 전국이 전쟁에서 벗어나고, 도쿠가와 이에야스(德川家康)
가 세이이다이쇼군(征夷大將軍)에 임명되어 막부를 개설한 1603년부터 15
대 쇼군(將軍) 요시노부(慶喜)가 정권을 조정에 반환한 1867년까지의 봉건
시대인 에도막부(江戸幕府, 1603~1867)가 안정기에 들어가자, 당시 귀족
이나 무사 사이에서 사교로 이용되던 가루타는 부유한 상공업자(町人)의
손에 들어갔다가 점차 평민들에게까지 확대되었다. 같은 명칭이지만 또 다
른 도안 형태를 갖춘 덴쇼가루타 2의 도안은 과연 어떤 유럽산 카르타에서
영향을 받았는지를 도안으로 비교 제시하면 다음과 같다.

■ 수투와 유럽산 타로와 포르투갈 카르타와 덴쇼가루타 2의 도안 변천 형태

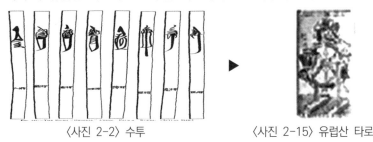

〈사진 2-2〉 수투　　　　　　　　　　〈사진 2-15〉 유럽산 타로

〈사진 2-7〉 포르투갈 카르타

〈사진 2-23〉 덴쇼가루타 2

위에서 〈사진 2-2〉 수투의 사람(人), 물고기(魚), 새(鳥), 꿩(雉), 노루 (獐), 별(星), 토끼(兎), 말(馬) 문형 여덟 종류와 〈사진 2-15〉 유럽산 타로 1의 말 모양과 〈사진 2-7〉 포르투갈 카르타의 봉황, 용 모양과 〈사진 2-23〉 덴쇼가루타 2의 아홉 개 상형문자의 도안 형태를 비교해 보면 상당히 비슷한 모양새를 보인다. 저자의 육안으로 보아 판단하는 것이기 때문에 실제 도안의 의도와 차이가 있을 수는 있으나 대중이 놀이하는 도구를 분별하는 것이므로 감안할 부분이라고 여긴다.

하지만 새롭게 알 수 있는 사항이 있다. 역사적으로 검증된 것은 덴쇼가루타 2는 수투에서 타로 카르타의 변천과정을 거쳤다는 학자들의 추정인데, 위의 도안형태를 살펴보면 덴쇼가루타 2는 수투 도안에서 직접 재매개가 이루어진 것이 아닌가 할 정도로 닮아 있다. 이외에 다른 도안은 곤봉(검, 창, 활)의 형태 변화가 실물에서 상징물로 바뀐 정도이다.

곤봉(검, 창, 활)의 형태 변화를 살피면 실물에서 상징물로 바뀐 것 이외에 이탈리아 카르타의 한 종류 곤봉 형태를 확대하여 4가지로 늘리고 변형을 시도한다. 도안형태를 제시하여 비교하면 다음과 같다.

■ 이탈리아 카르타와 덴쇼가루타의 곤봉 도안 형태 변화

〈사진 2-9〉 이탈리아 카르타   〈사진 2-23〉 덴쇼가루타 2   〈사진 2-23〉 덴쇼가루타 2

다음에 덴쇼가루타 2의 동전 도안에서 형태 변화를 살피면 이탈리아 카르타 3의 실물 표현에서 상징물로 바뀐 것 이외에도 마조 2의 형태에서 재매개를 시도한 것으로 보인다. 도안형태를 제시하여 비교하면 다음과 같다.

■ 마조와 이탈리아 카르타와 덴쇼가루타 2의 곤봉 도안 형태 변화

〈사진 2-5〉 마조   〈사진 2-9〉 이탈리아 카르타   〈사진 2-23〉 덴쇼가루타 2

다음으로 덴쇼가루타 2의 동전 도안에서 형태 변화를 살피면 이탈리아 카르타 3의 실물 표현을 상징물로 바꾼 것 이외에도 마조 도안 형태에서 직접 재매개를 시도한 것으로 보인다. 위에서 한 종류의 곤봉 형태를 확대하여 4가지로 늘리고 변형을 시도한것과 마찬가지로 동전 도안이라고는 할 수 없을 정도로 디자인이 많이 간소화되고 숫자도 증가하였다. 그 이유는 놀이기능에 필요한 숫자를 표면에 나타낸 것으로 짐작된다. 도안형태를 제시하여 비교하면 다음과 같다.

■ 고구려 고분벽화 수레바퀴모습과 마조와 이탈리아 카르타와 유럽산 타로와 운슨가루타와 덴쇼가루타 2의 동전 도안 재매개 상태

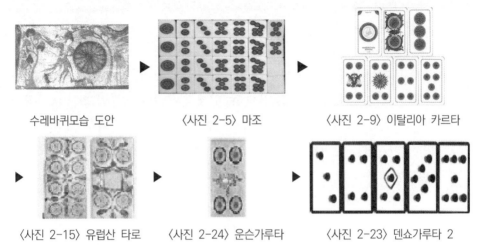

수레바퀴모습 도안   〈사진 2-5〉 마조   〈사진 2-9〉 이탈리아 카르타

〈사진 2-15〉 유럽산 타로   〈사진 2-24〉 운슨가루타   〈사진 2-23〉 덴쇼가루타 2

집안 고구려 고분벽화 오회분 4호묘의 수레바퀴 만드는 신의 모습이 새겨진 도안에서 마조, 카르타, 가루타의 도안이 엿보인다.

값이 싼 가루타가 대중적인 오락 형태를 갖추면서 시중에 나돌자, 도박 성향이 점차 강해졌다. 마침내는 일반 서민들의 생활에도 영향을 미쳐, 근로 의욕과 생산성이 저하되고, 범죄가 증가하는 등, 사회 문제가 발생하기 시작하였다.

유럽형 가루타인 덴쇼가루타가 대유행을 하면서 사회 문제를 일으키고 폐해(弊害)가 생겨나자 막부(幕府)는 다시 금지령을 발포한다. 일본 사법성 조사과에서 발행한 『도박에 관한 조사(賭博に関する調査)』(2005) 문헌 내용을 살피면 다음과 같다.

돗토리번 무주법령에 '도박, 주사위, 가루타 승부령정지(1626)'의 것을 일례로 들 수 있다. 17세기 중엽인 1655년에는 막부의 '가루타 도박 승부는 법으로 엄금한다는 등 많은 금지령이 있다.

「鳥取藩武州忠雄様法令に「博變、双六、かるた諸勝負停止」(寛永三年:1626)とある
のもその一例で、十七世紀中頃には幕府の「かるた博變諸勝負は固く御法度」(明暦元
年:1655)等、多くの禁令がある。」

돗토리번 무주법령에 한정된 것이기는 하지만 앞서 1597년, 첫 금지령
이 내려진지 29년만인 1626년에 두 번째 가루타 금지령이 발포된 내용이
발견되었다. 이후 또 다시 같은 29년 간격으로 1655년, 막부 차원에서 도
박용 가루타를 강하게 금지한다는 법이 공포 된 것이다. 문헌에 나오는 돗
토리현의 위치를 지도로 살피면 다음과 같다.

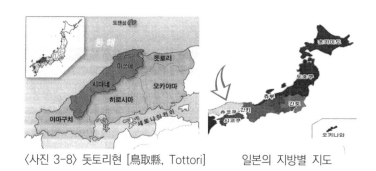

〈사진 3-8〉 돗토리현 [鳥取縣, Tottori]　　　일본의 지방별 지도

당시 일본 사회의 정황으로 보았을 때 위의 '가루타 금지령'들은 전국적
인 법령이라고는 볼 수 없다. 지방에 국한된 것일 확률이 높다. 국지적인
금지령이라 하더라도 재차 내려진 도박 금지령은 그 의미가 크다. 막부 차
원의 금지령 문헌이 남아 있으므로 그 내용을 보면 1597년 첫 금지령이
내려진지 29년이 지난 1626년 금지령, 그리고 또 29년이 지난 1655년에
막부차원의 금지령이 있었다는 문헌이 발견되었는데, 다른 문헌에서 발견
된 금지령은 1626년과 1655년 사이인 1648년이었다. 그렇다면 1626년 이
후 1648년의 금지령이면 22년만이고, 1655년까지는 7년 만에 내려진 금지
령이다. 1648년 가루타 금지령이 발포한 내용을 옮기면 다음과 같다.

1600년에 들어 서서히 가격이 싼 가루타가 돌기 시작하여 대중오락이 됨에 따라 도박성도 높아졌다. 가루타가 대유행하자 막부는 1648년 덴쇼가루타 금지령을 발포한다.

「1600年に入り、徐々に安いかるたが出回り始め、大衆娯楽となるにつれ、賭博性も高まっていく。すると1648年(慶安元年)に、天正かるたの大流行を見た幕府は、かるた禁止令を発布。」

가루타의 금지령들을 시기적으로 보면 앞에서 살핀 첫 번째 금지령 (1597년)인 소가베(曽我部元親)의 추서 내용에는 규슈 나고야의 진지에서 군인들이 가루타를 하지 못하도록 금지시킨다고만 표현되어 있다. 그러나 첫 금지령이 내려진지 겨우 29년 만인 1626년(寬永三年)에 두 번째 금지령이 내려진 것이다. 이 법령은 대표되는 몇 가지 종류의 도박을 금지시킨 사례인데, 여기에 가루타 종목이 들어있다. 이어 22년 만인 1648년(慶安元年) 금지령에는 구체적으로 '덴쇼가루타 금지'라는 표현을 사용하고 있다. 또한 1655년(明曆元年)에 다시 내려진 금지령은 7년만이다. 금지령이 내려지는 시간적인 간격이 점점 빨라지는 것을 알 수 있다. 유입된 지 50~100년 사이에 최소한 네 차례 이상의 금지령 대상이 될 정도로 내기 성향이 강한 놀이도구임을 알 수 있다.

3.2.2. 수투, 타로 도안의 재매개, 운슨가루타

가타 코지가 카르타의 원류라고 분석한 남유럽산 타로도 시기를 조금 달리하며 일본에 유입되었다. 가타 코지가 설명한 남유럽산 타로 도안은 2장에서 제시한 〈사진 2-14, 15, 16, 17〉과 같다. 지방에 국한된 금지령이라 하더라도 29년과 22년, 7년 정도의 시간 간격을 두고 네 차례 이상에 걸쳐 내려진 '가루타 금지령'들이 내포한 의미는 두 가지로 나누어 살필 수 있다. 이 두 번째 금지령들로 인하여 덴쇼가루타라는 명칭과 덴쇼가루타 도안이 점차 자취를 감추는 계기가 된 것으로 보인다. 이렇게 표면상 사라진 덴쇼가루타를 대신하여 운슨가루타가 등장한다. 운슨가루타 도안들을 제시하면 〈사진 2-24〉이다.

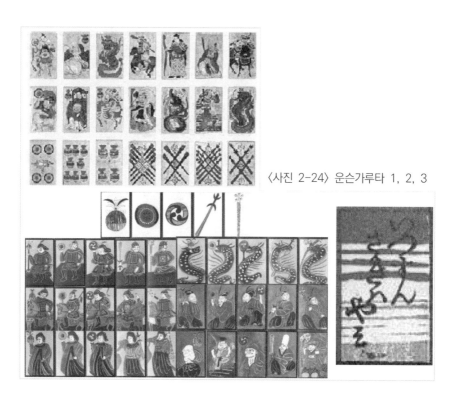

〈사진 2-24〉 운슨가루타 1, 2, 3

운슨가루타와 같은 유럽형 가루타는 덴쇼가루타와 마찬가지로 도박계통이므로 국가차원의 개혁이 있을 때마다 금지령이 내려졌다. 유럽형 가루타인 덴쇼가루타와 운슨 가루타 두 도안 형태 모두 아직은 일본풍이라고 보기 힘들다. 도안을 비교하면 다음과 같다.

■ 〈사진 2-23〉 덴쇼가루타 1과 〈사진 2-24〉 운슨가루타 도안의 비교

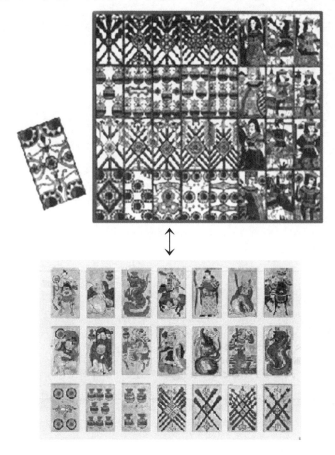

위에서 살핀 자료 사진〈사진 2-23〉과 〈사진 2-24〉를 비교해 보면 덴쇼가루타와 운슨가루타는 도안의 전체 분위기에 있어서 많은 차이를 보인다. 뿐만 아니라 장수(枚數)에서도 많은 차이를 보인다. 덴쇼가루타가 총 48장(4장X12조) 구성인데 반해, 운슨가루타는 총 75장(5장X15조)으로 구성되어 있다.

운슨가루타가 75장으로 구성된 것에 대해서는 처음에 48장이었던 것을 75장으로 개량했다는 설과 처음부터 75장이었다는 설이 있다. 이 두 주장

모두 운슨가루타는 덴쇼가루타의 변형가루타라는 가설을 토대로 추정한 것일 뿐, 확실한 근거에 의존한 것은 아니다. 마스카와 코이치는 저서 (1989)에서 덴쇼가루타의 도안이 서양풍과 일본풍의 그림이 섞인 호화스러운 형태의 운슨가루타의 도안 형태로 서서히 변신을 하게 된 것이라고 하였다. 이를 자료로 살펴보면 다음과 같다.

"이 금지령으로 덴쇼가루타는 지하로 숨어 몰래 도박에 사용되었으며, 18C 초 서양과 일본의 것이 섞여 만들어진 호화찬란한 '운슨가루타, 75장 1조'로 변신한다. 고급형의 운슨가루타는 75장(5종류×15조)이 한 세트이다. 게임 내용은 상당히 수준이 높으며 복잡하다."

라고 하였다. 다른 한편으로는 덴쇼가루타가 아닌 운슨가루타가 일본 최초의 국산 가루타라는 모리스에요시아키·히노니시스케노리(1957)의 견해도 있다. 이 견해는 유럽산 카르타의 타로기원설에 기인한 것 같다.

그러나 1573년~1591년 사이에 만들어진 것으로 추정하는 덴쇼가루타와 운슨가루타가 만들어진 시기를 1684년~1688년 사이로 추정하는 설 이외에도 변형 형태나 놀이 방법 등의 유래를 보아도 덴쇼가루타가 역사적으로 앞서는 것으로 추정하는 설이 더 설득력이 있다. 아래 자료에서 연도를 재추정해 보고자 한다.

가루타도 에도시대에 대유행을 한 놀이의 하나이다. '운슨가루타'는 에도를 중심으로 대유행을 하였다.

위의 인용문에 보이는 에도시대(1603~1867)라면 운슨가루타가 만들어졌다는 연도로 추정되는 1684년~1688년보다 80년이나 앞선 연도이다. 덴쇼가루타가 만들어졌다는 연도는 에도막부가 들어서기 전이므로 운슨가루타가 덴쇼가루타의 뒤를 이어 나온 가루타라는 주장이 설득력이 있다. 또한 운슨가루타의 특징을 든 사례를 살펴보면 덴쇼가루타와 달리 만들어짐과 동시에 처음부터 도박용으로 사용되면서 급속도로 유행했다는 대목이 있다. 이것은 이 놀이 도구의 규칙이나 도안물이 낯설지 않고 비교적 친숙하기 때문에 가능한 것이다. 이러한 운슨가루타 1, 2를 남유럽산 타로 1도안과 비교해 보았다.

■ 〈사진 2-15〉 유럽산 타로와 〈사진 2-24〉 운슨가루타 1, 2도안의 비교

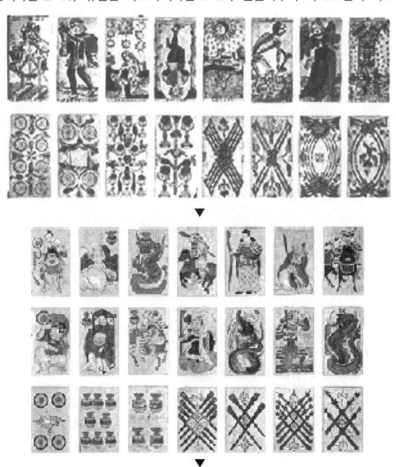

　전체적인 분위기와 색상, 디자인이 많이 닮았고, 장수도 유럽산 타로와 같은 78장 구성이다. 남유럽산 타로가 운슨가루타의 원류임을 알 수 있는 대목이다. 즉 국산 1호인 덴쇼가루타가 유럽산 카르타를 일본에서 모방하여 그린 것과 마찬가지로 〈사진 2-15〉 유럽산 타로와 〈사진 2-24〉 운슨가루타 1, 2도안을 비교한 사진 자료에서도 보아 알 수 있듯이, 운슨가루타의 도안 형태 역시 일본풍이 가미된 것이 아니라 일본에서 만들어 낸 유럽형 타로로 보는 것이 적절하다.

　본 저서에서 살펴본 바로는 〈사진 2-24〉 운슨가루타는 〈사진 2-23〉 덴쇼가루타의 변형 발전된 형태가 아니라 다른 종류의 카드로 추정된다. 즉 얼마만큼의 시간적인 간격을 두었는지는 알 수 없으나, 일본에 유입된 유럽산카드는 카르타 한 종류가 아니라는 것이다.

　근거로는 앞 2장에서 제시한 〈사진 2-7, 8, 9〉 남유럽산 카르타 도안과 〈사진 2-14, 15, 16, 17〉 남유럽산 타로 도안의 사진, 그리고 장수(枚數)의 차이를 들 수 있다. 덴쇼가루타가 48장~52장 정도인데 비해 운슨가루타의 장수는 74장~78장이기 때문이다. 5~6장 정도의 가감은 가능하겠지만, 낮선 이국풍의 그림을 약 26여장이나 늘여 74장~78장으로 만든다는 것은 불가능하기 때문이다.

이에 반해 〈사진 2-14, 15, 16, 17〉 남유럽산 타로와 〈사진 2-24〉 운슨가루타의 도안 형태를 비교해보면 전체적인 분위기를 비롯하여 색상과 디자인이 상당히 흡사하다.

■ 네 종류의 유럽산 타로와 세 종류의 운슨가루타의 도안 비교

〈사진 2-14〉
이탈리아 비스콘티타로

〈사진 2-15〉 유럽산 타로

〈사진 2-16〉 마르세이유 타로

〈사진 2-17〉 웨이트 타로

▼

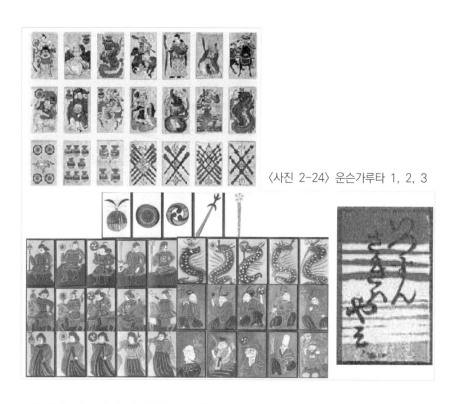

〈사진 2-24〉 운슨가루타 1, 2, 3

유럽산 카르타가 유행함에 따라 폐해도 늘어나자 막부는 재차 금지령을
내린다. 그런 가운데 고안해 낸 것이 동물, 검, 동전 등으로 숫자를 표시한
운슨가루타이다. 총 75장(5종류×15장)으로 구성된 화려한 가루타로서 고
급스러운 형태이며, 게임 내용이 상당히 복잡하고 난이도가 높다. 현재도
놀이를 하는 사람이 있으며, 놀이꾼은 100명 정도라고 한다.

운슨이라는 명칭의 유래를 추정하는 설은 크게 세 가지가 있다. 처음 만
들어지기 시작한 시기를 1684~1687년 사이로 추정하는 모리스에 요시아
키·히노니시 스케노리(1957)의 첫 번째 자료를 살피면 다음과 같다.

운슨가루타에는 '운'이라고 부르는 패와 '순'이라고 부르는 패가 있다. '운슨'의
어원은 포르투갈어로 최고라는 뜻이다. um은 포르투갈어로 하나를 의미하고,

sum은 최고를 의미한다. 지금도 일본에서 아무런 대꾸가 없을 때 사용하는 표현인 '이렇다 저렇다 별말이 없다'는 여기에서 유래된 말이다.

카르타가 포르투갈어로 최고라는 의미라면 트럼프나 타로 역시 으뜸패가 존재하므로 연관성이 있다고 보인다. 한편 1688년경으로 추정하는 두 번째 자료를 살피면 명칭에 다른 의미를 담고 있다. 사무카와 히로유키(寒川廣行)는 운슨이라는 명칭은 후기에 나온 가루타 그림에 운(검)과 슨(인물)이 들어 있던 데에서 유래되었다고 하였다. 사무카와 히로유키(寒川廣行)가 주장하는 내용을 살피면 다음과 같다.

17세기 후반으로 추정되는 시기에 국산가루타의 변형으로 총 75장이 한 세트인 '운슨가루타'가 나타났다. 이것은 국산일 뿐만 아니라 경기법을 보더라도 일본의 독창적인 가루타이다. 가루타 기법을 흡수한 것에 이어서 우리들의 조상은 독특한 가루타를 창조하였다. 그 후 우리나라의 가루타는 외국의 트럼프(으뜸패라는 의미이며, 올바른 표현은 플레잉카드)와는 다른 독자적인 길을 걸었다.

사무카와 히로유키는 운슨가루타에 대하여 '조상들이 독특한 가루타를 창조하여 일본의 독창적인 가루타를 만들었다'고 설명하며 외국의 카르타와는 전혀 다른 독자적인 길을 걷기 시작하였다고 하였다

그런데 본 저서에서 운슨가루타의 도안과 16C 무렵 일본에 유입된 남유럽산 타로의 도안을 분석한 결과, 두 도안은 전체적인 분위기가 상당히 흡사한 것을 알 수 있다. 운슨가루타에 그려져 있는 검과 인물 도안을 유럽산 타로 도안과 세밀하게 비교하여 소개하면 다음과 같다

■ 유럽산 타로와 운슨가루타의 등장 인물 도안 비교

〈사진 2-15〉 유럽산 타로   〈사진 2-24〉 운슨가루타 1

위에 제시된 〈사진 2-24〉 운슨가루타 1과 16C 무렵 일본에 유입된 〈사진 2-15〉 유럽산 타로 1의 도안을 비교해보면 전체적인 분위기가 비슷하다. 차이점은 등장인물이 서양인에서 에비스(惠比壽), 후쿠로쿠쥬(福祿壽) 등의 동양화로 도안이 교체된 것이다. 그 이외 변형된 부분은 동전과 검의 형태가 조금 바뀐 정도이다. 이 시기에 서양풍에서 일본풍으로 많이 개량되었다고 하겠다. 그렇다고 해도 독자적이며 국산화를 이루었다고 보기에는 이른 감이 있다.

■ 유럽산 타로와 운슨가루타 1의 검 도안 비교

〈사진 2-15〉 유럽산 타로

〈사진 2-24〉 운슨가루타 1

변형된 검의 형태는 아래 도안에서 확인할 수 있다. 유럽산 타로 도안의 검 도안과 운슨가루타의 검 도안을 각각 비교해 보면 동일한 규칙으로 이루어져 있는 것을 확인할 수 있다. 이외에도 같은 가루타의 명칭을 다르게 해석한 것인지 아니면 다른 종류가 존재한 것인지는 좀 더 살펴 볼 필요가 있다. 또 다른 세 번째 명칭 추정설로는 오사다케 다케키(尾佐竹猛)의 견해가 있다.

운슨이라는 명칭에 대해서는 니이무라 설을 채용하였지만, 개인의 의견을 피력하면 일본어에서 잇신토(一親等) 니신토(二親等)해야 할 것을, 잇슨(一寸), 니슨(二寸) 이라고 하는 것은 조선에서 1촌, 2촌이라고 하므로 단순히 이 칭호를 본 따서 부른 것은 아닌가 하는 비과학적인 주장도 해본다.

비과학적인 주장도 해본다고 한 오사다케 다케키의 주장이 과연 비과학적인지 수집한 수투도안을 제시하여 운슨 도안과 비교해보면 다음과 같다. 〈사진 2-15〉 유럽산 타로 1에서 많은 영향을 받은 〈사진 2-24〉 운슨가루타 1도안에서 변형된 부분은 서양인이 동양인으로 바뀐 것 이외에도 용, 봉황, 뱀, 말 등의 동물이 여러 형태로 그려져 있다. 이 달라진 부분을 한반도의 수투 도안과 운슨가루타의 도안을 비교하면 다음과 같다.

〈사진 2-2〉 수투 도안과 〈사진 2-24〉 운슨가루타 도안의 등장물 형태를 비교해보면 수투 도안의 사람(人), 물고기

■ 수투와 운슨가루타 1의 동물 도안 재매개 상태 비교

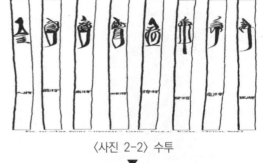

〈사진 2-2〉 수투

▼

〈사진 2-24〉 운슨가루타 1

(魚), 새(鳥), 꿩(雉), 노루(獐), 별(星), 토끼(兎), 말(馬) 문형 여덟 종류가 운슨가루타에는 말에 탄 사람 4장과 봉황, 용, 뱀 등의 형태로 변형되며 재매개가 이루어진 것으로 보인다. 이러한 동물 도안은 마조나 골패에서는 볼 수 없는 형태이다.

■ 고구려고분벽화와 운슨가루타 2와
   덴쇼가루타 1의 인물도안 형태 비교

〈사진 3-9〉 부채를 든 귀부인 도안

▼

〈사진 2-24〉 운슨가루타 2

▼

〈사진 2-23〉 덴쇼가루타 1

앞서 위에서 운슨가루타 명칭의 조선어 유래설에 대한 오사다케 다케키(尾佐竹猛)(2005)의 주장도 당시 1607년(조선 선조 40년)부터 조선통신사의 왕래가 있던 시기이므로 설득력이 있다. 이러한 공식적인 교류가 아니더라도 지리적으로 보았을 때 민간차원의 상호교류는 있었을 것이라고 충분히 추정할 수 있겠다.

위의 인용문 내용으로 알 수 있는 것은 운슨가루타로 명명되는 가루타에서부터 이미 한 종류가 아닌 여러 종류가 존재하였다는 것이 확인되는 부분이다.

이외에도 에도시대 지지(地誌)인 『옹주부지(雍州府志)』의 「반일한화(半日閑話) 토산부(土産部)」에 따르면 교토의 육조방문(六條坊門)에서 만든 운슨가루타는 미이케(三池)가루타라는 별칭이 있었다고 한다. 미이케가루타는 매우 화려하고 고급스러웠다. 금·은박(金銀箔)으로 치장하였기 때문에 박(箔)가루타라고도 불렸는데, 원래는 네덜란드인이 놀던 것이라고 하였다. 네덜란드를 비교하고 있지만 한반도의 고구려 벽화의 인물 모습과 닮아 있는 것을 볼 수 있다. 도안을 사진으로 비교해보면 다음과 같다.

집안 고구려 고분벽화오회분4호묘 묘실벽면의 부채를 든 귀부인의 인물 도안과 〈사진 2-24〉 운슨가루타, 〈사진 2-23〉 덴쇼가루타 1도안물 형태는 많이 닮아 있다.

뿐만 아니라 오사다케 다케키를 비롯한 일본 학자들의 운슨가루타 설명에는 전혀 피력되어있지 않았지만 운슨가루타의 도안은 마조와 골패 등의 도안도 많은 부분이 적극적으로 도입되고 있었음을 확인할 수 있다. 운슨가루타보다 시대적으로 앞서는 수투, 마조, 골패, 타로, 카르타, 도안을 비교하면 다음과 같다.

■ 마조, 골패, 이탈리아 카르타, 유럽산 타로, 운슨가루타 1도안물의 동전 재매개 상태 비교

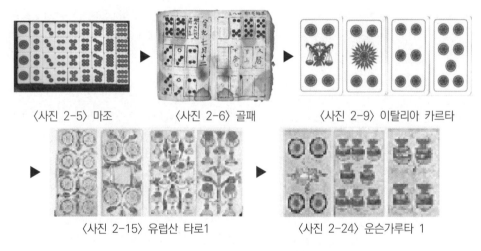

〈사진 2-5〉 마조　　〈사진 2-6〉 골패　　〈사진 2-9〉 이탈리아 카르타

〈사진 2-15〉 유럽산 타로1　　〈사진 2-24〉 운슨가루타 1

위에서 〈사진 2-5〉 마조 도안과 〈사진 2-6〉 골패 도안과 〈사진 2-9〉 이탈리아 카르타 도안과 〈사진 2-15〉 유럽산 타로 도안과 〈사진 2-24〉 운슨가루타 도안의 동전과 검의 형태를 비교해보면 서로 많이 닮아있다. 재매개가 이루어졌을 가능성이 높다고 하겠다.

하나후다의 원류 중 하나인 유럽산 타로는 도박계통의 유럽형 타로인 운슨가루타를 만들어냈을 뿐만 아니라, 일본 고유의 실내놀이도구 외형에도 많은 영향을 미친다.

운슨가루타를 비롯한 유럽형 타로는 도박계통으로 분류되었으므로 국가 차원의 개혁이 있을 때마다 금지령이 내려졌고, 이를 피하기 위하여 교육 계통으로 분리된 일본 고유의 놀이도구 도안을 빈번하게 모방하면서 수많은 아류가 양산시킨다.

결론적으로 일본에서 제조되기 시작한 유럽형 가루타인 덴쇼가루타와 운슨가루타, 이 두 가루타의 공통점과 차이점을 살피면 다음과 같다. 덴쇼가루타와 운슨가루타의 도안 형태는 일본학자 마스카와 코이치가 주장한 것처럼 일본풍의 모습이 보인다기 보다는 일본학자 모리스에 요시아키와 히노니시 스케노리가 주장한대로 유럽산 카르타를 일본에서 모방하여 만들어내기 시작한 초기의 유럽형 가루타라고 지칭하는 것이 옳다고 여겨진다.

따라서 일본에 유입된 유럽산 카르타를 국내에서 모방하여 생산하기 시작한 초기 형태의 유럽형 카드라는 것이 공통점이라고 할 수 있다. 이어 차이점을 살펴보면 덴쇼가루타는 수입한 유럽산 카르타의 공급 부족으로 생겨난 것에 반해, 운슨가루타는 여러 차례에 걸친 국가 차원의 금지령 때문에 생겨난 것이다.

3.2.3. 덴쇼, 운슨, 마조, 골패, 수투 도안의 재매개, 메쿠리후다

일본에 유입된 유럽산 카르타의 급격한 세력 확산으로 만들어진 국산 1호 덴쇼가루타(天正かるた)가 지나치게 급격한 성장세로 사회 문제를 야기시키자 에도막부(江戶幕府) 이를 금지하기에 이른다. 이러한 에도막부의 지엽적인 단속을 피하고자 덴쇼가루타는 도안 형태 및 명칭, 장수(枚數)가 다른 운슨가루타를 이용하게 된 것이다.

여기에서 간과할 수 없는 것은 덴쇼가루타의 맥이 완전히 끊기고 운슨

가루타로 계승된 것이 아니다. 17C 중·후반에 이루어진 세 차례의 덴쇼가루타 단속 이후 운슨가루타가 활동하는 동안 덴쇼가루타는 에도(江戸)에서 표면적으로는 사라졌지만 국가의 단속을 피해 몰래 놀이 방법과 함께, 명칭과 도안에 변형을 가하며 메쿠리(めくり)라는 놀이방법으로 지속되고 있었다. 이러한 상황은 지역에 따라서 덴쇼가루타와 덴쇼가루타가 병행되어 놀이되기 시작한 것을 의미한다.

덴쇼가루타와 맥을 잇는 메쿠리(めくり)는 1716년~1735년(亨保 1年~21年)사이에 고안되어 메쿠리후다(めくり札) 요미후다(よみ札)등의 명칭으로 불리며, 도박 성향이 더 강해졌다. 이와 동시에 후다(札)라는 표현이 가루타라는 표현 대신 사용되기 시작한다. 3.2.3.에서는 지방 후다가 발생하게 된 연유와 여기에 기여한 가루타 업자와의 관계를 중심으로 살펴서 지방 후다가 다양하게 양산된 상황을 구체적으로 분석하고자 한다. 메쿠리후다의 도안 형태를 사진으로 제시하면 〈사진 3-10〉과 같다.

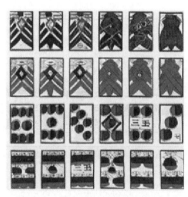

〈사진 3-10〉 메쿠리후다가 등장한 시점을 계기로 가루타라는 표현 대신 '패'라는 의미의 '후다'라는 표현이 도박계통 가루타에 점차 보이기

〈사진 3-10〉 메쿠리후다 도안

시작한다. 메쿠리후다는 서서히 사라지기 시작하는 아와세라는 덴쇼가루타의 한 갈래에서 만들어진다. 이 무렵부터 도안(図柄)에도 현저한 변화를 보이기 시작한다. 덴쇼가루타가 제작된 시기는 1573년~1591년 정도이고, 운슨가루타가 유행한 시기는 1688년~1703년 사이이다. 그러므로 메쿠리후다는 일본에서 유럽형 가루타가 만들어지기 시작한지 약 약 150여 년만이고 시기적으로 덴쇼가루타의 뒤를 잇는 운슨가루타와는 약 30여 년의 차이를 보인다. 영향을 받은 포르투갈 카르타와 덴쇼가루타도안을 메쿠리후다 도안과 비교하면 다음과 같다.

■ 포르투갈 카르타와 덴쇼가루타 1과 메쿠리후다의 도안 비교

〈사진 2-7〉 포르투갈 카르타   〈사진 2-23〉 덴쇼가루타 1   〈사진 3-10〉 메쿠리후다

〈사진 2-7〉 포르투갈 카르타와 〈사진 2-23〉 덴쇼가루타 초기 사진과 비교해보면 표면의 인물 도안 12장이 〈사진 3-10〉 메쿠리후다에서는 모두 사라지고 숫자를 표시하는 검과 동전기호물로만 구성된 것이 확인된다. 이 기호물은 수투의 영향을 받은 유럽풍 가루타의 동전, 검 도안을 부분적으로 이용하였다. 이외에도 마조, 골패의 동전 도안이 많이 엿보인다. 금지령만 피하려는 소극적인 대응 자세를 엿볼 수가 있다. 일본학자들이 하나후다 성립과정을 설명할 때 언급은 없었지만 마조, 골패, 수투 도안을 섞어서 만든 것이라는 것이 확인된다.

〈사진 3-10〉 메쿠리후다 도안의 기호물은 이미 골패와 수투 도안의 영향을 많이 받아 형성된 남유럽산 카르타의 동전과 검 도안과 더불어 직접적인 도입 현상도 많이 보이고 있다. 동전과 검을 섞어 만들어진 〈사진 3-10〉 메쿠리후다 도안을 〈사진 2-9〉 이탈리아 카르타 도안과 비교해보면 많이 닮아 있다. 앞에서 일본학자들이 주장한 것처럼 유럽풍을 완전히 벗어난 형태라고는 볼 수 없다. 금지령만 피하려는 소극적인 대응 자세를 엿볼 수가 있다. 메쿠리후다의 검 도안 형태를 수투, 유럽산 타로, 이탈리아 카르타, 덴쇼가루타 1, 덴쇼가루타 2와 비교한 사진을 제시하면 아래와 같다.

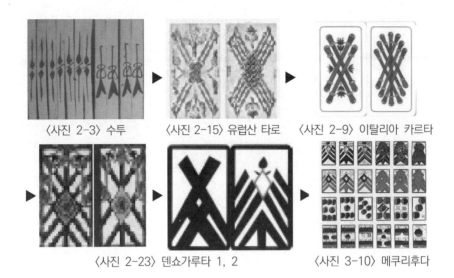

〈사진 2-3〉 수투   〈사진 2-15〉 유럽산 타로   〈사진 2-9〉 이탈리아 카르타

〈사진 2-23〉 덴쇼가루타 1, 2   〈사진 3-10〉 메쿠리후다

검 도안의 비교를 통하여 재매개가 이루어지는 순서를 확인할 수 있었다. 수투, 유럽산 타로, 이탈리아 카르타, 덴쇼가루타 1, 덴쇼가루타 2, 메쿠리후다 순의 변천과정을 보이며 재매개가 이루어지고 있다.

■ 마조, 골패, 수투, 유럽산 타로, 이탈리아 카르타, 덴쇼가루타, 메쿠리후다의 동전 도안 비교

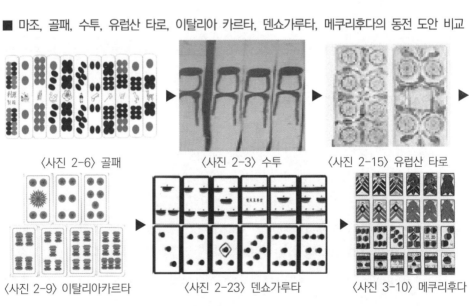

〈사진 2-6〉 골패   〈사진 2-3〉 수투   〈사진 2-15〉 유럽산 타로

〈사진 2-9〉 이탈리아카르타   〈사진 2-23〉 덴쇼가루타   〈사진 3-10〉 메쿠리후다

수투의 활 또는 창 모양으로 추측되는 부분의 도안을 모방한 유럽산 카르타의 검(곤봉)이 표현된 〈사진 2-23〉 덴쇼가루타 초기 사진과 비교해 보면 도안은 여전히 유럽풍을 벗어난 형태라고 보기는 어렵다.

이러한 대응방식으로 보아 당시 도박용 가루타로서 많은 인기가 있었다는 사실을 입증한다. 막부는 이러한 유럽형 가루타의 변화에 대응하여 1702년(寶永 3) 도도고찰(賭徒考察)이란 관직을 만들어서 지속적인 단속을 하기 시작하였다.

18C 중엽부터 후기에 이르기까지 도박용 가루타는 최고의 유행을 보인다. 또 막부는 이러한 가루타 변화에 대응하여 몇 차례에 걸친 금지령을 내리게 된다. 1702년에는 에도에서 도박을 철저하게 금지시키기 위해 「도도고찰」직을 설치하여 단속하였다. 이렇게 가루타는 막부의 금지령을 피하기 위해 형태를 서양풍에서 일본풍으로 바꾸어가면서 명칭과 놀이방법을 바꾸어 지속시켜 나갔다.

담당부서를 상설하여 관리 단속하였다는 것은 이미 유럽용 가루타는 도박용 가루타라는 인식이 사회 전반에 널리 퍼져 있었다는 사실을 입증한다. 이 때문에 더 빨리 단속의 대상이 되었고 이로 인하여 사용되는 수명도 짧아졌다. 지속적인 금지령이 내려진 후부터는 후속되는 가루타와의 교체 시기가 급속도로 빨라졌다.

3.2.4. '가루타'를 '후다'로 명칭에 대변신을 시도

앞 분석을 통하여 알 수 있었던 것은 도안의 변화가 가루타 업자의 적극적인 반발에 의해 이루어졌다는 것이다. 남유럽산카르타가 유입된 지 30~50년 만에 덴쇼가루타와 운슨가루타가 생겨난 것에 비해 지방 후다는 시간적인 간격을 측정할 수 없을 만큼 우후죽순처럼 빠르게 생겨나기 시작하였다. 이에 따라 도안이 변형되는 시간적인 간격도 빨라졌다. 이렇게 양산된 지방 후다들의 도안은 어떤 부류의 도안을 모방하였는지 그 계보와 도안 형태를 추정함과 동시에 하나후다가 어떤 지방 후다의 도안물군에서 표출되었는지를 고찰하고자 한다.

지방(縣) 후다는 다양한 형태로 각 지방에 산재하였다. 그리고 후다도 한 종류만이 아니라 여러 종류가 존재하였다. 지방 후다의 또 하나의 특징은 각 지방마다 달랐던 놀이 방식과 규칙의 호칭이 후에 해당 후다의 명칭이 된 것이다. 하나후다의 도안 형태와 비슷한지, 또는 어떠한 연관 관계가 있는지를 다양한 종류의 지방 후다에 나타나는 도안물과 비교해 볼 필요가 생겼다. 따라서 이들의 도안물을 구체적으로 살피려고 한다.

막부체제(幕府體制)이었던 에도시대에는 막부를 중심으로 전국(全國)의 번(藩), 즉 여러 다이묘(大名)의 영지(領地)에 대한 도박을 감독하고 단속을 시행하였다. 에도(江戸)는 도쿄(東京)의 옛 지명이다. 일본지도로 제시하면 다음과 같다.

〈사진 3-11〉 도쿄 [東京, Tokyo]　　　　　일본의 지방별 지도

가루타가 유행하자 그에 따라 가루타를 생산 판매하는 업자도 증가한다. 그러나 사회에 갖가지 해악을 끼치며 문제를 일으키기 시작하자, 도쿠가와 막부(德川幕府)는 도박용 가루타를 금지시키기에 이른다. 마스카와 코이치

에 따르면 당시의 가루타 업자들은 생계를 위해서 새로운 가루타를 만들어
내기 위해서 법제도를 이용하였다고 한다.

어느 번(藩)에서 "이 가루타는 도박품이다. 이후 판매와 사용을 금한다"라는 금지령
이 내리면, 준비해 둔 다른 형태(図柄)의 새로운 가루타를 만들어서 판매하였다.
「ある藩で「このカルタは賭博品である。以後販賣使用を禁ず。」との禁令が出る。する
と用意しておいた他の地方用の絵柄の木版を刷って別のカルタとして販賣した。」

〈사진 3-12〉 목판에 도안을 제작하는 모습

가루타 업자는 일본
전국의 거의 모든 지방
(縣)에 존재하였다. 그래
서 그 지역에서 요구하
는 선호도에 따라 각기
다른 형태의 후다를 생
산하였다. 가루타 업자들
은 항상 '도박 금지령'에
대비하여 여러 도안(絵
柄)의 목판(木版)을 준비
해 두었다가 지정된 금

지 제품과는 다른 것이라고 주장한다. 이러한 도안의 목판 중 덴쇼가루타 목
판이 현재, 고베시립남만미술관(神戸市立南蛮美術館)에 소장되어 있다.

단속을 피하기 위하여 명칭이나 도안, 색깔 등을 수시로 변형시켰다. 이
러한 수법은 해당 가루타에 대한 금지령이 내려질 때마다 되풀이된다. 즉
금지령을 피하기 위해 새로운 후다를 창출해낸 결과가 다양한 지방 후다가
생겨난 이유이다. 이렇게 생산된 지방 후다는 초창기에는 만들어진 고장에
서만 사용되는 특징을 지녔다. 도식화하면 〈표 3-13〉과 같다.

〈표 3-13〉 지방 후다의 탄생 배경

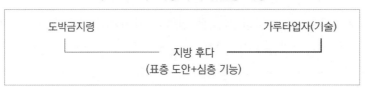

다양한 지방 후다의 출현은 도박금지령과 가루타 업자와의 관계 속에서 이루어진다. 지방 후다에서 분석된 특징은 크게 세 가지이다. 첫째, 16C 중반부터 18C 말까지 약 250년 정도 사용하던 가루타라는 표현이 도박계통의 가루타에서 사라지고 대신 후다라는 명칭을 본격적으로 사용하기 시작하였다.

둘째, 유럽산 카르타가 유입된 당시에는 명칭과 재료 등의 형태가 일본 고유의 놀이에 영향을 준데 반해, 지방 후다에 와서는 교육계통이 도박계통의 가루타 도안에 영향을 미친다. 즉 자발적인 국풍현상이 아니라, 물리적인 힘을 피하고자 일본풍으로 변신을 하게 되는 것이다.

셋째, 놀이방식이 가루타의 명칭으로 전이되는 현상을 보이기 시작한다. 지방 후다에서 분석된 이 세 가지 특징은 앞서 살핀 유럽형 가루타인 운슨 가루타에서와 마찬가지로 모두 국가 차원의 도박 금지령을 피하기 위해서 일어난 현상으로 집약된다.

위에서 일본에 유입된 유럽산 카르타의 변천사를 살핀 결과, 일본에 유입된 남유럽산 카르타는 도박계통과 교육계통의 구분 없이 일본의 실내용 놀이 도구에 많은 영향을 끼쳤음을 알 수 있다. 이와 같이 유럽산 카르타의 영향을 받은 일본의 실내용 놀이도구는 크게 일본 고유의 놀이도구 종류와 유럽산의 변형인 유럽형 가루타 종류로 구분된다.

대표적인 유럽형 가루타인 덴쇼가루타 계통은 크게 메쿠리부류와 가부부류, 두 갈래로 나눠 계승되어 간다. 그중에서 우선 메쿠리 부류의 도안을 살피려고 한다. 메쿠리부류의 특징은 봉(棒), 검(劍), 화폐(貨幣), 술잔(酒

죠)의 4문양으로 만들어졌으며, 메쿠리 놀이에 이용되었다. 이 부류의 지방 후다 종류와 각 명칭이 사용된 지역을 살펴보면 다음과 같다. 메쿠리 부류는 조사한 결과 찾아낸 것은 11종류이다. 긴쿄쿠, 미쓰와, 후쿠토쿠, 봇킨후쿠토쿠, 구로우마, 사쿠라가와, 구로후다, 우마가루타, 이세, 아카하치, 고마쓰 등이며, 사용되던 지역은 홋카이도부터 기후까지 일본 전국에 걸쳐 놀이된다. 이중에서 수집할 수 있었던 미쓰와, 후쿠토쿠, 구로우마, 사쿠라가와, 구로후다, 이세, 아카하치, 고마쓰의 도안을 면밀히 살피면 아래와 같다.

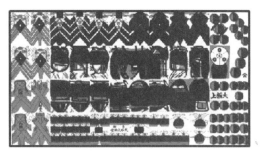

〈사진 3-14〉 미쓰와(三ツ扇)

먼저 미쓰와(三ツ扇)를 살펴보면 주로 니가타(新潟), 도야마(富山), 후쿠이(福井), 홋카이도(北海道), 시즈오카(静岡) 지역에서 사용되었다. 미쓰와의 도안을 사진으로 제시하면 아래와 같다.

■ 〈사진 2-6〉 골패2와 〈사진 3-14〉 미쓰와(三ツ扇)도안 재매개 형태

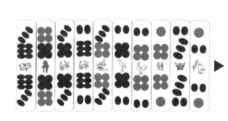 ▶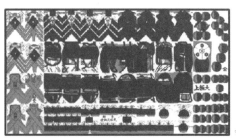

곤봉(棒)과 동전(貨幣)의 도안 구성을 보이는 미쓰와 도안은 덴쇼가루타 계통의 4문양 중 2문양을 사용하였으며, 디자인도 그다지 많이 바뀌지는

않았다. 붉은색과 검은색으로 채색하였으며 48장으로 구성되어 있다. 덴쇼

가루타 이외에도 골패의 문 양이 재매개되었음을 확인 할 수 있다.

후쿠토쿠(福德)는 후쿠이 (福井), 이시카와(石川), 토 야마(富山), 나가노(長野) 등 지에서 사용되었다. 후쿠토 쿠 도안을 사진으로 제시하 면 아래와 같다.

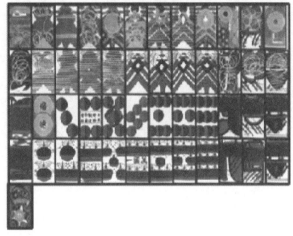

〈사진 3-15〉 후쿠토쿠(福德)

■ 〈사진 2-5〉 마조와 덴쇼가루타와 〈사진 3-15〉 후쿠토쿠(福德)의 4문양 도안 비교

봉(棒), 검(劍), 동전(貨幣), 술잔(酒盃)의 도안 구성을 보이는 후쿠토쿠 도안은 덴쇼가루타계통의 4문양 모두 사용하였으며, 디자인도 많이 바뀌 지 않았다. 붉은색과 검은색 이외에도 회색과 노란색을 첨가하여 채색하였 으며 49장으로 구성되어 있다. 덴쇼가루타 이외에도 마조와 골패의 문양이 재매개되었음을 확인할 수 있다. 덴쇼가루타에서 볼 수 있는 도형(圖形)의 도안 형태를 확장해 놓은 것처럼 보인다.

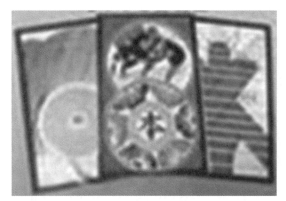

구로우마(黑馬)는 홋카이도(北海道)와 시즈오카(静岡)에서 주로 사용되었다. 구로우마 도안을 사진으로 제시하면 다음과 같다.

〈사진 3-16〉 구로우마(黑馬)

■ 이탈리아 카르타와 덴쇼가루타 1과 구로우마의 동전 문양 도안 형태 비교

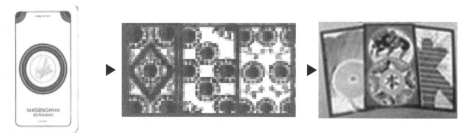

〈사진 2-9〉 이탈리아 카르타   〈사진 2-23〉 덴쇼가루타 1   〈사진 3-16〉 구로우마

위에서 살핀 〈사진 3-16〉 구로우마는 전체가 아닌 일부의 몇 장만 볼 수 있지만 얼핏 보아도 앞서 살핀 같은 덴쇼가루타계통의 〈사진 3-14〉 미쓰와 도안과 확연히 다른 형태를 보이고 있다. 덴쇼가루타계통의 문양 중 동전(貨幣) 문양을 이용하였으며, 디자인이 바뀐 것 같으나 전체 구성을 알 수 없어 확인이 어렵다. 보이는 형태로 짐작할 수 있는 것은 덴쇼가루타보다는 이탈리아 카르타의 동전문양과 좀 더 형태가 비슷한 것으로 보아 덴쇼계통이지만 모방은 일정한 규칙 없이 공존하는 여러 놀이도구를 이용하는 것으로 짐작된다.

사쿠라가와(桜川)는 도야마(富山), 이시카와(石川), 후쿠이(福井)에서 주로 사용되었다. 사쿠라가와 도안을 사진으로 제시하면 아래의 〈사진 3-17〉과 같다.

사쿠라가와는 덴쇼가루

〈사진 3-17〉 사쿠라가와(桜川)

타계통의 4문양 중 봉(棒), 검(劍), 동전(貨幣)의 3문양으로 도안 구성하였으며, 48장 구성에 디자인도 많이 바뀌지는 않았다. 그러나 짙은 붉은색과 검은 색으로 도안을 두드러지게 그린 것이 특징이다. 덴쇼가루타 계통의 4문양을 모두 이용한 같은 계통의 〈사진 3-14〉 미쓰와 도안과 비교해보면 도안 전체 분위기가 비슷하다.

구로후다(黑札)는 주로 아오모리(青森)와 이와테(岩手)에서 사용되었다. 발견된 네 종류의 구로후다 도안을 사진으로 제시하면 〈사진 3-18〉과 같다.

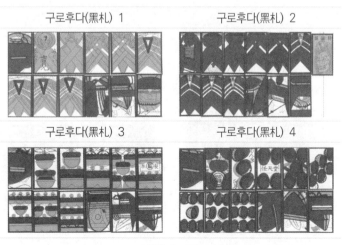

〈사진 3-18〉

■ 덴쇼가루타 1과 구로후다 1의 검 도안 형태 비교

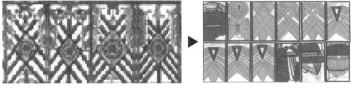

〈사진 2-23〉 덴쇼가루타 1   〈사진 3-18〉 구로후다 1

덴쇼가루타 1의 검 문양만으로 구성된 구로후다 1의 검 도안은 전체적으로 붉은색으로 채색되었으며 검은색의 비율이 적다.

■ 덴쇼가루타 1과 구로후다 2의 검 도안 형태 비교

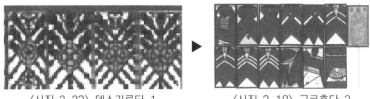

〈사진 2-23〉 덴쇼가루타 1   〈사진 3-18〉 구로후다 2

덴쇼가루타 1의 검 문양만으로 구성한 구로후다 2의 검 도안은 전체적으로 검은색으로 채색되었으며 붉은색의 비율이 적다. 구로후다 1의 검 도안과는 색상이 반대로 채색된 것뿐이다.

■ 골패와 구로후다 3의 동전 도안 비교

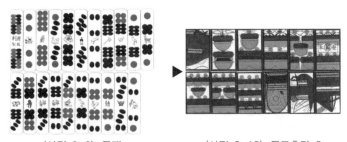

〈사진 2-6〉 골패   〈사진 3-18〉 구로후다 3

덴쇼가루타 1의 동전 문양만으로 구성한 구로후다 3의 동전 도안은 전체적으로 붉은색으로 채색되었으며 검은색의 비율이 적다. 원조인 유럽산 카르타나 덴쇼가루타 도안의 변형이라기보다는 붉은색과 검은색으로 구성된 골패 도안에서 직접적인 재매개가 이루어졌다고 볼 수 있는 부분이다.

■ 골패 1, 2와 구로후다 4의 동전 도안 비교

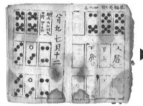
〈사진 2-6〉 골패 1

〈사진 2-6〉 골패 2

〈사진 3-18〉 구로후다 4

덴쇼가루타 1의 동전 문양만으로 구성한 구로후다 4의 동전 도안은 전체적으로 검은색으로 채색되었으며 붉은색의 비율이 적다. 구로후다 3의 동전 도안과는 색상이 반대로 채색된 것뿐이다.

구로후다라는 동일한 명칭의 지방 후다에서도 위의 〈사진 3-18〉 4장의 사진에서 볼 수 있듯이 조금씩 다른 도안의 형태를 보인다는 것이 특이하다. 위의 사진을 비교해보면 구로후다 1, 2와 구로후다 3, 4가 비슷한 구조이다.

이중 구로후다 1은 거칠고 각이 많이 진 형태의 소재로 이루어져 있으며, 도안 전체에 들어간 색상은 붉은색이 거의 대부분이고 검은색이 조금 들어간 반면에 구로후다 2는 이와 반대 현상을 보이고 있다. 한편 구로후다 3, 4에서는 둥글고 부드러운 곡선이 많이 이용 되었다. 색상은 위에서 살펴본 것과 마찬가지로 구로후다 3은 붉은색이 거의 대부분이고 검은색이 조금 들어간 반면에 구로후다 4는 이와 반대 현상을 나타내고 있다.

일본학자들의 주장에는 없었지만, 구로후다 도안의 모티브가 된 〈사진 2-6〉 골패는 총 32개의 패가 한 세트를 이루고 있으며, 구멍수는 모두 227

개이다. 이런 골패의 모양은 오늘날의 마작과 비슷하다며 같은 부류로 설명하고 있기도 한다. 골패의 각 패에는 1에서 6까지의 점수를 위 아래로 새겨져있으며, 점수는 127점을 만점으로 한다. 〈사진 2-6〉 골패 도안들과 〈사진 3-18〉 구로후다의 도안 형태를 비교해보면 골패에서 모티브를 얻었다는 것은 쉽게 확인할 수 있다. 그렇다면 나머지 세 도안과 다른 디자인 형태를 보이는 구로후다를 하나가루타계통에 넣어서 분류된 이유는 도안물이 아닌 다른 요소가 작용했다는 것을 의미한다.

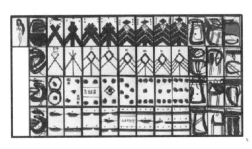

〈사진 3-19〉 이세(伊勢)

이세(伊勢)는 시가(滋賀)와 기후(岐阜), 미에(三重), 아이치(愛知) 등에서 사용되었다. 이세(伊勢)의 도안을 제시하면 〈사진 3-19〉와 같다.

■ 〈사진 2-23〉 덴쇼가루타 2와 〈사진 3-19〉 이세 도안 비교

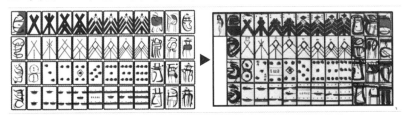

도안의 전체 분위기는 비슷하고 여자가 한 장 등장하며 48장이 49장으로 구성을 바꾸었다. 이 구성 형태는 타로의 조커 도입과 같은 구성이다. 이세 역시 앞서 살펴본 〈사진 3-14〉 미쓰와나 〈사진 3-17〉 사쿠라가와와 마찬가지로 덴쇼가루타계통의 4문양을 사용하였으나 이들과 다른 점은 원래의 모습이 거의 남아 있지 않다는 것이다. 여기에 유령후다(幽靈札)와 백후다(白札)를 포함하여 모두 50장으로 구성되어 있다.

아카하치(赤八)는 교토(京都), 오사카(大阪), 효고(兵庫), 나라(奈良), 와카야마(和歌山), 오카야마(岡山) 등지에서 사용되었다. 아카하치의 도안을 제시하면 〈사진 3-20〉과 같다.

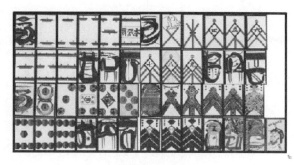

〈사진 3-20〉 아카하치(赤八)

■ 〈사진 2-23〉 덴쇼가루타 2와 〈사진 3-20〉 아카하치 도안 비교

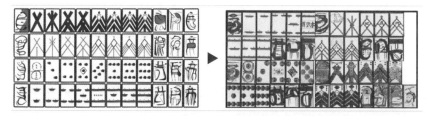

도안의 전체 분위기는 비슷하고 도깨비가 한 장 등장하며 49장 구성이다. 이 구성 형태는 타로의 조커도입과 같은 구성이다.

위의 〈사진 3-20〉 아카하치도 〈사진 3-14〉 미쓰와, 〈사진 3-17〉 사쿠라가와 〈사진 3-19〉 이세와 같은 덴쇼가루타계통의 4문양을 사용하였으나, 〈사진 3-19〉 이세와 마찬가지로 원래의 모습은 거의 남아 있지 않다. 그리고 〈사진 3-20〉 아카하치의 특징으로는 위의 〈사진 3-19〉 이세에서 본 도깨비후다(鬼札) 대신에 유령후다(幽靈札)가 들어있다. 여기에 백후다(白札)를 포함하여 50장으로 구성되어 있다.

〈사진 3-20〉 아카하치의 도안을 〈사진 3-19〉 이세 도안과 비교해보면 비슷한 것을 알 수 있다. 그렇지만 같다고 보기는 힘들 만큼의 소극적인 도안 변형이 이루어졌음을 알 수 있다.

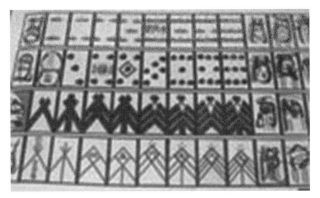

〈사진 3-21〉 고마쓰(小松)

　고마쓰(小松)는 후쿠이(福井), 이시카와(石川), 와카야마(和歌山) 등지에서 주로 사용하였다. 고마쓰의 도안을 제시하면 〈사진 3-21〉과 같다.

■ 〈사진 2-23〉 덴쇼가루타 2와 〈사진 3-21〉 고마쓰 도안 비교

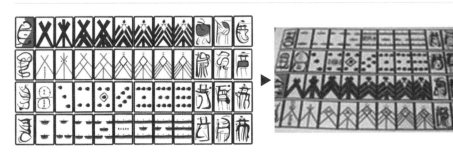

　도안의 전체 분위기가 비슷하고 명칭만 바뀐 형태이다.

　〈사진 3-10~21〉에서 사진으로 살펴본 도안물 이외에도 조사한 메쿠리 계통(めくり系)의 지방 후다 종류와 그들이 주로 사용된 지역을 정리하면 〈표 3-22〉와 같다.

<表 3-22> 메쿠리 부류

	지방 후다 종류	각 명칭이 사용된 지역
1	긴쿄쿠(金極)	돗토리((鳥取)
2	미쓰와(三ツ扇) 사진有	니가타(新潟), 도야마(富山), 후쿠이(福井), 홋카이도(北海道), 시즈오카(静岡)
3	후쿠토쿠(福德)사진有	후쿠이(福井), 이시카와(石川), 토야마(富山), 나가노(長野)
4	봇킨후쿠토쿠(忽金福德)	후쿠이(福井), 이시카와(石川)
5	구로우마(黑馬)사진有	홋카이도(北海道), 시즈오카(静岡)
6	사쿠라가와(桜川)사진有	도야마(富山), 이시카와(石川), 후쿠이(福井)
7	구로후다(黑札)사진有	아오모리(青森), 이와테(岩手)
8	우마가루타(馬かるた)	아키다(秋田)
9	이세(伊勢)사진有	시가(滋賀), 기후(岐阜), 미에(三重), 아이치(愛知)
10	아카하치(赤八)사진有	교토(京都), 오사카(大阪), 효고(兵庫), 나라(奈良), 와카야마(和歌山), 오카야마(岡山)
11	고마쓰(小松)사진有	후쿠이(福井), 이시카와(石川), 와카야마(和歌山)

메쿠리 부류에 이어서 가부 부류의 도안을 살피려고 한다. 가부 부류의 특징은 덴쇼가루타의 봉(棒), 검(劍), 화폐(貨幣), 술잔(酒盃)의 4문양 중 검(劍), 화폐(貨幣) 2문양으로 만들어졌다. 그리고 이 2문양이 같이 사용된 것이 아니라 1문양씩만 사용된 것이 특징이라고 하겠다. 이 부류의 지방 후다 종류와 각 명칭이 사용된 지역을 살펴보면 다음과 같다. 가부 부류는 조사한 결과, 찾아낸 것은 6종류이다. 이리노기치, 긴세이산, 가부후다, 고마루, 구도산, 오니 등이며, 사용되던 지역은 메쿠리부류보다 세력권이 적은 편이다. 이중에서 수집할 수 있었던 가부후다, 오니의 도안을 면밀히 살피면 아래와 같다.

카르타와 덴쇼가루타의 곤봉 문양이 독립된 형태로 변화한 가부후다의 도안을 제시하면 〈사진 3-23〉과 같다. 가부후다(株札)는 카르타와 비슷한 모양이다. 가부후다는 현재도 제작·판매되고

〈사진 3-23〉 가부후다

있으며, 간사이(關西)지역에서는 상당히 인기가 있다고 한다.

■ 수투, 덴쇼가루타, 가부후다 도안 비교

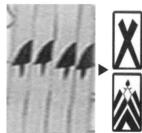

〈사진 2-4〉 수투

〈사진 2-23〉 덴쇼가루타

〈사진 3-23〉 가부후다

트럼프와 비슷한 도안 형태의 후다도 있고, 트럼프의 1문양을 계승한 가부후다나 현재의 하나후다와 비슷한 전통문화의 문양을 띤 것도 있으며 도형으로만 구성된 후다도 있다. 이중 가부후다는 현재도 시판되고 있으며 놀이도구로는 하나후다를 사용하기도 한다. 이외에도 화폐(貨幣)를 사용한 마메후다(豆札)와 봉(棒)을 사용한 수지후다(筋札)가 있다. 또 이 후다들로 놀이할 때 놀이 방식은 같은 지역 안에서도 서로 다르게 나타나기도 하였다.

오니(大二)가 주로 사용된 지역은 규슈(九州)지역의 후쿠오카(福岡), 사가(佐賀), 나가사키(長崎), 오이타(大分), 구마모토(熊本), 미야자키(宮崎), 가고시마(鹿児島)와 야마쿠치(山口), 돗토리(鳥取),

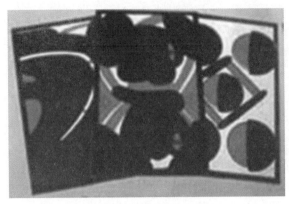

〈사진 3-24〉 오니(大二)

에히메(愛媛), 도쿠시마(德島)등지이다. 오니의 도안을 제시하면 〈사진 3-24〉와 같다.

■ 덴쇼가루타 2의 도형을 확대문양으로 변형한 오니 도안 비교

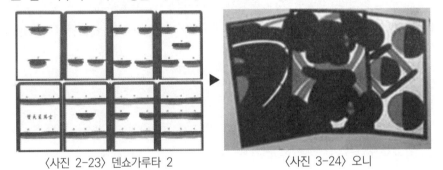

〈사진 2-23〉 덴쇼가루타 2   〈사진 3-24〉 오니

〈사진 3-23, 24〉에서 사진으로 살펴본 도안물 이외에도 조사한 가부 부류의 지방 후다 종류와 이들이 주로 사용된 지역을 정리하면 〈표 3-25〉와 같다.

〈표 3-25〉가부 부류

	지방 후다 종류	각 명칭이 사용된 지역
1	이리노기치(入の吉)	와카야마(和歌山), 미에(三重)
2	긴세이산(金靑山)	와카야마(和歌山), 나라(奈良), 미에(三重), 후쿠이(福井)
3	가부후다(株札)사진有	와카야마(和歌山), 나라(奈良), 교토(京都), 효고(兵庫), 후쿠이(福井), 시가(滋賀)
4	고마루(小丸)	에히메(愛媛), 도쿠시마(德島), 야마구치(山口), 히로시마(広島), 오카야마(岡山), 효고(兵庫), 가가와(香川)
5	구도산(九度山)	시마네(島根), 돗토리(鳥取), 와카야마(和歌山), 메후다(目札), 에히메(愛媛), 고치(高知), 도쿠시마(德島)
6	오니(大二)사진有	후쿠오카(福岡), 사가(佐賀), 나가사키(長崎), 오이타(大分), 구마모토(熊本), 미야자키(宮崎), 가고시마(鹿児島), 야마쿠치(山口), 돗토리(鳥取), 에히메(愛媛), 도쿠시마(德島)

　　메쿠리계통과 가부계통의 자료를 분석한 결과, 앞서 살펴 본 메쿠리계통이 전국에 걸쳐 퍼져있던 것과는 달리 가부계통은 규슈와 남쪽지방에 많이 분포되어 있는 것을 볼 수 있었다. 이들 지방 후다의 특징은 도안물 뒷면에 지명이 기록되어 있어서 어느 지방에서 사용하는 후다인지 알 수 있다는 것이다. 그리고 지방마다 조금씩 다르게 독특한 특색이 디자인되어 있으며 문양도 다양하다는 것이다.

　　18C 중·후반에 걸쳐서 도박가루타금지령(1764~1789, 明和 1~寬正 1)을 요령껏 빠져나간 귀족과 무사를 비롯하여 일반 서민들에 이르기까지 여러 계층의 많은 사람들이 가루타에 빠져있었다. 유럽형 가루타는 이 시기에 도박용 가루타로서 최전성기를 보낸다. 그러나 다누마(田沼章次)가 막부의 실권을 장악한 기간에 상업 자본과 유착하여 많은 원망을 사게 되고 마침내 실각하게 되자 이후, 마쓰타이라 사다노부(松平定信)는 1787년 간세이개혁(寬政改革)을 하면서 상업 자본을 억압하고 교육계통의 가루타를 제외한 도박계통의 가루타를 금지시킨다. 운슨가루타를 비롯하여 덴쇼가루타의 아류인 메쿠리후다, 요미후다 등, 도박에 사용된 가루타 종류는 모

두 제조·판매가 금지된다. 간세이개혁 이후 도박계통의 가루타는 표면상
으로 완전히 모습을 감추게 된다. 그러나 앞선 덴쇼가루타 금지령 때와 마
찬가지로 여전히 지하에서는 은밀히 제조와 판매, 게임이 계속되었다.

덴쇼가루타와 운슨가루타가 각각 다른 지역에서 놀이되는 동안에도 막
부의 단속을 피하기 위하여 준비된 다른 형태의 도안이 계속 만들어지고
있었다. 한국과의 연관설을 살펴보면, 임진왜란 이후 단절되었던 조선과
일본 간의 문화 교류가 17C부터 18C에 걸쳐 12차례의 조선통신사(朝鮮通
信士)를 기반으로 다시 재개되면서 조선의 사대부 계층에서 유행하던 수투
놀이가 일본에 전래되게 되었고, 이것이 유럽형 가루타에 접목되어 하나후
다의 원형이 만들어졌다는 설이다. 이렇게 추정한다는 것은 국내에 정확한
기록이 남아있지 않기 때문이다. 오히려 외국 학자들의 여러 수투기원설이
있으므로 소개하면 다음과 같다.

화살 그림을 그린 갸름한 카드, 곧 수투(數鬪)가 플레잉카드의 시조라고
밝히고 있는 P. 아놀드 등의 주장을 근거로, 길쭉한 종이를 손에 들고 펼치
는 조선(또는 고대신라, 삼국시대)의 수투가 서양 트럼프의 뿌리라고 피력
한 스튜어트 컬린, 조선의 카드(수투) 도안에 그려져 있는 화살 모양이 플
레잉카드 도안과 많이 닮아있음을 지적한 C. P. 휴그렙, 수투에 큰 관심을
갖고 있다며 여러 가지 그림이나 문자 따위를 넣어 끗수를 표시한 종잇조
각을 가지고 노는 놀이라고 설명한 B. 이네스, S. 컬린의 보고서를 토대로
하나후다의 기원으로 수투를 들고 있는 마스카와 코이치, 역시 20C 초 S.
컬린이 19C 말경 기록을 남긴 보고서를 근거로 하여 한국의 수투가 11C경
서양에 전파되어 카르타가 되고, 이것이 일본에 유입되어 하나후다의 근간
을 이루게 된 것이라고 주장한 임재해, P. 아놀드의 자료를 근거로 수투가
카르타의 시초라는 주장을 한 이호광이 하나후다의 기원이라고 추정한 수
투의 도안과 형태가 비슷한 일본의 도박계통 지방 후다(札)로 아래 사진의
데모토비키(手元引き)가 있다. 사진을 살펴보면 다음과 같다.

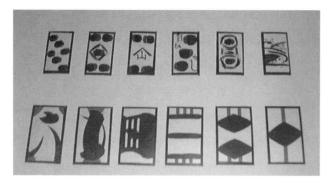

<〈사진 3-26〉 데모토비키 도안>

수투와 데모토비키의 도안을 비교한 형태를 살피면 영향관계를 쉽게 파악할 수 있다. 데모토비키의 도안은 덴쇼계통의 4문양 중 검과 동전의 2문양 형태로 이루어져 있다. 이중 검의 형태에서는 수투의 영향을 받아 제작된 포르투갈의 카르타 디자인에서 뿐만 아니라, 이후에 직접적인 수투의 재매개가 이루어진 것을 확인 할 수 있다. 도안 형태로 변천 과정을 살피면 다음과 같다.

■ 포르투갈 카르타, 수투, 데모토비키 도안의 검 변천 형태 비교

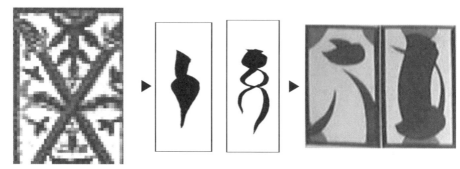

〈사진 2-7〉 포르투갈 카르타   〈사진 2-3〉 수투   〈사진 3-26〉 데모토비키

데모토비키의 동전 형태는 유럽산 카르타에 재매개된 상태에서 변형이 이루어 진 것으로 보인다. 도안 형태로 변천 과정을 살피면 수투 2에서 이탈리아 카르타로 이어지는 재매개 상태에서 골패와 직접적인 재매개도 함께 이루어진 것 같다. 도안 형태로 변천 과정을 살피면 다음과 같다.

■ 수투, 이탈리아 카르타, 덴쇼가루타, 골패, 데모토비키 도안의 동전 도안 형태 변천 과정 비교

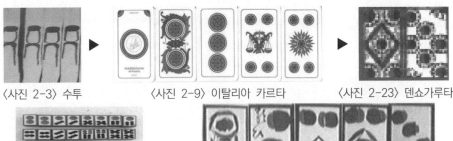

〈사진 2-3〉 수투   〈사진 2-9〉 이탈리아 카르타   〈사진 2-23〉 덴쇼가루타

〈사진 2-6〉 골패   〈사진 3-26〉 데모토비키

위에서 살핀 바와 같이 〈사진 3-26〉 데모토비키의 도안은 같은 가부계통의 하치하치하나(八八花)와 달리 〈사진 2-9〉 이탈리아 카르타와 〈사진 2-2〉 수투 도안과 도안물 형태가 더 닮아있다는 것을 알 수 있다.

■ 가부후다, 오니, 데모토비키의 도안 변천 형태

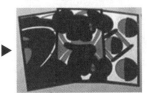

〈사진 3-23〉 가부후다   〈사진 3-24〉 오니   〈사진 3-26〉 데모토비키

이러한 〈사진 3-26〉 데모토비키의 도안 형태는 시간적으로 유럽산 카르타와 덴쇼가루타의 곤봉문양이 독립된 형태로 변화를 보인 〈사진 3-23〉 가부후다가 〈사진 3-24〉 오니를 거쳐서 이어진 것이다.

가부계통의 도안물이 사용하던 놀이방식으로는 1~10까지의 숫자로 놀이를 하는 오이쵸가부(追丁株), 데모토비키(手元引き) 등이다. 숫자가 도안에 등장하기 시작한다.

コイコイは花合わせを応用したゲームであるから歴史は古くない。ゲーム性が大きいので賭場で遊ばれることは無い。もっぱら庶民の間で遊ばれ、大正から昭和にかけて大流行した。

　오사다케 다케키(尾佐竹猛)는 저서『도박과 도모 연구』(2005)에서 덴쇼가루타 계통은 놀이방식에 따라 메쿠리부류, 가부부류, 하나가루타부류로 나뉜다고 설명한다.
　이중, 하나후다 도안물의 형성과정에 깊은 연관이 있는 하나가루타부류에는 데모토비키(手元引き), 후쿠토쿠(福徳), 메후다(目札), 에치고바나(越後花), 하나아와세(하나가루타/무사시노/하나), 하치하치하나(八八花), 코이코이, 오이쵸가부 등이 있다고 설명한다. 하나가루타 부류를 표로 정리하면 다음과 같다.

〈표 3-27〉 하나가루타 부류

	지방 후다 종류	덴쇼가루타 계통의 4문양(봉, 검, 화폐, 술잔)
1	데모토비키(手元引き)	봉, 검, 화폐
2	후쿠토쿠(福徳)	봉, 검, 화폐
3	메후다(目札)	화폐
4	에치고바나(越後花)	4문양 사용하지 않음. (놀이방식 계승)
5	하나아와세(하나가루타/무사시노/하나)	4문양 사용하지 않음. (놀이방식 계승)
6	하치하치하나(八八花)	4문양 사용하지 않음. (놀이방식 계승)
7	코이코이	위 1~6 도안을 이용한 놀이방식
8	오이쵸가부	위 1~6 도안을 이용한 놀이방식

　본 저서에서 수집한 위의 하나가루타계통에 속하는 〈사진 3-26〉 데모토비키, 〈사진 3-15〉 후쿠토쿠, 〈사진 3-28〉 메후다, 〈사진 3-29〉 에치고바나, 〈사진 3-30〉 하나아와세, 〈사진 3-31〉 하치하치하나는 크게 두 가지로 분류할 수 있다. 먼저 이들의 도안을 사진으로 제시하면 다음과 같다.

〈사진 3-26〉 데모토비키

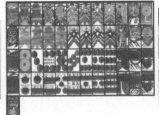
〈사진 3-15〉 후쿠토쿠

〈사진 3-28〉 메후다

〈사진 3-29〉 에치고바나

〈사진 3-30〉 하나아와세

〈사진 3-31〉 하치하치하나

　덴쇼가루타계통을 잇는 지방후다로써 같은 놀이방식을 사용하지만 도안 디자인에 있어서 큰 차이를 보이고 있다. 이에 서로 비슷한 디자인 상태를 보이는 〈사진 3-26〉 데모토비키, 〈사진 3-15〉 후쿠토쿠, 〈사진 3-28〉 메후다와 〈사진 3-29〉 에치고바나, 〈사진 3-30〉 하나아와세, 〈사진 3-31〉 하치하치하나로 나누어 도안 형태를 비교해 보면 그림의 형태만으로는 같은 계통을 잇는 놀이라고 짐작하기 어려울 정도로 도안 변화에 대변신이 시도되었다. 덴쇼가루타의 계통이라는 것이 도안으로 짐작되는 세 종류 도안을 제시하여 비교하면 다음과 같다.

　〈사진 3-26〉 데모토비키, 〈사진 3-15〉 후쿠토쿠, 〈사진 3-28〉 메후다는 덴쇼가루타의 계통을 잇는 지방후다임을 한 눈에 알 수 있다. 〈사진 3-26〉 데모토비키는 덴쇼가루타 계통의 4문양을 모두 사용하여 덴쇼가루타와 그다지 디자인이 많이 바뀌지는 않은 49장 구성의 〈사진 3-15〉 후쿠토쿠(福德), 검은색과 빨간색이 주를 이루며 도깨비 후다가 들어 있는 〈사진 3-28〉 메후다(目札)는 덴쇼가루타의 계통을 잇는 지방후다임을 쉽게

알아 볼 수 있다. 덴쇼가루타에서 볼 수 있는 화폐(貨幣)나 도형(圖形)의 도안 형태를 확장해 놓은 것이다.

3.2.5. 도안 변화에 대변신을 시도한 하나가루타의 '전통문화기호'

하나후다 도안물이 본격적으로 형성되는 과정의 변천사를 살펴서 하나후다가 전통문화의 내용을 도안 소재로 삼게 된 연유가 무엇인지를 알아보고자 한다. 앞에서 살핀 바와 같이 한국의 화투와 비견되는 하나후다는 지방 후다의 한 종류이다. 하나후다 역시 여러 차례의 변형 과정을 거치면서 만들어 진 것이고, 이후 비슷한 아류를 만들어 내기도 하였다. 일본에서는 지금도 일본화한 하나후다 이외에도 유럽형 가루타 형태의 다른 지방 후다들도 주변에서 쉽게 찾아볼 수 있다. 이러한 지방 후다 역시 교육계통과 도박계통으로 나뉜다. 하나후다는 도박계통을 계승한 것이므로 도박계통의 지방 후다를 중심으로 살피고, 교육계통의 경우에는 도박계통의 지방 후다 설명 시 필요한 경우에만 참고로 살필 것이다.

하나가루타 부류의 놀이방식으로는 하나아이(花合い)와 하치하치하나(八八花)가 있다. 여기에서 추정이 가능한 것은 각기 다른 표면의 도안물은

■ 덴쇼가루타의 계통이라는 것이 도안으로 짐작되는 세 종류

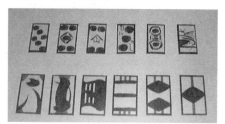

〈사진 3-26〉 데모토비키

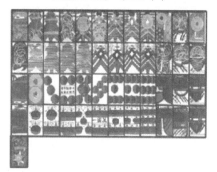

〈사진 3-15〉 후쿠토쿠

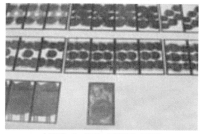

〈사진 3-28〉 메후다 도안

결국 숫자나 기호를 디자인 해 놓은 것에 불과하다는 것이다. 교육계통 도안으로 위장을 시작한 도박계통의 하나가루타 부류 도안을 제시하면 다음과 같다.

위의 3.2.4.에서 살펴본 대로, 같은 하나가루타 부류인 〈사진 3-26〉 데모토비키, 〈사진 3-15〉 후쿠토쿠, 〈사진 3-28〉 메후다의 도안 형태는 덴쇼가루타의 계통을 잇는 지방후다라는 것이 쉽게 구별된다. 그러나 같은 하나가루타 부류이지만 앞의 세 후다와 달리, 〈사진 3-29〉 에치고바나(越後花), 〈사진 3-30〉 하나아와세(무사시노/하나), 그리고 현재 하나후다의 바탕이 된 〈사진 3-31〉 하치하치하나(八八花), 세 후다는 도안 형태가 전혀 다르다. 같은 덴쇼가루타의 계통이라는 것이 쉽게 짐작되지 않을 정도로 대변신이 시도되었다. 이때부터 서서히 하나후다 도안 형태와 비슷한 디자인이 나오기 시작한 것으로 보인다. 덴쇼가루타의 계통이라는 것이 도안으로 짐작되지 않는 세 종류이다.

〈사진 3-29〉 에치고바나(越後花)는 도안 안에 와카(和歌)가 써져 있다. 〈사진 3-31〉 하치하치하나와 많이 비슷하지는 않지만 에치고바나의 어떤 도안이 하치하치하나(八八花)의 어떤 도안으로 발전되었는지 미루어 짐작할 수 있을 정도의 도안물 형태이다. 사진을 살펴보면 묘사

■ 덴쇼가루타의 계통이라는 것이 도안으로 짐작되지 않는 세 종류

〈사진 3-29〉 에치고바나

〈사진 3-30〉 하나아와세

〈사진 3-31〉 하치하치하나

된 벚꽃이나 붉은색 꽃의 모습이 하나후다의 도안과 비슷해지기 시작한다.

■ 마조와 덴쇼가루타 계통의 세 종류 지방후다에 디자인된 꽃그림 비교

〈사진 2-5〉 마조

▼

〈사진 3-29〉 에치고바나

〈사진 3-30〉 하나아와세

〈사진 3-31〉 하치하치하나

색깔은 거의 검정색과 빨간색이 주를 이루며, 그 위에 금색과 초록색을 얹어 놓은 것처럼 조금 들어간 것을 볼 수 있다.

같은 하나가루타 부류이면서도 도안 형태에 큰 차이를 보이는 데모토비키, 후쿠토쿠, 메후다와 에치고바나, 하나아와세, 하치하치하나의 여섯 개 지방 후다가 갖는 공통점은 놀이 방식이 비슷하다는 것이다.

유럽산 카르타가 일본에서 유럽형 가루타로 정착하기까지 최소한 네 차례 이상의 강력한 국가 단속이 있었음에도 불구하고 정착할 수 있었던 요인은 크게 두 가지로 요약된다.

첫째 남유럽에서 유입된 유럽산 카르타(南蠻渡來形, 舶來 Carta)는 오락적인 기능이 탁월한 것이 특징이다. 따라서 당시 막부체제이던 일본의 군부적인 사회 상황과 맞물려 그 세력이 금방 확산될 수 있었던 것이다.

둘째 귀족이나 무사뿐만 아니라, 군사들을 비롯하여 부유한 상인, 일반 서민들에까지도 확장되어 사회문제가 발생할 정도였다는 정황에 비추어 보았을 때, 이때는 이미 저렴한 가격을 형성할 수 있도록 대량 생산이 가능했던 것으로 추정된다. 가마쿠

라막부(鎌倉幕府, 1192~1333) 당시에는 규슈(九州)에 기독교 선교사가 체류하고 있었으므로 가루타를 조판해 낼 수 있는 목판 인쇄 조건이 갖추어져 있었다는 자료를 통해서 이를 입증할 수 있겠다.

에도시대에는 도쿠가와(德川吉宗)가의 개혁(享保改革, 1716~1745)이나 마쓰타이라(松平定信)의 개혁(寬政改革, 1787~1793)등, 개혁안이 나올 때마다 도박 금지령이 동반되었다. 오사다케 다케키(尾佐竹猛)의 저서 『도박과 도모 연구』(2005)에 들어있는 에도 하나후다 골패 금지령(江戸花札骨牌禁止令)을 살펴보면 문구 속에 '하나후다'라는 문구(字句)가 실제 들어있다. 내용을 살피면 다음과 같다.

天保二年二月二十九日に、花かるた花合又者歌舞伎役者紋尽等と唱へめくり札に紛數品種々拵賣捌候者有之由不しょう之儀候條以來賣買者堅爲相止云々と

하나후다와 관련하여 내려진 금지령은 1831년에 내려진 위의 내용이 법령상 처음 발견된 것이다. 이 내용으로 미루어 보아 하나가루타 부류(花かるた花合)는 메쿠리후다(めくり札)에서 나온 것이라는 것을 알 수 있다. 그러나 도안 상으로는 비교할 수 없을 정도로 도안물의 형태가 상이하다. 기능을 보유한 채로 역시 막부의 단속을 피하기 위하여 도안에 대대적인 변화를 도모한 것으로 보인다.

도박계통의 가루타에 대한 전면적인 금지령은 일본 가루타사(史)에 두 가지 획기적인 전환점을 만든다.

첫째, 가루타의 종류를 교육계통과 도박계통으로 나누기 시작하였다. 당시 도박계통의 유럽형 가루타는 곧 도박용이라는 이미지가 사회적으로 널리 인식된 상태였다. 그러므로 이 시기를 기점으로 단속을 피하는 수단으로 가루타라는 표현을 사용하지 않고 그 대신 후다(札)라는 표현을 사용하게 된다.

간세이개혁(寬政改革)이 가루타(加留多)라는 표현을 안 쓰게 된 직접적인 원인이 된 것이다. 반면 11C경부터 기록이 남아있는 일본 고유의 놀이들은 유럽형 가루타가 단속을 받게 되자 자연히 교육계통으로 분리된다. 또 유럽산 가루타의 영향으로 도구의 재료나 형태상으로는 많은 발전을 하였으나 내용은 크게 변하지 않은 채 현재까지도 사용되고 있다. 교육계통에서 오랫동안 사용한 이 긍정적인 이미지는 현재 실내에서 하는 카드놀이를 통틀어 모두 가루타(賀留多)라고 통칭하게 된 것으로 추정된다. 도안의 내용물은 바뀌지 않았지만, 명칭에 가루타라는 표현이 이용되었고, 형태도 종이 재질의 가루타 형태가 도입되었다.

둘째, 유럽풍이었던 도안이 일본풍으로의 탈바꿈을 본격적으로 시도하는 계기가 된다. 다만, 자연스러운 일본화 즉 국풍의 의미로 자국의 문화가 도박용 가루타 도안에 작용된 것이 아니라는 것이다.

위에서 살핀 바와 같이 하나후다의 모태가 되는 지방 후다가 각 지방에서 기반을 잡게 된 이유를 단속 형태를 통해서 살펴볼 수 있었다. 이와 같은 맥락으로 마쓰타이라 사다노부(松平定信)는 1791년(寬政 3年) 개혁(寬政改革) 과정에서 교육계통 가루타를 제외하고 도박용 가루타후다(かるた札)의 판매를 전면 금지하자, 이러한 막부(幕府)의 탄압을 피하기 위하여 만들어진 것이 하나가루타(花かるた)이다. 하나가루타의 전개 상황은 〈표 3-32〉와 같다.

〈표 3-32〉 하나가루타의 전개 요소

간세이개혁(寬政改革) 이전인 17C 후반까지 약 500여 년 동안 도안이나 내용에 있어서 크게 바뀌지 않은 채 명맥을 이어 오던 일본 고유의 놀이도구인 가이오오이(貝覆い), 가이아와세(貝合わせ), 우타가이(歌貝)등은 교육

계통 가루타로, 유럽형 가루타는 도박계통으로 발전해왔다. 유럽산 카르타가 일본에 유입되어 유행한 순서는 덴쇼가루타를 시작으로 운순가루타, 현재형의 플레잉카드 순이다. 이러한 도박계통의 가루타들과 구분되는 교육계통 가루타인 일본 고유 놀이의 원조인 가이오오이의 도안과 놀이방법, 우타가이를 제시하면 다음과 같다.

  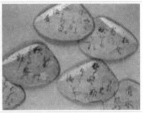

〈사진 3-33〉 가이오오이　　가이오오이 놀이 방법　　〈사진 3-34〉 우타가이

12C경 헤이안시대에 유행하던 〈사진 3-33〉 가이오오이(貝覆い)는 두 개의 조개껍질 특징을 이용한 놀이형태로서 귀족(公卿)의 자녀들 사이에서 유행하였다. 우타가이(歌貝)는 우타가이는 조개껍질 한 면에 노래의 앞 구절을 적어 넣고, 다른 한 면에 뒤 구절을 적어 넣은 뒤 섞어놓고 맞는 짝을 찾는 것이다. 후에 등장하는 우타가루타의 원형이 된다. 그러나 이때까지만 해도 아직 가루타라는 표현이 혼용되고 있던 상태이며, 유럽형 가루타의 명칭과 형태 등을 서로 교류하면서 발전해왔다. 도안을 비교하면 다음과 같다.

본격적인 일본풍은 일부 지방 가루타에서 보이기 시작한다. 유럽산 카르타의 도안을 일본풍으로 바꾼 가장 큰 이유는 단속을 피하기 위한 것이었다. 단속이

■ 〈사진 3-34〉 우타가이의 영향을 받아 발전한 〈사진 3-35〉 우타가루타 도안 비교

시작되면 당시 허용되던 교육용이라고 내세우기 위해서이다. 대표적인 교육계통 가루타는 화초를 가르치기 위한 가쵸에아와세가루타, 시조를 적어넣은 우타가루타, 종이카드에 단가(短歌)를 적어서 교육용으로 활용하였던 햐쿠닝잇슈(百人一首) 등을 들 수 있다. 교양계통의 가루타 도안을 사진으로 제시하면 다음과 같다.

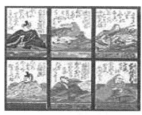
〈사진 3-35〉 우타가루타

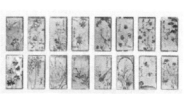
〈사진 3-36〉 가쵸에아와세가루타

〈사진 3-37〉 햐쿠닝잇슈

〈사진 3-38〉 이로하가루타

〈사진 3-36〉 가쵸에아와세가루타는 1804년~1818년(文化 初~文政 初)에 본격적으로 등장하였으며, 212장이 한 세트이다. 만들어진 당시에는 사계절(四季節)의 화조(花鳥)를 이용한 아동용 교육 놀이도구이다.

와타베 고토(渡部小童)는 저서 『하나후다 초보자를 위한 책(花札を初めてやる人の本)』(2005)에 하나후다의 원형은 가쵸에아와세가루타이다. 원래 가쵸에아와세가루타는 사계절의 대표적인 화조로 구성된 아동 교육용 놀이도구였다. 도박용 가루타가 전면 금지되자 교육용 놀이도구인 우타가루타 등의 도안을 접목하기 시작하였던 것이다. 운슨가루타나 덴쇼가루타처럼 당시 시대의 요구에 따라 도안을 변화시킨 것이다. 아즈치모모야마시

대에 만들어진 하나후다는 도박용 유럽산 카르타에 일본의 화조풍월 도안을 얹은 것이다. 현재 하나후다의 원형은 에도시대 중기(1750년대)에 만들어졌다고 확인하고 있다.

도박계통과 교육계통, 이 두 계통의 가루타는 변천 과정에서 상호 많은 영향관계를 주고받게 된다. 이때 수많은 아류의 놀이 도구가 양산되었으며, 다양한 도안물의 발전 양상을 보인다.

하나가루타는 계절별로 나타나는 화조류(花鳥類)를 그려 넣은 교육계통 가루타의 가쵸에아와세가루타(花鳥絵会わせかるた) 도안(絵柄)을 교묘하게 전환하여 얼핏 보면 순 일본적인 가루타처럼 보이게 만든 것이다.

간세이개혁(寛政改革)을 시발점으로 하여, 도박계통 가루타에 전면 금지령이 내려진 후부터는 일본 고유의 놀이도구는 교육계통으로, 유럽형 가루타는 도박계통으로 명확하게 구분되기 시작한다. 도박계통은 국가의 단속을 피하기 위하여 이 시기에 와서 도안물의 교체 시기가 급속도로 빨라지고, 그림도 유럽풍에서 일본풍으로 급진적인 개량이 시도되었다. 여기에 영향을 준 것이 교육계통으로 분류된 일본 고유의 가루타 종류이다.

지방별로 만들어진 교육계통의 〈사진 3-38〉 이로하가루타는 그 지방의 풍속이나 성정이 여실히 반영되어 있다. 이러한 이로하가루타 뒤에서 몰래 도박용으로 이용하다가 막부에 의해 금지된 것이 '도박 가루타'이다. 당시에는 이미 가루타의 종류가 도박계와 교육계로 분리하여 취급하고 있었다. 도박한 사실이 노출되면 엄한 형벌을 비켜가기가 어려웠다. 그래서 도박계는 표면 디자인을 교양계로 꾸미거나 위장하였다. 이로하가루타로 위장한 사례로 하나아와세를 들 수 있다. 도박계통 가루타인 하나아와세는 교육계통 가루타인 이로하가루타와 시기(1804~1817)를 같이 한다.

처음부터 도박에 이용된 하나아와세는 에도막부 말기 미즈노 타다구니(水野忠邦)가 텐보개혁(天保改革, 1841~1843)을 시작하면서 금지되었다. 이 두 도안을 비교하면 다음과 같다. 당시 교육용으로 만들어지던 이로하가

■ 도박계통 가루타 〈사진 3-30〉 하나아와세와 교육계통
  가루타 〈사진 3-38〉 이로하가루타의 도안 비교

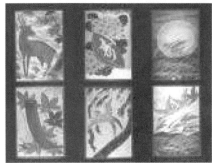

루타의 도안을 제시하면 다
음과 같다.

〈사진 3-30〉 하나아와세
(花合わせ)는 놀이가 허용된
교육용 가루타인 〈사진 3-36〉
가쵸아와세가루타(花鳥合わ
せかるた)의 도안물을 차용한
것이다. 명칭은 무사시노(武
蔵野), 하나(花)등의 이칭이 있
다. 212장으로 구성된 가쵸아
와세가루타는 1804년~1818년
(文化 初~文政 初)에 본격적
으로 등장하였다. 즉, 일본의
고전시가(古典詩歌)에 등장
하는 계절별 화·조·수·목(花

鳥獣木)을 표현한 가쵸아와세가루타의 도안을 모티브로 한 도박계통의 하나
아와세는 도박가루타가 전면 금지되던 시기에 같이 제작된 교육계통의 〈사진
3-35〉 우타가루타(歌かるた)처럼 보이게 하려는 위장술이 이용된 것이다. 도
안으로 비교하면 다음과 같다.

■ 〈사진 3-36〉 가쵸에아와세가루타 〈사진 3-30〉 하나아와세 〈사진 3-35〉 우타가루타 도안 비교

■ 중국 마조 도안과 일본 교육계통 가루타인 가쵸에아와세가루타의 꽃그림 도안 비교

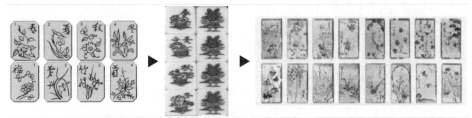

〈사진 2-5〉 마조 1   〈사진 2-5〉 마조 2   〈사진 3-36〉 가쵸에아와세가루타

일본의 사계절을 대표하는 화류를 도안물에 배치해서 한 목에 열두 달을 나타내는 화초를 그려 넣은 12개월의 하나가루타(花カルタ) 48매가 창안된 것은 붕카기(文化期, 1809~1823)이다. 초기에 제작된 하나가루타 도안은 네 종류 문양에 숫자를 쓴 아홉 장(4X9=36)과 그림이 든 세 장(4X3=12)씩 모두 48장이었다. 매수(枚數)는 유럽산 카르타와 같고, 구성은 마조와 흡사한 면이 있다. 마조처럼 숫자와 꽃패를 사용한 것을 보면 하나가루타는 유럽산 카르타보다 오히려 중국 마조의 도안형태에서 더 많은 모티브를 얻은 것으로 추정되는 부분이다.

이와 같이 하나가루타의 도안 형태에 많은 영향을 끼쳤다고 분석되는 중국의 마조는 상아나 골재로 만든 패의 뒷면에는 대를 깎아 붙였으며, 크기는 가로 2.4㎝, 세로 1.8㎝, 높이 1.4㎝ 정도의 장방형을 이룬다. 마조의 도안 형태는 수패, 통수패, 자패, 꽃패 등 네 가지로 나뉜다.

수패는 1만~9만 숫자X각 4개씩 총 36개이고, 통모양의 그림 도안인 통수패는 1통~9통X각 4개씩, 총 36개이며, 자패는 풍패와 삼원패로 나뉘며, 풍패인 동(東), 남(南), 서(西), 북(北)X각 4개씩 총 16개에, 삼원패의 중, 발, 백X각 4개씩 총 12개를 더하여 28개이다. 꽃패는 겉면에 춘, 하, 추, 동이라고 쓰여 있는 꽃그림과 매, 난, 국, 죽이라고 쓰여 있는 꽃그림을 더해서 총 32개이다.

여기에 기본규칙을 만들고 운과 기술의 조화가 이루어지도록 하였다. 마

조 도안에서 모티브를 얻은 가쵸에아와세가루타의 도안을 적극적으로 차용한 하나가루타(花歌留多) 부류 가운데는 또 다른 디자인을 선보인 후다(札)도 있다. 만들어진 배경과 하나가루타 부류의 도안을 사진으로 살피면 다음과 같다.

■ 마조도안이 응용된 교육계통 가루타 가쵸에아와세가루타와, 도박계통 가루타 하나아와세, 하치하치하나 도안 비교

〈사진 2-5〉 마조 2   〈사진 3-36〉 가쵸에아와세 가루타

〈사진 3-30〉 하나아와세   〈사진 3-31〉 하치하치하나

하나후다 초기의 명칭은 하나아와세이며, 에도를 중심으로 발전해왔다. 이밖에 또 다른 이름은 하나아와세(花合わせ), 무사시노(武蔵野), 또는 단순히 하나(花)등으로 불리었다. 가쵸에아와세가루타의 도안을 모티브로 한 하나가루타는 도박가루타가 전면 금지되었을 때, 함께 생겨난 교육계통의 〈사진 3-35〉 우타가루타처럼 보이게 하려는 위장술이 이용된 것이다. 하나가루타 부류는 당시에 사용되던 도박계통의 덴쇼가루타가 1세트에 12장씩 4세트(48장) 구성이었던 것을 1세트에 4장씩 12세트(48장) 구성으로 전환시키고, 놀이 방법은 메쿠리후다(めくり札) 기법을 그대로 계승하였다. 만들어진 배경에 대한 자료를 살피면 다음과 같다.

하나후다는 두 가지 계통으로 분화한 가루타가 재회하는 시점에서 탄생하였다. 도안물의 모티브에는 교양계에 이용된 화조화를 그려 넣었다. 실은 거기에 도박용

숫자를 은밀하게 새겨 넣은 탁월한 아이디어가 숨겨진 것이다. 따라서 도안물에는 우아함과 조악함이 공존한다. 화·목·조·수(花木鳥獸) 그림은 알아보기 쉽게 추상화되었으며, 색깔은 적색·자색·녹색등으로 안정감이 있으면서도 간단명료하게 배색되어 있다… 이하 생략

花札は、二流に分化したカルタが再会する交点に生まれた。絵図のモチーフには、教養系に用いられた花鳥画を採用しつつ、実はそこに賭博用の数字を隠し込めるという、卓抜なアイディアに依っている。よってデザインには優雅さと俗悪さが同居する。花木鳥獣の絵は見易く抽象化され、配色は赤、紫、緑など簡明に落ち着き、…以下 省略。

가쵸에아와세가루타의 도안물을 모티브로 삼고 도박계통의 운슨가루타의 장 수 구성을 도입하여 1~12까지의 숫자 대신 1월~12월을 대표하는 자연물을 넣어 숫자 기능을 대신한 것이다. 그리고 일본의 고전시가(古典詩歌)에 등장하는 계절별 화조(花鳥)류를 모티브로 삼아 도안물을 교체할 때 여러 가지 색으로 채색하여 순 일본풍의 전통적인 정취를 풍기게 만든 것이다. 이렇게 함으로써 가루타 표면에 드러나지는 않지만 숫자의 기능은 그대로 남게 된 것이다. 이처럼 숫자대신 월별로 나타낸 1~12까지의 숫자는 놀이를 하는데 탁월한 기능을 발휘한다. 여기에서 유럽산 가루타가 지니고 있던 강한 오락 기능은 그대로 보유하고 있음을 알 수 있다.

여기에서 알 수 있는 것은 교육용으로 계승된 일본 고유의 놀이도 유럽산 가루타와 기능면에서 섞이지는 않았지만 실내에서 하는 모든 놀이를 가루타라고 통칭하는 것에서 알 수 있듯이 명칭과 형태 완성에 영향이 있었다는 사실을 확인할 수 있다. 이 두 계통을 도식으로 제시하면 〈표 3-39〉와 같다.

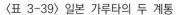

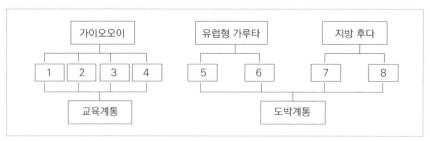

1. 가이아와세(貝合わせ) 2. 우타가이(歌貝) 3. 우타아와세(歌合わせ) 4. 우타가루타(歌歌留多)
5. 덴쇼가루타(天正歌留多) 6. 운슨가루타(うんすん歌留多) 7. 하나아와세(花会わせ)
8. 하나후다(花札)

　일본의 고유 놀이인 가이오오이는 교육계통 가루타 '1, 2, 3, 4'로 계승될 때 유럽산 카르타의 영향을 받아 도구의 재료가 자연산 조개에서 종이로 바뀌고, 내용도 시가(詩歌)의 앞·뒤 구절을 적어 넣는 등, 형태상으로도 많은 발전을 하였다.

　유럽산 카르타를 계승한 도박계통의 유럽형 가루타인 '5'는 막부(幕府)의 금지령을 피하기 위하여, 도안을 변화시키고 명칭과 놀이 방법도 바꿔 가면서 '6, 7, 8'로 명맥을 이어간다. 그러나 여전히 서양풍의 형태가 많았다. 그러다가 도박계통의 지방 후다 중 한 부류가 역시 국가의 단속을 피하기 위하여 도안의 그림을 '7, 8'로 변형시켜 가는 과정에서 서양풍에서 일본풍으로 변화를 시도하는 부류가 생겨나기 시작한다.

　이 부류가 변형 과정에서 교양계통의 도안 형태를 적극적으로 도입하면서 완전히 일본풍으로 바뀌게 된 형태가 생겨난 것이다.

　즉, 도박계통의 유럽형 가루타 중 '8', 하나후다(花札)로 이어지는 한 갈래는 국가의 금지령을 피하기 위해 교양계로 분류되어 있던 일본의 고유 놀이에서 전통 풍습과 고전시가, 풍속도 등에서 사용하는 '전통문화기호'를 빌리면서 도안에 획기적인 변형을 가져온다. 반면, 전래되어 오던 일본의 고유 놀이는 유럽산 카르타의 영향을 받아 사용하기 편리한 재질과 도구 형태, 명칭 등을 빌리면서 교양계통으로 발전하게 된 것을 알 수 있다.

교양과 도박, 이 두 계통의 놀이도구는 세월이 흐르면서 분화한 것이 아니다. 처음부터 다른 성질의 두 놀이가 변천 과정에서 서로 영향을 주면서 상호 보완 작용은 하였지만, 속성과 기능은 그대로 후대에 이어진다.

3.2.6. 상술로 날개를 단 교토의 지방 후다 '하나후다'

와타나베 코도(渡部小童)는 저서 『하나후다 초보자를 위한 교본(花札を初めてやる人の本)』(2005)에서 하나후다가 생겨난 연유를 다음과 같이 피력하였다.

하나후다 도안의 모티브에는 교양계통에서 이용되던 화조화를 그려 넣었다. 실은 거기에는 도박용 숫자를 은밀하게 새겨넣은 탁월한 아이디어가 숨겨진 것이다. 따라서 도안물에는 우아함과 조악함이 공존한다. 화목조수(花木鳥獸) 그림은 알아보기 쉽게 추상화하였으며 색깔은 적·자·녹색등으로 안정감이 있으면서도 간단명료하게 배색하였다.

이노우에 쥬다로(井上周太郎)도 저서 『기호로서의 예술(記号としての芸術)』(1982)에서 하나후다는 교양계와 도박계로 나뉘었던 가루타가 재회하는 시점에 탄생하였다고 기술하고 있다. 하나후다의 구성은 마조와 비슷한 면이 많다. 마조처럼 숫자와 꽃패를 사용한 것을 보면 유럽산 카르타보다 오히려 중국 마조의 도안형태를 모방한 것으로 추정되는 부분이다.

이와 같이 하나가루타의 도안 형태에 많은 영향을 끼쳤다고 분석되는 중국의 마조 도안은 수패, 통수패, 자패, 꽃패 등 네 가지로 나뉜다. 여기에 기본규칙을 만들고 운과 기술의 조화가 이루어지도록 하였다. 마조 도안에서 모티브를 얻은 가쵸에아와세가루타의 도안을 적극적으로 차용한 하나가루타계통(花歌留多系統) 중에서 다른 디자인을 보인 후다(札)도 있다.

현재 도안과 거의 흡사한 하나후다가 만들어진 것은 1818~1843년(文政 初~天保 14)으로 추정되며, 현재 한국에서 사용되고 있는 화투와 거의 비슷한 모양의 하나후다 도안은 쇼와(昭和, 1926~1989)시대에 제작된 것이다. 하나후다는 놀이가 허용된 교육용 가루타인 가쵸아와세가루타(花鳥合わせかるた)의 도안물을 차용한 것이다. 즉, 일본의 고전시가(古典詩歌)에 등장하는 계절별 화·조·수·목(花鳥獸木)을 표현한 가쵸아와세가루타의 도안을 모티브로 한 도박계통의 하나가루타(花かるた)는 도박가루타가 전면 금지되던 시기에 같이 제작된 교육계통의 우타가루타(歌かるた)처럼 보이게 하려는 위장술이 이용된 것이다.

한국 화투의 원류가 된 현재의 모양과 거의 흡사한 하나후다가 만들어진 것은 1818~1843년(文政 初~天保 14)으로 추정되고 있다. 현재 한국에서 사용되고 있는 화투와 거의 비슷한 모양의 하나후다가 등장한 것은 쇼와(昭和, 1926~1989)시대에 들어와서이다. 하나후다 계통의 또 다른 특징은 만든 이가 정확히 누군지 모른다는 것이다.

■ 마조 1, 2, 에치고바나, 하나아와세, 하치하치하나, 가쵸에아와세가루타 도안 비교

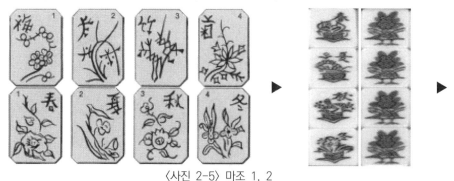

〈사진 2-5〉 마조 1, 2

〈사진 3-29〉 에치고바나

〈사진 3-30〉 하나아와세

〈사진 3-31〉 하치하치하나

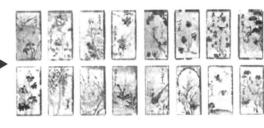

〈사진 3-36〉 가쵸에아와세가루타

마조의 꽃그림이 에치고바나(越後花)에서 재매개가 이루어지는 과정에서 일본 내에 자생되는 꽃식물로 바뀌어 화조풍월의 '전통문화기호'가 만들어진다. 마조의 꽃그림이 에치고바나(越後花)에서 재생되는 것을 볼 수 있다. 마조의 꽃그림이 재매개 과정에서 흡수된 것으로 추정된다.

교양계와 도박계로 나뉘었던 가루타가 재회하는 시점에 탄생한 하나후다 도안의 모티브에는 교양계통에서 이용되던 화조화를 그려 넣었다. 실은 거기에는 도박용 숫자를 은밀하게 새겨 넣은 탁월한 아이디어가 숨겨진 것이다. 따라서 도안물에는 우아함과 조악함이 공존한다. 화목조수(花木鳥獸) 그림은 알아보기 쉽게 추상화하였으며 색깔은 적·자·녹색등으로 안정감이 있으면서도 간단명료하게 배색하였다고 설명하고 있다.

앞에서 살펴보았듯이 하나후다는 일본 정부의 지속적인 단속을 피하기 위하여 도안의 변형을 끊임없이 시도하는 와중에 만들어진 것이다. 하나후다는 유럽산 카르타의 변형인 도박계통의 유럽형 가루타를 계승한 교토지역의 지방 후다 중 하나로 당시 허용되던 교육계통의 지방 후다에서 전통문화기호의 도안을 빌려 온 부류에 해당되는 것을 알 수 있었다. 카르타의 열두 달이 화조풍월 '전통문화기호'로 재생된 것이다.

도박계통의 유럽형 가루타에서 계승된 하나후다가 현재와 같은 도안 형태를 갖게 된 원인을 살핀 결과 정부의 지속적인 단속에 영향을 받았음을 알 수 있었다. 그렇다면 과연 언제부터 단속에 대한 의지가 있었는가를 살필 필요가 있는데 조사 결과, 도박금지령은 오래전부터 있었지만, 도박을 기피하는 사회적인 인식은 옛날부터 있었던 것은 아니었다. 도박을 기피하는 사회적인 인식은 근대적인 윤리관으로 언제부터이 근대적인 윤리관은 메이지(明治) 이후 국가의 관리 하에 인식되어진 것으로 추정된다. 근거 자료를 살피면 다음과 같다.

현대 일본과 달리 에도시대 전까지만 해도 도박은 눈살을 찌푸릴 정도의 상황은 아니었다. 도박꾼은 하나의 예능을 지닌 장인으로서 시민권을 얻을 정도였다. 에도 후기에는 막부로부터의 금지령이 있었음에도 불구하고 사람들은 도박에 열중하였다. '도박을 모르는 사람은 세상물정에 어두운 사람'이라고 할 정도였다. 현대에 와서도 공영 갬블을 비롯한 파친코가 왕성하다. 이러한 것을 통해서도 사람들의 도박에 대한 열의를 엿볼 수 있다.

막부(幕府)에 이어서 1867년, 메이지 신정부(明治 新政府)는 하나후다를 포함한 도박용 가루타의 판매를 전면 금지하였다. 시대적인 정황으로 볼 때 전국적인 규모의 도박금지령은 이때가 처음으로 보인다. 그만큼 단속의 효과가 높았을 것으로 추정된다. 이와 같이 명칭까지 기재되어 금지령의 대상이 되었다는 사실은 하나후다가 이미 모든 계층에 친숙해진 상황을 반증하는 것이다. 그러던 중, 메이지시대(明治時代) 서구세력의 문명개화(文

明開化) 요구에 따라 문호가 개방된다. 서양 문화와 함께 수입된 트럼프가 인기를 끌기 시작한다. 서양에서는 트럼프가 도박에 사용된 경우에는 처벌을 받지만, 오락용으로 하였을 때는 문제가 되지 않는다는 압박을 받게 된 메이지 신정부는 같은 종류의 놀이도구인 하나후다를 판매조차 못하게 하는 것은 부자연스럽다고 판단하게 된다.

이에 따라 1885년(明治 18年) 금지령을 내린지 18년 만에 하나후다의 금지령을 해제하고, 발매를 공식적으로 허가하기에 이른다. 이 해금을 계기로 '하나후다'는 서민들 사이에 오락용으로까지 성행하기에 이르면서 빠른 속도로 일본의 대표적인 놀이 도구로 자리 잡게 된다. 특히 하나후다의 하나아와세 놀이방식은 일반 가정에까지도 스며들었다. 또한 해외로 눈을 돌려 트럼프를 수입한 것과 마찬가지로 하와이, 미국, 한국, 중국 등지로 수출을 하기 시작한다. 1889년에는 금지되었던 다른 부류의 가루타도 금지령이 해제되어 판매가 재개되었다.

앞에서 살핀 바와 같이 당시 지방 후다가 생산 판매되던 지역은 교토에 한정된 것은 아니다. 그러나 여러 지방 후다 중 교토 지역의 지방 후다이던 하치하치하나(八八花)가 한국에 들어 올 수 있었던 가장 큰 이유는 전국적인 판매망 때문이었다.

하치하치하나를 생산하던 교토의 가루타 업자는 대량 생산을 할 수 있는 공장 시스템과 근대적인 유통망을 갖추고 전국적인 판매 망을 구축하였기 때문에 일본 전국에 판매하는 단계에 이르게 되었고 한국에도 수출할 수 있었던 것이다.

하나후다 부류의 하치하치하나를 제조하던 교토의 가루타 업자들 역시 국가의 단속을 피하는 과정에서 우키요에(浮世繪), 가부키(歌舞伎), 가문(家門)의 문양(紋樣) 등의 다양한 일본풍의 풍속들을 도안에 넣어가면서 계속 다른 모양의 후다를 변형, 모방, 창출하여 판매하는 수법을 되풀이한 끝에 완전한 일본풍의 도안물인 하나후다가 만들어진 것이다.

이데 히데오(井出英雅)는 저서 『야쿠자사전』(1971)에서 후다의 놀이방법은 이외에도 하나아와세(花会わせ), 하치하치하나(八八花), 코이코이(こいこい)가 있다고 제시하면서 이중에서 하나아와세(花会わせ)와 하치하치하나(八八花)는 후다의 명칭으로도 사용되었으며, 하치하치하나의 도안 형태는 현재의 하나후다 형태와 아주 흡사하다고 하였다.

놀이 기능에 주요한 1~12까지의 숫자 기능을 자연을 소재로 한 일본 고전시가 속의 다양한 전통문화기호로 바꾼 뒤 에도(江戸)시대 중엽 당시 발달된 목판화 기술로 풍속화(風俗畵)로 인기를 얻고 있던 우키요에(浮世絵)와 결합한 형태로 구성하여 18C 무렵에는 하나후다 그림의 원형을 갖추기에 이른다.

이처럼 본 연구의 분석대상은 화투를 기준점으로 하여 하나후다 텍스트의 재매개에 영향을 끼친 마조, 골패, 수투전, 카르타, 하나후다, 화투의 내러티브 구조를 각각 비교 분석한 결과, 여섯 재매개체에서 공통분모를 이루는 기능은 숫자이며, 이 숫자는 마조부터 계승된 것이라는 것을 알 수 있었다.

도박금지령으로 인하여 여러 차례의 개작(改作)과정을 거치면서 한국에 유입된 하나후다의 형태도 만들어지게 된 것이다. 하나후다가 만들어진 배경은 〈표 3-40〉과 같다.

〈표 3-40〉 하나후다의 탄생 배경

일본에 유입된 유럽산 카르타는 유럽형 가루타로 변형되어 도박계통을 대표하게 된다. 오락 기능이 강한 속성 때문에 유입된 지 얼마 안 되어 국가의 단속 대상이 된다. 지속적인 단속의 대상이 된 유럽형 가루타는 국가

의 단속을 피하기 위하여 많은 변천과정을 거치게 된다.

　이 과정에서 교육계통으로 분리된 일본 고유의 놀이도구 도안에 있던 전통문화기호를 빌려온 것이다. 그렇다면 하나후다의 월별 도안물에서 나타내는 문화기호 역할은 무엇이며, 왜 이러한 문화기호를 구성하게 되었는지를 고전시가를 중심으로 고찰하고자 한다.

　하나후다(花札)를 둘러싼 시·공간의 기호물을 일본의 전통 정서가 담긴 대표적인 고전시가집인『만요슈(万葉集)』에 실린 시가 4,516수와『고킨슈(古今集)』(1,111수),『신고킨슈(新古今集)』(1,979수),『고센슈(後撰集)』(1,426수),『슈이슈(拾遺集)』(1,351수),『고슈이슈(後拾遺集)』(1,220수),『긴요슈(金葉集)』(716수),『시카슈(詞花集)』(411수),『센자이슈(千載集)』(1,288수) 등의 팔대집(八代集)에 실린 시가 9,502수, 총 14,018수의 시가를 대상으로 하여 '화조풍월'류로 분류되는 계절어(季語)의 쓰임새와 빈도수를 분석하였다.

　확인 결과, 조사 대상으로 삼은 14,018수의 시가에 등장하는 '화류'는 총 196종이 있었다. 이 중에서 10위권 안에 드는 '화류'는 같은 수치를 기록한 것이 있어서 모두 22여 종이다. 그 중 하나후다(花札)에 등장하는 것은 총 12종으로 전체 '화류'의 약 50%나 차지하고 있다. 구체적으로 살피면 1. 소나무(472회), 2. 단풍(366회), 3. 벚꽃(356회), 4. 매화(270회), 5. 싸리꽃(244회), 6. 등나무(109회), 7. 억새(90회), 8. 버드나무(83회), 9. 국화(79회), 10. 창포(71회), 11. 모란(3회), 12. 오동(1회) 순의 빈도수를 나타내고 있다.

　이어 14,018수의 시가에서 '조류'를 조사한 결과 총 84종이 있다. 그 중 하나후다(花札)에 등장하는 것은 1. 두견새(399수), 2. 사슴(253회), 3. 꾀꼬리(154회), 4. 기러기(142회), 5. 학(87회), 6. 멧돼지(20회), 7. 개구리(20회), 8. 나비(5회) 순의 빈도수를 보이며 전체 '조류'의 약 9%를 차지하고 있다.

　'풍월류'도 14,018수의 시가를 조사 결과 총 31종이 있다. 그 중에서 하나후다(花札)에 등장하는 것은 1. 달(1161회) 2. 구름(618회) 3. 해(180회) 순이었으며, 약 10%정도의 비중을 차지하고 있다.

분석 자료에서 알 수 있듯이 하나후다 도안에 사용된 '화조풍월류'는 일본의 각 고전시가집에서 사용 빈도수가 높은 계절어를 사용하였음을 알 수 있다.

하나후다가 전통문화기호를 취하게 된 가장 큰 원인은 도박금지령이었다. 금지령을 피하기 위하여 교육계통의 가루타를 흉내 내어 숫자 기능이 나타날 수 있도록 계절어를 선택한 것으로 추정된다. 이러한 추정은 하나후다의 도안 중 설명이 불가능한 몇 군데의 도안이 이러한 추측을 가능하게 한다. 하나후다의 12월 등장물에 대한 의미 분석은 일본 학자들에 의해서도 반박을 받고 있다. 앞에서 그 의미를 살펴본 12월 등장물에 대한 일본 학자의 견해를 제시하면 다음과 같다.

1) 왕이 오동이 되어 48장이 되면 이것을 12월에 배당하여 사계절의 노래를 여기에 맞춘 것은 일본인으로서의 정취를 나타낸 것이다. 꽃 중에서 오동은 그다지 눈에 띄는 것이 아니다. 그런데 꽃 중에 오동이 있는 것은 그 경로 및 역사를 증명하고 있는 것이라고 생각한다고 피력하였다. 그러나 오동은 뛰어난 꽃이 아닌데도 귀중하게 쓰인 것은 황실의 문장에서 나왔기 때문이라는 것은 찬성할 수 없다. さて王が桐となって四十八枚となれば之を十二月に配当して四季の歌を似て之にあてたのは日本人としての趣味の表彰である。花の中では桐などは著しいものでは無い、然るに花合の中に桐のあるのはその経過及び歴史を証明して居るものだろうと思ふ。と述べてある。すこぶる面白い観察でありかつカルタに精通せらるるには敬服するがこの設を全部無條件で肯定するのもいかがかと思う。まず第一に桐は著しい花でないのに重んじてあるのは皇室の御紋章から出たといふのは賛成出来無い。

2) 도박 도구에 황실의 문장을 이용하는 부적절함은 그들의 무지의 소치에서 나온 것이라고 할 수 있다. 그렇다면 오히려 국화를 이용하는 편이 낫다. 현재 하나가루타에 국화도 있지만, 오동만큼 중요하지는 않다. 오동은 본래 가루타의 한 기

원인 화조아이(花鳥合)에 오동과 봉황이 있다. 봉황은 새 중에 뛰어난 것이기 때문에 이 새가 머무는 오동이 자연히 귀하게 여겨지므로 화조아이에서 새 쪽이 일절 제거되고 하나가루타가 된 후에도 그 성질로서 오동이 중요한 지위를 차지함에 지나지 않는다. 하나가루타에는 오히려 봉황이 종속되어 있다.

賭博の道具に皇室の紋章を用うるの不都合は彼輩の無智から出たことといえないことも無いが、それならむしろ菊を用いた方がよろしい、現に花加留多に菊もあるが桐ほど重要では無い。桐は本来加留多の一起源たる花鳥合に桐に鳳凰がある、鳳凰は諸鳥中の優者であるからこの鳥の居むと信ぜられておる桐が自然に重んぜらるるに至ったので、花鳥合から鳥の方が一切除き去られて花加留多となった後でもその惰性で桐が重要な地位を占めたのに過ぎない、花加留多にはかえって鳳凰が從となっておる。

3) 메쿠리에 있는 기리는 음은 통용되지만 오동은 아니다. 흔히 하나에서 열까지, 즉 처음부터 끝까지를 의미할 때, 끝의 의미이다. 니이무라이데박사는 기리란 최종, 마지막, 끊는다는 의미가 아닌가 추측한다고 하였고, 그 해석이 맞다고 본다.

メクリにあるキリは音は通ずるが桐ではない、俗にいうピンからキリまでのキリである。文學博士新村出氏はキリとは最末といふこと、切の意かと思ふ。(南蠻更초)と述べてあるけだし正解であろう。

일본의 지방 후다 중 하나인 하나후다 역시 여러 차례의 변천 과정을 거치면서 비슷한 아류를 만들어 내기도 하였다. 하나후다와 비슷한 도안의 후다는 에치고바나(越後花), 오쿠슈하나(奧州花), 하치하치하나(八々花)등이 있다. 일본에서는 지금도 하나후다 이외의 다른 지방 후다들도 주변에서 어렵지 않게 찾아볼 수 있다.

하나후다는 도박계통을 계승한 지방 후다이므로 3.3.에서 도박계통의 지방 후다를 중심으로 살핀 결과, 결국 다양한 지방 후다가 생긴 연유는 도박

금지령을 피하기 위한 자구책의 결과물이었음을 알 수 있었다.

오사다케 다케키(尾佐竹猛)는 유럽산 카르타는 덴쇼가루타 놀이방식으로 하나후다에 접목되었으며, 덴쇼가루타는 놀이 방식에 따라 메쿠리부류, 가부부류, 하나가루타부류, 세 가지로 확인하였다. 이 관계를 도식으로 나타내면 〈표 3-41〉과 같다.

〈표 3-41〉 하나후다 계통도

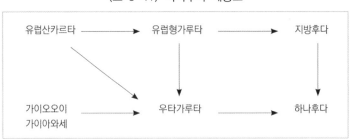

이처럼 수많은 종류의 지방 후다 가운데 교토지역의 지방 후다 중 하나이던 하나후다가 한국에 유입된 가장 큰 이유는 교토 가루타 업자 출신의 한 기업형 회사의 수출 품목에 속했기 때문으로 여겨진다. 당시 하나후다는 이윤 창출을 목적으로 한 수출 품목이었다. 하나후다가 유행하던 19C 후반은 근대국가가 형성된 상태라서 광고와 유통망이 형성되어 있었기 때문에 이를 이용해서 전국적인 유통이 가능해지고 규모도 커지게 된다. 즉 가루타 업자들의 뛰어난 상술이 가미되고, 여기에 근대화 과정에 생겨난 유통망과 기술력이 뒷받침된 하나후다를 한국에 많이 수출을 하면서 한국에서의 화투놀이가 민중에까지 확산된 것이다.

이와 같이 유럽산 카르타는 도안의 형태가 유럽형 가루타에서 지방 후다로 바뀌어 가는 과정에서 도안 표면에 보이던 숫자를 월별 도안물 구성으로 내면화함으로써 기능의 확장을 시도하였으며, 지방후다의 일부는 도안의 형태도 전통문화의 성향을 도입하여 일본화를 이루며 기호화, 단순화되어 갔다. 대표적인 예가 하나후다이다.

이렇게 완성된 하나후다 도안물의 전통문화기호는 유럽산 카르타의 숫자 기능을 대신한 것이다. 가루타 표면에 숫자 표시가 되어 있던 유럽산 카르타처럼 일본에서 생산된 대표적인 유럽형 가루타인 덴쇼가루타와, 운슨가루타가 패의 도안에 숫자 표시가 확연히 드러나던 것에 비해, 하나후다는 숫자 표시를 패의 표면에 표시하지 않는 대신 1부터 12까지의 숫자를 1월부터 12월까지의 대표적인 계절별 자연물로 전환하여 숫자 역할을 대신하게 하여 놀이기능을 한 것이 가장 큰 특징이라고 하겠다. 도식으로 제시하면 〈표 3-42〉와 같다.

〈표 3-42〉 덴쇼가루타의 놀이방식

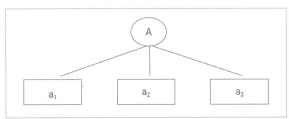

*a1=메쿠리부류, a2=가부부류, a3=하나가루타부류계통

이와 같이 유럽산 카르타는 도안의 형태가 유럽형 가루타에서 지방 후다로 바뀌어 가는 과정에서 도안 표면에 보이던 숫자를 월별 도안물 구성으로 내면화함으로써 기능의 확장을 시도하였으며, 지방후다의 일부는 도안의 형태도 전통문화의 성향을 도입하여 일본화를 이루며 기호화, 단순화되어 갔다. 대표적인 예가 하나후다이다.

이렇게 완성된 하나후다 도안물의 전통문화기호는 유럽산 카르타의 숫자 기능을 대신한 것이다. 가루타 표면에 숫자 표시가 되어 있던 유럽산 카르타처럼 일본에서 생산된 대표적인 유럽형 가루타인 덴쇼가루타와, 운슨가루타가 패의 도안에 숫자 표시가 확연히 드러나던 것에 비해, 하나후다는 숫자 표시를 패의 표면에 표시하지 않는 대신 1부터 12까지의 숫자를 1월부터 12월까지의 대표적인 계절별 자연물로 전환하여 숫자 역할을 대신하게 하여 놀이기능을 한 것이 가장 큰 특징이라고 하겠다.

3장에서 통합체적 축을 중심으로 카르타, 마조, 골패, 수투, 투전, 하나후다 등, 여섯 재매개체의 시니피에(signifier)를 살핀 결과, 상호교류가 원활하였음을 알 수 있었다. 이로 인하여 개개의 매체는 전래되거나 유입되면서 적응하고 적용하는 과정에서 각국의 고유한 사회 문화적 배경이 도안물 생성에 서사적 요소의 기여도가 컸던 것을 확인하였다. 생성된 고유 도안물은 해석에 차이를 나타내며, 놀이 방식에 많은 발전을 보이고 있었다. 이로 인하여 화투를 비롯한 여섯 재매개체 놀이도구들은 기능뿐만 아니라 도안물에서도 수투를 서두로 카르타, 마조, 골패, 카르타, 하나후다, 화투로 연계성이 있었다는 사실을 알게 되었다.

3.2.7. 골패세법으로 쇠퇴의 길을 걷기 시작하는 하나후다

이러한 사실은 당시 일본 정부가 하나후다에 우호적이거나 하나후다를 즐기는 국민에 대한 배려 때문이 아니다. 문호개방이라는 시대적 상황 속에서 서구의 수입문물인 트럼프만 인정하고 하나후다만 역차별 할 수 없는 상황이었기 때문에 처해진 조치일 뿐이다. 그 증거로 골패세법(骨牌稅法)과 같은 악법을 만들어 판매가격과 거의 같은 금액의 세금을 부과한 것을 예로 들 수 있다. 자료를 살피면 다음과 같다.

골패세법을 시행하여, 하나후다 등에 세금을 부과하게 된다. 이에 따라 하나후다의 소매가격은 (가격 20전 세금 20전) 2배로 인상된다.

「骨牌稅法」を施行し、花札などに稅金を課すことになる。これにより花札の小売価格は2倍に跳ね上がる(価格が20銭・稅額も20銭)ことになる。

골패세법이라는 과중한 세금을 부과하는 법률이 있는데, 이것은 교육계통의 가루타에는 적용하지 않았다. 골패세법 제21조에는 다음과 같은 골패세법 예외 법조항이 있다고 오사다케 다케키(尾佐竹猛)는 다음과 같이 제시하고 있다.

본 법은 이로하가루타, 우타가루타 및 정부의 인, 허가를 얻은 골패에는 이를 적용하지 않는다.
本法は伊呂波加留多、歌加留多及政府の認許を得たる骨牌に之を適用せず

위의 판결내용은 도박계통의 가루타류에 적용한 법률 조항이다. 동 조항(條項)에 가루타(加留多)와 골패(骨牌)가 나뉘어 기록되어 있는 것은 당시에 도박계통 가루타와 교육계통 가루타를 구분하고 있었다는 것을 알 수 있다.

골패를 가루타로 읽는 사례는 쉽게 발견할 수 있지만, 햐쿠닌잇슈(白人一首)의 우타가루타(歌加留多)를 우타골패(歌骨牌)라고 읽거나, 이로하가루타를 이로하골패로 읽은 사례는 찾아볼 수 없다. 즉 하나가루타라는 명칭은 이 법 조항을 피하기 위한 것이라는 추정이 가능하다. 19C 중엽(1830~1844)에는 하나후다의 폐해를 들어 판매가 금지된데 이어 1902년 이후에도 일본 내에서 판매되는 하나후다에 대해서는 세금을 부과하는 등의 억제 조치가 꾸준히 전개되었지만 1920년경에는 놀이 종류가 30여 종에 달하는 등, 일본에서도 가장 인기 있는 놀이문화 중의 하나였다.

이 '골패세법'은 도박계통의 가루타 존속에 치명타이었다. '골패세법'이 시행된 이후, 교토(京都)의 가루타 장인들은 격감하여 고작 몇 군데만이 남았을 뿐이었다. 한때 전국적으로 인기를 모았던 하나후다도, 군국주의를 지향하던 당시의 지속적이고도 엄격한 사상교육과 무거운 세금으로 인하여 드디어 자취를 감추기 시작하였다. 그 내용을 살피면 다음과 같다.

1941년 일본은 태평양전쟁 중에 다시 사치품제조판매제한규칙을 만들어 국민의 전의를 고양하는데 효과가 없는 유흥도구(하나후다 포함)는 엄격히 판매를 제한한다. 昭和16年、太平洋戦争中に出された「奢侈品製造販売制限規則」で国民の戦意高揚に効果のない遊興具(花札も含まれる)は厳しく販売制限されることになる。

근대화와 군국화에 만전을 기하면서 부국강병책이 시작되자, 일본정부는 러·일전쟁(露日戰爭) 직후인 1902년(明治 35)까지 군비 조달을 위하여 골패세법(骨牌稅法)을 시행하였다. 이 골패세법으로 일본 내에서 판매되는 것에 한하여 하나후다를 포함한 도박계통의 가루타에 세금을 부과하기에 이른다. 골패세를 제정하여 세금을 거두면서 하나후다가 고가가 되었고, 영세 제조업자들이 큰 타격을 입고 격감하게 됐다. 이 과세는 동시에 당시 대유행이던 하나후다의 제조·판매를 억제할 의도도 있었다고 여겨진다. 이데 히데오(井出英雅)의 저서 『야쿠쟈사전(やくざ事典)』(1971)에서 당시의 기록을 살피면 다음과 같다.

교토를 중심으로 전국의 가루타 제조업자는 과세에 맹렬히 반대하였지만, 정부의 방침에 따라 결국 교토에서만 5천 명의 가루타 장인이 실직하였다.
京都を中心とした全國のかるた製造業者は課税に猛反對したが、政府の方針の前に聞き入れられず、結局、京都だけで5千人もの歌留多職人が失職した。

위 기록에서 알 수 있는 사실은 당시의 가루타 업자가 교토(京都)에만 5천 명 이상이나 존재하였다는 것이다. 당시의 인구 밀도로 보아 그 숫자가 얼마나 많았는지를 알 수 있다. 이에 따라 가루타 제조의 본 고장이었던 관서지방(關西地方)의 가루타 업자들은 치명적인 타격을 입게 된다. 동북지방의 가루타 업자도 격감하여 겨우 명맥을 이어갈 뿐이다. 그것도 잠시 다이쇼(大正), 쇼와(昭和)시대에 이르러서는 전국의 가루타 업자는 거의 모습을 감추기에 이른다.

하나후다 시장이 쇠퇴하기 시작하여 도박에서뿐 아니라 일반가정에서도 점점 자취를 감추다가 2차 대전 이후 일본에서 도박계통의 가루타인 하나후다는 대중성을 완전히 상실한 채 그 명맥만 유지하고 있다. 그리고 그 자리를 트럼프와 마작, 파친코가 대신하게 된다. 도박계통의 가루타가 하나후다에서 정체된 가장 큰 이유는 도박계통의 가루타 자체가 쇠퇴하여 대체도구가 필요하지 않았기 때문이라고 생각한다. 와타나베 코도(渡部小童)는 저서 『하나후다 초보자를 위한 책(花札を初めてやる人の本)』(2005)에서 당시 상황을 아래와 같이 설명하고 있다.

> 겨우 정착된 하나후다도 메이지유신에 따라 해외 문화의 흡수 정책에 따라 트럼프가 유입되고 나서는 점차 그 인기를 트럼프에 빼앗긴 느낌이다.
>
> ようやく定着した花札も、明治維新にともなう海外文化の吸收につれて、トランプが移入してからは、しだいにその人氣をトランプに奪われたのかんがあります。

이렇게 하나후다를 억제하는데 막강한 힘을 발휘한 골패세법은 1957년(昭和 32년)에 트럼프류 세법으로 그 명칭이 바뀌고, 1989년(平成元年)에 이르러서는 소비세가 도입됨으로 인해 트럼프류 세법도 없어지게 되었다. 이처럼 일본 국내에서는 골패세를 매겨 하나후다 제조·판매회사에 타격을 가하여 하나후다 놀이가 사라지게 한 것과 달리 조선 및 해외에 수출한 화투량은 1915년부터 1918년까지 약 4년 동안 무려 5,000만 벌을 넘어섰다. 1940년의 사치품 제조 판매 제한 규칙(奢侈品製造販売制限規則) 규제안으로 하나후다가 쇠퇴의 길을 걸을 때 이미 전국 유통망을 갖춘 닌텐도(任天堂)골패회사가 판로를 개척하는 과정에서 수출에 적극적이었을 것이라는 추정이 가능하다.

닌텐도(任天堂)는 교토에서 지방 후다를 제조했던 가루타 업자 출신의 가계(家系)를 이은 회사이다. 즉 하나후다는 교토 지방의 지방 후다 가운데 하나인 것이다.

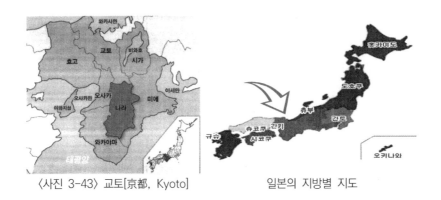

〈사진 3-43〉 교토[京都, Kyoto]　　　　　일본의 지방별 지도

연도별로 보아 닌텐도가 대량으로 제조한 하나후다가 본격적으로 한국에 수입되었을 가능성이 높다. 닌텐도는 1907년(明治 40年) 일본에서 처음으로 트럼프 제작을 시작하 후다 동시에 판매시장의 확대화를 모색하는 차원에서 일본전매공사(日本專賣公社)와 교섭하였다. 당시 일본전매공사는 전국적인 유통망을 지닌 국영기업이었다. 담배 케이스와 하나후다·트럼프 케이스의 크기가 거의 비슷하다는 점과 하나후다가 주로 도박장에서 사용될 때 담배를 자주 피운다는 사실에 착안하여 닌텐도는 일본전매공사와 교섭을 성공시켰다고 한다. 그 결과 닌텐도의 하나후다는 담배 유통로를 타고 전국적으로 판매되기에 이른다. 이를 도식화하면 아래의 〈표 3-44〉와 같다.

〈표 3-44〉 하나후다의 전국화 배경

일본화된 도안		가루타 업자
	대량생산+근대적 유통망	
	하나후다	

하나후다에 단속이외에 과도한 세금부과 등의 다른 요소가 개입되지 않았다면 도안의 변형은 계속되었을 것이다. 하나후다 도안의 전통문화기호는 전통문화를 전파·계승하고자 넣은 것이 아니라, 정부의 단속에서 벗어나기 위한 방편이었던 것이다. 일본 정부의 지속적이고도 강력한 도박금지령 속에서도 형태를 변형하는 방법으로 생명력을 유지하며 그 존재를 이어온 것임을 알 수 있다.

3.2.에서 하나후다가 어떻게 48장 구성을 하게 되었는지 여부와 하나후다의 장(枚) 수와 월별 계절어 구성이 하나후다에서 처음 발생한 것인지, 아니면 원류가 따로 있는지, 또 그 원류가 일본 내부에 있는지 등의 여부를 확인하고자 하나후다의 성립 과정을 고찰한 결과는 다음과 같다.

유입된 남유럽산 카르타에 일본풍이 섞이기 시작한 가장 큰 이유는 도박용 가루타를 단속하는 법령 때문이었다. 변화 과정은 약 40~50여 년에 걸쳐 유럽산에서 유럽풍으로, 약 90~110여 년에 걸쳐 유럽풍과 일본풍이 혼합된 형태로, 그리고 또 약 200여 년에 걸쳐 일본풍으로 모양과 형태의 변천이 이루어지는 여러 단계를 거쳤으나 강한 오락기능은 수입된 초기부터 존재가 희미해진 현 시점까지도 없어지지 않고 남아 있다. 여기에서 유추할 수 있는 것은 일본에 유입된 유럽산 카르타가 수세기에 걸쳐 여러 차례 모양을 바꾸게 된 원인은 바로 강한 내기성향 때문이었다는 것이다.

3.3. 화투 도안물은 '놀이문화기호'

3.3.에서는 화투의 놀이 기반이 형성되는 과정을 살피고자 한다. 구체적으로는 한국에 유입된 하나후다가 화투로 성립되어 가는 과정에서 사회적으로 어떤 요인이 접목되어 도안물 해석에 어떤 영향을 미치게 되는지를 시대상이 반영된 화투놀이의 형태로 살피고자 한다. 이어서 화투의 도안물이 지닌 문화기호의 성격과 놀이 기능의 관계를 고찰하여 화투의 도안물이

문화적으로 어떤 성향을 갖게 되는지, 또 그 도안물이 나타내는 문화기호의 해석이 놀이 방식에 어떤 요소로 접목되었는지도 살펴보려고 한다.

3.3.1. 도안물의 문화 성향

월별로 '전통문화기호'를 나타내는 하나후다의 등장물과 그 속에 담긴 정서의 양상이, 화투에서는 어떤 구조물로 구성되어 있는지, 그 양상을 한국의 자연물과 비교하여 고찰한 뒤, 대조할 대상의 기호물을 선정하고자 한다.

하나후다는 48장(1조 4장X12) 구성으로 되어 있으며 1월부터 12월까지의 전통문화 기호물군을 형성하고 있는 12조(1조 4장)의 등장물은 숫자 기능을 가지고 있다. 이 구성은 원활한 놀이를 하는데 주요 기능을 차지하고 있다. 그리고 이 기능의 요소들은 문화와 맞물려서 한 개인이 임의로 선택하거나 대체할 수 없다는 점에서 아주 중요하다. 화투 역시 1월부터 12월까지의 계절어를 도안물에 나타내고 있다.

원류가 되는 유럽산 카르타에서와 마찬가지로 1~12까지의 숫자 기능을 열두 달의 월별 계절어로 나타내는 도안을 공통분모로 갖고 있음에도 불구하고 하나후다와 화투 두 도안물의 문화기호에 차이를 보이게 된 저변 상황을 검토하고자 한다. 이를 위하여 두 놀이도구의 도안물 체계를 시퀀스(sequence)로 분할한다.

우선 하나후다의 기존 구성 체계에 대해 알아본 뒤, 하나후다 도안물의 특징을 분석하여 화투와의 차이에 대하여 정리한다. 하나후다 도안에 월별로 등장하는 '화조풍월'류는 일본의 대표적인 시가집인 만요슈나 팔대집에 실린 하이쿠의 계절어와 일치하는 것을 살필 수 있다. 월별(月別)로 전통문화기호를 나타내는 하나후다의 등장물과 그 속에 담긴 정서의 양상이 놀이문화기호가 중심을 이루는 화투에 이르러서는 어떻게 변용되었으며 그 내용은 또 월별로 어떻게 구성되어 있는지 여부를 시퀀스로 분할하여 비교 고찰하고자 한다.

도안의 모든 분석은 시퀀스 분할에서부터 이루어지고 이후 이야기 도식

단계로 이어진다. 하나후다와 화투의 도안물 분석 범위를 월별로 구성된 도안물로 비교하면 공통분모가 되는 계절 배경에 따라 사계절과 월별로 구성된 하나후다와 화투의 대립소를 12시퀀스로 분할한다.

하나후다와 화투의 도안을 분석할 때, 해석에 차이를 보이는 두 놀이 도구의 형상소를 각각 등장물과 상징물로 지정한다. 각 시퀀스에서 하나후다의 등장물이 나타내는 정서의 양상을 화투의 상징물이 나타내는 정서의 양상과 비교하여 등장물과 상징물이 각각 어떤 문화군에서 표출되었는지를 살피면 다음과 같다. 화투와 하나후다를 비교할 때 이 두 놀이도구보다 앞서는 카르타의 도안도 비교를 위해서 함께 분석하고자 한다.

카르타의 52장 카드는 화투와 마찬가지로 일 년을 의미한다. 52장의 카르타 숫자는 1년이 52주일이라는 것을 나타낸 것이다. 한 가지 무늬에 포함된 13장의 카드는 태음력(太陰曆, 달이 지구를 한 바퀴 도는 시간을 기준으로 만든 역법)의 일 년을 이루는 13달을 의미한다. 13장에 표시된 숫자를 합하면 91인데 이것은 매 계절이 13개 주일, 91일로 이루어진 것을 가리킨다. 카르타의 J, Q, K가 각각 4장씩 도합 12장은 일 년이 12달이라는 것을 의미하며, 태양이 1년에 12개 별자리를 지나가는 것을 표현한 것이다.

⟨사진 3-45⟩ 카르타와 하나후다, 화투의 1월 도안물 비교

⟨시퀀스 1⟩

하나후다의 1월 등장물은 소나무와 학이다. 화투의 1월 상징물도 하나후다의 1월 등장물과 같은

'화, 조류'로 송(松)·학(鶴)을 나타내며 하나후다와 같은 문화 정서를 나타내는 달이다.

한국에서도 옛부터 꽃과 새는 시에 자주 등장하는 훌륭한 짝의 하나였다. 3.4.3.에서 하나후다의 전통문화기호 특징을 살핀 것과 마찬가지로 한국에서의 계절어(하나후다를 기준으로 하므로 부득이 계절어, 화종풍월에 맞추어 진행을 하고자 한다.)는 어떻게 형성되어 있는지를 살핀 결과 계절어의 선정기준은 크게 다르지 않았다. 이상희(1998)는 우리의 선인들이 수많은 꽃과 새의 종류 가운데서 특정한 꽃과 새만이 짝을 지은 것에 대하여 설명한 것을 네 가지로 요약하였다.

첫째, 해당되는 새와 꽃에 얽힌 전설이 이들 사이를 더욱 밀접한 인연으로 만들어 놓았다. 둘째, 해당되는 새가 나타나는 계절과 해당되는 꽃이 피는 계절이 일치되고 또 그 꽃이 피어나는 주변에 그 새가 흔히 나타남으로써 해당 새와 꽃이 어울린 자연풍경이 조화를 이루어 그 정경에 대하여 특별한 애정을 느끼고 있었던 것이다. 셋째, 한국인의 심상과 감정에 융합됨으로써 특별히 사랑해온 새와 꽃을 결합시켜 짝을 맞춘 것도 있을 것으로 추측하였다. 넷째, 꽃과 새를 짝으로 하여 읊은 시가에 등장하는 꽃들은 대부분 우리 주변에서 흔히 볼 수 있는 것이다. 이상희(1998), 『꽃으로 보는 한국문화』

김한주(1977, 「고시조에 나타난 자연관」, 고려대 석사학위논문, 그밖에 정병욱의 『한국고전시가론』(신구문화사, 1993)에도 유사한 조사 결과가 실려 있다.)는 고시조에 나타난 꽃을 조사하여 꽃이 새와 짝을 짓는 대상과 수를 다음과 같이 제시하고 있다. 꽃과 새가 짝을 지은 경우는 대부분 특정한 새와 꽃이 짝을 이루는 경우가 많다. 꽃과 새의 경우에는 학과 매화(1수)가 있고, 나무와 새의 경우에는 학(7수)과 소나무가 있다.

〈시퀀스 2〉

하나후다의 2월 등장물은 꾀꼬리와 매화이다. 화투에서의 2월 상징물은 매조(梅鳥)이다. 하나후다의 등장물과 화투의 상징물은 다르게 해석되며, 다른 정서를 보이고 있다. 본 저서 2.2. 화투의 선행연구에서 김덕수(2003)는 철새인 꾀꼬리가 일본으로 되돌아오는 시점은 4월 이후인데, 하나후다의 2월 도안물에 꾀꼬리가 등장한 까닭을 아직까지 발견하지 못했다고 하였다. 그러나 권현주(2004)가 조사한 고전 시가 자료를 통하여 살핀 바 조류 총 84종류(14,018회) 중에서 2월의

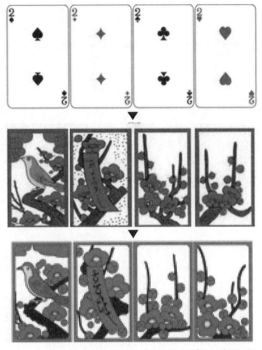

〈사진 3-46〉 카르타와 하나후다, 화투의 2월 도안물 비교

계절어로 154회의 빈도수(3위)를 보이며 일본에서 전통문화기호를 나타내는 기호로 사용되었음을 알 수 있었다. 반면, 화투의 2월 상징물인 조(鳥)는 꾀꼬리나 참새로 보는 두 가지 견해가 있다. 한국에서 꾀꼬리는 매화가 피는 이른 봄에는 볼 수 없는 여름 철새이므로 참새로 보는 견해가 타당하다고 하였으나, 꾀꼬리라고 해도 놀이의 어떠한 기능에도 별다른 영향을 미치지 않는다. 즉 도안의 상징물이 기능과 밀접한 관계를 갖지 않는다는 것이다. 이상희(1998)에 의하면 매화(6수)가 등장하는데, 짝 지어져 있는 것은 학과 술이었다. 술과 짝을 이룬 꽃 가운데에서는 매화가 가장 많이 등장하는 꽃이라고 하였다. (이상희(1998), 상게서, p. 505『한국시조대사전』(박을수 편)에 수록된 시조를 대상으로 조사한 자료를 재인용)

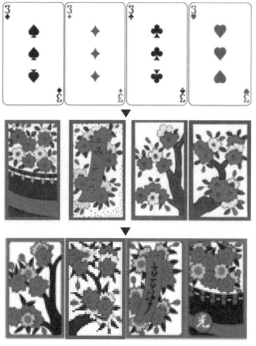

〈사진 3-47〉 카르타와 하나후다, 화투의 3월 도안물 비교

하나후다의 3월 등장물은 벚꽃이다. 화투의 3월 상징물 역시 벚꽃이다. 하나후다의 등장물과 화투의 상징물은 동일한 '화류'이지만 다른 양상의 정서를 보이고 있다.

한국에서는 벚꽃을 감상하며 행사를 벌였다는 옛 기록을 찾아볼 수 없다. 벚꽃 놀이를 즐기는 정서는 일제 강점기 이후부터 시작된 것으로 한국의 전통 문화와는 관계가 깊지 않다. 이상희(1998)가 『한국시조대사전』에 수록된 시조를 대상으로 조사한 결과를 살펴보면 꽃이 술과 짝을 짓는 경우에는 국화·도화·행화·매화 등이 많이 나타난다. 그러나 이 자료에서 벚꽃은 찾아 볼 수 없었다.

〈시퀀스 4〉

하나후다의 4월 등장물은 등꽃과 두견새이다. 화투의 4월 상징물은 흑싸리이다. 동아출판사의 『세계대백과사전』, 국어사전 등에도 하나후다 4월 의미소인 '등꽃'도안과 달리 위를 반대방향인 아래로 오게 하여 제시하고 있다. 문세영 (1938)의 『조선어사전』에도 이미 "흑사리"는 남의 일을 훼방하는 사람의 별명이라고 설명하고 있다. 위의 연도로 미루어 보아 화투에서 4월 상징물을 "흑싸리"로 호칭한 것은 유입 초기부터로 추정된다.

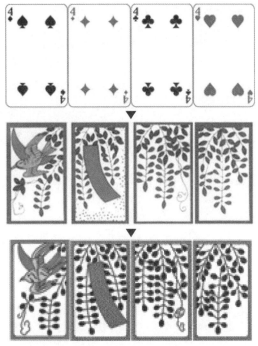

〈사진 3-48〉 카르타와 하나후다, 화투의 4월 도안물 비교

화투에서는 빗자루의 재료로 쓰이기도 하며, 서민층 주변에서 쉽게 볼 수 있는 싸리나무와 평화를 상징하는 비둘기로 읽은 것이다. 일본에서 비둘기는 '나무에 앉더라도 자신의 부모보다 더 낮은 가지에 앉는 예의바른 새'로 평가된다. 가문의 문장에 쓰는 엄숙함이 담겨진 등나무인 만큼 거기에 앉는 새도 '예절의 상징'인 비둘기를 썼다는 이야기가 되는 셈 이다. (이와 같은 근거 없는 주장도 많이 볼 수 있다.)

따라서 하나후다의 등장물과 화투의 상징물은 다르며 다른 문화 양상을 보이고 있음을 알 수 있다.

한국에서 등나무는 절개가 없는 덩굴 식물이라 하여 고전서화 등에서도 소재로 삼은 사례가 없다. 두견새도 원조(怨鳥), 귀촉도(歸蜀道), 망제혼(望帝魂)이라고 하여 불길한 징조를 상징하므로 민화에서도 잘 그리지 않는 소재 중 하나이다. 김덕수(2003)는 4월의 화투 문양은 흑싸리인데, 실제 존재하는 사물은 아니라고 하였다. 실제 싸리나무의 꽃은 붉은색이며, 말리면 갈색으로 변하는 나무줄기는 빗자루를 만드는 재료로 활용된다.

한 TV프로그램(2010, KBS프로그램 『스펀지』참고)에서는 4월의 화투 문양은 흑싸리가 아니고 등꽃이기 때문에 패를 들 때 현재와는 반대로 들어야 올바른 모양이라고 논의를 한 적이 있다. 이것은 100여 년의 성장 과정을 제대로 살피지 않은 채, 원류를 찾은 격이다. 등꽃을 흑싸리로 잘못 읽은 것이 아니고 다르게 읽은 것이다. 국내에서 화투가 놀이될 때 도안물의 구체적인 종류와 밀접한 상관관계를 가질 필요가 없었기 때문에 하나후다의 4월에 해당하는 전통문화기호를 정확하게 알아야 할 필요가 없었던 것으로 보인다. 즉 화투의 4월 상징물이 반드시 등나무이어야 할 필요가 없었던 것이다.

김한주(1977)의 조사 결과를 살펴보면, 꽃과 새가 짝을 지은 경우는 두견과 이화(6수), 또는 두견과 진달래(1수)가 있고, 나무와 새가 짝을 지은 것은 두견(4수)과 소나무가 있다.

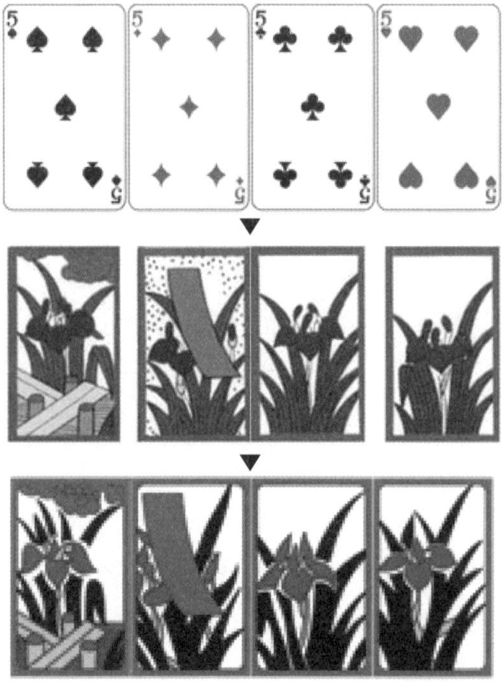

〈사진 3-49〉 카르타와 하나후다, 화투의 5월 도안물 비교

〈시퀀스 5〉

하나후다의 5월 등장물은 창포(습지에서 자라는 관상식물로서 붓꽃(Iris)을 말한다)와 다리이다. 화투의 5월 상징물은 난초이다. 한국도 음력 5월 5일 단오 절기에 창포물에 머리를 감는 풍속이 있으므로 양국의 전통문화 정서는 같으나, 하나후다의 등장물과

화투의 상징물은 다른 양상을 보이고 있다고 할 수 있다. 진태하(2000)에서는 옛날 시골에는 난초가 별로 없었기 때문에 화투장에서 난초의 모양을 처음 알게 된 사람이 대부분이라고 하며 5월 상징물을 난초로 보았다.

〈시퀀스 6〉

하나후다의 6월 등장물은 모란이다. 화투의 6월 상징물도 같은 모란이다. 하나후다와 화투는 동일한 도안물을 보이지만 문화는 다른 양상을 보이고 있음을 알 수 있다.

한국화에서는 모란(출처: 영남일보(2005.10.21)일자, 한 매니아는 장미인줄 알았다고 한다.)과 나비를 함께 그리지 않는 것이 오래된 관례이다. 한국 전통 문화를 나타내는 시가나 한국화를 비롯하여 그 어디에서도 모란과 나비가 같이 묘사되어 있는 것은 찾아 볼 수 없다.

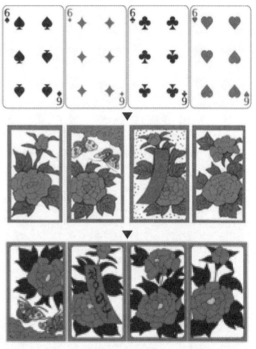

〈사진 3-50〉 카르타와 하나후다, 화투의 6월 도안물 비교

한국에서도 옛날부터 설총의 화왕계에서 꽃의 왕이 모란으로 나타나는 등 공통적으로 고귀한 이미지를 가지는 꽃이라고 할 수 있다. 당 태종이 보낸 모란꽃 그림에 나비가 없었다는 신라 선덕여왕의 일화가 민간 설화에 전해 오며, 나비를 함께 그려 넣지 않는 것이 지금까지도 관례처럼 되어 있다. 하지만 화투에서 가능했던 이유는 전통문화의 의미가 배제되고 놀이할 때 필요한 숫자의 기능으로만 읽었기 때문에 놀이 문화로 그 의미가 확장·발전하는 과정에서도 나비가 없어지지 않았던 것이다. 즉 문화가 다른 나라에 스며들 때는 받아들이는 나라의 풍습과 자연관에 어울리는 것으로 바뀌는

것을 볼 수 있는데, 화투는 놀이로서 필요한 기능만 작용했기 때문에 전통문화의 성향이 배제되었다는 사실을 입증하는 부분이다. 따라서 하나후다와 화투의 도안물은 다르게 해석되고 있음을 알 수 있다.

〈사진 3-51〉 카르타와 하나후다, 화투의 7월 도안물 비교

〈시퀀스 7〉

하나후다의 7월 등장물은 싸리(교토(京都) 일원의 사찰 정원에는 싸리만을 기르는 싸리원(萩園)이 많다고 한다.)와 멧돼지이다. 화투의 7월 상징물은 홍싸리이다. 홍싸리는 화투의 4월 상징물인 흑싸리에서 살펴본 바와 같이 전통문화기호에 등장한 적이 없으며, 일본과 달리 한국에서는 이 시기에 멧돼지 사냥을 하지 않는다. 따라서 하나후다의 등장물과 화투의 상징물은 비슷하나 문화는 다른 양상을 보이고 있음을 알 수 있다.

〈시퀀스 8〉

하나후다의 8월 등장물은 '억새'이다. 화투의 8월 상징물은 공산명월이다. 일본에서 한국으로 유입된 화투 도안물 중 가장 많이 다르게 표현되고 해석되는 것이 8월 패이다. 도안도 단순화되고, 도안에서 읽혀지는 내용도 다르다. 8월은 하나후다의 등장물과 화투의 상징물이 다르나 정서는 같은 양상을 보이는 부분이다.

이에 대하여 진태하(2000)는 8월의 화투장에서 억새를 그리지 않고 모두 검게 칠한 데서 식물의 이름이 빠지고 공산(空山) 또는

〈사진 3-52〉 카르타와 하나후다, 화투의 8월 도안물 비교

팔공산(八空山)으로 전혀 다르게 변한 것이라고 하였다. 김덕수(2003)는 옛날 힘든 시절을 살아내던 민초들에게는 속칭 8월은 배고픈 빈산(八空山) 비쳤으며, 그 달밤에 기러기 세 마리가 날아가는 단순한 그림이라고 읽었다. 김한주(1977)의 자료를 살펴보면 한국의 고전시가에서 기러기가 짝을 지은 경우는 억새와 비슷한 식물인 노화(蘆花)(2수)를 찾아 볼 수 있다.

〈사진 3-53〉카르타와 하나후다, 화투의 9월 도안물 비교

〈시퀀스 9〉

하나후다의 9월 등장물은 국화이다. 화투의 9월 상징물도 국화이다. 한국에서 국화는 일본과 달리 사군자 중의 하나로서 서리 내리는 늦가을에 꽃을 피움으로써 품위 있는 군자의 모습을 연상케 한다. 국화는 이미 고려시대의 상감청자(고려청자 상감 국화문)와 조선 초 분청사기(분청사기 국화 인화문)의 문양으로 유명하다. 이상희(1998, 『한국시조대사전』(박을수 편)에 수록된 시조를 대상으로 조사한 결과를 재인용)는 꽃 가운데 술과 짝을 이룬 것으로 가장 많이 등장하는 꽃이 국화꽃(14수)이라고 하였다. 일본과 한국 두 나라 모두 고대 중국의 기수민족에게서 영향을 받았기 때문에 도연명(陶淵明)의 상주애국(賞酒愛菊)적인 풍조가 있었던 것으로 고 짐작된다. 근대 이후에는 늦가을 서리 속에 피어 깨끗하고 아름다우며 인고(忍苦)와 사색(思索)을 의미하는 꽃이다. 따라서 하나후다의 등장물과 화투의 9월 상징물은 같으나 정서는 다른 양상을 나타낸다.

〈시퀀스 10〉

하나후다의 10월 등장물은 단풍이다. 화투의 10월 상징물도 단풍이다. 한국에서도 단풍놀이는 '서울의 풍속을 보면 중구(重九)날 남산과 북악산에 올라가 먹고 마시며 단풍놀이를 한다'는 동국세시기(東國歲時記)에서 볼 수 있는 것처럼 우리 민족의 세시풍속 중의 하나였다. 하지만 단풍철에 사슴 사냥을 하지는 않았다. 따라서 하나후다의 등장물과 화투의 상징물은 같지만 정서는 일치하지 않는다.

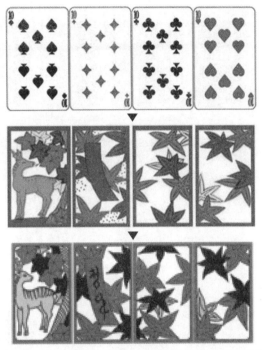

〈사진 3-54〉 카르타와 하나후다, 화투의 10월 도안물 비교

〈시퀀스 11〉

하나후다의 11월 등장물은 수양버들이다. 오동잎보다 버드나무 잎이 먼저 지는 계절적인 특징으로 11월 상징 기호에 해당한다고 하였다. (사무카와 히로유키(寒川広行, 1980), 전게서, pp. 9~21) 비가 내리는 수양버들이 등장하는 것은 파란 풀이 월동할 만큼 온난하며 비가 내리는 일본의 아열대성 기후를 나타내고 있다.

하나후다의 11월 등장물은 화투의 12월 상징물과 교차한다. 이에 대응되는 화투의 12월 상징물은 비(雨)다. 전통문화기호의 하나후다를 기준하였으므로 화투의 12월 도안물은 〈시퀀스 11〉에서 분석한다.

하나후다의 11월 등장물에 대해서는 두 가지 설이 있다. 한가지는 일본의 3대 서예가 중의 한 사람이며, 10C경에 활약했던 서예가 오노노도후(小

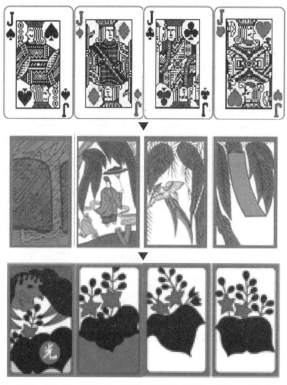

野道風: 894~966)의 일화가 그려진 것이라는 설과 또 한 가지는 17C경 하이쿠(俳句)로 유명했던 마쓰오바쇼(松尾芭蕉)를 나타낸 것이라는 설이다.

이어령(1962), 『흙속에 저 바람 속에』, 文學思想社, p.190, 중략… 뒷날 수신 시간에 배운 것이지만, 그 사람은 서도의 대가 오노도후였던 것이다. 버드나무 가지로 매달리려는 끈질긴 개구리의 그 점프에서 서도의 경지를 터득하고 있던 참이었다. 중략

〈사진 3-55〉 카르타와 하나후다, 화투의 11월 도안물 교차 비교

이에 대한 반론도 있다. 자료를 살펴보면 옛날 후다에는 오노노도후라고 해석하는 것이 일반론이나 정확히 이 그림이 누구인지는 알 수 없다는 것이 정설이라고 한다. 하나가루타 계통의 초기 형태 중에는 와카(和歌)가 그려져 있기도 하다. 또 다른 후다에는 우산을 접고 달리는 사람인 것도 있다고 한다. 또한 피에 해당하는 도안은 도깨비 패(鬼札)라고 일컬어지며 우레·북·새의 발톱 등을 그린 것이라고 한 해석에 대하여 야마다(山田孝久, 닌텐도주식회사(任天堂株式會社) 영업기획과 담당)는 불명(不明)이라고 하였다. 하나후다의 설명서를 보면 득점을 정해 놓은 패라는 뜻으로 쓰여 있다.

비광에 대해서도 두 가지 이야기가 있다. 한 가지는 비 오는 날 영감이

우산을 들고 있고, 흐르는 강물 옆에 개구리가 있다고 읽고 있다. 이때 영감은 권력을 쥔 인물을 지칭한다. 개구리는 청개구리 우화에 따라 다른 4개의 월별 도안과 달리 광(光)자가 화투 위쪽에 위치하게 되었다는 가설도 가능하다고 하였다. 일본인들에게 하나후다를 물어보면 거의 대부분 '모른다'고 한다. 심지어 일본에 그런 것이 있느냐는 반문도 많이 듣는다고 한다.

또 하나는 김삿갓으로 읽는 경우도 있다. 진태하(2000)는 놀이꾼들은 지금까지도 「비」 피에 그려져 있는 그림이 무엇을 나타내는지 모르는 사람이 대부분이다. 모두 검게 칠하여 무엇을 그린 것인지 명확치 않기 때문에 거꾸로 들고 노는 것을 볼 수 있다고 하며 광복 후에 게다를 고무신으로 바꾸고 모자도 바꾸어 놓았으니 의미가 없다고 하였다. 따라서 두 놀이도구 모두 가장 많은 설과 이야기가 있는 달이나, 전혀 다른 문화 양상을 보이는 달이다.

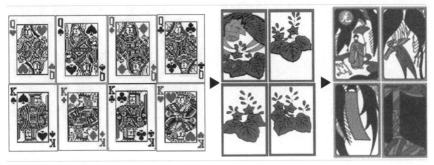

〈사진 3-56〉 카르타와 하나후다, 화투의 12월 도안물 교차 비교

〈시퀀스 12〉

하나후다의 12월 등장물은 오동이다. 이에 대응되는 화투의 11월 상징물은 벽오동(벽오동과(碧梧桐科 Sterculiaceae)에 속하는 교목. 아시아가 원산지이며 키가 12m까지 자란다. 잎은 어긋나고 너비가 30㎝에 달하며 낙엽이 진다. 꽃은 작고 녹색이 감도는 흰색이다. 벽오동(碧梧桐, 문화어: 청

오동)은 아욱과에 딸린 갈잎 큰키나무이다. 생김이 비슷하나 식물학적으로 오동나무와는 전혀 다른 나무이다. 한국, 일본, 대만, 중국에 분포한다.)을 가리키며 속칭 [ddog]이라고도 한다. 기리(kiri)라는 포르투갈어 발음이 계절어인 오동의 발음과 비슷해서 하나후다의 12월 '화류'가 정해졌다고 추측하는 설과 마찬가지로 12월에서 11월로 교체된 화투의 11월은 벽오동의 [동]을 [ddong]으로 발음하는 풍자적인 표현으로 바뀌었고, 이는 명칭으로까지 발전하였다. SBS프로그램『그것이 알고 싶다』, 오동이라고 외치기 귀찮아서 동이라고 하다가 된 발음으로 똥으로 된 것이라고 한다. 진태하(2000)는 일본의 하나후다(花札)에서는 오동잎이 구체적으로 그려져 있는데, 우리나라 화투에서는 여러 개의 잎을 모두 검게 칠하여 무엇을 그린 것인지 잘 모르고 노는 사람이 많다고 하였다. 김한주(1977)의 조사에 의하면 한국의 고전시가에서 나무와 새가 짝을 지은 것으로는 봉황과 오동(7수)이 있다고 하였다. 따라서 12월은 11월과 월별 배치가 교차된 것뿐만 아니라 월별 도안물에 대한 해석에도 큰 차이를 보이고 있으며 문화 양상도 일치하지 않는다.

12시퀀스로 분할하여 분할한 각 시퀀스에서 하나후다와 화투의 도안물이 나타내는 정서를 비교하여 각각의 그림이 어떤 문화 양상을 나타내는지를 살펴보았다. 그 결과, 하나후다의 등장물 가운데 실제 존재하는 사실적인 공간의 자연물로서는 고전시가나 풍속도에서 월별 계절어로 사용되는 '화조풍월'의 소재를 주로 다루었다. 그 외에 실존하지 않는 생물이나 신의 경우에는 고래(古來)부터 주 관심사이었던 소재 즉 봉황이나 일본의 팔만신(八萬神)을 희화된 작품 세계로 이끌어 등장물(라쇼몽: 羅生門)로 삼았다. 이와 같은 역사적인 배경과 사실성을 담고 있는 하나후다는 많은 내용과 설화를 가지며 전통문화를 대변한다.

3.3.2. 골패와 수투의 기반으로 형성된 화투의 수용성

그레마스의 기호학적 정방형은 항목들 사이의 관계와 이들 사이에 일어나는 작용을 나타낸다. 모순되는 항목 사이에서 부정의 작용이 이루어지며, 상보적인 항목 사이에서 함축의 작용이 이루어진다. 여기에서 항목들이 드러내는 관계들을 보면 두 개의 대립관계(반대의 축과 하위 반대의 축)와 두 개의 상보관계(긍정적인 지시축과 부정적인 지시축)가 있음을 알수 있다. 그러므로 그레마스의 기호학적 정방형을 이용하여 하나후다와 화투, 두 도안물의 구조를 비교하면 〈표 3-57〉과 같다.

〈표 3-57〉 카르타, 하나후다, 화투 도안물의 구조 비교

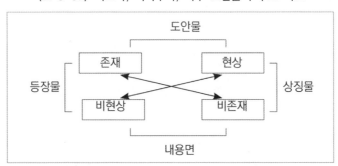

하나후다와 화투 도안의 분석 대상은 등장물과 상징물로 나뉘어진다. 하나후다 안에 도안된 '등장물' 가운데 실제 존재하는 자연물로서는 고전시가나 풍속도에서 월별 계절어로 사용되는 '화조풍월'의 소제어이다. 그 외에 인간이나, 실존하지 않는 생물, 신을 등장물로 삼았다. 실존하지 않는 생물이나 신의 경우에는 당해 시대의 관심의 대상이던 봉황이나 일본의 팔만신(八萬神)을 희화된 작품 세계로 이끌어 등장물로 삼았다. 이처럼 역사적인 배경과 사실성을 담고 있는 하나후다는 미비한 부분은 보이나 전통문화 기호물군으로 형성되어 있음에는 틀림이 없었다.

한편, 화투가 하나후다 기호물군과 어떤 연관 관계가 있는지를 살피고자

화투 도안에 나타난 화조풍월류가 이루는 정서의 양상을 비교한 결과 화투의 도안물 이미지는 사계절을 기조로 하되, 시조나 한국화 등의 전통문화와 별 관계없이 놀이를 가늠하는 척도로만 삼았을 뿐 발전과정에 별다른 영향을 미치지 않았음을 알 수 있었다. 하나후다보다 더 단순 간결하게 만들어져 있으며, 대중문화에서 주요한 표현 수단으로 식물 이외에도 이미지가 부여된 동물이나 사물, 가상의 존재물이나 우화 등의 이야기가 각색되어 상징물로 나타나고 있었다. 이러한 상징물들은 유행어나 일상생활에 자주 이용되기도 하며 놀이문화를 대변하고 있다.

　다문화가 공존하는 유럽의 카르타가 일본에 유입되어 일본의 실내용 놀이 도구에 많은 영향을 끼쳤다. 이와 같이 유럽산 카르타의 영향을 받은 일본의 실내용 놀이도구는 조선말 하나후다 형태로 유입되어 화투로 놀이된다. 이것을 표로 나타내면 아래의 〈표 3-58〉과 같다.

〈표 3-58〉 화투의 계보

	계열적 관계	
수투, 마조	카르타, 타로	
		통합적 관계
골패, 하나후다	화투	

　본 저서에서 다룬 분석대상은 화투를 기준점으로 하였다. 화투 텍스트의 재매개에 영향을 끼친 마조, 골패, 수투전, 카르타, 하나후다, 화투의 내러티브 구조를 각각 비교 분석한 결과, 여섯 매개체에서 공통분모를 이루는 기능은 숫자이며, 이 숫자는 마조로부터 계승된 것이라는 것을 알 수 있다.

<표 3-59> 분석대상 텍스트의 도안물 비교

명칭	마조	골패	수투	카르타	하나후다	화투
도안	동남서북, 통모양, 중발백의 글자, 매난국죽, 춘하추동의 꽃패	별자리 배열의 227개 구멍	사람, 물고기, 새, 꿩, 별, 말, 토끼, 노루	왕, 술잔, 검, 수레바퀴, 투구, 왕관	화조풍월	화훼초충도

3.1.과 3.2.에서 시니피에(signifier)를 살핀 결과, 도안물 해석에 차이가 있었고, 놀이 방식에 많은 변형을 보이고 있었다. 이로 인하여 하나후다와 화투, 두 놀이도구의 도안 기호물은 각각 전통문화기호와 놀이문화기호로 분류되기에 이른 것이라는 사실을 알게 되었다. 이어서 하나후다와 화투의 놀이 텍스트를 분석한 결과, 하나후다 도안의 '전통문화기호' 역시 전통문화를 계승 발전시키고자 넣은 것이 아니라, 화투의 '놀이문화기호'와 마찬가지로 놀이기호로서의 역할을 담당했던 것이다. 하나후다와 화투의 1월부터 12월까지의 월별 도안물은 유럽산 카르타와 마찬가지로 숫자로서의 기능을 하기 위한 것이다. 통합체적 축에서의 스토리텔링의 복합성과 서사 구성을 밝힌 결과, 골패가 마조의 통수패 도안에서 모티브를 얻어 계승하고, 이어서 카르타가 마조와 수투의 도안을 받아들여 하나후다에 전승시키고, 화투가 수투의 놀이방식과 하나후다의 도안으로 플롯을 구성한 것을 알 수 있었다.

3.3.3. 화투 도안의 상징물, '놀이문화기호' 성립

유럽산 카르타의 일본 제작물인 운슨가루타는 강한 도박성향 때문에 금지되고 나서 생산과 금지를 반복하는 사이에 앞서 살핀 데모토비키와 같은 가부계통의 가루타에 화조류의 그림맞추기가 결합되어 마침내 하나가루타가 된 것이다. 이 무렵의 도안은 일본 정취를 띠게 되며, 계산은 유럽적 계산에 의한다. 마조와 수투의 영향을 받아 제작된 카르타는 유럽에서 도박용구로 사용되었던 그 도박성향이 그대로 일본에 전해진다.

하나후다는 도박계통을 계승한 가루타이므로 3.3.에서 도박계통의 가루타를 중심으로 살핀 결과, 결국 다양한 지방 가루타가 생긴 연유는 도박금지령을 피하기 위한 자구책의 결과물이었음을 알 수 있었다. 이를 도식으로 나타내면 〈표 3-60〉과 같다.

〈표 3-60〉 화투 계통도

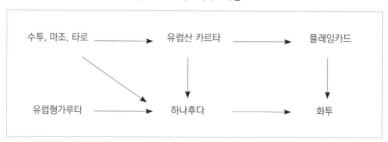

수많은 종류의 지방 후다 가운데 교토지역의 지방 후다 중 하나이던 하나후다(당시의 명칭은 하치하치하나(八八花) 또는 하치쥬하나(八十花))가 한국에 유입된 가장 큰 이유는 교토 가루타 업자 출신의 한 기업형 회사의 수출 품목에 속했기 때문으로 여겨진다. 당시 하나후다는 이윤 창출을 목적으로 한 수출 품목이었다. 하나후다가 유행하던 19C 후반 은 근대국가가 형성된 상태라서 광고와 유통망이 형성되어 있었기 때문에 이를 이용해서 전국적인 유통이 가능해지고 규모도 커지게 된다. 즉 가루타 업자들의 뛰어난 상술이 가미되고, 여기에 근대화 과정에 생겨난 유통망과 기술력이 뒷받침된 하나후다를 한국에 많이 수출을 하면서 한국에서의 화투놀이가 민중에까지 확산된 것이다. 당시의 국내 여가의 여건에 따라 필요에 의해서 취사선택된 것이다. 화투는 놀이 그 이상도 이하도 아니다. 왜색이라고 해석하는 것은 당시 상황이 이데올로기로 점철되던 시대이었기 때문이다.

3장에서는 도안물이 비슷한 하나후다와 화투 이 두 놀이도구가 양국에서는 어떤 양상으로 발전·전개되었기에 서로 다른 문화기호를 나타내게 되었는지를 기호학적으로 재확인하였다. 하나후다와 화투의 문화기호 형태를 밝히고자 원류를 고찰한 결과 하나후다의 원류는 남유럽에서 유입된 유럽산 가루타임을 알 수 있었다. 그리고 오락 기능이 뛰어난 속성은 원류인 유럽산 가루타에서부터 계승 발전된 것이며, 이외에도 기능에 주요한 작용을 하는 것이 숫자이며 이것 역시 원류인 유럽산 가루타에서부터 계승 발전된 것임을 알 수 있었다. 기능이나 속성에는 변함이 없었지만 유입된 이후 사회적인 영향으로 인해 도안물과 놀이방식에 각각 다른 형태의 변형을 보이게 되었고, 이로 인하여 기호물은 각각 전통문화기호와 놀이문화기호로 분류되기에 이른다.

여기에서 알 수 있듯이 도안 형태와 장 수(枚數)에 변형은 있었지만, 속성은 내기 도박을 계승한 것이다. 이어령(2006)에 따르면 발신자에게서 수신자로 전달되는 것은 대상 자체가 아니라 대상에 관한 정보라고 하였다. 이것으로 화투와 하나후다의 기능 관계도 해명될 수 있다. 이를 도식화하면 아래 〈표 3-61〉과 같다.

〈표 3-61〉 다문화에서 파생된 놀이문화기호

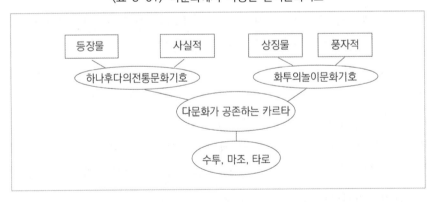

도안물의 기능에 따른 기호 유형을 지정한 결과 각각 다른 양상을 보이며 발전한 두 놀이도구의 기호물을 대조하기 위하여 표현면과 내용면으로

나누어 변형 과정을 분석한 결과, 하나후다의 경우는 금지령의 요소가 '전통문화기호'를 갖게 하였으며, 화투의 경우는 풍자의 요소가 '놀이문화기호'라는 기호물군을 형성하게 된 것이다.

이렇게 문화 성향에 차이를 보이며 구분되는 전통문화기호의 하나후다 기호물군과 놀이문화기호의 화투 기호물군은 각각의 도안 내에서 역할을 담당하면서 위치에 따라 주요 사물과 주변 사물을 세부적으로 분류하고 놀이를 이끌어 가고 있음을 기호학적 구조로 입증할 수 있었다. 이어 도안에 나타나는 기호물을 대조 분석한 결과 하나후다와 화투 두 놀이 도구의 속성에는 차이가 없음을 알 수 있었다. 즉 이 두 기호물군의 문화기호가 놀이 기능에서 나타내는 차이를 분석한 결과, 숫자와 신분제도로 나타내는 기능의 공통분모를 가지고 있었다.

다시 말하자면 놀이문화기호가 주 기능을 하는 형태로 발전하였기 때문이다. 하나후다가 유입되어 화투가 되었지만, 하나후다=Carta가 아니듯이 하나후다=화투가 아니다. 일본에서 유입된 하나후다에 여가선용이라는 국내의 사회구조적인 영향으로 배경이 구축되고 여기에 풍자가 곁들여져서 놀이 기능이 확장되어 화투라는 새로운 문화기호가 만들어진 것이다.

도안물 해석에 차이점을 보이는 두 놀이도구의 상징기호가 공통점을 보이는 기능에서 어떤 역할을 담당했는지를 살필 필요가 있다. 하나후다와 화투에서 공통분모를 이루는 숫자 기능은 유럽산 가루타에서부터 계승된 것이다. 유럽산 가루타는 숫자의 기능이 탁월한 놀이도구이다. 오락 기능이 강한 속성 때문에 일본에 유입되어서도 숫자의 기능을 유지하려고 수많은 도안의 변천이 있었다고 할 수 있겠다. 수백 년에 걸쳐 수많은 도안의 변천이 있었지만 숫자가 가진 기능은 그대로 유지되면서 보완 발전되어 여러 나라로 퍼져나간 것이다. 자료를 살피면 다음과 같다.

카드는 주사위던지기나 경주, 동전던지기 보다도, 또 판위에서 벌이는 게임이나 점수를 겨루는 게임보다도 좀 더 복잡하며, 갬블의 편리한 수단으로 이용되었다(P. 아놀드). 카드는 짧은 기간 안에 전 유럽으로 확산되어 돈을 벌어들이는 곳마다 관헌의 규제나 (도박용구라는)의심의 눈초리를 받았지만, 도박으로 많은 갈채를 받았다.

유럽 여러 도시에 보급된 것은 카드가 급속하게 유럽 전역에 확산된 것은 도박용구이었기 때문이다. 현재까지도 유럽을 비롯한 여러 지방에서는 도박과 카드게임은 거의 동의어이다. 운슨가루타가 금지 되고나서 요미가루타, 메쿠리가루타 순으로 나오면 금지되고 하는 사이에 이 가루타 계통에 화조류의 그림맞추기가 결합되어 마침내 오늘날의 하나가루타가 된 것이다. 여기에 이르러서 그림은 순전히 일본정취를 띠게 되며, 계산은 유럽적 계산에 의한다. 수투의 영향을 받은 유럽산 카르타는 하나후다를 거쳐서 화투가 되었다.

화투와 여섯 개의 재매개체의 놀이 텍스트를 분석한 결과, 하나후다 도안의 '전통문화기호' 역시 전통문화를 계승 발전시키고자 넣은 것이 아니라, 화투의 '놀이문화기호'와 마찬가지로 놀이기호로서의 역할을 담당했던 것이다. 하나후다와 화투의 1월부터 12월까지의 월별 도안물은 유럽산 카르타와 마찬가지로 숫자로서의 기능을 하기 위한 것이다. 통합체적 축에서 스토리텔링의 복합성과 서사 구성을 밝힌 결과, 골패가 마조의 통수패 도안에서 모티브를 얻어 계승하고, 이어서 카르타가 마조와 수투의 도안을 받아들여 하나후다에 전승시키고, 화투가 수투의 놀이방식과 하나후다의 도안으로 플롯을 구성한 것을 알 수 있었다.

제4장

화투의 '놀이문화기호' 메커니즘

제4장

화투의 '놀이문화기호' 메커니즘

3장에서는 졸저 「하나후다의 "전통문화기호"와 화투의 "놀이문화기호" 고찰」(2004)에서 하나후다 도안이 "전통문화기호"에 기반을 둔 것과는 달리, 화투의 도안은 한국의 시조나 한국화 등의 전통 문화 소재와는 거리를 두며, 놀이기능을 발전시켜서 '놀이문화기호'로 분류된다고 주장한 것을 재확인하였다.

화투를 비롯한 수투, 마조, 골패, 카르타, 하나후다의 여섯 재매개체에 대한 놀이 텍스트를 분석한 결과, 하나후다 도안의 '전통문화기호' 역시 전통문화를 계승 발전시키려는 의도와는 무관하고, 화투의 도안물과 마찬가지로 놀이기호로서의 역할을 담당한 것이다. 통합체적 축에서 스토리텔링의 복합성과 서사 구성을 밝힌 결과, 골패가 마조의 통수패 도안에서 모티브를 얻어 계승하고, 이어서 카르타가 마조와 수투의 도안을 받아들여 하나후다에 전승시키고, 화투가 수투의 놀이방식과 하나후다의 도안으로 플롯을 구성한 것을 알 수 있었다.

그렇다면 과연 한국의 화투가 어떻게 토착화를 이룰 수 있게 되었는지, 화투의 어원과 유입 경로를 재확인하여 48장의 화투 도안이 놀이에서 어떤 역할을 담당해 왔는지를 살필 필요가 생겨 이를 4장에서 다루고자 한다.

4.1. 재매개 과정을 거쳐 놀이기능이 극대화 된 화투

이에 4.1.에서는 화투가 한국에서 놀이 기반이 형성되는 과정에 앞에서 살핀 마조, 골패, 수투, 투전, 카르타, 하나후다 등, 여섯 개의 재매개체와 어떠한 형태로 교류하였는지를 분석하여, 화투의 문화기호가 이들 매개체의 놀이 기능과 어떠한 연관관계를 맺고 있는지를 고찰하고자 한다. 이어서 시대상이 반영된 화투놀이의 형태가 전개되는 양상을 분석하여 화투의 문화기호가 놀이 기능과 어떠한 연관관계를 맺고 있는지를 밝혀낼 것이다. 그리고 한국에서의 놀이 기반이 형성되는 과정에서 화투 도안물이 화투놀이 방식에 어떠한 요소를 접목시켜서 토착화를 이룰 수 있게 되었는지를 재매개체별로 고찰하고자 한다. 그러면 화투가 어떻게 놀이문화기호를 확립하게 되었는지를 확인할 수 있게 될 것이다.

구체적인 방법으로 화투의 도안 소재가 놀이에서 나타내는 기능적인 면을 수투, 투전, 마조, 골패, 하나후다, 카르타, 여섯 개의 재매개체와 비교 분석하여 문화 성향과 놀이 기능의 관계를 분석하려고 한다. 이어 놀이적 요소인 숫자와 놀이도구의 장 수(枚數)는 통합체에서 작동하는 계열체적 축에서 루돌로지(Ludology)를 중심으로 다루려고 한다.

루돌로지는 놀이 효과와 놀이가 사회에 미친 영향에 대한 연구에만 치중되어 있었던 그동안의 놀이 연구를 놀이 매개체 자체에 대한 연구로 방향 전환하는데 중요한 계기를 마련하였다. 그동안 심리학, 인류학, 경제학, 사회학, 여가학, 문화학 분야에 한정하여 부분적인 연구가 이루어졌기 때문에 전체적이고도 거시적인 이해가 부재하다는 문제점을 안고 있었다. 이에 1999년 곤잘로 프라스카(Gonzalo Frasca)가 이를 해결하고자 하나의 독립된 연구 분야로 자리 잡을 수 있도록 루돌로지를 이용하여 매개체간의 모뎀을 구축하였다.

즉, 놀이를 설명할 수 있는 분류학과 모뎀을 만들어 내고 놀이의 구조와 요소들, 특히 놀이규칙을 이해하는 데 초점을 맞추고 있는 것이 루돌로지이다. 그러므로 화투 도안물의 생성과정을 토대로 놀이 형성에 중요한 구성적 요소가 되는 숫자와 놀이도구의 매수는 통합체에서 어떤 역할을 하는지를 자세히 살피는 작업은 중요하다.

일본에서 유입된 하나후다는 화투라는 명칭으로 한국에 널리 퍼지게 되었다. 이에 화투의 어원과 유입 경로를 분석하여 어떻게 화투라는 명칭이 붙게 되었는지 그 연유를 살핀 뒤, 화투 형태의 놀이가 양국 간에 역사적으로 상호 교류된 부분은 없었는지도 아울러 확인하고자 한다.

한국의 민속놀이 중 편싸움이나 격구 등의 놀이는 외적의 침입에 대비하기 위한 군사적 목적으로 행해졌고, 줄다리기나 달집태우기 등은 풍농과 마을의 안녕을 기원할 목적으로 행해졌다고 한다. 이처럼 특정한 놀이가 성행된 배경에는 그 시대의 사회적 상황이 중요한 역할을 하고 있다. 이에 투기적 놀이가 성행하는 데에도 사회적 상황이 역시 크게 작용하였다고 하겠다.

투기적 성격이 강한 민속놀이로는 윷놀이, 승경도(陞卿圖)놀이, 투전(鬪牋), 수투, 화투놀이 등을 들 수 있다.

4.1.1. 화투에 스며든 골패의 셈 기능

화투놀이기능에 공통분모를 갖고 있는 수투(數鬪), 투전(鬪牋), 마조(馬弔), 골패(骨牌), 카르타(Carta), 하나후다(花札), 여섯 재매개체 중 하나인 골패는 화투놀이가 성립되는 과정에서 어떤 형태로 스며들고 기여하였는지를, 골패의 개별 놀이 특성과 아울러 골패가 지닌 문화성향을 검토하여 살펴보려고 한다.

골패(骨牌)

제조양식에 따라서 뼈로만 만든 것을 민패, 흰 뼈와 검은 대나무쪽을 붙여서 만든 것을 사모패(紗帽牌)라고 한다. 이외에도 강패(江牌)·아패(牙牌)·호패(號牌)·소골(小骨)·미골(尾骨)이라는 '이명'이 있다.

놀이 인원수

골패는 두 명 또는 네 명이 둘러앉아서 한 짝을 대고, 한 짝을 맞추는 놀이다.

골패 형태

〈사진 4-1〉 네 명이 하는 골패놀이

패는 손가락 마디 크기(가로 1.2~1.5㎝, 세로 1.8~2.1㎝, 두께 7mm)로 만든 납작하고 네모진 검은 나무 바탕에 상아, 소, 사슴 등의 짐승 뼈를 붙이고, 대·중·소 크기의 원모양 구멍을 위 아래로 새겨서 1에서 6까지의 숫자를 기본으로 한다.

패에 새겨진 구멍들은 색깔이 다르게 구성되어 있다. 1을 새긴 구멍은 가장 크고 1은 붉은색, 혹은 흰색을 넣었으며, 4는 붉은색이며, 나머지 2, 3, 5, 6 구멍은 모두 검정색(또는 푸른색)을 칠하여 완성한다.

골패 도구 〈사진 2-6〉에 표현된 구멍 수는 모두 227개이다. 32쪽의 골패는 여섯 가지 숫자를 나타내는

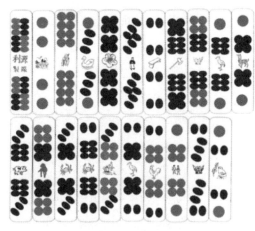

〈사진 2-6〉 골패

크고 작은 구멍을 새겨 만들어 백, 아, 삼, 홍, 오, 육이라는 별칭이 붙은 여섯 가지 숫자의 크기와 개수, 색깔, 새겨진 구멍이 지닌 상징을 정리하면 다음과 같다.

① 백(일, 一): 붉은색의 가장 큰 구멍 한 개짜리이며, 땅·별·해·달·구슬(珠)·봄물(春水)·아이를 상징한다.

② 아(이, 二): 검정색으로 표시된 두 개짜리 구멍(백 다음으로 구멍이 큼)이며, 나비·성두(星斗)·눈(眼)·아이를 상징한다.

③ 삼(삼, 三): 검정색으로 표시된 작은 구멍 세 개짜리를 비스듬히 판 것이며, 물고기·용·칼·집짐승(禽)·누에·버들(柳)을 상징한다.

④ 홍(사, 四): 붉은색으로 표시된 작은 구멍 네 개짜리가 표시된 것이며, 사람·비단·안개·불·꽃·봉황(彩鳳)·홍색을 상징한다.

⑤ 오(오, 五): 검정색으로 표시된 작은 구멍 다섯 개짜리가 표시된 것이며, 매화·범·연꽃(蓮蓬)·능각(菱角)·구름을 상징한다.

⑥ 육(육, 六): 검정색으로 표시된 작은 구멍 여섯 개짜리가 표시된 것이며, 하늘·용·노인·녹색·눈꽃(雪花)을 상징한다.

구멍 수에 따라 홀패(1개의 패)는 10개이고, 짝패(2개짜리, 같은 모양의 패)는 22개이다. 32개 패 중에서 우두머리는 관이(冠二, 2-5)패이며, 관이 점수가 제일 높다.

골패 쪽에 백, 아, 삼, 홍, 오, 육이라는 별칭이 붙은 여섯 가지 숫자를 바탕으로 만든 패(쪽) 이름과 기호, 구멍 수에 따른 숫자 표시 내용을 괄호 안에 패(쪽) 수로 묶어서 자세히 정리하면 다음과 같다.

홀패는 백이(鼻, 쥐코, 1·2, 홀패 1쪽)·아삼(兒三, 2·3, 홀패 1쪽)·어사(御四, 2·4, 홀패 1쪽)·관이(冠二, 2·5, 홀패 1쪽)·아륙(兒六, 2·6, 홀패 1쪽)·삼사(三四, 3·4, 홀패 1쪽)·

삼오(三五, 3·5, 홀패 1쪽)·삼륙(三六, 3·6, 홀패 1쪽)·사오(四五, 4·5, 홀패 1쪽)·백사 (白四, 1·4, 홀패 1쪽) 등으로 각 한 짝이다.

짝패는 통소(通疎, 소소, 1·1, 짝패 2쪽)·소삼(小三, 1·3, 짝패 2쪽)·백오(白五, 1·5, 짝패 2쪽)·백륙(白六, 1·6, 짝패 2쪽)·진아(眞兒, 2·2, 짝패 2쪽)·장삼(長三, 3·3, 짝 패 2쪽)·직흥(直興, 4·4, 짝패 2쪽)·준오(準五, 5·5, 짝패 2쪽)·사륙(四六, (4·6, 짝패 2쪽)·오륙(五六, 5·6, 짝패 2쪽)·주륙(主六, 6·6, 짝패 2쪽) 등으로 각각 두 짝이다.

골패 용어

① 조사: 내려놓은 골패의 구멍수가 가장 많은 사람, 즉 꼴찌를 말한다.

② 삼시: 등위와 관계없이 꿇어놓은 골패의 총 구멍수가 30이 넘는 사람을 말한다.

③ 통: 여덟 장을 모두 이어가서 한 개도 꿇어놓지 않은 상태를 말하는데, 네 명 중에서 한 사람이 있으면 나머지 사람은 벌칙을 받거나 돈내기의 경우 돈을 내야 한다.

골패의 놀이규칙

① 첫판을 제외하고는 꼴찌를 한 사람이 선이 된다.

② 장원이 셋이고 조사가 한 명이면 돈을 내지 않는다.

③ 돈을 낸 사람, 즉 조사가 둘일 경우 가운데 사람이 선을 잡는다.

④ 구멍수가 가장 적은 사람이 동수인 경우 함께 돈을 나누어 갖는다.

⑤ 한 명이 통을 해서 세 명 모두 돈을 물으면 일등이 다시 선이 된다.

⑥ 5~6명이 할 때는 장원인 사람이 쉬고, 대기 중인 사람이 들어온다.

⑦ 패를 나눌 때는 잘 섞어서 보이지 않도록 뒤집어 놓은 다음, 선이 2장을 먼저 가져가면 그곳에서부터 반 시계방향으로 2장씩 가져간다.

위에서 알아본 바와 같이 구멍 수에 따라 골패 32쪽 각각의 패에는 별칭 이 붙어있는 것을 알 수 있었다. 이 별칭은 지방마다 조금씩 달라진다. 쌍 륙에서 쓰는 명칭에서 따온 부분도 있고 독자적으로 생성된 부분도 있다.

골패는 마조와 비슷한 놀이로 인식하고 있었다는 표현에서 알 수 있듯이 골패 도안의 형태를 살펴보면 마조의 네 종류 도안 중, 통 모양의 그림 도안인 통수패로 구성된 분위기이다. 이러한 구성의 골패는 그 놀이 종류도 다양하다. 놀이 방법을 간략히 정리하면 다음과 같다.

골패의 놀이종류는 지역에 따라서 매우 다양하며 거의 79~80가지에 이른다고 한다. 알려진 놀이방법으로는 거북패, 골패, 꼬리붙이기, 골여시, 그대기, 마패, 밑달기(미골), 쑤시기, 여시, 오관떼기, 짝맞추기, 짝짜기, 쩍쩍이, 톡, 포(鮑) 등이 있다.

1) 거북패

① 먼저 20짝을 가로로 다섯 짝, 세로로 네 짝씩 붙여 네모지게 거북의 몸을 만들고, 다음 두 짝으로 머리, 두 짝으로 꼬리를 각각 붙이고, 끝으로 몸의 네 귀퉁이에 각각 두 짝씩 엇비슷하게 네 발을 붙인다.

② 머리, 꼬리, 네 발 등 바깥 짝들과 맨 앞줄의 둘째 짝, 넷째 짝과 맨 뒷줄의 둘째 짝, 넷째 짝을 젖혀 맞는 짝끼리 떼어낸다.

③ 다음 짝들을 같은 방법으로 되풀이하여 끝까지 다 떨어지면 재수가 좋다고 한다.

2) 골패

① 보통 5~7명이 하지만 놀이에 직접 참여하는 사람은 4명까지 제한된다. 따라서 나머지 사람은 옆에서 기다리고 있다가 한 사람이 빠지면 대신 들어가 놀이를 한다.

② 4명이 각기 8장씩의 골패를 나누어 가지는데, 2-5(아오)를 잡은 사람이 선이 된다. 그러나 3명이 할 경우 10장씩 갖고 2장을 빼고 2명이 할 때는 16장씩 갖고 한다.

③ 먼저 선이 자기의 패 중에서 하나의 골패를 내려놓으면, 반 시계 방향으로 2·3·4등은 차례로 1등에 맞는 골패를 내려놓아 이어가야 한다. 꼬리붙이기처럼

아래로 이어가는 것이 아니라, 만약 선이 3-3(장삼)을 내놓았으면 다음 사람은 3이 들어간 골패, 즉 1-3, 2-3, 4-3, 3-6 중 하나를 내놓아야 한다. 만일 자기 차례가 왔을 때 3이 들어간 골패가 없어 내려놓지 못하면 자기가 가진 골패 중 한 개를 빼서 상대방이 무엇인지 모르도록 엎어서 내려놓는다. 이것을 '꿇어놓 는다'고 한다.

④ 이와 같은 방식으로 진행한 뒤에, 앞사람의 골패를 이어가지 못해 꿇어놓은 골 패의 구멍수로 승부를 가린다. 즉 4명 중 구멍수가 가장 적은 사람이 장원이 되고, 가장 많은 사람이 꼴찌가 된다.

3) 꼬리붙이기

두 사람이 노는 방법으로, 앞사람이 낸 숫자에 맞추어 패를 내야 하기 때문에 '꼬리붙이기'라고 불린다. 이 방법은 먼저 패를 12쪽씩 나누어 가진다. 먼저 선을 정하는데 정하는 방법은, 자기 골패 가운데 2-5(이오·아오)가 있거나, 만약 둘 다 없으면 6-6(줄륙)이 있는 사람이 선이 된다.

상대편에서 한 패를 내면 그 패 아래쪽 수에 맞는 것을 이쪽에서 내어야 한다. 짝지을 패가 없으면 자신의 패 중 하나를 뒤집어 놓는다. 상대편은 이쪽이 낸 패 아래쪽 수에 맞는 것을 다시 내며 이와 같은 방법으로 계속한다. 뒤집어 있는 패의 숫자를 합하여 높은 사람이 지는 것이다. 또 자기가 가진 총수를 셈하여 불리할 때는 버리는데, 버린 수가 많은 쪽이 지는 것으로 치기도 한다.

손에 든 패를 다 내려놓을 때까지 계속 진행한다.

4) 톡

가장 널리 즐긴 놀이로서 양반들 사이에서 큰 인기를 끌었다. '톡을 모르면 양반 이 못된다.'는 말이 있을 정도이다. 톡은 카르타 놀이방식과 비슷하다. 주로 5명이 하면서 1인당 여섯 개의 골패를 나누어 갖고 나머지 두 개는 물주가 갖고 있다. '물주'는 놀이를 진행하는 사람을 가리킨다. 상대편이 내놓은 패를 집어가고 자신의 패를 내놓으면서 패를 맞추어 간다. 그러다가 제일 먼저 손을 털거나 남은 구멍의 숫자가 제일 적은 사람이 장원이 된다.

이 놀이는 마지막 장 또는 마지막 개수라는 개념이 없다. 그 이유는 처음 골패를 나누어 받을 때 놀이가 바로 끝날 수도 있고, 시간이 많이 흘러서 놀이가 끝날 수도 있기 때문이다. 물주는 처음 시작할 때 남은 두 개 가운데 한 개를 '갑'이라는 사람에게 주고, 갑으로부터 한 개를 가져온다. '을'도 마찬가지로 골패 한 개를 내놓으면 물주는 갑이 내놓은 골패가 아닌 다른 골패를 을에게 건네준다. 이런 식으로 계속 골패를 주고받다가 어느 순간, 한 사람이 여섯 개가 모두 짝이 맞으면 "이겼다."라고 외치고 꾼들은 세 쌍이 된 것을 확인한 후 놀이가 끝난다.

5) 짝 맞추기

① 2~4명이 할 수 있는 방법으로, 골패를 뒤집어 놓고 하나씩 들어 제일 높은 수를 든 사람이 선이 된다. 선은 6쪽, 나머지 사람은 5쪽의 골패를 갖고 시작하며 남는 골패는 모아둔다.

② 선은 먼저 자신이 들고 있던 골패 중 짝패가 있으면 둘 다 내려놓고, 또 다른 패 하나를 더 내려놓을 수 있다. 짝패가 없으면 아무것이나 하나 내려놓는다.

③ 다음 사람은 선이 내려놓은 하나의 패와 짝을 이루는 패를 가지고 있으면, 그 패를 집어와 짝이 있으면 2쪽을 내려놓는다. 짝이 맞는 패가 없으면 모아둔 골패 중 하나를 집어와 짝이 있으면 내려놓고 없으면 아무 패나 하나를 내려놓는다.

④ 다음 사람도 계속 같은 방법으로 놀이를 진행하다가 먼저 짝을 세 번 맞추어 내려놓는 사람이 이기는 것이다.

6) 포(鮑)

네 사람이 한패를 이루어 둘러앉는다. 처음에는 패를 떼어 물주(物主)를 정한 다음, 패를 모두 방바닥에 엎어놓고 섞는다. 각기 다섯 쪽씩 떼어 앞에 놓으며 물주는 다시 두 쪽을 뗀 다음, 그 가운데 한 쪽을 내 보인다(역·좌·순·월은 이때만 쓴다). '역'이 나오면 물주는 왼쪽에 앉은 사람 '나'에게, '월'이 나오면 맞은 쪽의 '가'에게, '순'이 나오면 오른쪽의 '다'에게 물주 자리를 넘긴다. 이때 물주의 골패는 '나'에게, '나'의 것은 '가'에게, '가'의 것은 '라'에게, '라'의 것은 '다'에게 넘겨서 서로 바꾼다. 그러나 '좌'가 나오면 바꾸지 않고 놀이를 시작한다. 패는 물주만 6쪽을 가지며, 꾼들에게는 다섯 쪽씩 돌린다. 꾼들은 자기 패가 남에게 보이지 않도록 손에 모아 쥔다. 물주는 불필요하다고 생각되는 한 쪽을 버리며(이것은 앞이 보이도록 젖혀놓아서 다시 쓰지 않도록 한다), 오른쪽으로 돌아가면서 엎어놓은 패 가운데 한 쪽씩 가져간다. 이들 가운데 다음의 경우에 해당하는 사람이 이긴다.

2포는 자기가 가진 다섯 쪽과 바닥에서 집은 한 쪽이 각각 두 쪽씩 같은 모양에 같은 수로 이루어진 세 쌍이고, 3포는 앞의 여섯 쪽이 형태는 다르나 두 쪽씩 같은 숫자로 이루어진 세 쌍이다. 4포는 손에 쥔 다섯 쪽의 형태가 같거나, 형태가 다르더라도 같은 수의 두 쌍과 남은 한 쪽과 바닥에서 떼어낸 한 쪽의 형태와 숫자가 같은 것이며, 5포는 4포에 바닥에서 뗀 것과 형태는 다르나 숫자가 같은 것이다. 그리고 6포는 형태와 숫자가 같은 네 쪽을 손에 쥔 경우인데, 6포가 되기는 매우 어렵기 때문에 운이 따른 것을 '6포 잡았다'고 빗대어 말한다.

7) 마패

성인 남자들이 즐겨하는 놀이로 상아나 골재(骨材)에 대쪽을 붙여 만든 138개의 쪽을 가지고 점수내기를 하는 놀이로 돈내기를 많이 하므로 지금은 오락보다는 도박에 치우친 감이 있다.

골패는 점술도구로 사용되기도 하였다. 골패를 일렬로 쭉 늘여놓고 패들을 뒤집어 본다. 패들을 맞추어 본 다음 패의 점수를 더해서 점괘를 보는 것이다. 탑 쌓기나 거북패, 오관 등은 혼자 운수를 점치는 방법인데 놀이방법이 전해지지는 않고 있다. 놀이의 하나로 보기도 하지만 점술 도구 등 다양한 용도로 활용되었다. 점을 볼 때는 패들을 맞추어 본 다음, 패의 점수를 더해 점괘는 보는 것이 일반적이다.

4.1.2. 화투에 스며든 수투, 투전의 셈 기능

하나후다가 유입되기 이전, 우리나라에는 이미 이와 비슷한 형태의 놀이이면서 내기성향이 강한 전통놀이로 수투와 투전이 있었다. 그리고 이 놀이의 투기성으로 인한 폐해에 대한 것도 이미 일반에 잘 알려져 있는 상태이다. 수투는 상류층인 사대부들의 놀이로 이용되었으며, 투전은 주로 서민층 남자들의 놀이였다. 각각을 분석하면 다음과 같다.

앞서 2장에서 카르타의 조선기원설에서 살펴보았을 때 수투와 투전을 혼용한 사례가 여러 군데 엿보였다. 현재 국내에서도 수투와 투전을 같은 놀이라고 여기기도 하고, 명칭을 혼용하기도 하며 사용하는 사례가 적지 않다. 그러므로 화투의 스토리텔링을 다루기에 앞서 이 두 놀이에 대하여 정리하는 것이 우선되어야 할 것이다.

수투와 투전은 같은 놀이도구를 사용한다. 수투는 양반 위주로 발전하며 다양한 놀이방식을 구사하고 수투불림이 있다. 그리고 투전은 민중들 위주로 발전하며 역시 다양한 놀이방식을 구사하고 투전타령이 있다.

먼저 수투에 대하여 살펴보려고 한다. 수투 명칭은 사람이나 지방에 따라 팔장(八將), 팔대가(八大家) 팔목(八目), 수천 등으로 다르게도 불렸다. 수투의 이칭(異稱)에 대한 기록이 있다.

수투 80목의 도안물 형태는 두꺼운 종이 한 면에 인물, 조, 수, 어, 충에 대한 그림이나 글자를 흘려 적어 끗수를 표시한다. 이 같은 그림이나 글자 8종류의 그림(글자) 목들은 각기 1부터 10까지 10장씩으로 이루어져 있다. 사람, 물고기, 새, 꿩, 네 종류는 장(將, 10), 9, 8, 7, 6, 5, 4, 3, 2, 1 순으로 내려 먹지만, 별, 말, 토끼, 노루 네 종류는 장(將, 10), 1, 2, 3, 4, 5, 6, 7, 8, 9의 차례로 올려 먹게 되며 수가 많은 사람이 이기는 놀이이다.

장의 우두머리는 도통이라고 하여 어느 패든지 잡을 수 있는 권한을 가지며, 수가 가장 많은 일등은 '장원'이 되고 한수도 못 먹거나 제일 적게 먹은 사람은 '조시'라고 하며, 다음 판에서는 이긴 사람이 먼저 떼고 시작한다.

수투놀이 종류는 지방에 따라서 팔장(八將), 우등뽑기(수투), 수투전(단장대기, 두수치기), 곱새치기, 사오패, 동동, 편투 등이 있다. 서북지방에서는 '사오패'나 '곱새치기' 또는 '두수치기'를 할 때는 자기 몫을 내면서 그 숫자를 노래조로 부르는데 이를 '수투불림'이라고 한다. 놀이방식만큼이나 수투불림 또한 헤아릴 수 없을 만큼 다양하다.

대표적인 수투놀이방식으로 팔목놀이가 있다. 소개하면 다음과 같다.

팔목놀이는 네 명이 놀이한다. 패를 섞을 때 목을 엎어 쥐고 화투 치듯 섞어 치거나, 목을 둘로 나누어 쥐고 가위다리꼴로 교차시켜 양쪽 것을 한 장씩 섞기도 한다. 이어 가위다리꼴로 엇걸어서 바닥에 놓고 한 사람이 20장씩 떼어간다. 처음 네 장을 뗀 최고 연장자가 패 나누기에서 목을 처음 뽑아 판에 던진다.

연장자가 육조(六鳥)를 내면 나머지 3명은 칠조(七鳥) 이상을 내야 연장자를 누를 수 있다. 따라서 나머지 3명에게 칠조 이상이 없거나, 있어도 자기 다음 사람이 더 높은 수를 낼 것에 겁을 먹어, 내지 못하면 연장자의 육조는 그대로 앉아서 먹는다. 그러나 두 번째 사람이 칠조를 내고 세 번째 사람이 구조를 내놓았는데 네 번째 사람에게 조장(鳥將)이 없거나 있어도, 조 이외의 다른 것을 내려놓으면 첫수는 세 번째 사람이 전부 가져다가 자기 앞에 쌓아 둔다. 그리고 둘째 수 첫째 목은 세 번째 사람이 먼저 내려놓으면서 다음 순서를 시작한다.

네 사람은 각자의 전략에 따라 목을 내며 이에 응수하는 네 목 가운데 같은 종류의 더 높은 수를 낸 사람(만약 갑이 '사람 7'을 내었을 때 '사람 8'로 잡는 식이다.)이 네 목을 먹어다가(이를 한 수라고 부른다.) 한 수씩 엎어놓는데, 이렇게 네 목 한 수씩이 20회 돌아가는 놀이에서 우두머리(장)는 '도통'이라고 하여 어느 패던지 잡을 수 있는 권한을 가지며, 수를 가장 많이 먹은 사람이 '장원'이 되며 한 수도 못 먹거나 제일 적게 먹은 사람을 '조시'라고 부른다. 한판이 끝나고 다음부터는 이긴 사람이 먼저 떼고 시작하게 된다.

이어서 투전에 대한 설명은 다음과 같다. 투전은 투전(鬪錢, 鬪牋, 投牋, 投箋), 투패(鬪牌), 지패(紙牌)등으로 불리기도 하였다. 투전(鬪牋)의 '전(牋)'의미는 투전목의 모양이 종이쪽임을 나타내는 말이다. 투전(鬪牋, 投牋)과 같이 양용된 한자 투(鬪), 투(投)의 유래는 놀이를 할 때 손에 들고 있던 투전목을 바닥에 던질 때, 이것이 마치 소가 싸우는 모습을 연상한다고 하여 유래되었다고 한다. 투전은 주로 서민층 남자들이 즐기는 놀이였다.

목은 일정한 규칙을 정하고 그 규칙에 따라 제일 많은 끗수를 낸 사람이 다른 석 장을 먹는다. 그 넉 장을 한 수라 하며, 가장 많은 수를 득점한 사람이 이긴다. 전문 놀이꾼이 많이 생겨나 투전 놀이꾼은 바로 노름꾼으로 인식되기도 하였고 '투전불림'이라는 노래가 있을 정도로 대중적이었다.

투전목은 숫자가 적혀있는 80목(또는 81목)이 한 벌이나, 놀이에 따라서는 60목이나 50목을 쓰기도 하고, 또 40목이나 25목만을 쓰기도 한다. 한편 경도잡지(京都雜志) 기록에 보면 81목을 한 벌로 치고 각 목에 1~9까지 있다고 하는데, 수가 맞지 않다. 일반적으로 40목 한 벌을 많이 사용한다. 그림을 그리거나 글자를 쓰는 사람을 탓자라 부른다.

명칭은 놀이에 사용되는 장(枚)수나 인원수, 놀이 방식에 따라 돌려대기, 꼽사치기, 쩍쩍이, 가구, 쪽팔이, 동동이, 가구, 쪼기, 우등뽑기, 수투전, 짓고땡이 등이 있다. 이중 육목(六目) 60장은 두타(頭打)라고 하며, 40장을 가지고 노는 '돌려대기'가 가장 일반적이라고 한다.

투전은 투전목을 한 손에 쥐고 한 장씩 천천히 뽑는데 콩기름을 먹였기 때문에 서서히 빠져 나온다. 마치 엿가락을 뽑듯이 뽑으므로 목은 '엿방망이', 투전꾼은 '엿방망이꾼'이라 일컫는다. 놀이꾼들은 상대 패의 상황을 가늠하려고 서로서로 눈치를 보아가며 투전목을 천천히 내려놓는 데에서

"놀음꾼 엿방망이 죄듯 한다."는 말이 나왔다.

투전목은 한지를 서너 겹씩 덧붙여 두껍게 만든 뒤, 콩기름을 여러 차례 먹여서 손을 타도 훼손되지 않도록 만들었다. 작은 손가락 굵기만 한 너비에 1촌쯤 되는 두꺼운 종이 앞면에 부호를 넣은 "지장"으로 끝수를 표시하였다. 인물, 조수, 충어(蟲魚) 문양이나 문자, 시구, 글귀 따위 등을 그림으로 그려서 끗수를 표시하였고, 뒷면에는 낙서라고 하여 여러 가지 글씨를 써서, 앞면의 끝수가 보이지 않도록 안전장치를 하였다. 숫자가 높은 패를 뽑아 승부를 겨루는 놀이다.

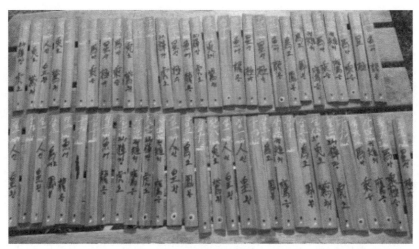

〈사진 2-20〉 투전

투전에 대한 기록으로는 조선 정조 때 학자 유득공(柳得恭, 1749~1807)이 『경도잡지(京都雜志)』 「도희조(賭戱條)」에 '投箋'을 다음과 같이 설명하고 있다.

도안물 형태는 앞면에 사람(人), 물고기(魚), 새(鳥), 꿩(雉), 별(星), 말(馬), 토끼(兔), 노루(獐) 등을 여덟 종류로 나누어, 인장(人將), 어장(魚將), 조장(鳥將), 치장

(雉將), 성장(星將), 마장(馬將), 토장(兔將), 장장(獐將) 등으로 불려졌다.

투전목 여덟 종류의 도안물은 인장(人將)이 황(皇), 어장(魚將)은 용(龍), 조장(鳥將)은 봉(鳳), 치장(雉將)은 응(鷹), 성장(星將)은 극(極), 마장(馬將)은 승(乘), 토장(兔將)은 취(鷲), 장장(獐將)은 호(虎)를 상징한다. 도안물이 구체적으로 상징하는 것은 다음과 같다. 인장(人將)은 임금, 어장(魚將)은 미르(龍), 조장(鳥將)은 봉황(鳳), 치장(雉將)은 수리(鷹), 성장(星將)은 은하수(極), 마장(馬將)은 수레(乘), 토장(兔將)은 매(鷲), 장장(獐將)은 범(虎)을 나타낸다.

해당되는 여덟 종류의 도안물은 당시에 그림이나 또는 글자를 흘려 적어 끗수를 표시하였다. 사람·물고기·새·꿩은 노(老)로, 별·말·토끼·노루는 소(少)로 쓰였다. 여덟 종류에는 같은 그림이 10장씩으로 이루어지며, 같은 그림은 다시 각기 1에서 10까지의 숫자를 나타내며, 10은 장이라고 표현한다. 종류별로 숫자의 높낮이가 다른 것을 나타낸다.

"인어조치(人魚鳥雉)는 노(老)로 먹고, 성마토장(星馬兔獐)은 소(少)로 먹는다."고 한다. 즉, 사람, 물고기, 새, 꿩 네 가지는 '장(將), 구(九), 팔(八), 칠(七), 육(六), 오(五), 사(四), 삼(三), 이(二), 일(一)' 순서로 눌러먹고, 별, 말, 토끼, 노루 네가지는 '장(將), 일(一), 이(二), 삼(三), 사(四), 오(五), 육(六), 칠(七), 팔(八), 구(九)'의 차례로 힘이 세다는 뜻이다.

사람, 물고기, 새, 꿩 등 4종류는 노(老)로 쓰며, 장(將, 10), 9, 8, 7, 6, 5, 4, 3, 2, 1 순이다. 높낮이가 높은 순으로, 수가 많은 것이 적은 것을 내려 먹는다. 그리고 별, 말, 토끼, 노루 등 4종목은 소(少)로 쓰며, 높낮이가 낮은 순으로, 장(將, 10), 1, 2, 3, 4, 5, 6, 7, 8, 9 순이며 수가 적은 것이 많은 것을 올려 먹는다.

투전 용어를 살펴보려고 한다. '불림을 잡다'는 차례가 오면 노래를 부른다. 수(숫자), 장원(壯元, 여러 수를 가장 많이 먹은 사람을 가리킴), 조시(여러 수를 가장 적게 먹은 사람), 관이(먼저 하는 사람. 골패에서도 쓰인다), 쇠질, 돈질(돈을 지불하는 것), 먹지(판의 승자), 꼬꼬댁(내기에서 진한 사람이 장원에게 돈을 주는 것), 두어댁(내기에서 진 두 사람이 장원에게 돈을 주는 것), 서너댁(내기에서 진 세 사람이 장원에게 돈을 주는 것), 모리(동당치기에서 4장과 2장으로 묶인 경우), 땡(땡땡구리, 한 쌍), 집(3장으로 10의 배수를 이긴 것), 황(집을 짓지 못한 경우), 따라지(1끗), 진주(가귀, 5끗), 서시(6끗), 고비(7끗), 들머리(8끗), 갑오(9끗), 무대, 망통, 꽉(0끗), 개패(좋지 않은 패), 장귀(10+9로 갑오), 장사(10+4), 일장통곡(1+10으로 이루어져서 1끗), 알팔(장팔, 안경가보, 1+8로 갑오), 삼팔 돗단배 갑오(3+8+8로 갑오), 비칠(2+7로 갑오), 비사(여사, 1+4), **뺑뺑이**(2+1), 들어번쩍(들어머리, 동당치기에서 여섯 장 가운데 각각 같은 자끼리 2-2-2 혹은 3-3으로 갖추어져 있는 것)

투전놀이 종류는 가구, 가구판, 가보치기, 곱새치기, 꼽사치기, 단장대기, 도리짓고땡, 돌려대기(갑오잡기), 동당치기(동동이, 땡땡구리), 두수치기, 맞패, 사오패, 수투전, 우등뽑기(단장대기), 쩍(쩍쩍이, 쩍쩌기), 쪼기, 쪽팔이, 짓고땡이, 찐붕어 등이 있다. 전래되는 투전놀이방식을 소개하면 다음과 같다.

1) 가구

세 사람이 한 조로 15끗수를 잡는 놀이다. 가구의 세목-'가구' 중에도 다섯 끗 석장으로 15끗 내는 것을 '대방신주', 1과 4로 되는 것을 '여사', 2와 1로 되는 것을 '뺑뺑이'라고 한다.

2) 갑오잡기

가장 간단한 놀이로 목의 수가 9가 되면 이기는 놀이다. 지방별로는 강원도에서는 '갑오잡기', '돌려대기' 함경도에서는 '짓구땅이' 황해, 평안도에서는 '땅이'라고도 한다.

3) 곱새치기

'두수치기'라고도 한다. 투전 혹은 빳빳한 1cm×20cm 크기 정도의 마분지로 만든 "지장"으로 하고 놀았던 노름이다. 주로 5명이 모여서 하며, 4명이 놀이에 참가하고 1명이 쉬는 방식으로 진행한다.

경기도에서는 목은 1에서 4까지 석 장씩이고, 5에서 장까지 두 장씩 모두 24장을 사용한다. 강원도에서는 5, 6, 7 한 장씩을 더 사용해 총 27장을 사용한다. 잘 섞어서 한 번에 한 장씩 3장씩 가진다. 이때 가지고 있는 패를 내려놓으면서 노래를 부른다. 그런 다음에 다시 섞어서 다시 패를 나눠 가진다. 이 시점에서 불림(차례)이 되면 다른 사람이 가지고 있지 않은 것을 내야 산다. 다른 사람이 낸 패와 같은 것을 가지고 있으면 "광"이라고 하여 자기가 이겼음을 알린다. 남이 갖지 않은 수를 많이 살려내는 사람이 이긴다. 방법은 사오패와 같으나, 사오패는 세 번에 판이 끝나는 반면 이것은 두수치기라는 이름대로 두 번에 끝난다.

4) 돌려대기

40장의 투전목을 쓰며, 가장 널리 놀이되었다. 아홉 끗으로 순위를 결정한다. 선수(先手)가 판꾼 다섯 사람에게 한 장씩 떼어 모두 다섯 장씩 나누어 주며, 판꾼들은 각기 석 장을 모아서 10·20·30을 만들어 짓고 나서, 나머지 두 장을 모은 수에 따라 승부를 결정한다.

석 장을 모아도 짓지 못하면 물러나며, 두 장의 숫자가 같은 것은 '땡'이라고 한다. 이 중에는 '장땡(10 숫자가 두 장인 경우)'이 가장 높으며 9땡, 8땡 등의 순서로 낮아진다. 땡이 아닌 경우에는 두 장을 합한 것

〈사진 4-2〉 김득신의 밀희투전

의 한자리 수가 9가 되면 갑오라 하여 가장 높고, 9·8·7·6·5 순으로 내려간다. 그리고 갑오가 되는 수 가운데 1과 8은 '알팔', 2와 7은 '비칠'이라 하고, 5가 되는 수 가운데 1과 4는 '비사'라고 부른다. 두 장을 더한 수가 10처럼 한자리 수의 끝이 0이 되는 경우에는 '무대'라고 하여 제일 낮은 끗수로 친다.

5) 동동이

같은 끗수 세 짝을 맞추는 놀이다. 50목을 가지고 선수가 각자 앞에 다섯 목씩 주고, 자기는 여섯 목을 가진다. 나머지는 가운데 놓고 차례로 위에서 내려오는 것을 받거나, 가운데에서 한 목씩 떠서 같은 자끼리 패를 모으면서 다른 한 목을 낸다. 가운데에 놓인 장수가 없으면, 마지막에 뜬 사람이 판에 낸 수투 목들을 여러 번 추려 놓는다.

6) 맞패

둘이 노는 것으로 양쪽 끝 장의 숫자를 합한 것이나, 어느 한 쪽 끝에 들어 있는 두 목의 숫자를 합한 것에 더 넣어서 8·18·28이 되면, 이를 내보이면서 두 목을 떼어 가지며, 더 있으면 다시 뗀다. 그러나 없으면 적당한 숫자를 낸다. 이렇게 거듭하여 목이 먼저 없어지는 사람이 이긴다.

7) 사오패

사용하는 목은 모두 36장이며, 1에서 6까지는 넉 장씩, 7에서 장(10)까지는 석 장씩이다. 선수가 첫 석 장을 뜨고 나서, 앉은 순서대로 석 장씩 뜬다. 선수는 희귀한 자 하나를 골라 앞에 젖혀 놓는다. 처음 뜬 석 장이 7·7·4이면 석 장 가운데 둘이 들어온 7이 가장 드물다. 한 장이 판에 있거나, 다른 사람 손에 들어있기 때문이다, 먼저 7자를 젖혀 놓으면서 "있으면 잡고 없으면 무시오." 한다.

다음 사람은 순위대로 있으면 잡고 없으면 다른 자를 내어 문다. '잡는다'는 7자를 가진 사람이 그것을 내고, 선을 차지하는 것을 말한다. 만일 7자가 없으면 7자가 살았으므로, 다시 7자를 내어서 두 수를 살리고 또 다음 수를 살리려 든다. 이렇게 세 번 거듭하여, 살았거나 잡은 것이 '수'이다. 수가 많은 사람이 이기며, 중간 사람은 '면'(무승부)이 된다. 그러나 넷이 다 수를 가지면, 제일 적은 사람이 진다. 하나가 세 수이고, 나머지가 두 수씩이면 세 사람이 다 지는 것이다.

8) 우등뽑기

네다섯 사람이 한 조로 판을 돌리고 한 장씩 더 뽑아서 우열을 다투는 놀이이다. 투전의 놀이 방식은 화투에도 도입되었다. 예를 들면 짓고땡('땅'이고도 함)은 패 3장으로 10, 20, 30을 만들고 나머지 2장의 끗수로 승부를 겨루는 투전놀이이다.

9) 짓고땡(지꾸땡이, 땅)

여럿이 둘러 앉아 다섯 장씩 가진 다음, 각자가 패 세 장으로 열·스물·서른 끗을 만들어 놓고 남은 두 장의 끗수를 합한 수가 가장 많은 사람이 이긴다. 석 장으로 열 끗[일(一)·이(二)·칠(七)]·스무 끗[삼(三)·팔(八)·구(九)]·서른 끗[십(十)·십(十)·십(十)]이 되면 '짓는다'에 이르고, 못 지으면 '황'이 되어 물러난다. 짓고 남은 두 장이 같으면 땡[칠칠(七七)은 칠(七)땡, 십십(十十)은 장땡]이 되어, 숫자가 많은 쪽이 이긴다. 땡이 아니면 두 장의 끝수 합계가 많은 쪽이 먹는다. 곧 아홉 끝이 '가보'로 가장 많고, 한 끗은 '따라지'가 된다. 열 끗인 '꽉'은 0점이며, 다른 사람이 짓지 못하면 꽉이 먹는다. 지꾸땡이 투전 목은 60장으로 1~10장까지의 수가 각 여섯 장씩이다. 수투전과 생김이나 크기가 비슷하다.

10) 쩍

5목의 50장 투전목을 가지고 나이롱뽕처럼 숫자를 모으면서, 손에 든 패 여섯 장을 같은 숫자 셋이 두 조를 만들어야 날 수 있다. 정월 명절에 한다고 알려져 있다.

이처럼 어떤 구상 아래 첫 장을 내어 다른 이의 반응을 보는 것을 '수불림'이라

한다. 이처럼 넷이 각자의 형편과 전략에 따라 패를 내고 그에 응수하는 넉 장 가운데 같은 종류의 고득점을 낸 사람이 넉 장 일조(組)를 가져다가 한 수(四組)씩 엎어서 놓는다. 이렇게 4매 일조의 20차 시합에서 가장 여러 수를 먹은 쪽이 이긴다. 이를 장원(壯元)이라 하며, 가장 적게 먹은 사람은 조시라 부른다. 돈을 거는 경우, 조시내기에서 조시만이 장원에게 미리 정한 돈을 내고, 꿍이내기에서는 일정 금액을 전원이 모두 질러서 장원한 사람이 다 가져가는 외에 조시로부터 한 몫을 더 받는다.

11) 팔패는 석 장의 수를 합한 것이 8이나 28이 되면 떼고, 많이 떨어질수록 좋다. 혼자 할 수 있다.

12) 오곡떼기(오목떼기)는 5·15·25가 되면 떼고. 많이 떨어질수록 좋다. 혼자 할 수 있다.

13) 편투는 처음 둘씩 편을 가르고 엇바꾸어 앉아서 논다. 노는 방법은 사오패와 같다.

14) 투전

숫자가 적혀있는 40장의 패로 승부를 겨룬다. 투전에서 사용되는 용어를 살펴보면 남은 2장의 수가 같게 나오면 이를 '땅'이라 하는데, 이 중에는 장(將)땅(숫자 10)이 가장 높으며, 9땅, 8땅…1땅의 순서로 낮아지고 땅이 아닌 경우에는 2장을 합하여 남은 한자리 수가 9가 되면 '갑오'라 하여 가장 높고, 9, 8, 7…2, 1, 0의 차례로 내려가며, '갑오'가 되는 수 중에 1과 8은 '알팔', 2와7은 '비칠'이라 하고 합이 5가 되는 수 중에 1과4는 '비사'라고 부르며, 2장을 더한 수가 10처럼 한자리 수의 끝이 0이 되는 경우를 '무대'라고 하여 제일 낮은 끗수를 부르는 용어이다.

투전은 이에 쓰는 투전목의 수나 참가 인원수 또는 규칙에 따라 다양한 놀이가 가능하다. 한 가지 방법도 여러 세목으로 다시 나눠진다. 투전의 일부 요소들은 섰다, 나이롱뿅, 도리짓고땡 등의 한국 화투놀이에 많은 영향을 주었다. 화투는 특히 투전의 도리짓고땡이나 돌려대기의 놀이방법을 충실히 계승했다. 놀이 방법은 매우 다양하나 공통적으로는 끗수를 맞춰서 그 크기에 따라 승패를 결정한다.

수투, 투전, 이 두 놀이의 공통점은 길이가 15㎝, 너비가 약 1.5㎝ 정도되는 한지를 서너 겹 덧붙인 종이쪽에 여러 가지 글씨를 쓴 뒤, 손을 타도 훼손되지 않도록 종이에 들기름을 먹여 사용하였다. 수투전(數鬪牋)과 투전(鬪牋)에 같이 양용된 투(鬪)의 유래는 놀 때 손에 들고 있던 수투 목을 차례대로 한 장씩 빼어 방바닥에 던지는데 이것이 마치 소가 싸우는 모습을 연상한다고 하여 유래되었다고 한다. 전(牋)의 의미는 패의 형태가 종이임을 나타내는 말이다.

4.1.3. '전통문화기호'가 '놀이문화기호'로 대변신

하나후다의 '전통문화기호'가 국내에서 화투로 놀이되면서 당시 시대상이 반영되며 고스톱에서 '놀이문화기호'로 대변신을 이룬다. 도박계통의 유럽산 카르타를 유입하여 일본화를 이룬 가루타의 역사가 무려 400~500년에 이르는 일본은 같은 계통인 하나후다의 해악이나, 사회에 미치는 파장효과가 어떠한 결과를 초래한다는 것을 이미 알고 있었던 것으로 추정된다.

이와 같은 하나후다 형태로 조선에 유입된 화투는 현재 한국에서 놀이문화기호로서 상당히 활성화되어 있다. 국민적 오락이라고 할 정도로 많은 사람들이 해 본 적이 있고, 또 현재도 많은 비중의 국민이 놀이를 즐기고 있다. 그러면서도 한편으로는 일본 하나후다의 복제판(複製版)이라는 인식이 많이 부각되어 있는 것도 사실이다. 그러므로 화투의 도안 역시 전통문화에 기조를 두고 있는지 여부를 확인할 필요가 있다. 이에 한국의 자연물과 비교 고찰하고자 한시와 시조, 가사, 민요에 나타나는 식물을 각각 조사하였다. 조사한 결과는 다음과 같다.

이상희(1998)의 저서『꽃으로 보는 한국문화』(1998)에서 인용한 자료는 신라 말기부터 고려시대를 거쳐 조선시대 현종까지의 중요한 문집이 대부분 수록된 방대한 자료이다. 다만 조선 후기 인사들의 문집이 상당량 빠져 있고, 편의상 시제에 꽃 이름이 나오는 경우만을 조사했기 때문에 본문에 나오는 것까지 포함시킨다면 그 수가 훨씬 늘어날 것이라고 하였다. 조사 대상 자료나 조사 범위가 다소 미흡한 점은 있지만, 위의 자료만으로도 분량이 워낙 방대하기 때문에 조사 결과의 오차는 거의 없을 것이라고 하였다.

본 저서에서 조사 대상 자료로 선정한『한국문집총간(韓國文集叢刊)』 100권의 한시에 나타나는 식물을 분석한 자료에 의하면 총 348명의 작가가 지은 106,000여수의 시가 수록되어 있었다. 그 가운데 시제에 식물 이름이 나오는 것은 모두 3,006수나 되고 이 가운데 구체적인 꽃 이름이 나타나지 않고 일반적인 식물로 표현되어 있는 것은 392수이며 꽃의 종류는 106종으로 집계되었다. 식물의 종류별 출현 횟수는 다음과 같다. 매화(727회), 국화(405회), 난(75회), 모란(71회), 창포(8회), 소나무(645회)의 빈도수를 나타내었다.

가사에 나타나는 식물을 살펴보기 위해 양반, 평민, 승려, 규방가사 등 43편이 수록되어 있는 이상희의『한국고전문학전집(제3권 가사집)』(1980) 자료를 조사한 결과, 화투의 월별 도안물에 등장하는 식물에 해당하는 것은 매화(7회), 국화(7회), 난(3회), 모란(2회), 소나무(13회)의 빈도수를 나타내었다.

민요에 나타나는 식물을 살펴보기 위해 임동권이 편찬한『한국민요집』 (1961~1992) 자료를 조사한 결과, 모두 7권에 약 1만 2천여 수에 달하는 민요가 실려 있다. 국화(86회), 매화(69회), 모란(41회), 벚꽃(15회), 난초(14회), 창포(11회)의 빈도수를 나타내었다.

시조에 나타난 식물을 분석하기 위하여 지금까지 간행된 시조집 중에서 가장 많은 시조가 수록된 박을수가 편저한『한국시조대사전』(1992)에서 시조에 나타난 자료를 살펴본 결과 수록된 시조 5,492수 중 에서 꽃이 등장하는 시조는 689수이고 그 가운데 구체적인 꽃 이름이 명시된 시조는 499수이며 꽃의 종류는 45종으로 나타났다. 그 종류별 출현 횟수는 다음과 같다. 매화(64회), 국화(50회), 난초(17회), 모란(12회), 소나무(155회), 버들(79회)의 빈도수를 나타내었다.

식물의 작품별 출현 빈도를 비교하여 전통문화의 기호 여부를 확인하기 위하여 우리나라의 고시조와 일본의 고대시가집인 만요슈(萬葉集)에 등장하는 식물을 비교하였다. 출현 식물 가운데 빈도 10위까지의 식물 종류와 그 출현 횟수를 비교하여 보면 〈표 4-3〉과 같다.

〈표 4-3〉 고시조와 만요슈의 식물 출현 횟수 비교표

한국의 고시조	일본의 만요슈
(1) 솔 155회	(1) 싸리 138회
(4) 버들 79회	(2) 매화 118회
(5) 매화 64회	(3) 솔 81회
(6) 국화 50회	(7) 참억새 43회
	(9) 버들 39회

〈표 4-3〉에 따르면 출현 빈도 10위권 내에 하나후다와 화투의 도안물 소재가 같이 들어 있는 것은 '솔, 버들, 매화' 세 종류에 불과하다. 또 일본의 고전시가에 등장하는 식물 가운데 눈에 띄는 것은 싸리꽃이 빈도 순위 1위로 나타난다는 것이다. 이에 비해 한국의 고시조에는 싸리가 전혀 나타나지 않는다는 점이다.

또한 우리나라의 고전시가에 억새풀은 등장하지 않는다. 대신 가을을 상징하는 식물로는 갈대가 등장한다. 벚꽃도 찾아볼 수 없다. 이것은 우리나라와 일본과의 풍토상의 차이에 기인한 점도 있겠지만 기본적인 꽃 문화의 차이에서 나온 것이라고 할 수 있다.

다음 〈표 4-4〉에서는 우리나라의 한시·가사·민요·시조·현대시에 등장하는 꽃의 종류별 출현 빈도 순위를 비교하여 고전시가에서 보이는 화류의 특성과 화투 도안물에 나타나는 화류의 문화기호를 비교하여 그 연관성의 정도를 살피고자 한다.

〈표 4-4〉 화류의 작품별 출현 빈도 순위

시가 순위	한시	가사	민요	시조	현대시
1	*매화	도화	도화	도화	장미
2	연꽃	연꽃	*국화	*매화	해바라기
3	*국화	*매화	연꽃	*국화	*국화
4	도화	*국화	*매화	연꽃	목련
5	행화	자두꽃	행화	행화	*난
6	이화	*난	진달래	자두꽃	코스모스
7	*난	행화	이화	이화	진달래
8	*모란	노화	*모란	*난	연꽃
9	해당	두견화	해당화	두견화	*모란
10	철쭉		목화	모란	달맞이꽃

*꽃 종류에 한정하여 조사된 자료이므로 나무에 대한 자료는 부족함

〈표 4-4〉는 한시·가사·민요·시조·현대시에 등장하는 꽃의 종류를 그 출현 빈도에 따라 1~10순위까지 열거한 것이다. 각 분야별로 전통문화를 나타내는 화류와 화투의 월별 도안물에 나타나는 화류를 *표시를 하여 살펴 본 결과 1~10순위까지에 해당되는 화류는 매화·국화·난·모란 네 종류 정도이다. 하나후다의 월별 도안물이 열두 달 모두 전통문화기호를 나타내는 계절어와 연관성이 있는 반면에 화투의 월별 도안물에 나타나는 화류는 전통문화기호와 긴밀한 관련성은 갖고 있지 않음을 알 수 있다.

화투의 놀이 기반이 형성된 과정을 통하여 화투의 문화기호를 살피고자 한다. 시대상이 반영된 화투놀이의 형태를 살피기에 앞서 화투는 여가가

생겨야 할 수 있는 놀이이므로 우선 화투가 유입되던 즈음의 한국의 여가문화부터 고찰하여 화투놀이의 기반이 형성 전개되어가는 과정을 고찰하고자 한다.

우리의 전통사회는 육체노동과 정신노동간의 분업이 확연한 신분사회였다. 따라서 노동과 여가에 대한 관념 자체도 이러한 신분사회의 질서 속에서 구성되었다 마을 구성원이 공동 노동을 하며 민속놀이의 전승 모체를 이루던 전통사회가 근대화되면서 산업의 분업화가 이루어지자, 가족이나 부락 단위는 더 이상 전승의 장이 되지 못하였다. 그러자 서민들에 의해 유지되어 온 대부분의 민속놀이는 근대 이후 서서히 그 틀을 달리하기 시작하였다. 그 후 고도의 경제성장의 길로 들어서면서 전통양식의 민속놀이는 급속도로 변용 혹은 소멸의 길을 걷게 된다. 원인은 여러 가지가 있을 수 있겠으나 가장 큰 원인은 대도시가 근대 국가 건설을 위해 노동자를 지방에서 흡수하기 시작한 것에 있다. 특히 고도경제성장 이후 많은 사람들이 서울이나 부산으로 대거 유출되자 지방은 마을의 과소화가 가속화되었다.

이러한 맥락에서 볼 때 오늘날 일반 서민이 대중 매체의 영향권에서 벗어나 스스로 즐길 수 있는 일상적인 놀이를 직접 찾아보기가 쉽지 않다. 게다가 치열한 경쟁사회 속에서 살아가는 오늘날의 한국인에게 지적 숙련이나 미적 심미안을 고양시킬 수 있는 여유 시간은 많지 않았다. 이런 경우 단순 오락적인 놀이가 생활상에 적합성을 지닌다는 것은 어떤 의미에서는 필연적인 현상이라고 볼 수 있다.

화투가 처음 도입된 개화기(1876~1909) 무렵에는 일본 문화와 접촉할 수 있던 극소수의 사람들에게 국한되었다. 초기의 화투는 두터운 종이에 회(灰)를 바르고 그 위에 그림을 그려 넣었기 때문에 값비싼 물건이었다. 따라서 개화기의 화투놀이는 경제적으로 여유 있고 도시지역에 거주하고 있는 사람들을 중심으로 사용이 제한적이었다.

그러던 것이 1930년대가 되면서 본격적으로 유입되기 시작한다. 화투의 본격적인 유입 시기를 알 수 있는 내용은 다음에서 살펴볼 수 있다. 송석하는 '신식 오락'이라는 제목으로 도시를 중심으로 유입된 여러 종류의 새로운 여가 유형들을 열거하였다. 당시의 수입 오락 중 가장 큰 영향을 끼친 것으로 라디오와 레코드를 예로 들며 전통오락의 쇠퇴는 광범위하고 심각한 사회 문제를 내포하고 있다고 피력하였다. 1930년 당시 한국의 일반적 상황은 대다수의 인구층을 구성했던 농어촌을 중심으로 묘사하고 있다. 그 내용을 살피면 다음과 같다.

> 농촌의 노동자들 사이에 오락을 도입해야 한다고 하는 요청이 근래에 높아지고 있다. 특히 조선의 농촌에서 이것은 실로 중대한 문제의 하나이다. 단지 과도기적 현상이라고 방치해 두기에는 사실 문제의 성질이 무척 심각하다. 예부터 내려오는 오락은 해를 더할수록 쇠퇴하는 경향을 보이고 있으며, 오늘날에는 그 중에서 극히 일부만이 간신히 전승되고 있는 형편이다. 오래된 오락의 쇠퇴에 반대하여 새로운 오락이 도입되어 있지 않기 때문에 농촌 생활의 현실은 오락을 거의 상실해 버린 상태라고 할 만하다.

농경사회에 기반을 둔 여가문화가 점차 사라져가는 것은 당시 세계적인 추세였다. 그러나 우리나라의 경우, 일제 강점 시기는 아직 농업 중심의 사회인데도 불구하고 농경사회를 기반으로 생성된 우리의 전통적 여가문화가 급격히 쇠퇴해 갔다는 것은 한국 여가문화의 전개과정에 있어서 중대한 의미를 가진다고 볼 수 있다. 대동놀이의 수요처인 두레의 집단적인 공동노동이 소멸되면서 두레와 대동놀이는 더 이상 존재할 수가 없게 된 것이다. 이러한 전통놀이의 붕괴는 붕괴된 전통적 여가문화를 대신할 수 있는 여가문화가 자생적으로 창출될 시간적 여유를 갖지 못한 상태에서 민중의 놀이문화에 공백을 가져다주었다는 것을 알 수 있다. 그러므로 민중이 마땅히 가지고 놀 수 있는 놀이도구가 없었다. 그러나 20C 초만 해도 신식

오락으로 손꼽히고 있었을 뿐 아직 민중에까지 확산되지는 않았던 것으로 추정된다.

이처럼 화투가 본격적으로 유입되기 시작한 1930년대만 해도 신식오락으로 손꼽을 정도이던 것이 10여 년이 지난 1940년대가 되면 민요가 생겨날 정도로 일반 서민들에게 급속도로 확산되어 있는 것을 알 수 있다. 당시 서민층에 널리 퍼져있던 '화투타령'을 보면 알 수 있다. 전라북도 고창지방의 '화투타령' 민요에서도 알 수 있듯이 1월(솔)부터 12월(비)까지를 각 달과 연결시켜 식민지 백성의 '허무한 삶'을 읊으며, 민중의 한풀이로도 사용되었다. 이 화투타령들은 1940년 이후 즉 일제 강점기 말기쯤으로 보인다. 전통놀이가 붕괴된 상태에서 일제 강점기의 대부분을 보내다가 강점기 말 무렵, 부족한 재정을 채우려는 일본 신정부의 의도적인 묵인 아래 일반 서민들에게까지 보급이 확산된 것으로 보인다. 자료를 살피면 다음과 같다.

> 1919년(大正7년)에 일어난 '만세사건(삼일 만세 운동)' 봉기 전과 비교하면 일본인 한 사람 소비량의 50배에 이르는 양의 도박용구가 조선에 수출되었다. 일본 내에서는 과중한 골패세를 매겨서 화투의 제조와 사용에 타격을 가하던 일본 신정부의 묵인 아래, 한반도에는 대량의 화투가 수출되었다. 일본의 하나후다 제조업자나 수출업자의 의도가 어떻든지 객관적으로는 상업 거래가 아닌 모략이라고 보아야 할 것이다.

일본 신정부는 세계적인 대공황이 되자, 골패세령(1931)을 발동하여 도박장(1932, 종로 내 60여개 마작구락부)등지에서 나오는 세금으로 부족한 재정을 메워 나갔다. 이와 같은 시대적 상황이 신식오락이었지만 아직 대중성을 갖추지는 못했던 화투놀이가 본격적으로 유입된 지 얼마 안 되어 마땅히 놀 것이 없던 당시의 서민층에게 화투놀이로써 생활 깊숙이 정착하게 된 것이다.

이에 민속학자들은 화투의 전래나 유입시기보다는 화투놀이가 일제 강점기에 급속도로 확산됐다는 점에 주목하고 있다. 일제 강점기 말, 각계각층으로 급격하게 전파된 데에는 식민과 전시(戰時) 정책에 관련이 있을 것이라고 본 것이다. 더불어 이 시기는 한국의 전통적 여가문화에 결정적인 단절구조를 가져다줌으로써, 그 영향은 오늘날까지 미치고 있음에 틀림이 없다. 즉, 일본 식민시기에 처한 한국 여가문화의 일반적 상황을 검토한 결과 어떠한 경로가 되었든 화투의 대중적인 확산과 직·간접적으로 연관 관계가 있었음을 알 수 있다. 또 하나 간과해서 안 될 것은 유입 당시의 화투 이미지는 이미 일본 신정부에 의해서 저질오락이라는 이미지로 만들어진 형태이다. 즉 16C 무렵 일본에 유입될 당시의 고급스러운 가루타 이미지가 아니라 18C 무렵 정부가 도덕적 해이의 단속 대상으로 삼았던 저질과 도박의 이미지를 갖고 유입된 것이다. 신식오락이지만 고급은 아니다. 처음에 대상이 제한되어서 가격이 비싼 것이었지 이미지가 고급이었던 것은 아니라고 추정된다.

광복 후인 1945년 무렵에는 일본에서 유입된 놀이도구라는 이유 때문에 화투에 대한 문화적 저항의식이 강하게 작용하였으며, 화투놀이를 노름과 동일시하여 거의 하지 않았다. 그 예로써 우리나라에서는 이미 도박계통의 놀이로 인식되어 있던 투전을 연상하게 하는 화투로 명명된 것만 보아도 내기놀이로 분류되는 화투의 성향이 어떠한 것인지를 짐작할 수 있다. 오늘날 한국 놀이문화의 상징적 표상이 된 '화투놀이'가 불가피하게 확산될 수밖에 없었던 이유를 이호광(1990)은 다음과 같이 피력하였다.

바둑이나 장기가 있다지만 그것은 두 사람만 즐길 수 있는 것일 뿐 세 사람 이상일 땐 불가능하다. 골프가 있고 승마도 있지만 그것은 있는 자들만의 놀이이다. 윷놀이를 제시하는 사람도 있겠는데 그것은 공간적 제한을 받는다. 그러면 아무리 훑어보아도 세 사람 이상의 일반 대중이 손쉽고 간편하게 즐길 오락문화가 우리사회엔 없을 것이다. 이럴 즈음 고스톱은 오락에 있어서 타의 추종을 불허할 만큼 획기적인 장점만을 보유하고 나타났다. 장소불문, 시간불문, 언제 어느 때고 화투 한 목이면 즐길 수 있다. 결론하여 희한한 룰이 적용되는 고스톱의 등장은 따로 즐길 마땅한 오락기구가 없는 일반 대중의 궁여지책적인 항거이다.

위에서 살펴본 1990년대 이호광의 견해는 앞에서 살핀 1930년대의 송석하 견해와 별 차이가 없다. 60년이라는 세월이 지났지만 여가에 대한 적절한 대책이나 방편은 마련되지 않았다. 근대화되는 과정에서 시대 상황과 맞물려 화투가 자리매김을 할 수 있었던 요소는 1945년을 기점으로 하여 두 가지로 나누어 볼 수 있다. 첫째 1945년 이전에는 전통문화와 전통적 생활양식의 붕괴를 초래케 하는 한국 근대화의 일련 과정이 전통놀이와 전통 여가 문화의 단절과 쇠퇴를 초래하였음을 들 수 있다. 그때 생겨난 공백은 외래문화로 채워진다. 둘째 1945년 이후에는 산업화가 진행되면서 전통사회에서와 달라진 여가문화에 즐길 놀이가 마땅치 않았다. 여기에 소수가 즐길 수 있는 놀이도구들이 외국에서 수입되기 시작했다는 것 등을 들 수 있다.

여가문화의 결정 요인을 살필 때 현대 한국의 경우는 전통적 요인을 새로운 여가문화의 정착에 대한 저항적 요인으로 생각한 뒤마즈디에(Dumarzedier, 1967)의 입장에 가깝다고 할 수 있다. 한국의 경우, 전통은 근대적 여가에 거부반응을 일으킨 요인이 되며, 환경에의 부적응 또는 적응불능의 원인이 되기도 하였다. 한국 사회는 한말(1894~1910) 이후 격변기를 거쳐 오면서 전통문화는 붕괴되고, 새로운 놀이문화를 창출할 시간적·경제적 여유를 갖지 못했다. 지금껏 화투만의 문제라고 여겨왔던 것이 격변한 시대상과 놀이의 부재와 전통문화의 붕괴 등의 문제가 복합적으로 맞물려 나타난 것이라는 것을 알 수 있다.

놀이는 놀이를 하는 사회 구성원의 문화와 무관하지 않다. 놀이가 문화의 한 구성 요소라면 어떤 문명 내부의 한 시기는 어느 정도 그 놀이를 통해 특징지어질 수 있다. 즉 놀이의 방식에는 그것을 선호하는 집단의 전체적 성격이 잘 반영되어 있다고 하겠다. 화투는 현대 한국 문화의 일부분을 차지하는 문화코드이다. 그러므로 화투놀이가 전승 발전되는 과정을 고찰해 보면 한국 사회의 문화적인 면모를 가늠할 수 있다. 따라서 각 시대에 유행한 화투놀이의 규칙에 어떤 요소와 기능이 접목되었는지 여부를 살피고자 한다.

본고에서는 시대상이 반영된 화투놀이의 형태를 임재해(1994)의 놀이문화 변천사에 맞추어 1950년~2010년 현재까지의 화투놀이 변천사를 살펴보고자 한다. 광복 이후인 1945년 무렵에는 화투가 왜색이 짙다는 이유 때문에 거의 하지 않았다. 그러다가 화투놀이가 다시 대중화되기 시작한 것은 한국전쟁(1950~1953)이 끝난 시점이다. 전쟁이 끝난 직후에 겪는 경제적 어려움과 정치권의 혼란 등 사회적으로 혼돈의 시기를 거치면서 화투놀이와 같은 투기적인 놀이형태가 확산되기 시작한 것이다.

4.1.4. 화투에 스며든 카르타의 셈 기능

화투놀이의 주된 방식은 1950년대의 민화투, 1960년대의 육백과 나이롱뽕, 1970년대 이후의 고스톱 순으로 변화해 왔다. 그러므로 연도별로 시대상이 반영된 화투놀이의 형태를 분석하고자 한다.

1950년대 주종을 이루던 민화투부터 살피면, 우리나라에 화투가 처음 유입되면서부터 시작된 놀이방식으로 그냥 '화투'라는 이름으로 불렸으며, 1960년대까지도 많이 이용되었다. 후에 육백과 섯다 등이 발전하면서 명칭의 차별을 위해 변화가 적고 단순하다는 의미로 앞에 '민'자를 붙인 것이다. 이어령(2002)은 화투의 도안물을 자연의 영상으로 보아 트럼프와 비교하였다. 트럼프는 서구의 특유한 이미지로 각색된 우의화(寓意畫)이며 화투와는 달리 자연이 아니라 인간사를 나타낸 우의화(寓意畫)라며 그 차이를 설명하고 있다.

이어령(2002) 논지를 전개한 대로, 이러한 민화투의 기능을 한 가문에 4명의 구성원이 참여한 12가문이 군사를 이끌고 영토전쟁을 벌이는 놀이라고 본다면 다음과 같이 사진을 제시하여 논지를 전개하려고 한다.

〈사진 4-5〉 화투의 12가문

자연이 소재인 화투 도안 플롯(Plot)과는 달리 인간사를 나타낸 우의화 구성인 트럼프의 도안물 플롯과의 차이를 설명하고 있는 내용을 소개하면 다음과 같다.

시대와 나라에 따라 조금씩 변화가 있었지만 트럼프의 그림은 '기술사(奇術師), 여법왕(女法王), 황후, 황제, 법왕, 애인, 전차(戰車), 정의, 은자(隱者), 운명의 수레바퀴(車輪), 힘, 피교자(被絞者), 죽음, 절제, 악마, 신의 집, 군성(群星), 달 태양, 심판, 세계' 등으로서 인간 사회에 일어나는 여러 가지 사상을 나타낸 것이다.

오늘날에는 그것이 간결하게 되어 '킹(왕), 퀸(여왕), 다이아몬드(물질-화폐의 상징), 하트(양배(佯盃)-승직(僧職)), 스페이드(劍), 클로버(농업)로 되어 있지만 인간의 사회의식을 상징한 것에는 변함이 없다. 그러므로 화투 도안물에는 자연의 영상이 트럼프 도안물에는 인간 사회의 영상이 각기 다른 성격을 띠고 반영되어 있는 것이다.

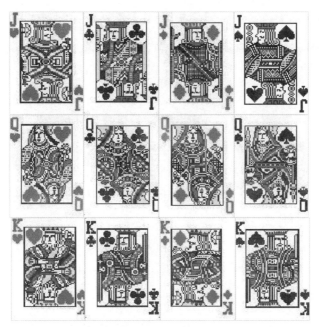

〈사진 4-6〉 플레잉카드 잭, 퀸, 킹의 12가문 도안 비교

스페이드는 칼을 형상화한 것으로 황제나 왕을 의미하며, 다이아몬드는 부와 재력, 즉 상인 계층을 나타내고, 클로버는 처음에는 곤봉 형상이었는데, 세월이 흐르면서 두 개의 잎을 달게 되어 클로버의 형상을 지니게 된 것으로 농민을 의미한다. 하트는 사랑을 나타내는 것으로 중세의 성직자를 의미한다. 그리고 카드의 계급은 K, Q, J, 10, 9, 8, 7, 6, 5, 4, 3, 2, 에이스(1)순이다.

중세시대 48장(1세트 4장X12) 구성이었던 유럽산 카르타는 플레잉카드에 와서는 52장 구성으로 변형된다. 플레잉카드의 숫자는 아래와 같은 계산법으로 나타내보면 다음과 같다. 7(일주일)X52(1년 52주)=364일, 13(태음력 한 달)X28(한 달의 일 수)=364, 91X4(사계절)=364, 364(플레잉카드 숫자)+1(조커 카드)=365일(1년을 나타내는 숫자)

위의 계산법을 설명하면, 카르타의 52장 카드는 일 년을 의미한다. 52장의 카르타 숫자는 1년에 52개 주일이 있음을 대표한다. 한 가지 무늬에 포함된 13장의 카드는 태음력의 일 년을 이루는 13달을 의미한다. 13장에 표시된 숫자를 합하면 91장인데 이는 매 계절이 13개 달, 91일로 이루어진 것을 나타낸다.

카르타의 J, Q, K가 각각 4장씩 도합 12장은 일 년에 12달이 있음을 표시하며 태양이 1년에 12개의 별자리를 지나감을 표시한다. 또한 시간을 나타내기도 하는데 각각 10개의 숫자와 잭, 퀸, 킹, 3장의 인물 카드, 조커 카드를 합하면 모두 365일을 나타낸다. 그 외, 카르타에 그려진 4종류의 무늬인 다이아몬드, 스페이드, 클로버, 하트는 4대 원소(공기, 물, 불, 흙), 4방위, 사계(일 년 4계절 즉 봄, 여름, 가을, 겨울), 신분 등을 의미한다. 포르투갈 카르타에서 중세 유럽의 신분제도를 나타내는 도안물을 사진으로 제시하면 다음과 같다.

■ 포르투갈 카르타의 신분제도를 나타내는 도안물 형태

〈사진 2-7〉 포르투갈 카르타

자연물을 표현하는 화투의 도안물과는 달리, 인간사를 나타낸 우의화를 표현하고 있는 트럼프의 도안물에서 나타내는 의미를 비교해 보면 결국 같은 기능임을 알 수 있다. 이 12가문은 각 가문에서 4단계의 차별적 위계로 지위가 구성되어 있다.

■ 화투의 12가문

■ 트럼프카드의 12가문

　　구성원은 양반(광)과 중인(열), 평민(띠), 천민(피)로 나뉘어 지배층과 피
지배층으로 구분된다. 이때 광은 20점, 열은 10점, 띠는 5점으로 계산하며,
피는 점수가 없다. 양반(광)과 중인(열), 평민(띠), 천민(피)의 도안물 사례
를 들면 다음과 같다.

■ 화투의 양반(광)과 중인(열),
   평민(띠), 천민(피) 도안물 사례

민화투는 판이 시작되면 바닥에 깔려있는 마지막 패가 없어질 때까지 판이 계속된다. 또한 민화투에서는 일단 확보되어진 패에 대해서는 소유권의 변동이 발생하지 않는다. 즉 민화투는 스스로의 권리를 갖지 못한 피지배층, 즉 점수화 될 수 없는 피가 전체의 반을 차지하고 있다. 그러므로 판이 진행되는 과정에 이미 소유가 결정된 피들이 대량으로 발생하게 된다. 민화투에서는 내 것과 남의 것에 대한 구별이 분명하며, 판이 끝나고 점수를 계산할 때 넘겨받는 화투는 단지 점수를 계산하기 위한 과정일 뿐 새로운 점수를 만드는 과정이 아니다.

민화투의 12개 가문은 당시의 사회상을 반영한다. 타고난 가문의 점수는 15~35점으로 정해져 있지만, 가문이 굳게 결합하거나 다른 유력 가문과 연합을 할 경우 20~30점의 추가 점수를 상대방으로부터 얻는다. 이처럼 민화투는 전통적 신분질서와 철저한 놀이규칙이 반영된 것으로서 당시의 사람들에게는 바로 자신들의 사회상을 반영한 놀이였기 때문에 자연스럽게 받아들여졌을 것이다.

위에서 살펴보았듯이 트럼프나 화투 모두 숫자의 기능이 내포된 것을 알 수 있다. 앞에서 살핀 하나후다의 12달 계절어 역시 숫자의 기능을 월별로 표시한 것이므로 트럼프와 하나후다 화투 이 세 놀이도구의 공통분모는 숫자라는 것을 알 수 있는 대목이다.

이어서 1960년대 주종을 이루던 육백과 나이롱뽕을 살펴보고자 한다. 1960년대 초에는 군사정권이 들어서면서 화투를 악습으로 규정하고 금지시켰기 때문에 화투놀이가 일시적으로 주춤한다. 하지만 국가차원의 단속이 흐

지부지되자 차츰 일반 서민들의 여가 생활 속으로 파고든다. 60년대에 들어서면 사람들은 1950년대의 격동기를 거쳤기 때문에 틀에 박힌 민화투보다는 육백이나 나이롱뽕과 같은 새로운 방식의 투기적 놀이로 변모를 시도한다. 도시를 중심으로 상가(喪家)에서 조문객들이 시간을 보내기 위해 화투를 치는 것이 일반화되면서, 화투놀이도 때에 따라 필요한 놀이가 될 수 있다는 인식이 퍼졌다. 더욱이 화투가 플라스틱으로 대량 생산되기 시작하면서 화투놀이는 더욱 보편화되어 일반 가정에서 가족 구성원끼리 화투놀이를 하여도 이상하게 생각지 않게 되었다. 당시의 사회적 상황은 상공업을 중심으로 한 자본주의 사회가 시작되는 시기이다. 따라서 1960년대 중반부터 1970년대 초반 무렵까지 놀이의 규칙을 살피면 민화투보다 변수가 많아진 대신에 투기성이 좀 더 강해진 '육백'과 '나이롱뽕' 형태가 등장하게 된 것 같다. 육백과 나이롱뽕은 민화투와 달리 판의 진행이 불규칙하고, 판의 흐름이나 승부가 일시에 반전되기도 하며, 점수가 없던 피가 점수로 계산되거나 알짜와의 구별이 없어지기도 하며 알짜와 동일하게 취급될 수 있게 되었다. 이러한 육백과 나이롱뽕이 가지고 있는 사회적 의미를 관찰하면 다음과 같다.

먼저 육백을 보면 2~3인의 참가자가 600점이라는 목표 점수를 설정하고 먼저 취득하는 사람이 이기는 놀이이다. 목표 점수에 도달하면 판이 진행되는 도중에 경기가 끝나기도 하고, 다음 판으로 연장되기도 한다. 육백의 놀이적 특징은 600점짜리의 오광과 칠띠, 300점의 대포와 싯가, 150점의 송동월, 홍단, 초단, 청단, 100점의 빠이 등이다. 이처럼 가문의 연합을 통해 점수를 만들어 내는 것은 당시 전통적 신분체계가 붕괴된 사회체제 속에서 가문과 가문이 연합하여 단합된 힘을 발휘하는 사회 환경을 반영한 것이다. 육백에서는 가문의 지위에 변화가 초래되는 동시에 가문에 소속되어 있는 가족의 지위에도 변화가 초래된다. 따라서 민화투에서 볼 수 있는 기존 힘을 체계가 무너지게 된다. 이것은 전통적 신분질서의 이완과 해체를 반영한 것이라고 볼 수 있다. 육백에서 '대장'은 비광(雨光)이다. 비광은 바닥에 깔려있는 알짜는 아무것이나 맘대로 가져올 수 있는 비상적(非常的) 권한을 갖고, 상황에 따라서는 피의 일부가 알짜로 계산되는 비상적 수단을 사용할 수 있다. 또한 육백에서 칠띠를 하면 판이 진행되는 중간에서 승부가 끝난다. 기회를 먼저 잡는 사람이 유리하기 때문에 신속하게 기회를 포착하는 것이 필요하다.

나이롱뽕 역시 위에서 살펴 육백과 마찬가지로 수직 질서가 무너지면서 가문과 구성원의 위계에 큰 변화가 생겼다. 그리고 '뽕'이라는 해결방식에 따라 화투를 치는 순서가 수시로 바뀌며, 기회를 보아 승부를 일시에 반전시키는 '바가지'를 도입하는 등 비상식적인 상황에 비상식적인 방식으로 대처하도록 꾸민 놀이 방식이다. 이로 인해 놀이의 진행 속도도 매우 빨라지는데, 이러한 신속한 판의 흐름과 변화에 적응하지 못하면 뽕이나 스톱을 할 수 있는 기회를 상실하게 되며 역전패를 당할 확률도 높아진다. 이와 같은 놀이방식은 60년대 중반 이후 나일론 제품으로 상징되던 자본주의적 상품문화의 활발한 전개과정을 반영한 것이라고 할 수 있다.

급속하게 변화하는 사회상(社會相)을 반영한 놀이로써 서양의 포커처럼 4명 이상의 다수가 참가할 수 있는 놀이이다. 보통은 판 단위 계산을 원칙으로 하지만 육백처럼 중간에 끝날 수도 있고 다음 판으로 이어질 수도 있다. 때에 따라서는 12판이나 24판을 계속 한 다음 누적 점수를 가지고 승패를 가리기도 한다. 12가문의 지위가 민화투에 비해 상대적으로 크게 평준화되어 있는 가운데 모든 패가 나름의 의미를 지니고 승부에 적극적으로 참여할 수 있는 것이 특징이다.

육백과 나이롱뽕은 상공업을 중심으로 한 자본주의 사회가 시작되는 과도기적 시기이므로 목적 달성을 위하여 그때그때의 형편에 따라 임기응변으로 일을 처리하는 당시의 권도적(權道的) 질서의식을 잘 반영하고 있다고 하겠다. 60년대 이후 급격한 산업화와 도시화, 경제성장 등으로 생활수준이 향상되면서 삶의 양상도 많이 달라졌다. 산업화에 의해 사회가 급변하면서 투기적 놀이의 투기성이 훨씬 더 강화된 형태라고 하겠다. 현재까지도 민화투나 육백, 나이롱뽕이 존재한다. 하지만 화투놀이에서 차지하는 비중은 미미하다.

4.1.5. 토착화 과정에서 생성된 '고스톱'

육백과 나이롱뽕의 뒤를 이어 1970년대부터 2010년 현재까지도 화투놀이의 주종을 이루는 고스톱에 대하여 살펴보고자 한다. 화투놀이 중에서 고스톱 방식이 국내에 보급되기 시작한 것은 한·일 수교가 재개된 60년대 말부터라고 한다. 한국민속대백과사전에 따르면 고스톱 놀이방식은 1950년대 일본에서 개발된 하나후다의 놀이방식 중 하나인 고이고이와 하치하치가 1960년대에 한국에 들어와서 놀이되다가 이 두 놀이 방식을 가미한 형태가 1970년대 중반부터 일반화한 것으로 짐작된다.

1970년대 초 서서히 고스톱 형식의 놀이 방식이 보이기 시작하여, 80년대 중반 이후 폭발적인 인기를 누리며 한국사회에서 보편적인 놀이로 자리잡을 수 있었던 이유를 '한국문화예술진흥원 문화발전연구소'는 근대 산업사회의 진전과 이에 따른 여가 문화의 성장 맥락에서 분석하고 있다. 1980년대 들어 급속한 경제적 발달과 군부 독재라는 정치적 혼탁기를 타고 풍자문화의 한 장르로서 시중에 크게 확산되면서 오늘날과 같은 전성기를 맞게 된 것으로 생각된다. 이와 같은 견해는 다음의 사례에서도 볼 수 있다.

고스톱이 뿌리를 내리기 시작한 시기는 1960년대 말이며, 대중적인 놀이로서 민중 속에 널리 파고들기 시작한 것은 1970년대 중반에 접어들면서였다. 그리고 1980년대에 들어서자 예사 사람들을 중심으로 아랫사람과 윗사람들이 두루 즐기는 놀이로 일반화되기에 이르면서 정치풍자 고스톱이 새로운 규칙으로 등장하게 된 것이다. 고스톱의 역사는 우리역사가 진보적으로 발전해가는 민중운동사와 어깨를 나란히 하고 있다. 놀이규칙도 민중적 처지에 입각해서 집권자를 풍자하는 가운데 그들의 권력 획득 과정과 정치 행태를 비판적으로 인식할 수 있는 양식으로 체계화해나가며 정치사의 전개 과정과 나란히 변모, 발전해왔다.

전통적인 농경사회에서와 달리 산업화된 이후 여가시간은 생겼으나 여가 산업의 부진과 적당한 여가 놀이의 부재로 놀 거리가 마땅치 않은 상황에서 선택된 것이 고스톱이다. 즉 수투나 투전과 같은 내기놀이를 선호하는 전통 문화적 기반이 형성된 상황에 불공정한 경쟁의 조건이 팽배하던 사회구조적인 요인이 작용하여 내기성향이 짙은 고스톱이 손쉬운 여가놀이로 선택된 것이라고 하겠다.

화투는 한국에서 놀이문화기호로서 상당히 활성화되어 있다. 국민적 오락이라고 할 정도로 많은 사람들이 해 본 적이 있고, 또 현재도 많은 수의 국민들이 놀이를 즐기고 있다. 그러므로 화투가 1~12월까지의 계절을 나타내며 그 계절에 어울리는 자연물의 내용이 담긴 하나후다의 도안과 같은 공통분모를 갖고 있음에도 불구하고 문화기호에 차이를 보이게 된 저변 상황을 고스톱으로 검토하려고 한다. 강력한 내기 기능을 보유한 채 일본을 거쳐 한국에 유입된 유럽산 가루타가 어떤 방식으로 한국의 놀이문화와 접목하여 고스톱이라는 놀이 방식으로 확산되었는지를 먼저 살핀 뒤, 고스톱이 지닌 어떠한 요소가 국민적 오락이 되는 데 바탕이 되었는지를 분석하고자 한다.

고스톱이 국민 오락으로 자리 잡게 된 데는 풍자를 들 수 있다. 정치적 격동기나 사회적 갈등기에 민의는 여러 가지 모습으로 나타난다. 은어나 속어로도 나타나고 유언비어나 블랙유머로도 나타난다. 여기에서 권력자에 대한 자조적인 비웃음과 강한 저항의식이 역설적인 풍자로 내포되어 있음을 느낄 수 있다.

정치적 격동기나 사회적 갈등기에는 민중의 의식은 여러 가지 모습으로 나타난다. 화투놀이는 이렇듯 공론화 과정을 거치지 못하고 음성적으로 확산되었기 때문에 그 속에서 당시의 한국 기층문화 모습을 읽을 수 있다.

즉 고스톱이라는 놀이를 통하여 민의를 읽을 수 있게 된 것이다.

한국응용통계연구소(2003)가 MBC교양제작국의 의뢰를 받아 10대 이상 성인남녀 1470명을 대상으로 가장 즐기는 화투의 종류를 묻는 설문조사 결과, 응답자의 66.2%가 고스톱이라고 응답하여 압도적인 우위를 나타냈다. 이외에 민화투가 8.2%, 섰다가 7.2%, 육백이 6.7%, 도리짓고땡이 6.2%, 월남뽕이 5.5% 순이었다고 한다.

화투놀이에서 사용되는 용어를 보면 한국어, 영어, 일본어 등 3개국의 언어가 뒤섞여 있다. 전통문화를 대변하는 바가지, 독박, 싹쓸이(판쓸이), 섰다, 뽕 쪽 흔들기, 피박 씌우기, 광박 씌우기 등의 용어를 예로 들 수 있다. '섰다'는 피와 오동(11월) 및 비(12월)를 제외한 20장을 가지고 두 명 이상이 경기를 한다. 38선을 의미하는 3·8광땡이 있고, 1·4후퇴를 의미하는 1·4가 있고, 5·16을 상징하는 5·7(1+6)이 있는가 하면 10·26을 상징하는 장(10)팔(2+6)이 있다. 이와 같이 섰다의 놀이방식에 비극적인 사건과 관련된 날짜가 등장되는 것은 일찍부터 화투가 사회성을 반영하고 있었음을 알 수 있는 것이다. 역사성 혹은 정치성이 반영된 것은 '섰다'부터이다.

일본문화를 대변하는 시마이(仕舞), 오야(親), 고도리(五鳥), 나가리(流れ), 쇼당(商談) 등의 용어, 그리고 영어인 고(go), 스톱(stop), 따블(double), 나이롱(nylon) 등의 용어가 혼재되어 있기 때문이다. 더욱이 '따따블'이라고 하는 국적 불명의 용어는 1950~1960년대의 혼란스러운 한국 문화를 그대로 표변하고 있다.

'go'와 'stop'이라는 영어 명칭이 자생적으로 생긴 것을 볼 때, 해방 이후 미군이 주둔하게 되면서 그 영향을 받은 것으로 보인다. 이외에도 임재해(1994)는 투전의 '소몰이' 방식이 고스톱과 구조가 흡사하다고 주장하였다. 이규태도 문화일보(2003.1.27) '윷놀이는 주사위게임의 원형'에서 "소몰이에서 '이랴' '워'하는 것이 고스톱에서 '고(go)' '스톱(stop)'하는 것과 같다"며, 소를 몰고 가는 '말'이 투전에 그대로 쓰이면서 고스톱과 같은 형태로 변형되었다고 주장하였다.

　고스톱은 놀이를 시작하기 전에 규칙부터 확인해야 한다. 놀이 규칙이 다양하고 탄력적이어서 할 때마다 놀이꾼끼리 합의해서 새로운 놀이규칙을 정할 수 있고 승패를 가리는 단순한 승부가 아니라 어떻게 이기는가에 따라 흥미진진하며 틈새 시간과 작은 공간을 이용하여 언제 어디서나 즐기는 것이 가능한 기동성 있는 놀이문화이다. 고스톱의 놀이원리를 살펴보면, 자기에게 들어온 패의 끗수도 문제가 되지만, 상대방이 가지고 있는 패를 추리하는 것 또한 중요하다. 그러므로 고도의 지능과 심리작전을 요하게 되며, 피만 가지고도 많은 점수를 내기도 하여 흥미를 더하고 있다. 운과 실력은 일정한 함수 관계 위에서 상호 상승적이면서도 길항적인 관계를 유지한다. 그러므로 고스톱의 놀이방식을 살펴보면 실력과 운이 결합된 놀이임을 알 수 있다.

　화투의 발전 과정을 야콥슨의 전달기능 모델로 살핀 결과 〈표 4-7〉과 같다.

〈표 4-7〉 화투의 발전 과정

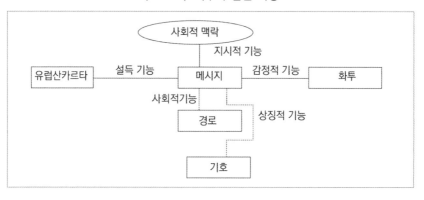

　고스톱에서의 이와 같은 결합은 점차 운의 요소가 강화되고 이에 따라서 판의 규모가 확대되는 방향으로 변화하고 있다. 놀이는 보다 재미있는 방향으로 나아가려고 하는 자기 운동성을 갖고 있다. 여기에 현실 상황이

열악하고 미래의 전망이 불확실한 사회나 집단에서 운에 기대려는 경향이 심화된다. 놀이 활동이 동시대의 사회 상황과 밀접한 관계를 가지며 전개된다는 사실을 감안하였을 때, 고스톱의 놀이 원리 변화는 점차 심해지는 한국 사회의 불공정한 경쟁 조건과 열악한 현실, 그리고 불확실한 미래를 반영하고 있으며, 이것이 고스톱의 자기 운동성과 맞물리면서 운의 요소와 판의 규모 확대를 초래하였다고 하겠다.

고스톱에서는 기존의 화투가 갖고 있던 점수의 위계가 완전히 무너진다. 화투의 월별 그림 중 사계절의 의미는 사용되지 않으며, 광·열·띠·피, 4장 1조의 구성 요소가 모두 사용되면서 숫자로서의 기능에 극치를 이루는 것이 특징적이다.

12종류로 나뉜 4장 1조, 총 48장의 쓰임새를 살펴보면 놀이문화의 상징 기호가 절묘하게 발전해 왔음을 알 수 있다. 즉 전통적 신분 질서의 완전한 해체를 반영하고 있다고 할 수 있다. 따라서 피도 점수가 될 수 있다. 그리고 피에 의한 점수는 상대방에게 바가지를 씌울 수 있기 때문에 보다 많은 점수를 획득할 수 있게 된다. 48장(4장 1세트×12)의 화투 구성 요소를 그림으로 나타내면 〈표 4-8〉과 같다.

〈표 4-8〉 화투의 4장 1조 구성 요소

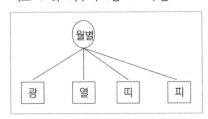

이들 12가문은 각각 35점, 30점, 25점, 20점, 15점 등 다섯 가지 종류의 총점을 가지고 있다. 이렇게 구분된 가문과 구성원의 지위는 신분의 변화가 불가능하듯 그 변화가 불가능하다. 따라서 민화투의 이러한 규칙은 전통적

신분사회의 모습을 그대로 표현하고 있다고 할 수 있다. 가문의 활동 범위가 제한되어 있고, 약과 단을 낼 수 있는 자격도 미리 정해져 있다. 강력한 가문이 되기 위한 조건 중 첫 번째인 '약'은 가문의 내적(內的) 결합을 통해 가능하다. 난초가문을 모두 모으면 초약, 단풍 가문을 모으면, 풍약, 비 가문을 모으면 비약이 된다. 따라서 약에서는 피도 중요한 역할을 한다. 그러나 '단'은 가문간의 외적 연합을 통해 '약'보다 더 강력한 세력을 형성하게 된다. 단을 하기 위해서는 각 가문의 대표적인 '띠'가 모여야 한다.

한국형으로 발전하지 않은 기존의 민화투놀이가 비약, 풍약, 초약 등 같은 종류의 약을 모아서 점수를 얻거나 홍단, 청단, 초단 등, 같은 점수대의 단을 모아서 점수를 얻는 전근대적인 계급 질서를 유지했다면, 고스톱은 가치가 크지 않은 피라도 많이 모으면 먼저 승부를 낼 수 있는 점수를 얻을 수 있다. 피가 존중받고 선호되는 것은 구성인자 간에 보다 민주적인 관계를 설정해서 민중의 성장을 반영한 고스톱의 독특한 조성 원리에 기인한다.

즉, 모든 계층의 가치가 골고루 사용되고 인정되는 민주 사회의 한 단면을 보인다고 보는 견해도 있다. 또한 대부분의 놀이는 종료된 후에 점수를 가리는 데 반해 고스톱은 일정한 점수에 이르면 자신의 판단과 의지에 따라 놀이 중간에 중단(stop!)시키거나 계속(go!)할 권한을 갖는 규칙으로 진행된다. 계속(go!)을 통하여 위험이 높은 만큼 수익도 높다는 심리적인 원칙에 의해 얼마든지 판을 확장시킬 수 있다.

또한 인원 초과로 게임에 참여하지 못한 사람에게는 광(光)을 팔게 하여 보상을 해 주며, 점수나 금액의 상한제를 놀이 규칙에 넣기도 해서, 상대방이 한꺼번에 무너짐으로서 판 자체가 깨지는 것을 방지하는 등 게임을 융통성 있게 진행시킬 수 있다. 그리고 배짱과 위장술(poker face)을 바탕으로 놀이의 재미를 배가시킨다.

오순환은 저서 『한국 여가문화의 이해』(1999)에서 고스톱과 포커의 차이점을 비교하면서 오늘날처럼 개인주의적 성향이 강한 사회에서는 판의 형세가 자신에게 불리하면 언제든지 그만둘 수 있는 포커가 성행하는 것이라고 하였는데, 선행연구에서 살핀 바로는 '고이고이'에 '하치하치'를 바탕으로 한 놀이방식이 주를 이루었다는 고스톱에도 이러한 규칙이 있다. 그렇다면 유럽산 카르타를 원류로 하는 하나후다의 놀이방식인 고이고이나 하치하치 역시 일본의 독자적인 놀이 방식인지 살펴볼 필요성을 느끼게 하는 대목이다.

또한 오순환은 포커 게임과 고스톱을 비교하면서 고스톱의 독특한 방식은 위기에 몰린 사람끼리 협조하여 쇼당(商談)을 통해 무효를 유도하거나, 3점 이상의 기본점수를 얻은 뒤, 고!를 외치는데 다른 사람이 먼저 3점을 만들어서 승부가 결정되면, 팀원이 내야 될 돈을 대신 내야하는 독박으로 고(go) 바가지를 씌워서 판세를 역전시킬 수 있는 견제장치를 두어 다른 놀이 체계에서 보기 힘든 구성원간의 협력체계도 필요로 한다고 하였다. 그리고 초반에 지던 자가 종반에 가서 역전할 기회가 주어지는 등 누구에게나 이길 수 있는 가능성을 열어주고 있는 다양한 놀이방법은 고스톱의 놀이문화기호만이 지닌 탁월한 특징이라고 소개한다.

고스톱의 재미는 규칙의 개방성, 예상을 불허하는 드라마틱한 전개방식, 긴박하고 스피디한 판의 회전과 아슬아슬한 승패의 갈림, 기하급수적으로 늘어나는 점수와 놀이구성원간의 긴장이 끝까지 유지되는 판의 짜임새, 복잡한 장애를 돌파한 끝에 얻는 승리의 기쁨과 패배의 아쉬움, 언제든지 열세를 만회할 수 있는 기회의 공유, 현금의 득실 등이다. 이들 재미가 서로 어우러져서 사람들을 판의 흐름에 빠져들게 함으로써 고스톱은 일상화된 대중성과 지속적인 전승력을 확보할 수 있게 된 것이다.

민화투에서 12가문을 구성하는 각 구성원의 개별 점수가 없는 고스톱에서는 모든 점수가 가문 연합의 결과로서 나타난다. 점수는 오광(15점), 사광(4점), 삼광(3점), 비삼광(2점), 고도리(5점), 홍단·청단·초단(각 3점), 열이나 띠가 다섯 장 이상이면 1장당 1점씩, 피가 열장 이상이면 1점씩 계산한다. 따라서 고스톱에서는 어떤 패이든 구성원의 지위와 관계없이 많이 가져다 놓는 것이 유리하다. 특히 피는 점수를 낼 뿐만 아니라 상대방에게 피박을 씌워 점수를 두 배로 늘리므로 대단히 중요하다.

고스톱은 판이 아니라 승점에 의해 승부를 가리며, 승점을 확보하지 못하면 판 자체가 무효가 된다. 최소 승점은 3점이며, 이것이 확보되면 판을 끝낼 수 있으나, 자신에게 판세가 유리할 경우 고를 불러 경기를 연장시킬 수도 있다. 그러나 고를 외친 사람이 점수가 못난 채로 끝나면 판이 무효가 되며, 그동안에 다른 사람이 승점을 확보해서 스톱을 하면 바가지라 하여 나머지 사람의 몫까지 배상을 해야 한다.

이외에도 고스톱은 쇼당이나 독박 등 판이 진행되는 도중에 다양한 변수들에 의해 많은 변화가 초래되고, 이로 인해 투기성이 극도로 강화되어 짜여 있다. 고스톱의 투기적 요소를 극명하게 보여주는 규칙은 쓰리 고, 흔들기, 피박, 광박, 멍텅구리 3점 등 점수를 두 배로 계산하는 규칙이며, 만약 이들 5가지가 동시에 발생할 경우 승점은 32배까지 증폭된다. 즉 자본주의 사회에서 흔하게 볼 수 있는 빈익빈 부익부 현상이 발생하는 것이다.

그러므로 고스톱에서 이기려면 다양한 변화에 재빨리 대처하는 민첩성, 상대방보다 먼저 승점을 확보해서 스톱을 부르는 신속성, 투기적 모험을 통해 승점을 최대한으로 확대하는 과감성 등이 필요하다. 고스톱의 규칙은 자본주의적 경제 행위를 상징적으로 반영하고 있다. 즉 경쟁에서 생존할 수 없는 사람은 놀이를 시작하면서부터 배제하는 대신 광을 팔 기회를 준다. 이는 자본주의적 시간 개념에 따라 못하게 된 것에 대한 심리적 보상을 지급하는 것이다.

고스톱의 현재 놀이 방식을 살펴보면 육백과 나이롱뽕이 각각 갖고 있는 특성을 하나로 결합시키고 강화시킨 형태라고 볼 수 있다. 사례를 들면, 육백이 2~3명, 나이롱뽕이 4~5명이 놀이에 참여하는데 반해 고스톱은 2~5명이 함께 할 수 있다. 고스톱에서 스톱이 가능한 3점(2인제는 7점)의 승점제를 채택한 것은 육백에서 유래를 찾을 수 있고, 스톱과 바가지 제도는 나이롱뽕에 기인

한다. 고스톱은 여기에 기능을 더 극대화하여 고(go) 장치를 함으로써 판을 연장시키고 결과적으로 투기성을 한층 강화한 것이 특징이라고 할 수 있다.

또 육백이나 나이롱뽕에서는 승점이 확보되면 그것으로 승부가 끝나지만, 고스톱에서는 선택하는 장치로 되어 있다. 이에 따라 승부 결과가 큰 점수로 나타나거나, 마지막 순간에 승부가 역전되거나 아니면 승부 자체가 무산되도록 하였다. 이것은 치열한 경쟁 속에서 승부를 판가름해야 하는 심각한 의사 결정 과정을 반영한 것이라고 하겠다. 또한 고스톱에서는 '광팔기'를 도입하여 상실한 기회를 보상하는가 하면 '흔들기'를 도입하여 동일한 패 세 장을 가지고 치는 위험 부담도 보상하고 있다.

이와 같이 화투놀이의 주된 방식은 1950년대의 민화투, 1960년대의 육백과 나이롱뽕, 1970년대 이후의 고스톱 순으로 변화해 왔다. 도쿄통신의 방문신 특파원이 기재한 뉴스레터(2003.9.4)에서는 화투의 이러한 변천사를 민화투에는 경법적 성격, 육백과 나이롱뽕에는 권도적 성격, 고스톱에는 권술적 성격을 적용하여 비교하고 있다.

경법적 성격이란 정상적인 상황에서 정상적인 방법으로 문제를 해결하는 방법이므로, 민화투는 농업에 기초하고 있는 전통적 신분사회의 경법적 질서의식을 반영하고 있는 것이라고 할 수 있다. 권도적 성격은 비정상적인 상황에서 비정상적인 방법으로 문제를 해결하는 방법을 가리키며, 권술적 성격은 비정상적인 상황을 가장하여 비정상적인 방법으로 문제를 해결하는 방법을 가리킨다. 특징에서 알 수 있듯이 이러한 변화는 한국의 사회적 환경이 신분적 농업 중심 사회에서 시민적 상공업 중심 사회로 변화한 것과 밀접하게 연관되어 있다.

화투에 영향을 미친 다섯 재매개체는 놀이 기능면에서 비슷한 구성이 많아 서로 연관관계가 깊음을 알 수 있었다. 놀이특성상 쉽게 전파되는 성향을 지닌 마조와 골패는 유럽산 카르타에 전래되고 일본에서 도안에 변형 과정을 거치면서 한국의 화투가 되었다.

한국에서 새로운 놀이문화기호로 자리잡은 화투는 기능면에 풍자를 도입하여 고스톱이라는 다양한 놀이 방식을 만들어 낸다. 화투에서 기능이 재생산된 고스톱은 현재 전 세계로 빠르게 확산 중이다.

인터넷 사이트 야후는 영문으로는 최초로 고스톱 게임을 개발하여 서비스를 제공하고 있다. 네트워크의 발달을 통해 비주얼 소프트의 pc게임인 비주얼 고도리 1.0 버전의 발표(1998) 이후 pc게임 부문에서는 현재까지 1000만 Copy 이상이 비주얼 소프트의 홈페이지를 비롯한 셰어웨어 사이트를 통해 다운로드 되었다. (최종확인일 2017.1) 국내 인터넷 게임 업체가 개발한 고스톱게임을 인터넷을 기반으로 하는 온라인 보드 게임으로 서비스하고, 핸드폰상의 모바일 게임으로도 만들어져 이용 중이다. (최종확인일 2017.1)

이는 오프라인 화투의 인기도가 디지털 게임으로 전이(transfer)된 것이라 할 수 있다. 위에서 화투 텍스트의 재매개에 영향을 끼친 여섯 매개체의 문화기호화 과정을 살피면 〈표 4-9〉와 같다.

〈표 4-9〉 화투와 여섯 재매개체의 문화기호화 과정

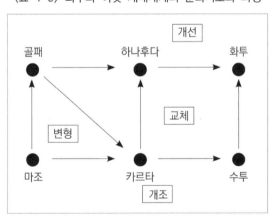

화투는 하나후다와 같은 서사구조에서 출발하였지만, 당위성을 인정하는 기존의 놀이 방식에 풍자를 가미하여 고전서사의 구조를 조정할 수 있

게 한 것이 달라진 점이다. 풍자는 진부한 고전서사의 구조가 제공하는 지루함을 극복하고 있다. 여기에 대중성을 확보하는데 필요한 발달에서 결말에 이르는 시간을 적절히 배분하여 재미를 더하였다. 한국에서는 이미 대중의 놀이문화로 자리매김을 한 화투에 풍자라는 요소가 놀이방식에 접목되어 기능이 진작하여 기능의 극대화를 이룬 것이 고스톱이다.

화투는 현재까지도 놀이 방법이나, 구성, 규칙 등에 풍자라는 요소를 도입한 고스톱 형태로 지속적인 인기와 기능의 발전을 보이고 있는 실정이다. 풍자라는 요소를 도입하다보니 대중성과 민중성을 띠게 되었고, 끊임없이 현실적인 문제와 달라지는 사회상, 정치상이 반영되므로 고스톱의 규칙은 앞으로도 무한정 만들어내질 것으로 추정하는 것은 어렵지 않다. 즉 화투는 고전서사와 현대서사를 적절히 활용하며 대중과 소통하고 있었던 것이다. 계열체적 축에서는 패를 맞추는 방식으로, 수투가 골패의 방식을 유입하고, 카르타가 수투를 유입하고 하나후다가 카르타와 수투를 유입하고, 화투가 수투와 하나후다의 놀이방식을 유입하는 텍스트 간의 유사성을 보이면서 도안의 문화기호를 설정하고, 설정된 문화기호들과의 관계를 탐색하면서 독자성을 확립한 것을 알게 되었다.

〈표 4-10〉 분석대상 텍스트의 도안물과 사용한 숫자 비교

명칭	마조	골패	수투	차투랑가	타로	카르타	하나후다	화투
도안	동남서북, 통모양, 중발백의 글자, 매난국죽, 춘하추동의 꽃패	별자리 배열의 227개 구멍	사람, 물고기, 새, 꿩, 별, 말, 토끼, 노루	고리, 검, 성배, 곤봉, 수레바퀴, 말, 홀	지팡이, 성배, 검, 광대, 태양, 계급, 죽음, 원소	왕, 술잔, 검, 수레바퀴, 투구, 왕관	화조풍월	화훼초충도
숫자	1만~9만	1~12	1~10			1~10	1~12	1~12
매수	120~150, 108, 104, 60, 40	32	80, 60, 50, 40, 25	32	74, 78	80, 78, 75, 74, 52, 48, 25	48	48

〈표 4-10〉에서 분석대상의 텍스트 제작 및 유입시기와 학자들의 추론을 연계하여 살펴보면 마조와 골패의 영향을 받아 만들어진 수투가 집시들에 의해 중동을 거쳐 유럽으로 건너가 카르타가 되었고, 이 카르타가 포르투갈 상인들에 의해 일본에 유입되어 하나후다가 되었고 일본 카르타 상인들의 장사술로 한반도에 건너와 화투가 되었다는 것이다. 그러나 대부분의 놀이 특징이 그러하듯이, 카르타나 플레잉카드, 타로의 원류나 기원에 대한 정설 (定說)은 아직 찾지 못하였다. 이상과 같이 카르타의 발생지나 기원에 대해 서 마조와 골패, 수투와의 상관관계를 여러 학자가 주장하고 있으나 여러 추정만 있을 뿐이다. 이것은 놀이의 특성이기도 하다. 요한 호이징가(Johan Huizinga)는 놀이는 문화보다 오래 되었고, 놀이 자체가 문화의 한 기초가 되기도 하며 놀이 자체가 전승되어 문화가 된 것도 있다고 하였다. 본 저서 에서 다룬 분석대상은 화투를 기준점으로 하였다. 화투 텍스트의 재매개에 영향을 끼친 마조, 골패, 수투전, 카르타, 하나후다, 화투의 내러티브 구조 를 각각 비교 분석한 결과, 여섯 매개체에서 공통분모를 이루는 기능은 숫 자이며, 이 숫자는 마조로부터 계승된 것이라는 것을 알 수 있다.

문화 성향에 차이를 보이며 구분되는 마조, 골패, 수투, 투전, 카르타, 하 나후다 등의 여섯 재매개체의 기호물군은 각각의 도안 내에서 역할을 담당 하면서 그 위치에 따라 주요 사물과 주변 사물을 세부적으로 분류하고 놀 이를 이끌어 가고 있음을 내러톨롤지와 루돌로지 구조로 입증할 수 있었다.

그 중에서도 다양한 형식과 내용의 콘텐츠를 하나의 놀이에 응집시키는 담화측면에서 도안물의 형태가 같은 하나후다뿐만 아니라 역사적으로 하 나후다보다 앞서는 수투에서 이미 화투의 베이스를 찾아 볼 수 있었다. 이 어 여섯 재매개체의 도안에 나타나는 문화기호와 놀이 기능을 대조 분석한 결과 화투와 마조, 골패, 수투, 투전, 카르타, 하나후다의 여섯 재매개체는 모두 숫자를 나타내는 기능의 공통분모를 가지고 있으며, 표면에서 나타내 는 각각의 도안물은 놀이기능을 위한 문화기호이었음을 알 수 있었다. 따라서 화투의 놀이문화기호에서는 도안물 그 자체보다 그 기호물이 놀이 기능에서 담당하는 숫자의 역할이 더 중요하다. 이러한 숫자의 기능은 위 〈표 4-10〉에서 살폈듯이 마조에서부터 계승된 것이다.

　마조와 수투의 영향을 받은 유럽산 카르타가 일본에 유입되어 도안에 변형을 보이며 하나후다가 만들어졌듯이 화투 역시 일본에서 유입된 하나후다에 여가 선용이라는 국내의 사회구조적인 영향으로 배경이 구축되고 놀이 규칙에 풍자라는 사회적인 요소를 도입하여 기능에 극대화를 이루며 '놀이문화기호'라는 자생적인 문화기호가 만들어낸 것이다. 이것을 도식으로 나타내면 아래 〈표 4-11〉과 같다.

〈표 4-11〉 매체간의 놀이문화기호 재매개 과정

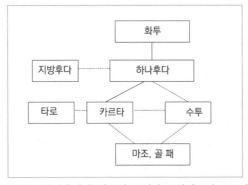

*권현주(2011), 「하나후다와 화투에 투영된 문화기호의 구조적 연구」,
전북대학교, p.179의 도표 재편성

4.2. 풍자로 빚어진 고스톱의 '놀이문화기호'

　현재 이러한 화투의 여러 놀이 방식 중에서 특히 고스톱 놀이방식이 대중적인 지지를 많이 받고 있다. 그렇다면 왜 이러한 현상이 생기게 되었는지와 화투의 놀이문화기호가 한국 사회와 문화에 미친 영향 등을 화투의 도안물이 나타내는 문화기호의 기능을 분석하여 살펴볼 필요가 있다.

이에 화투의 놀이문화기호가 한국 사회에 미친 영향을 고찰하고자 한다. 또한 이렇게 형성된 고스톱이 여가문화와 맞물려 적절히 활용되지 못하여 부정적으로 인식된 화투놀이의 한계에 대해서도 분석한다. 이때 고스톱의 미래 방향성에 대한 것도 같이 전개하고자 한다.

4.2.1. 고스톱의 '놀이문화기호'가 갖는 소통 경로

화투에 그려진 도안물은 국내에 유입된 때부터 현재까지 크게 달라진 혼적은 찾아볼 수가 없다. 비교 대상의 하나후다는 단속이 있을 때마다 도안의 그림을 바꿔가면서 기능을 존속시켜온 반면, 화투는 도안에 별 변화를 보이지 않았다. 대신 사회 구조적인 변화가 있을 때마다 그 내용을 풍자하여 놀이의 기능을 다양화 하였다. 즉 화투는 하나후다와 달리 도안물의 형태 변화보다는 기능과 밀접한 관계를 가지며 생명력을 이어온 것이다. 즉 하나후다 도안물의 전통문화기호에 대한 공간적인 영향력이 달라졌다고 할 수 있다. 하나후다가 화투로 유입될 때 이미 전통문화적인 요소의 기여나 소개가 아니라 내기 성향이 강한 놀이문화기호로 들어 왔기 때문에 화투의 도안물은 놀이를 하는데 필요한 요소로서만 작용을 해 왔던 것이다.

이러한 측면에서 고스톱은 수용자의 주체적인 선택으로 완성된 것임을 알 수 있다. 화투라는 '놀이문화기호'의 놀이도구를 이용하여 고스톱이라는 놀이 방식을 재생산했을 뿐만 아니라 명칭의 전이도 이루어졌다고 볼 수 있다. 고스톱 놀이 방식의 재생산 과정을 그림으로 나타내면 〈표 4-12〉와 같다.

〈표 4-12〉 고스톱 놀이 방식의 재생산 과정

〈표 4-12〉에서는 고스톱이 커뮤니케이션 과정에서 어떻게 작용하고 있는지를 보여준다. 실재 세계의 저변을 지탱해 주는 지각 체계는 항상 실제 세계의 일부를 차지하나 그 지각 체계 또한 수많은 경험들로 구성되어 여전히 범위가 넓고 복잡하다. 지각 체계는 실제 세계를 다른 각도에서 보는 것으로서 대상의 모습으로 받아들여진다. 대상은 실제 세계의 표상이고 이 표상에 붙여진 명칭이 바로 고스톱이다.

즉 전통적인 개념과 달라진 노동의 형태와 분리된 여가 시간이 생겨난 사람들이 '시간 보내기'에 적당한 여가놀이로 선택한 것이 고스톱이다. 설령 고스톱을 할 줄은 모른다 해도 고스톱이라는 표현을 모르는 한국인은 거의 없다. 고스톱이라는 표현은 놀이에서뿐만 아니라 일상생활에서 너무 익숙하다. 고스톱 용어를 이용한 속담도 여러 종류가 있으며, 개그의 소재나 회화의 소재로 쓰이기도 한다. 또한 위정자들의 이름을 붙이는 것을 즐거워한다.

이와 같이 놀이의 특성상 쉽게 전파되는 특성을 지닌 유럽산 가루타는 국가의 지속적인 도박금지령을 피하고자 하나후다라는 변형된 형태로 일본에서 놀이되다가 근대화된 놀이 문화로 한국에 전파되었지만 현재 일본에서는 거의 사라지고 그 존재가 미미한 정도이다. 이와 달리, 한국에 전파된 하나후다는 화투로써 여가선용이라는 사회 구조적인 배경이 구축되고 여기에 놀이기능이 확장되어서 한국에서 새로운 문화기호로서 자리 잡게 된 것이다.

놀이의 기능이나 속성은 원류인 유럽산 가루타와 변함이 없지만 놀이문화의 전파 현상에 따라 두 나라에 유입된 이후 사회적인 영향으로 인해 도안물과 놀이 방식에 각각 다른 형태의 변형을 보이게 된 것이다. 즉 도안의 소재나 그림 형태, 장 수(枚數)에 변형은 있었지만, 속성은 내기 도박을 계승한 것이다. 이어령(2006)에 따르면 발신자에게서 수신자로 전달되는 것은 대상 자체가 아니라 대상에 관한 정보라고 하였다. 이어령의 대상에 관한 정보 전달 과정으로 화투와 하나후다의 기능 관계를 도식화하면 〈표 4-13〉과 같다.

〈표 4-13〉 화투 도안물의 형상 치환 과정표

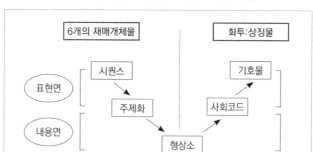

도안물의 기능에 따른 기호 유형을 지정한 결과 각각 다른 양상을 보이
며 발전한 두 놀이도구의 기호물을 대조하기 위하여 표현면과 내용면으로
나누어 변형 과정을 분석한 결과, 하나후다의 경우는 도박금지령이라는 정
치·사회적 요소가 '전통문화기호'를 갖게 하였으며, 화투의 경우는 풍자라
는 사회적 요소가 '놀이문화기호'라는 기호물군을 형성하게 된 것이다. 이
것을 그림으로 나타내면 〈표 4-14〉와 같다.

〈표 4-14〉 유럽산 카르타의 놀이 문화 파생도

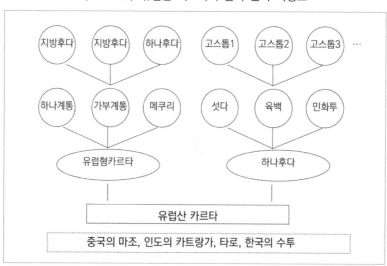

일본 지방 후다의 한 종류인 하나후다는 존재하던 시기의 역사적 환경과 맞물려서 한국에 전해졌고, 사회적 환경과 맞물려서 대체된 놀이도구에 밀려 이 시기를 고비로 자취를 감추게 된다. 그러나 하나후다 형태로 유입된 한국의 화투는 130~140년 남짓한 기간 동안 놀이되면서 원류 카르타가 지녔던 놀이기능의 속성이 사회적 환경과 맞물리면서 놀이문화기호를 가지게 되었고, 여기에 게임의 방법이 극대화를 이루며 발전하게 된 것이다. 즉 유럽산 카르타가 일본화하여 전통문화기호를 도안화하게 된 하나후다 형태까지 만들어졌듯이, 유럽산 카르타가 일본을 거쳐 한국화하여 놀이기능을 극대화시키는 놀이문화기호가 형성된 화투가 만들어진 것이다.

즉, 하나후다 도안의 전통문화기호는 놀이문화기호의 화투와 마찬가지로 놀이 기능에 필요한 놀이기호로서의 역할을 담당했던 것이다. 하나후다와 화투의 1월부터 12월까지의 월별 도안물은 유럽산 카르타와 마찬가지로 숫자로서의 기능을 하기 위한 것이었다. 이들 상징기호는 다양한 놀이 기능을 만들어내는데 주요했던 것으로써 카르타, 수투, 투전, 골패, 마조, 하나후다, 화투의 공통분모가 된다.

4장에서 각 시대에 유행한 화투놀이의 규칙에 어떤 요소와 기능이 접목되어 발전 계승되어 왔는지를 살핀 결과 해당되는 시대의 사회상을 풍자로 기능에 접목하여 놀이하고 있음을 알 수 있었다. 도안의 소재가 새롭게 해석되고 풍자 요소가 접목되어 놀이문화기호로 재탄생된 화투의 성공 요인을 살피면 세 가지이다. 첫째 놀이도구가 저렴하여 구입 시 비용이 거의 들지 않는다는 것이다. 둘째 수투와 투전이라는 전통놀이가 있었으므로 놀이하기에 어색하지 않았다. 셋째, 자연의 사계를 이용한 상징물이 친숙한 그림을 들 수 있다. 화투는 위의 세 가지 요인으로 정착에 성공한다.

4.2.2. 사회 비판을 풍자로 빚어낸 고스톱

화투놀이의 규칙을 분석해 보면, 사회적 환경의 변화가 놀이 규칙의 변화에 직접적으로 반영되어 있음을 확인할 수 있다. 신분제도의 붕괴, 민주화의 과정, 자본주의화의 전개, 산업화의 과정 등과 같은 사회적 환경의 변화가 화투놀이의 규칙에 잘 반영되어 있다. 이렇기 때문에 사람들에게 화투놀이는 일종의 삶에 대한 모형 경기와 같다.

사람들은 복잡한 현실 속의 삶을 화투놀이 속에 단순한 형태로 축소시켜 놓고, 그것을 통해서 현실을 축약된 형태로 경험하게 된다고도 할 수 있다.

우리 사회의 단면을 반영하며 새로운 문화 형태로 심어지고 있는 고스톱은 이제 놀이로서만이 아니라 사회상, 혹은 정치상을 반영하는 새로운 형태의 문화를 연출해내고 있다.

고스톱의 풍자(諷刺)는 정치의 일면을 우화한 정치풍자와 오락문화 부재의 갈등 해소, 한탕주의 세태를 반영하는 사회풍자, 크게 두 가지로 나뉜다. 이와 같이 고스톱은 시대적인 풍자상까지 담으며 일상생활에 깊숙이 침투되어 있는 것이 현실이다. 고스톱에서 볼 수 있는 대부분의 투기성 규칙들은 어떤 특정한 시대적 상황을 풍자하여 만들어진 것이다.

고스톱이 처음 도입된 1970년대 이후 지금까지 많은 규칙의 변화가 있었다. 규칙의 변화를 초기(1970년대)의 고스톱과 최근(2000년대)의 고스톱 명칭으로 나누어 살피면 다음과 같다. 당대를 풍자하는 풍자 문화 장르로서, 이 시대의 문화적 선택에 대한 결과라고 할 수 있다. 시·공간별로 세상을 풍자하는 수단으로 발전해 왔다.

정치를 풍자한 고스톱의 종류를 살피면 대표적으로 다음과 같다. '박정희고스톱' '이민우고스톱' '최규하고스톱' '이, 장고스톱' '전두환고스톱' '김종필고스톱' '전경환고스톱' '삼풍고스톱' '이순자고스톱' '노태우고스톱' '3김고스톱' '김영삼고스톱' '이회창고스톱' '김대중고스톱' '홍·삼고스톱' 'IMF고스톱' '노무현고스톱' '라덴고스톱' 등등, 이외에도 2차 오일쇼크, 10·26사태, 12·12사태, 5·18 광주민주항쟁, 오공비리 등의 시대별로 굵직굵직한 사건들을 빗댄 수많은 풍자고스톱이 있다. 자세히 살피면 다음과 같다.

‘이민우고스톱’은 5공화국 당시 신민당 총재이면서도 당의 진로 결정을 장외인 두 김 씨에게 물어야 했던 이민우 총재의 처지를 빗대어 점수가 났어도 고와 스톱의 결정권을 상대 두 선수의 합의에 따라야 하는 규칙이다.

‘최규하고스톱’은 아무리 좋은 패가 있어도 죽어 버리는 사람을 말한다. 또한 싹쓸이를 했을 경우 오히려 상대방에게 피를 한 장씩 증정해야 하는 실권 잃은 대통령의 딱한 처지를 풍자하였다. 대통령직에 있으면서도 사실상 전두환이 지휘하는 국보위의 위세에 눌려 제대로 된 대통령직을 해보지 못한 것을 풍자했다.

‘전두환고스톱’은 패가 안 좋아도 힘으로 치는 경우를 말하며, 특히 판이 큰 경우를 말한다. 전두환 대통령이 12·12와 5·18을 통해 막강한 권력을 등에 업고 대통령 자리에 앉은 것을 빗댄 것이다.

‘김종필고스톱’은 4당 체제에서 캐스팅 보드를 쥐고 있는 공화당을 풍자한 끝 번호 선수가 오야를 마음대로 지적할 수 있도록 한 규칙을 말한다.

‘전경환고스톱’은 싹쓸이나 설사 패를 먹었을 경우 전두환 고스톱에서는 마음대로 가져가지만, 형인 전경환을 상징하는 팔 광만은 가져갈 수 없도록 고안된 규칙이다.

‘이순자고스톱’은 팔공산(8)을 설사했다가 자기가 다시 먹어 가면 아웅산 고스톱처럼 상대방이 그때까지 노획한 전리품을 몽땅 싹쓸이해가는 규칙을 넣은 것이다.

‘노태우고스톱’은 패가 좋든 나쁘든 상관없이 치는 경우를 말한다. 6·29 선언을 통해 스타 정치인으로 등장한 뒤, 권력을 쥔 것을 비유한 것이다. 6월 열끗, 2피, 9피를 먹는 사람이 17점으로 나는 게임이다.

‘김영삼고스톱’은 ‘영삼이고스톱’이라고도 하며, 자기가 나쁜 패이면 다 같이 패가망신해야 하는 경우로, 광이건 고도리건 내주는 이른바 ‘물귀신 고스톱’이라고도 한다. 또한 마음을 비웠다는 의미로 게임 시작 전 선은 자신이 소유한 패를 상대 선수에게 공개해야 하는 방식이 있다. ‘마음을 비웠다'는 표현을 자주 써온 김 전 대통령에 대한 풍자가 담겨있다.

'이회창고스톱'은 전 국민을 위한 그 유명한 말을 만들어 냈으므로 이름하여 '못 먹어도 고(go)'라고 한다.

'김대중고스톱'은 '디제이(DJ)고스톱'이라고도 하며, 나쁜 패라도 무조건 버티고 있다가 나중에 그 패로 패가망신하는 경우를 말한다. 또한 일단 스톱을 불렀다가 다음 선수의 내놓는 패와 뒤집어지는 기리패의 판세를 확인한 다음 고를 부를 수 있는 규칙이 있다. 92년 대통령 선거에 낙선한 뒤 대통령 불출마 선언을 했다가 이후 번복한 것을 꼬집은 것이다.

'홍·삼고스톱' '아이엠에프(IMF)고스톱'은 회사원들을 중심으로 유행하기 시작하였으며, 돈을 다 잃게 되면 돈을 빌려준 사람이 시키는 대로 게임을 해야 하는 굴욕적인 고스톱으로서 어떤 패를 내놓고 가질 것인지, 점수가 났을 때 '고!'나 '스톱!'을 하는 모든 결정을 아이엠에프(IMF) 당시처럼 물주가 시키는 대로 해야 하는 경우이다.

'노무현고스톱'은 매번 판이 시작될 때마다 별도의 판돈을 기금으로 모은 뒤, 멧돼지가 들어 있는 홍싸리 4장을 모두 먹는 사람이 돈을 차지한다. 노대통령이 선거 당시 '희망 돼지'로 기금을 모았다는 점에서 착안하여 만들어진 것이고 대신 이렇게 받은 돈의 절반은 가장 많이 잃은 사람에게 나눠주어야 한다.

'라덴고스톱'은 미국 보스턴의 무역센터 테러범으로 지목받고 있는 '오사마 빈 라덴'의 이름을 딴 것으로 '고!' 한 사람이 먹은 약을 '자뼥'을 통해서 다시 빼앗아 오게 됨으로써, 기습적인 테러로 치명타를 가하는 고스톱 방식을 말한다.

고스톱에 나타나는 풍자를 분석하면 당시의 시대상을 한눈에 알 수 있다. 이와 같은 고스톱은 규칙이 상당히 다양하고 탄력적이기 때문에 놀이를 시작할 때는 반드시 놀이에 참석한 사람들끼리 먼저 어떤 규칙을 정할지를 상의해서 결정한 뒤 게임에 들어간다.

일본에 유입된 유럽산 카르타가 국가의 지속적인 도박 금지로 인하여 변형된 형태의 지방 후다가 생겨났듯이, 한국에서는 불안한 사회 정세가 풍자 형태로 고스톱에 반영되어 다양한 변형고스톱이 생겨나게 된 것이다. 고스톱 기능의 파생 양상은 〈표 4-15〉와 같이 무한대로 확산이 가능하다.

〈표 4-15〉 고스톱 기능의 파생 양상

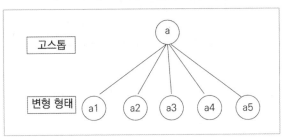

고스톱에 나타나는 풍자를 분석하면 당시의 시대상을 한눈에 알 수 있다. 고스톱은 종류가 무수히 많기 때문에 놀이꾼들은 반드시 놀이를 시작하기 전에 규칙을 먼저 정해야 한다.

첫째, 1990년 이후의 고스톱은 쌍피의 종류가 늘어나면서 피가 알짜보다 중요하게 취급되는 가치 전도의 현상이 나타나게 된다. 초창기에는 쌍피라는 규칙이 없었다. 단지 국화 열이 피나 열 어떤 용도로도 쓸 수 있는 정도였다. 그러나 최근에는 국화 열, 똥피, 비피 외에 1~3장의 조커(Joker)라는 별도 가문의 화투를 쌍피로 취급하면서 전체 피의 숫자가 원래의 26장에서 29~35장으로 늘어났다.

특수패는 대부분 고스톱에 사용할 용도로 제작한다. 흔히 조커라 불리는 상표패는 기본 사양이고 이외에도 투피라 불리는 쌍피용 패가 따로 있는 경우도 있고 피 3장에 해당하는 쓰리피, 사용 시 상대로부터 피 한 장씩 뺏어오는 축하피 등이 기본 사양이다. 이외에도 광, 멍, 띠로 사용 가능한 패들도 제작한다. 쌍피나 축하피 등 고스톱용 기능을 인쇄한 패는 2000년대 이후에야 나오기 시작한 것이고, 그 전에는 그냥 제조사 상표만 찍힌 패가 두어 장 들어 있었다. 원래 용도는 패를 잃어버렸을 때 대신 쓰라고 넣어 준 것이라 48장 짝이 다 맞으면 쓰지 않던 패인데, 고스톱이 널리 퍼지면서 점수를 키우기 위해 예비 피까지 다 넣고 피나 쌍피로 쓰기 시작하여 이제는 넣고 치는 것이 기본이 되었다.

혼히 쌍피 기능으로 많이 쓰이는데, 위 사진처럼 면광패의 경우 말 그대로 상대는 광으로 점수가 났는데 자신은 광이 없어도 이 패를 가지고 있으면 광박을 쓰지 않게 된다. 단, 이 면광패는 단지 광박을 면하게 한다는 것 외에는 어떻게 사용하라는 것인지는 명시되어 있지 않기 때문에 사전에 사용법을 정할 필요성이 있다. 예를 들어, 면광패 본연의 기능이 필요 없게 된 상황이라면 9열끗처럼 쌍피로 옮겨놓을 수 있는 규칙이라거나, 혹은 또 하나의 광으로 취급해 일반광 2개와 면광패 조합을 3광으로 인정한다거나 하는 등이다. 상표만 찍혀 있거나 어떤 기능이 인쇄된 패라도 어떤 용도로 쓸 것인지는 놀이를 진행하기 전에 정하기 나름이라서 서양 카드의 조커 패와 같은 용도이다.

이것은 이전에 소수의 독재세력과 독점세력에 의해 좌우되던 사회적 상황이 민주화의 과정을 통해서 피지배층으로 인식되어 온 민중의 힘이 정치적·사회적으로 증대되는 것과 동일한 성격을 갖는다. 60~70년대의 육백이나 나이롱뽕에서 차지하던 절대자인 광(光)의 세력이 약화되면서 민중인 피의 세력이 강화된 현상을 반영한 것이다.

둘째, 현대의 고스톱은 70년대 초 도입된 설사, 판쓸이, 동시패션, 쪽 등과 같은 것이 일반화되면서 피의 이동에 의해 판의 흐름이 매우 불규칙해졌다. '이호광'은 정치인에 대한 비판의식이 고스톱에도 반영되고 있다며, '설사'나 '싹쓸이'를 했을 때의 규칙을 정할 때 '피'를 몇 장 줄지를 대상 인물이 당시에 처한 정치적 배경에 빗대어 정함으로써 시대상이나 해당 인물을 풍자하고 있다고 하였다. 내일을 예측할 수 없는 정치가들의 이합집산 현상도 반영된 것이다. 상황에 대한 적절한 대응만이 생존을 보장받는 사회현상이 고스톱으로 표현된 것이다.

당 시대의 정치적 상황을 풍자한 '전두환 고스톱', '노태우 고스톱' 등 전직 대통령들의 인명을 부여한 변형고스톱이 생겨났다. 대통령뿐만 아니라 오공비리와 전직 대통령의 세 아들을 빗댄 '홍·삼 고스톱'까지 유행한다. 이 규칙은 홍 석장과 홍단이 있으면 다른 사람이 먹은 것을 다 뺏을 뿐 아니라, 다음 판에서 져도 돈을 내지 않는다고 한다.

이외에도 5·17로 '3김'과 함께 많은 정치인들이 부정 축재자로 몰려 정치 일선에서 물러나자 '싹쓸이'라는 고스톱 용어가 등장했으며, '오는 말이 거칠어야 가는 말이 부드럽다'라는 신종 속담이 생겨나는 등, 신종 고스톱은 당 시대를 조명하는 거울 역할을 한 것이다.

셋째, 요행을 기대하는 현대인들의 심리가 새로운 규칙으로 반영되었다. 고스톱을 즐기는 사람들의 대부분은 상대방의 실수를 고대하고, 자신의 행운을 빌고 있다. 그들은 급변하는 사회 여건 속에서 자기 생존을 위해 필요한 예측능력과 적응 능력을 키우기도 하지만, 자신의 의지와 상관없이 발생하는 상황에 대해서는 자신의 요행과 상대방의 실수를 바라는 것이다. 따라서 점수가 배로 주어질 수 있는 기회, 즉 흔들기, 피박 씌우기, 광박 씌우기 등도 많아지게 된다.

고스톱 규칙 중, '박'이라는 독특한 개념을 만든 것을 볼 수 있다. 그냥 점수를 내는 것만으로 긴장이 안 되니까 점수를 2배로 불릴 수 있는 규칙을 넣은 것이다. 빨리 스톱한 사람에게는 그만큼의 특권이 돌아가기 마련이다. 또한 고를 많이 해서 박을 잡지 못하는 '3고'에게도 점수를 2배로 불릴 수 있는 기회를 주어 공평하게 만든다. 그런데 '박'규칙을 적용하면서 3명이서 칠 때, 다른 족보(고도리, 홍단, 청단, 초단)처럼 광이 3장 밖에 없다면 무조건 다른 사람들은 박에 걸리게 된다. 그러면 광에 너무 큰 비중이 주어지게 된다. 결국 한 명이 광을 3개 모아서 점수가 나도 상대방에게 광박을 면할 기회를 주기 위해서 2장을 더 만든 것이라고 볼 수 있다. 그러므로 고스톱은 공평성을 잘 다룬 놀이라고 볼 수 있다.

이는 동일한 승점이 상황에 따라 몇 십 배로 확대될 수도 있게 된 것이다. 자본주의적 생존 경쟁이 판쓸이 등을 통해 피를 뺏고 뺏기는 상황을 만들어 냈고, 80년대 초 어음부도 사건을 일으킨 부부의 이름에서 온 '이, 장 고스톱'이나, 삼풍고스톱, IMF고스톱, 라덴고스톱, 2차 오일쇼크, 10·26사태, 12·12사태, 5·18광주 민주항쟁, IMF사태 등, 사회적으로 이슈가 되는 대형 사건들은 고스톱 판에서 새로운 규칙으로 만들어졌다.

이처럼 고스톱 판에서 새로운 규칙들이 일반화하게 된 것은 불안정한 사회 환경 속에서 나타나는 치열한 생존 경쟁을 풍자로써 반영했기 때문에 가능했던 것이다. 고스톱 용어 역시 경제적 상황을 반영한 판쓸이, 싹쓸이, 설사, 바가지, 독박, 쇼당 등 언제 상황이 뒤바뀔지 모르는 기능을 가진 새로운 규칙들이 계속 생겨났던 것이다.

넷째, 놀이꾼들이 불리한 성격의 패를 흔들어 큰 점수를 얻고자 모험을 감행하는 것은 1980년대부터 사회적 문제로 불거진 부동산 투기 등의 한탕주의가 만연한 사회적 분위기를 반영한 것이다. 따라서 비와 오동가문의 상대적인 불리함을 보전해 주기 위한 초창기 고스톱의 배려가 사라지면서 투기성이 한층 높아진 무한 경쟁이 시작된 것이다. 더욱이 석장을 처음에 흔들지 않고 숨기고 있다가 판이 진행되는 도중에 바닥에 깔린 한 장을 먹으면서 외치는 폭탄은 고스톱의 예측 불가성과 투기성을 한층 높였다. 이호광은 저서 『고스톱백과: 고스톱 세태 비평서』(2003)에서 한국사회에 만연한 '한탕주의'도 고스톱 놀이에 반영되어 있다고 하면서 다음과 같이 피력하였다.

최근 유행하는 고스톱의 규칙을 보면 종전의 고스톱과는 판이하게 다르다. 큰 점수를 유도하는 규칙이 많이 적용되고 있다. 사실 우리 사회는 아직 땀 흘리는 대가의 보상이 충분하지 못하다. 거기에 비해 부동산 투기 등으로 한탕에 부(富)를 축적하는 졸부는 줄지 않고 있다. 따라서 대중은 경제적 충족을 흘린 땀과 비례하는 것이 아니라 한탕의 찬스에 기대를 걸고 있다. 고스톱에 큰 점수가 나도록 자꾸 규칙을 배가시키는 것도 그러한 불로소득의 심적 바탕에 이루어지는 것이다.

초기 형태의 고스톱과 최근의 고스톱 특징을 명칭과 규칙으로 살핀 결과, 1970년대의 고스톱은 육백이나 나이롱뽕이 갖고 있는 상공업사회의 권도적 질서의식이 많이 반영되었다. 이에 반해 1990년대 이후의 고스톱은 1970년대의 고스톱보다 투기적 요소가 강화되어 권술적 성격이 두드러지게 나타난 것이 특징이다. 즉 고스톱 변천사의 가장 큰 특징은 자본주의적 경쟁이 치열해지는 것과 함께 투기적 성격의 권술적 질서의식으로 변화되는 것을 반영한 것이다. 이는 사회적 환경이 복잡해지면서 의외의 사건들이 돌발하여 대형 사고를 유발할 수 있다는 것을 반영하는 동시에 새롭게 제공되는 기회들에 모험적으로 도전함으로써 한 번에 모든 것을 해결하려는 한탕주의, 한건주의 등과 연관되어 있다. 이후 1980년대 군부 독재 시절에 풍자문화의 한 장르로서 시중에 크게 확산된 것으로 보인다. 고스톱이 확산된 3대 요인으로 사행심과 풍자문화, 그리고 다양한 규칙 등을 들 수 있다. 고스톱의 구성 요소를 도식으로 제시하면 〈표 4-16〉과 같다.

〈표 4-16〉 고스톱의 구성 요소

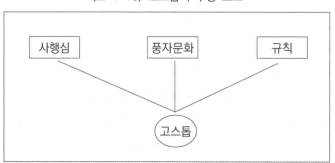

고스톱이 국민 오락으로 자리 잡게 된 데는 사회적인 풍자가 중요한 요인이다. 고스톱의 특징은 사회적 현상들이 직접적으로 놀이 방식에 옮겨진 것이다. 이처럼 고스톱에 당시의 사회상을 직접적으로 풍자하는 새로운 규칙이 끊임없이 등장할 수 있었던 배경은 고스톱이 많은 사람들이 일상적으로 즐겼던 놀이라는 점에 있다. 반면에 고스톱처럼 대중성과 일상성을 동시에 겸비하지 못한 다른 놀이는 아무리 새로운 놀이규칙이 창안되더라도 그 놀이가 일상적인 놀이가 아니므로 대중화에는 한계가 따른다. 따라서 늘 일정한 규칙만을 가지고 있을 뿐이다. 화투의 전개 요소를 도식으로 살피면 아래의 〈표 4-17〉과 같다.

〈표 4-17〉 화투의 전개 요소

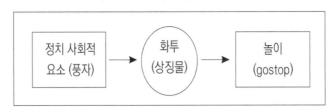

화투가 고스톱이라는 놀이 방식을 통하여 국민적 오락이 될 수 있었던 요인은 사회를 대변하는 풍자를 기능에 접목하면서 기능의 진작을 이루었기 때문이다. 결국 화투의 기호물은 고전서사와 현대서사를 적절히 활용하여 대중문화의 기호를 띤 상징물을 만들어 낸 것이다. 대중문화의 특징은 이야기의 줄거리보다 기호물의 이미지에 대한 관심으로 나타난다.

결국 화투의 기호물은 고전서사와 현대서사를 적절히 활용하여 대중문화의 기호를 띤 상징물을 만들어 낸 것이다. 대중문화의 특징은 이야기의 줄거리보다 기호물의 이미지에 대한 관심으로 나타난다. 고스톱을 한다는 것은 이 이미지의 흐름, 즉 상징이 나타내는 숫자를 찾아가는 놀이다. 고스톱은 상징을 통해 숫자 기능을 강화하기 위해서 많은 사람들의 관심꺼리가 되고 있는 사회 문제를 풍자로 도입하게 된 것이다. 이것은 입력→은닉층

→출력 절차를 밟는다. 즉 은닉층을 상정한 신경망 모형 절차와 일치한다. 의미 모형은 이미지 산출 이전의 이미지와 구별되는 일체의 기능적 이미지들의 집합이다. 따라서 이 단계는 잠재적인 층위에 머물고 있으며, 이 의미 모형에 따라 이미지를 현실화시킬 수 있게 되는 것이다.

얼릭 나이서(Ulric Neisser)는 전이과정의 도식을 생물학적 관점에 비추어 신경계의 일부에 비유하며, 계획 실행자로서 행동을 위한 패턴이라고 정의하였다. 놀이방식의 의미 모형은 이미지 산출 이전의 이미지와 구별되는 일체의 기능적 이미지들의 집합이다. 따라서 화투로 입력된 단계는 잠재적인 층위에 머물고 있으며, 이 의미 모형에 따라 이미지를 현실화시킬 수 있게 된다. 이와 같은 고스톱의 놀이 방식이 나타내는 전이과정을 도식화하여 나타내면 〈표 4-18〉과 같다.

〈표 4-18〉 고스톱 놀이방식의 전이과정

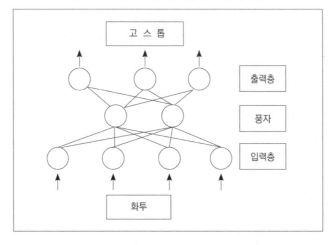

고스톱의 전개 양상을 분석한 결과 풍자가 놀이 방식에 극대화를 이루게 한 요소가 된 것임을 한 번 더 확인할 수 있었다. 고스톱은 도안물의 형태가 아니라 사회적인 풍자가 놀이 기능에 반영된 것이다. 즉 고스톱에서는 풍자가 다양한 놀이 기능을 담당하였고, 이 기능이 극대화를 이루어

한국형 오락이 만들어 질 수 있었던 것이다. 화투는 하나후다처럼 그 도구 자체 즉 하드웨어의 시스템에는 거의 변화를 주지 않았으나, 소프트웨어 즉, 그 도구를 이용한 프로그램에 풍자로써 다양한 변화를 시도하면서 명맥을 이어왔다.

고스톱은 화투와 같은 서사 구조에서 출발하였지만, 당위성을 인정하는 기존의 놀이 방식에 풍자를 가미하여 고전서사의 구조를 조정할 수 있게 한 것이 달라진 점이다. 풍자는 진부한 고전서사의 구조가 제공하는 지루함을 극복하고 있다. 여기에 대중성을 확보하는데 필요한 발달에서 결말에 이르는 시간을 적절히 배분하여 재미를 더하였다.

이것은 이미 텍스트 상에서 통사적 기능을 이완시키고 계열체는 강화하여 시퀀스를 강화한 전략을 세우고 있는 것이다. 시퀀스방식은 수용자의 참여를 유도하여 문화산업의 가능성을 크게 확장하는 데 일조한다.

화투 역시 내기 속성 때문에 비교 대상인 마조, 골패, 수투, 투전, 카르타, 하나후다 등의 6개 재매개체들처럼 단속의 대상이 된 적이 여러 번 있었지만, 한국 사회의 특수한 요소가 적용되었다. 유럽에서 유입된 카르타가 도박금지령을 피하기 위하여 만들어진 하나후다처럼 도안물 표면에 변형을 일으키는 일은 생기지 않았으나, 저급하다는 인식, 노름놀이, 일본 것이라는 등의 부정적인 방해 요소가 크게 작용했음에도 불구하고 놀이 규칙 기능에 '풍자'라는 해학적이고도, 사회비판적인 요소를 도입하여 기능에 극대화를 이루며 한국화하여 토착화를 이룬 것이다.

4.2.3. 고스톱의 문화기호가 사회에 미친 영향

앞에서 살펴보았듯이 화투와 하나후다의 도안에 표출되는 소재는 상징물과 등장물로 구별된다. 하나후다 도안의 '등장물' 가운데 실제 존재하는 자연물로서는 고전시가나 풍속도에서 사용되는 '화조풍월류'이다. 그 외에도 인물이나 실제 존재하지 않는 생물, 신 등을 등장물로 삼았다. 실존하지 않는 생물이나 신의 경우에는 당 시대 관심의 대상이던 봉황이나 일본의 팔만신(八萬神)을 희화된 작품 세계로 이끌어 등장물로 삼았다. 이처럼 역사적인 배경과 사실성을 담고 있는 하나후다는 미비한 부분은 있지만, 전통문화 기호물군으로 형성되어 있었다.

이에 반해 화투 도안에 나타난 '화조풍월류'가 이루는 정서의 양상을 고찰한 결과, 도안의 소재는 사계절을 기조로 하되, 고시조나 한국화 등의 전통문화와 별 상관없이 놀이를 가늠하는 척도로만 삼았을 뿐, 놀이의 발전 과정에 별다른 영향을 미치지 않았음을 알 수 있었다. 비교 대상의 하나후다보다 더 단순 간결하게 만들어져 있으며, 대중문화에서 이미지가 부여된 동물이나 사물, 가상의 존재물이나 우화 등의 이야기가 각색되어 상징물로 표현되고 있었다. 이러한 상징물들은 유행어나 일상생활에서 빗대는 말로 자주 이용되기도 하며 놀이문화를 대변한다. 화투 역시 내기 속성 때문에 국가의 단속 대상이 된 적이 여러 번 있었지만, 하나후다처럼 도안에 변형을 보이지는 않았다.

놀이의 특성상 쉽게 전파되는 특성을 지닌 유럽산 카르타는 일본에서의 변형과정을 거치면서 한국의 화투가 되었다. 한국에서 새로운 놀이문화기호로써 자리를 잡은 화투는 기능면에 '풍자'를 도입하여 고스톱놀이에서 수많은 다양한 놀이 방식을 만들어 낸다. 이렇게 화투에서 기능이 재생산된 고스톱은 이미 중국을 비롯한 전 세계로 빠르게 확산 중이다.

고스톱의 확산 양상을 살피면 다음과 같다. 세계 최대의 인터넷 사이트 야후는 영문으로는 최초로 고스톱 게임을 개발하여 서비스를 제공하고 있다. 네트워크의 발달을 통해 비주얼 소프트의 pc게임인 비주얼 고도리 1.0 버전의 발표(1998) 이후 pc게임 부문에서는 2010년까지 1000만 Copy 이상이 비주얼 소프트의 홈페이지를 비롯한 셰어웨어 사이트를 통해 다운로드 되었다. 이는 오프라인 화투의 인기도가 디지털 게임으로 전이(transfer)된 것이라 할 수 있다고 하였다.

일본 최대의 포털 사이트인 야후 재팬(Yahoo Japan)에서는 고스톱의 각 용어를 영문으로 번역하지 않고 'pibak(피박)', 'gwang(광)' 등의 한글 용어 그대로 표현하면서 메인 페이지에 서비스되고 있다. 더불어 일본 엔티티(NTT)그룹에서 운영하는 일본 2위의 포털사이트 구(goo)에서도 한국에서 개발한 고스톱게임을 한국 발음인 피박(ピバク), 광(クアン)등을 그대로 표현하며 제공하고 있다. 일본의 1, 2위 포털 사이트가 모두 국내 인터넷 게임 업체인 국내 인터넷게임 업체인 한게임(han game)이 개발한 고스톱게임을 인터넷을 기반으로 하는 온라인 보드 게임으로 서비스하는 현상을 볼 수 있게 된 것이다.

또 한편으로는 핸드폰상의 모바일 게임으로도 만들어져서 현재 널리 사용되고 있다. 반면 화투와 비교되는 하나후다는 일본의 게임메이커인 닌텐도가 현재까지도 비디오게임이나 오락실용 게임 등으로 다루고 있기는 하나 실제 호응도는 그다지 많지 않다.

화투를 다양한 기능과 규칙을 만들어서 흥미 있는 국민 오락으로 발전시킨 한국과 달리 일본에서 하나후다는 거의 잊혀져가는 놀이로서 대중적인 오락으로 실제 접하기는 쉽지 않다. 일본에서 화투가 도입된 지 110~120여년 만에 온라인 게임이 된 한국의 고스톱 열풍이 디지털로 일본에 역수출되는 상황에 이르게 되었다. 화투의 그림이 일제와 관련이 있는 것은 사실이지만 고스톱 놀이 자체를 일본의 식민지 잔재라고 할 수는 없다. 고스톱은 강제적으로 전파된 것이 아니고 우리의 주체적인 선택과 수용으로 이루어졌기 때문이다. 화투가 많은 대중의 지지를 받는 것은 바로 민중성 때문이다. 화투의 상징물에서 읽어내는 내용이나 규칙은 일본 전통기호의 내용을 답습한 것이 아니라 기능의 필요에 따른 것이다. 화투는 하나후다와 달리 공간적인 요소와 구성 인원이 언제든지 바뀔 수 있었기 때문에 그 대상이 광범위할 수 있었던 것이다. 화투는 어디까지나 놀이문화기호가 중심이다. '광, 열끗, 띠, 피' 등의 일본식 발음은 '복패, 대패, 중패, 졸패'로 구분하고, 명칭도 우리식으로 변경한 한국형 화투인 '한투(2006)'가 있다.

한투는 우리의 사계와 신화 염원을 소재로 활용하여 기존 화투의 틀을 완전히 벗어나 새로운 한국적인 이미지와 이야기를 담았다. 광 대신에 우리나라 사람들이 가장 좋아하는 복을 무궁화 모양으로 꾸몄으며, 5복을 사방위에서 지키는 수호진 좌청룡, 우백호, 남주작, 북현무와 중앙을 의미하는 사람들로 5광을 대신하였다. 또한 기존 화투의 홍단, 청단, 초단의 띠를 우리 전통 휘장인 두루마리 휘장으로 대체하였고, 용어도 신라, 백제, 고구려로 변경하였다.

한국형 화투인 한투에서는 기존 화투의 부정적인 선입견에 대한 대안으로 기존의 도안 대신에 한국적인 정서를 지닌 사군자나 민화로 도안의 내용물을 바꾸기를 제안하고 있다. 예를 들면 12월 비 가문에 일본 서예가 오노노도후 이야기 대신에 한석봉과 어머니 이야기로 바꾸어 일제의 잔재를 청산한다는 시도를 하고 있다고 한다.

이러한 움직임은 전통문화에 대한 추구가 강했던 1980년대 민간문화단체를 중심으로 일었다. 그런 분위기 속에서 탄생한 것이 바로 88올림픽 공식화투이다. 88올림픽 공식화투는 우리 주변에 보이는 풍경과 옛 역사를 바탕으로 한 새로운 디자인으로 고안되었다. 일본 국화인 벚꽃(3월)이 덕수궁 돌담 위의 철쭉으로 바뀌고, 천황을 상징하는 오동의 봉황(11월)이 승천하는 용으로 대체되었다. 비광(12월)의 일본 서예가와 개구리는 방랑시인 김삿갓과 까치로 변모했다. 그러나 88올림픽 공식화투는 파격이 지나쳤는지 '화투 치는 스릴이 없다'는 평가 속에 곧 자취를 감추기는 하였으나 화투도 한국적 문화로 탈바꿈시킬 수 있다는 가능성은 남겨 놓았다는 평가를 받고 있다.

88올림픽 공식화투가 뿌린 씨앗이 빛을 본 것이 최근의 패션화투이다. 패션화투는 기존의 화투를 십장생, 호랑이 해태 등 한국 전통 기호와 다양한 민화적 캐릭터로 재구성하였다. 이중, 인터넷 쇼핑몰에서 사군자화투, 미나투, 용쟁화투 등이 불티나게 팔려나가 화제가 되었다. 사군자화투는 사이트도 있다. 특히 조선시대 민화를 모티브로 삼은 미나투는 화투 디자인에 한국적, 세계적, 독창적인 요소를 심어 이를 확산시키려는 목적에서 개발되었다고 한다. 한국적인 이미지와 아름다운 색채를 인정받아 서울시 '문화관광상품 공모전'에 입상하기도 했다.

이 가운데 '개벽화투'는 한국적인 정서를 느낄 수 있는 그림을 화투 패에 넣었다. 예를 들면 벚꽃이 그려진 3월 화투패는 진달래로 바꿨고, 보름달이 그려져 있는 8월 화투는 대구의 팔공산이 배경이다. 12월 화투 패는 황진이가 대나무 밑에서 우산을 받고 있는 모습으로 대신하였으며, 화투에 표기된 광(光)은 태극무늬로 바꾸었다. 이와 같은 현상 역시 화투에 대한 긍정적인 관심의 발로로 보인다. 앞으로도 적극적인 관심의 표현이 필요하다고 생각한다. 표층구조에서 이처럼 도안의 다양화를 모색해도 숫자를 이용하는 기능의 하드웨어는 그대로 계승·유지된다.

화투와 관련하여 만든 영화나 드라마 애니메이션도 등장하였다. 한국 쪽에서 만든 화투 관련 영화는 화투 도박꾼을 소재로 하여 관객 680만 명을 동원한 타짜(2006)를 들 수 있다. 화투를 오락으로 보는 것이 아닌 도박으로 변질되는 것을 보여 준 영화이다. 화투를 주제로 한 '타짜'가 흥행에 성공했다는 사실은 화투놀이가 도박으로 변질된 세태를 반영한 것이라고 할 수 있다. 영화 '타짜'는 2008년도에 TV드라마로도 제작되었다.

일본에서 만든 화투 관련 애니메이션으로는 호소다 마모루(細田守) 감독의 '썸머워즈'를 들 수 있다. 이외에도 한국의 고스톱은 전 세계로 빠르게 확산 중이다. 중국에서는 전통적으로 마작이 유기오락도구의 대표적인 역할을 수행하고 있지만 1992년 한·중 수교 이후에 국내를 방문하는 조선족들과 중국을 방문하는 한국인들이 늘어나면서 한국식 화투가 본격적으로 중국에 전파되기 시작하여 현재 중국 내 고스톱 인구는 약 300만 명 정도로 추산되며, 해외여행자와 교포들을 통해 전 세계적으로 확산되고 있으며, 고스톱이 인터넷을 기반으로 하는 온라인 보드게임으로 개발되어 화투의 확산 추세는 가속화되고 있다.

이종호는 저서 『신토불이 우리 문화 유산』(2003)에서 서양 카드인 트럼프는 세련된 것이고 화투의 고스톱은 비천한 것으로 인식하는 것부터 바로잡자고 주장하였다. 화투는 현재 한국에서 고스톱이라는 놀이방식을 통하여 국민 오락으로 자리 잡고 있다. '한국응용통계연구소'가 실시한 설문조사에 의하면 고스톱은 최대의 국민 오락으로 성장하여 인터넷 게임으로는 10대 이상의 성인 남성 93%와 성인 여성 80.6%가 할 줄 안다고 응답하였다. 고스톱이 확산되고 있는 사회풍조에 대한 견해를 설문조사한 바에 의하면, '바람직하지 않지만 어쩔 수 없다'가 60.4%로 가장 높다. '바람직하지 못하므로 없어져야 한다'가 26%, '바람직하다'가 13.6%로 나타났다. 고스톱을 인정하는 비율이 74% 정도로 높게 나타난 것은 고스톱 자체에 대한 관심과 흥미가 높다는 것을 의미한다.

더욱 흥미로운 사실은 최근 들어 여가 시간에 즐길 수 있는 대형 놀이동산이나 그밖에 가족 놀이를 할 수 있는 시설들이 많이 생겨났음에도 여전히 고스톱에 대한 관심은 높다는 것이다. 현재까지도 계속되는 도박 단속과 저급하다는 이미지를 그대로 가져가면서도 고스톱이 국민 오락이 될 수 있었던 요인은 사회를 대변하는 풍자를 기능에 접목하면서 기능의 진작을 이루었기 때문이다.

4.2.4. 고스톱의 존재론적 기능 문제

화투의 놀이 방식 중 하나인 고스톱은 오락문화의 창의성을 상징하며, 당 시대의 정치와 사회상을 반영하는 한국적인 오락문화로 발전하였다. 그러나 2010년 현시점에서는 도안물에 대한 정체성 문제 이외에도 고스톱을 둘러싸고 발생되는 사회문제이다.

고스톱으로 인한 건전한 여가선용의 부적응과 내기의 정도가 심해져서 도박으로 변질되어 가는 것이다. 앞의 본 저서 연구목적에서 밝혔듯이 화투가 지닌 문제점 세 가지 중 내기 성향의 속성을 지녔기 때문에 발생하는 문제점 및 여가선용 문제는 본고의 도안물 비교 연구 방향과 직접적인 연관성은 적으나 따로 떼어 구분할 수 없는 본질적인 요소이므로 고스톱의 존재론적 기능의 문제를 다루는 이 부분에서 화투가 나아가야 할 방향성도 함께 다루고자 한다.

현재 화투에 대한 부정적인 인식을 갖게 된 계기를 전통사회에서 근세 산업국가로 넘어가는 시점에서의 여가선용 문제와 맞물려 살피고자 한다. 화투놀이는 으레 돈을 걸고 하는 놀이로 인식된 것은 1970년대 후반 이후 경제적으로 여유가 생기면서 부터이다. 오늘날에는 투기성의 정도가 나날이 심해져서 원래의 놀이 목적에서 벗어나 도박으로 변질됨으로써 여러 형태의 사회문제까지 야기 시키고 있는 실정이다. 이는 그만큼 우리나라의 사회적, 경제적 환경이 급변하고 있음을 나타내는 반증이기도 하다. 국민 오락이라고 불리는 고스톱은 그 다양한 게임방식으로 인해 급속도로 전국에 확산되는 현상을 보이고 있지만 내기를 걸지 않는 화투놀이는 거의 찾아보기 어렵게 되었다.

현재 고스톱 때문에 발생하고 있는 문제점들을 여가와의 관계, 사회를 이끌어가는 다양한 인적 구성원들의 관계, 화투의 존재론적 기능 등, 크게 세 가지로 분류하여 그 문제점을 해결하는 방안에는 무엇이 있으며 어떠한 문제와 맞물려있는지를 살피고자 한다.

첫째, 현재 고스톱 때문에 발생하는 폐해 중 하나는 노동력을 저해하고, 능률을 떨어뜨리는 것이다. 그러나 고스톱은 여가시간에 즐기는 놀이이다. 즉 여가는 노동의 능률을 높이고, 여가의 존재 의의를 고양시킬 수 있는 상승적 상호관계이어야 한다.

둘째, 고스톱 때문에 발생하는 또 하나의 문제점은 내기 고스톱으로 인해 구성원들 간의 관계가 악화되거나, 놀이에서 일부 구성원을 아예 소외시키는 여가활동 양상을 보이는 것이다. 그러나 바람직한 여가는 다양한 수준의 사회 구성원들과의 관계를 유지·고양시킬 수 있는 것이어야 한다. 산업사회에서 일반인들의 공동체 단위라고 하면 직장을 비롯하여 유기적 연대에 입각한 공동체, 그리고 가족 간의 유대적인 관계라고 할 수 있다.

셋째, 화투의 존재론적 기능의 문제이다. 만약 고스톱을 통해서 인간성이 거칠어지고 서로 신뢰감을 잃으며 그릇된 가치관이 형성된다면, 오히려 반여가가 되는 것이다. 화투를 통한 여가는 단순히 시간만 보내는 것이 아니라 여가 주체의 삶에 보다 나은 활력소가 될 수 있어야하며 삶의 질을 고양시켜줄 수 있어야 한다.

위에서 살펴본 기준에 비추어 볼 때, 현재 놀이되고 있는 고스톱은 적적한 여가선용(餘暇善用) 수준에서 이루어지고 있다고 보기 힘들다. 그렇다고 지금처럼 고스톱을 비난하고 화투놀이꾼들을 부적절한 놀이꾼으로 매도하고 명절 때마다 각성을 촉구해야 옳은 것은 아니라고 생각한다.

고스톱의 성행과 여기에서 발생하는 문제점들 역시 사회·문화적인 문제와 연관되어 있다. 이들 사회·문화적인 문제가 해결되지 않고서는 명절 때마다 매스컴이나 대중 매체를 통하여 아무리 각성을 촉구해도 비슷한 성격의 다른 놀이로 대체할 수는 있어도 고스톱류와 같은 내기놀이는 사라지지 않을 것이다. 그 해답은 여가놀이로서 고스톱의 대중화 요인과 놀이원리의 변화에 나타난 사회적 양상을 분석해내는데 있다고 본다.

한국에서는 이미 대중의 놀이문화로 자리매김을 한 화투에 풍자라는 요소가 놀이방식에 접목되어 기능이 진작하여 기능의 극대화를 이룬 것이 고스톱이다. 일제 강점기에 화투놀이를 확산시켰다는 선입견 때문이라면 화투는 최우선적으로 없어지거나 없애는 것이 당연하다. 그럼에도 불구하고 살아남아 한국에서 많이 이용하는 놀이가 된 가장 큰 이유는 첫째, 오히려 놀이에서 일본어를 저급한 표현에 써가며 놀이도구로 논다는 희열이 있었고, 둘째, 내기성향이 뛰어난 속성과 많아진 여가시간이라는 시대·사회상과 맞아떨어진 부분이 있었다. 셋째, 놀이 기능에 풍자가 도입된 요인 때문이다.

화투는 현재까지도 놀이 방법이나, 구성, 규칙 등에 풍자라는 요소를 도입한 고스톱 형태로 지속적인 인기와 기능의 발전을 보이고 있는 실정이다. 풍자라는 요소를 도입하다보니 대중성과 민중성을 띠게 되었고, 끊임없이 현실적인 문제와 달라지는 사회상, 정치상이 반영되므로 고스톱의 규칙은 앞으로도 무한정 만들어내질 것으로 추정하는 것은 어렵지 않다.

현재 화투가 가진 부정적인 인식은 일제 강점기에 의도적으로 한국에 전파시키려고 했다는 역사적인 배경도 있지만, 이외에도 화투가 지닌 내기 속성과 산업화되면서 생긴 여가측면에서의 문제점이 맞물려서 생긴 부정적인 인식이 오늘날까지 이어지게 된 것이다. 그럼에도 불구하고 오늘날까지 화투 자체에만 국한하여 문제가 있는 것으로 오인(誤認)하는 것은 적절치 않다.

다각적인 시도를 통하여 화투가 유입된 지 120여 년이 지난 지금까지도 화투의 도안 소재에 대하여 일본의 내용만 이야기하는 모순된 부분도 바로 잡고, 사람들이 모이는 곳에서는 어디서든지 손쉽게 놀이가 이루어지는 고스톱이 건전한 놀이문화로 정착할 수 있도록 화투에 대한 가치를 새롭게 인식할 필요가 있다고 생각된다.

본 저서에서 분석의 기준이 되는 화투에 영향을 미친 재매개체들을 내러톨로지(narratology)와 루돌로지(ludology)로 분류하여 내러티브 구조를 분석하여 그 결과를 개별 텍스트의 특성과 함께 비교한 결과, 화투의 재매개체인 마조와 화투는 스토리가 재매개되는 과정에서 개선양상을, 골패는 변형양상을, 카르타는 교체양상을, 수투와 하나후다는 개조되는 양상을 보였다.

제5장

화투의
기호학적 분석

제5장

화투의 기호학적 분석

　본 저서에서 하나후다의 1월부터 12월까지의 도안에 등장하는 등장물의 소재(素材)를 일본의 고전시가에 나오는 '계절어'의 소재와 대조하여 분석한 결과 도안물에 사용된 소재가 전통문화로 분류되는 기호물군인 것을 재확인할 수 있었다.

　화투 역시 1월부터 12월까지의 사계절을 도안의 소재로 삼고 있으므로, 하나후다와 유사하다는 평가를 받고 있는 화투의 역사성과 사회성을 분석하여 놀이에 나타나는 화투 도안물의 의미와 기능을 살펴본 결과, 화투의 성립 과정과 발달 과정에서 이 도안물에 대한 해석을 달리 하며 놀이 기능을 발전시켜왔음을 알 수 있었다. 앞서 살펴본 바와 같이 하나후다와 화투는 1월부터 12월까지의 문화 기호물군을 형성하고 있는 12세트의 도안물이 숫자 기능을 가지고 있으며 48장(1세트 4장X12) 구성이다. 이 구성은 원활한 놀이를 하는데 주요한 기능을 차지한다. 그리고 이 기능의 요소들은 문화와 맞물려서 한 개인이 임의로 선택하거나 대체할 수 없다는 점에서 아주 중요하다.

화투와 비교 대상으로 삼은 하나후다에 대한 도안물의 피상적 연구에 국한되어 있고, 의미 작용 부분에 대한 분석은 미흡하다. 또한 도안물을 심층적으로 표현하기보다는 재개물의 도안물 표현면에 치중하여 비교한 탓에 비교 대상으로 삼은 카르타, 마조, 골패, 수투, 투전, 하나후다, 화투 등, 재매개체인 여섯 놀이 도구의 도안물이 나타내는 의미와 그 기능의 차이를 형상화하지 못하고 있다. 내용이 없는 문화를 상상할 수 없듯이 내용물이 없는 도안물은 그 존재 자체가 주관적이며 감상적이라는 비판을 벗기가 어렵다고 생각되었다.

본고에서 분석 대상으로 삼은 화투의 재매개체인 여섯 놀이 도구의 외면적 특징은 그 놀이 도구들이 지닌 전체 구조 속에서 나타나는 내용물의 이미지와 융합되어야 비로소 조형적으로 해석될 수 있는 것이라고 생각한다. 그러므로 앞서 살펴본 3장과 4장의 분석 내용을 토대로 5장에서는 문화 전체를 기호 체계로 보고 그 발생을 연구하는 기호학을 이용하고자 한다.

5.1. 기호학적 접근방식에 의한 분석 틀

기호물 창작자는 도안의 내용물을 항목으로 지정할 때 구체적인 참조 사항과 연결하여 제시해야 한다. 그러므로 하나후다와 화투라는 텍스트를 통하여 전달되는 정보의 다양한 소통적 의미 가치를 새로운 관점에서 살펴보기 위해 본고에서는 두 가지 방법론을 선택하였다. 하나는 물질적 기호인 도안물을 매개수단으로 정신적, 심리적 전달 교류에 참여하는 다양한 요소의 복합적 의미 관계를 설명해줄 수 있는 텍스트언어학의 확장개념인 텍스트학이다. 본고에서 텍스트학은 하나후다와 화투의 도안물 유형이 갖는 특성을 확인하고, 그 도안의 문화기호 유형 속에 담겨진 콘텐츠를 읽는

데 적용하고자 한다. 또 다른 하나는 한 사회에서 사용되는 상징 형식들이 그 사회의 문화를 규명한다는 관점에서 기호의 의미 체계를 다룬 기호학이다. 기호학은 하나후다와 화투 도안물이 지닌 의미의 차이와 자질을 확인하는데 이용하고자 한다.

5.1.1. 도안물 분석을 위한 선행 연구 검토

하나후다와 화투의 도안물을 기호학적인 접근방법과 연계하여 고찰하기 위해서는 우선적으로 기호학적 생성구조에 대한 문헌연구를 검토할 필요가 있다고 생각한다. 그러므로 5.1.1.에서는 두 도안물을 기호화해 가는 과정에 적합하다고 판단되는 기호학적 방법론을 제시하여 하나후다와 화투의 문화 성향을 비교 분석하는데 필요한 논증을 뒷받침하고자 한다.

소쉬르는 언어기호를 사물과 명칭의 결합이 아니라 개념(concept=기의)과 음상(acousticimage=기표)의 심리적 두 극의 결합이라고 하였다. 예를 들면 나무라는 단어나 음상을 사람이 실제 나무를 머릿속에 영상(image)을 그릴 때의 상황이 세미오시스(Semiotics), 즉 기호학이라고 하였다.

이에 본 저서에서는 하나후다와 화투의 문화기호에 차이점이 있다는 것을 밝히기 위하여 소쉬르(Ferdinand de Saussure)의 기호를 이용하고자 한다.

소쉬르는 텍스트의 의미를 기호학적으로 분석하는 것에 머물지 않고 비언어적 현상, 곧 사회적이고 문화적인 현상까지 분석하였다. 이것을 기표에서 기표로 이어가는 기호로 비유하였다. 소쉬르는 언어뿐만 아니라 언어를 둘러싸고 있는 사회와 이데올로기, 나아가 인간의 정신과 무의식에 이르기까지 언어와 인간에 미치는 다양한 맥락들을 총체적으로 투사하여 분석하고자 하였다. 때문에 소쉬르는 기호학뿐만 아니라 문화이론에도 많은 영향을 미쳤다. 소쉬르의 기호학 연구는 롤랑바르트로 이어진다. 바르뜨는 외연과 함의에 대한 인식을 통하여 텍스트의 드러난 의미와 숨은 의미의 관계에 주목하여, 레슬링, 소설, 장난감, 영화 그리고 극장 등에 대해 새로운 정의를 신화론으로 정립한다.

일상생활의 언어를 분석하는 데 있어 구조주의적 접근을 시도한 롤랑바르트는 『신화들(Mythologies)』에서 조형물을 기호체계(sign system)로 연구하기 시작하였다. 그는 소쉬르의 연구를 원용하여 사회적 의미화 체계(social signifying system)를 연구하였다. 문화를 전달 작용의 체계라 할 때, 전달을 가능하게 한 문화적인 메커니즘은 문화적 약호로 나타난다. 소쉬르를 바탕으로 출발한 프라그 학파, 옐름슬레브, 롤랑바르트의 이론은 텍스트 분석에 초점을 맞추고 있다.

또한 줄리아 크리스테바(Julia Kristeva)가 제시한 개념인 기호 표현(signifiance)을 받아들여 이 개념을 의미작용(signification)의 개념과 연관시켜서 세계의 모든 지식을 기표(signifier)로 파악하였으며, 주된 분석 자료를 문학적 텍스트로 삼았다.

기호물 자체에 의미의 다양성을 보장해 주는 요소 설정에 대한 해결책은 움베르토 에코(Umberto Eco)의 '열린 텍스트'에서 찾았다.

에코는 예술 작품의 의미 다양성 문제를 제기하면서 작품의 의미는 해석 주체에 따라 다양한 양상으로 해석할 수 있다고 하였다. 이에 본고에서는 에코의 '열린 텍스트'를 수용하여 하나후다와 화투의 도안(圖炳)을 '열린 텍스트'로 상정한다. 일반적으로 텍스트(text)는 작가의 '작품'을 대체하는 개념이다.

1960년대 중반 이후 '텍스트언어학'의 이론을 기반으로 '텍스트이론', '텍스트 과학', '텍스트·담화 과학'이란 이름 아래 주로 독일의 언어학계에서 발전되어 온 인문·사회학적 분석 방법론이다. 다양한 학제간의 협력을 통해서 그 역동적인 국면을 포괄하여 다루며, 텍스트의 제반 특성과 의사소통 행위 속에서 그 사용을 규명하는 것이 텍스트학이다. text는 독자와 다른 텍스트가 끊임없이 만나는 열린 체계이다. 작가 또한 텍스트의 창조자이기 전에 텍스트의 독자이다.

작가의 창조물인 작품은 작가의 사상과 감정을 형상화하여 만들어 낸 창조물로서 완결된 의미 체계를 말한다. 롭 포프(Rob Pope)는 텍스트를 기록되어진 것이어야 한다고 하였다. 이 말은 텍스트가 '의미체로서 기록되어진 것'을 뜻한다. 수용자에 의해서 생산되는 텍스트는 해석(interpretation)을 '쓰기(writing)'와 동일하게 보는 '텍스트 수용(textual interpretation)'을 전제로 한다. 텍스트 수용 과정은 작품에서도 전략적으로 응용된다. 작가의 창조물인 작품 역시 창작의 단위로 확정되기 위해서는 수용자의 해석 과정인 텍스트 수용이 필요하기 때문이다.

기호물에 텍스트 수용을 전제로 한다는 것은 기호물이 단순한 물질체가 아니라 하나의 의미체라는 말이다. 그러므로 하나후다와 화투 산물을 창조해낸 시대적 배경은 언어와 의미를 다루는 기호학적 입장에서 보면 기호물을 바라보는 시각과 접근법의 분석에 차이점을 드러내게 된다.

데리다(Jacques Derrida)는 모방을 둘러싼 순수한 창작의 세계는 처음부터 창조주 외에는 존재하지 않는다며, 시대적 산물은 창조자라기보다는 참여자에 가깝다고 하였다. 또한 데리다는 예술가의 작품은 여러 매체에 능동적으로 참여하여 기존의 것을 인용하는 과정에서 새로운 의미가 생산되는 것이라고 주장하였다. 데리다는 차연(differance)의 개념을 통하여 소쉬르가 제시한 차이라는 개념을 새롭게 수정하였다.

보드리야르(Jean Baudrillard)는 원본 없는 시뮬라크르(simulacra, 모습, 상(像), 그림자)의 존재를 주장하였다. 화투의 기호물 역시 시뮬라크르를 통한 허구성일 뿐이다. 그 언어적 속성이 최종적 기의(signifide)에 종속되지 않고 다양한 기표(signifier)들이 유희를 지향하는 데에서 시뮬라크르는 화투의 기호물과 같은 역할을 한다. 롤랑바르트는 원본보다는 원본의 각 요소를 해석하여 또 다른 예술품을 구성하는 새로운 작가군의 탄생에 의미를 부여하였다. 특히 대중들에게 놀이됨으로써 존재 가치를 부여받는 화투의 기호물은 순수한 창작자로서보다는 참여자일수 밖에 없는 이유를 충분히 제공하고 있다. 화투의 기호물은 수용자의 욕구에 의해서 살아남은 기호이기 때문에 수용자의 관심을 잃으면 그대로 사라져버리는 존재이다.

수용자의 관심과 욕구를 기호물을 통해 끊임없이 확대 재생산하기 위해서는 결국 시대적 산물과 수용자가 동시에 의미를 발견해 내는 '텍스트'로 돌아갈 수밖에 없다. 따라서 수용자는 단순히 기호물의 형태만 지정하는 것이 아니다. 그 의미까지 디자인하게 되며 기호물들은 의미 있는 텍스트로 존재한다. 사사키 겐이치(佐佐木健一)는 텍스트(text)와 작품(works)의 차이를 아래 〈표 5-1〉과 같은 도식으로 정리하였다.

〈표 5-1〉 텍스트와 작품의 차이

텍스트= 인용(기호, 구조)=해석
작품= 창조(사상, 감정)=형상화

어떤 사물이라도 의미를 지녔으면 텍스트가 될 수 있으며, 텍스트는 반드시 해석되어야 한다. 기호물이 의미를 가질 때 비로소 해석의 존재로 남는다. 문화도 인간의 다양한 정신적 산물을 크고 복잡하게 구성한 하나의 텍스트이다. 그러므로 문화와 텍스트 그리고 기호물은 넓은 의미에서 같은 의미를 공유한다고 할 수 있다. 이것을 도식으로 제시하면 아래 〈표 5-2〉와 같다.

〈표 5-2〉 문화, 텍스트, 기호물의 상관관계

다양한 의미가 존재하는 텍스트 안에서 참뜻을 알기 위해서는 '해석'이 필요하다. 문화현상은 언어활동이라 할 수 있다. 표현, 표상, 상징은 의미의 다양성을 가리킨다. 기호물은 다의적이고 상징적인 성격을 심층에 담고 있기 때문에 상세한 주의와 분석을 거친 후에만 발견되는 특성이 있다.

본고에서 조형예술의 하나인 하나후다와 화투의 도안 분석에 기호학적 접근을 시도하는데 옐름슬레브(L. Hjelmslev)의 이론은 중요한 토대가 되었다.

소쉬르의 주장은 학문의 계승자인 옐름슬레브에 의해서 교정된다. 옐름슬레브는 소쉬르의 주장과 달리, 표현 면에 속하는 단위가 내용 면에 속하는 단위와 자연적인 쌍을 이루지 않기 때문에 기호는 표현(expression)과 내용(content)을 분리하여 따로 분석해야 한다고 주장한다.

하나후다와 화투의 도안물을 기호의 기능을 지닌 기호물로 보기 위하여 기호 기능의 도표인 옐름슬레브의 4등분 도표를 분석 구조에 적용하였다.

기호를 표현면과 내용면으로 나눌 때는 암암리에 두 측면이 한 쌍을 이루지 못한다고 하였다. 이것을 기호학에서는 세미오시스라고 한다.

본고에서 하나후다와 화투 기호물의 기능 대조를 시도하였을 때 가장 큰 난점은 비교 대상이 도안물이라는 것이다. 도안물을 형상 자체로 비교하여 분석하는 기법에는 주관과 감상이 개입되는 무리수가 따를 수 있다. 이에 객관성에 기반을 둔 기호학적 접근이 필요하다. 본고에서 비교 대상으로 삼은 하나후다의 등장물과 화투의 상징물은 동일한 공간적 조건관계를 갖고 있지는 않지만 시각테스트로 치환할 수 있는 조건의 하나인 비슷한 도안물 구조를 갖고 있다. 비교 대상의 이 두 도안물은 형태, 선, 면, 색채의 조형적인 구조가 비슷하므로 이를 기반으로 기호학적 접근을 하고자 한다. 그러나 문제는 하나후다나 화투 모두 창작자의 심리적 의도에서가 아니라 수용자의 잠재적 기대치를 포용해 낸 창작자의 입장에서 기호학적으로 재구성해야 한다는 것이다.

또 한 가지 난점은 서사 속에 나타나는 하나후다 등장물의 의미가 화투의 상징물에서 어떤 내용으로 치환되는지를 고찰하는 것이다. 즉 서사물이 그림으로 표상이 되느냐는 것이다. 이 문제점에 대한 것은 롤랑바르트가 서사를 이미지로 만드는 과정에서 제시하였다. 이에 본고에서도 서사 속에 나타나는 등장물의 의미가 하나후다 패에서 어떤 시각적 내용으로 치환되는지를 고찰하기 위해서 서사를 이미지로 만드는 작업을 제시한 롤랑바르트의 이론을 도입하였다. 문학적 담론이 그림으로 치환되는 과정을 그레마스의 기호사각형으로 '그림에 관한 기호행위의 의미론'의 가능성을 보여주었기 때문이다.

롤랑바르트는 언어뿐만 아니라 언어를 둘러싸고 있는 사회와 이데올로기, 나아가 인간의 정신과 무의식에 이르기까지 언어와 인간에 미치는 다양한 맥락들을 총체적으로 투사하여 분석하고자 하였다. 텍스트의 의미를 기호학적으로 분석하는 것에 머물지 않고 비언어적 현상, 곧 사회적이고 문화적인 현상까지 분석하였다. 문제는 화투나 하나후다 모두 창작자의 심리적 의도에서가 아니라 수용자의 잠재적 기대치를 포용해 낸 창작자의 입장에서 기호학적으로 재구성해야 하는데 있다. 형상은 언어적 텍스트를 요구하는 일종의 그림 텍스트로서 창작자의 지향성이 담겨진 기호체가 된다. 그러므로 위의 도식은 두 놀이도구에 대한 기호학적 접근 가능성을 타진하는데 적절하다고 여긴다. 하나후다와 화투에 대한 기호학적 접근은 도안상의 텍스트를 여러 가지 기호로 구성된 텍스트, 즉 형상으로 치환하는 절차(process)를 거쳐야 한다. 이를 위해서는 언어텍스트를 분석하는 옐름슬레브의 모형에 시각 텍스트를 분석하기 위해 구성된 롤랑바르트의 신화 모형을 포함시킴으로써 시각테스트의 기호학적 분석을 위한 통합적 틀을 마련하였다. 시나리오는 언어텍스트이다. 어떤 텍스트이건 다른 텍스트의 일부를 인용하거나 또는 제작하는 방식으로 쓰이므로 모든 텍스트는 그 자체로 완결된 닫힌 단일성의 세계가 아니라, 다른 무수한 텍스트의 흡수이고, 그에 의한 변형이라고 할 수 있다. 즉 형의 단일성의 세계가 아니라, 다른 무수한 텍스트의 흡수이고 그에 의한 변형이라고 할 수 있다. 이를 시각테스트로 치환하기 위해서는 양자를 동일한 구조로 이해해야 한다. 그러나 언어와 시각은 동일한 재료로 이루어져 있지 않고, 그들 사이에 동일한 관계를 갖고 있지 않기 때문이다. 전자의 경우 재료는 형태, 선, 면, 색채이고 관계는 공간적이다. 후자의 구조는 조형적인 구조이고, 전자의 구조는 언어구조이다.

5.1.2. 분석 기준과 분석 대상

5.1.2.에서는 하나후다와 화투에 나타나는 도안물의 특성과 문화와의 연관 관계에 대하여 기호학적 접근을 시도하고자 한다. 첫째, 하나후다와 화투의 도안물을 대조할 때 3장과 4장의 분석에서 두 놀이도구의 분류 모형이 구현되었다는 가정 하에 기호학적인 방법을 접목하고자 한다. 둘째, 대조 차원에서 당위적으로 제시할 수 있는 성질의 것이 아닌 도안물은 분해하거나 조합하여 재구성한다. 하나후다와 화투의 도안물을 귀납적으로 살피는 이러한 분석 기준은 체계적인 방법으로 문화기호를 추출할 수 있는 분석 틀을 갖추게 하기 위해서이다. 위에서 정한 분석 대상과 기준을 토대로 적용하고자 하는 기호학적 방법론을 구체적으로 살피면 다음과 같다.

하나후다와 화투의 도안물 분류 유형은 본고 3장과 4장의 분석에서 구현되었다는 가정 하에 월별로 시퀀스를 정하여 두 놀이도구의 도안에서 표출되는 기호물을 분석하여 그 의미의 차이를 밝히고자 한다.

시퀀스 의미산출은 그레마스의 의미 생성 경로를 거쳤다. 이것은 최초에 분절된 의미가 거쳐 가는 연속적인 단계들이 질서정연하게 정돈된 배열을 말한다. 즉 의미가 단순하고 추상적인 상태에서 풍부하고 구체적으로 바뀌어가는 담화적 상위언어 구축방법이다. 시퀀스는 여러 매체를 통해 실현된다. 시나리오, 회화, 사진 등 다양한 매체를 통해 갖가지 방식으로 실현되더라도 그 근본적인 이야기 구조라든가 의미 생성 방식은 동일하다고 보았다. 그러므로 본고의 하나후다와 화투의 의미 생성 과정은 그레마스의 의미 생성 경로를 원용하여 전개하고자 한다.

만들어진 내용은 문화가 만들어가는 행위이며, 이러한 행위는 내용물의 특징을 만들어내고 다면적 속성의 기호물을 표출해 내는 것이다. 이때, 대조 차원에서 당위적으로 제시할 수 있는 성질의 것이 아닌 도안물은 분해하거나 조합하여 재구성한다.

체계적인 분류 항목이 되기에 부족한 부분은 지각되는 어떤 심층적이고 추상적인 '구조'를 '기능'이라고 한 프롭(V. Propp)의 기능 분석 틀을 추가로 도입하여 도안 분석 절차상에서 부족한 부분을 보완한다. 또한 분석 대상으로 삼고 있는 분명한 기호물 내에서도 시퀀스를 중심으로 도안물의 내면 세계를 보내주는 경우에는 기호물 유형에 따른 개체의 내용이 문장으로 표현되는 격 기능을 추출하고자 한다.

기호는 형식과 실질을 지닌 양면성의 실체이다. 이 가운데 형식은 개념적 기반을 지닌 반면 실질은 물질적 기반을 지닌다. 기호의 이러한 이중성은 하나후다와 화투 도안의 기호물 이미지와 그 이미지의 의미를 분류할 수 있다.

시퀀스 기호물군의 기호작용은 4단계로 이루어진다.

여기에서 조형물의 이야기 도식인 '조종-기능-수행-취사선택'의 4단계와의 관련성을 살펴보면 의미소는 이야기 도식에 참여하는 방식에 따라 정의되는 기호물'로 정의할 수 있다. 기호가 그 자체의 새로운 해석소를 산출하는 역동적 과정을 기호작용(semiosis)이라 한다. 이러한 과정 속에서 어떤 기호는 반드시 같은 대상을 나타내는 그 이전의 기호에 대한 기호라 할 수 있다. 그렇다고 보면 기호작용이 진행될수록 기호의 대상은 기호로부터 점점 멀어지는 것처럼 보인다. 그러나 이러한 과정을 통해 도달된 최종적 해석소(final interpretant)는 대상이 최대한으로 실현된 기호라 할 수 있다.

도안의 분석 대상은 하나후다와 화투의 도안물로 한정한다. 그리고 두 놀이도구의 도안물 비교·대조 시에는 하나후다의 도안물을 기준으로 삼는다. 이때 본고는 도안물과 그 기능(function)에 대한 대조연구이므로 이와 연관 관계가 많지 않은 두 놀이도구의 색깔이나 재료, 재질 등은 비교 대상에서 제외한다.

5.2. '놀이기호'의 체계

월별로 전통문화기호를 나타내는 하나후다의 등장물과 그 속에 담긴 정서의 양상이, 화투에서는 어떤 구조물로 구성되어 있는지, 그 양상을 한국의 자연물과 비교하여 고찰한 뒤, 대조할 대상의 기호물을 선정하고자 한다.

5.2.1. 문화성향에 따른 도안물의 기호작용

5.2.1.에서는 하나후다와 화투의 구성 체계를 대조하여 그레마스의 의미 생성 경로를 적용하여 생성되는 두 놀이도구의 도안물에 대한 기호학적 생성 모델을 하나후다와 화투의 기호물에 대한 문화기호로 지정하고자 한다. 보완도구로 프롭의 기능 분석을 추가하여 양상을 달리하는 기호물의 주제적 역할과 행위소적 역할을 대립구조로 하여 하나후다와 화투의 도안물을 대변하는 문화기호가 어떻게 창출되는가를 밝힌다.

퍼스는 해석소(interpretant)에 기호해석자의 정신적 작용이 함축되어 있으므로, 기호를 통해 해석소가 해석소를 낳는 무한한 기호작용(unlimited semiosis)이 이루어진다고 하였다. 이는 문화의 해석 과정에서 그것을 해석하는 해석자의 시각을 담음으로써 문화를 확충해 가는 능동적 과정과 일치한다. 그레마스의 의미소(sememe) - 텍스트의 의미 생성은 심층에 존재하는 양항대립의 본질적 구조가 표층에 존재하는 보다 복합적인 구조로 확대되는 과정이다. 여기서 본질적 구조는 분절된 단위 사이의 관계를 통해 드러난다. 이때의 단위는 공통된 의미론적 자질을 갖는 의미소로 나타난다.

옐름슬레브의 의소(seme)는 의미 단위로서 가장 최소의 것을 가리킨다. 그 레마스에 따르면 핵의소는 통사적 단위의 구성 속에 들어오는 요소라고 해석하였다

지정한 기호물에 따른 개체의 내용이 문장으로 표현될 수 있도록 격 기능을 추출하여 핵의소와 부류소로 구체화한 뒤, 핵의소와 부류소로 나누어 의미소 안에서의 구성 체계를 살핀다. 이어서 해석소 안에서 주제적 역할을 하는 핵의소와 행위적 역할을 하는 부류소가 어떠한 작용을 하여 어떤 문화기호로 창출되는지를 밝힌 뒤, 의미소를 분석하여 도안물의 공간적 구조와 기능에 따른 기호 유형을 지정하고자 한다. 두 놀이도구의 '화류' 해석소군을 비교하면 아래 〈표 5-3〉과 같다.

〈표 5-3〉 하나후다와 화투의 '화류' 해석소군

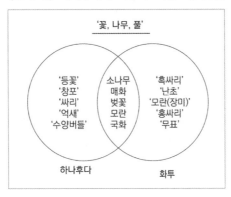

행위적 역할을 하는 부류소와 주제적 역할을 하는 핵의소가 어떠한 공간적 구조를 창출하며 기능에 어떻게 표출되는지를 '화류' 해석소군으로 비교 분석한 결과를 정리하면 다음과 같다. 핵의소와 부류소가 각각 일치하는 것은 하나후다의 I, II, X과 화투의 i, ii, x이다. 핵의소와 부류소가 각각 일치하지 않는 것은 하나후다의 IV, VIII과 화투의 iv, viii이다. 핵의소는 일치하나 부류소가 일치하지 않는 것은 하나후다의 III, XI, XII, IX와 화투의 iii, vi

vii, ix이다. 핵의소는 일치하지 않으나 부류소가 일치하는 것은 하나후다의 V, XI, XIII, IV, XI, XII와 화투의 v, xii, xi이다. 화투의 '화류' 기호물에서 핵의소와 부류소가 각각 일치하는 것은 25%정도이다. 즉 화투의 '화류' 기호물군은 하나후다의 기호물군과 관계가 밀접하지 않음을 알 수 있다.

하나후다와 화투의 '조류'를 해석소군으로 비교하면 아래 〈표 5-4〉와 같다.

〈표 5-4〉 하나후다와 화투의 '조류' 해석소군

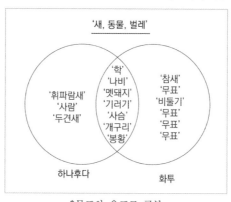

*무표와 유표로 구분

하나후다의 경우에는 Ⅲ, V, Ⅸ에 사람이 있다는 이야기가 전개되고 있으나 화투에는 없다. 화투의 1월 해석소 중 하나인 소나무의 경우도 단색으로 채색되어 있다. 이 도안만으로는 소나무라는 것을 알기 쉽지 않다. 하나후다의 도안물과 단순 비교해보아도 많이 생략된 것을 알 수 있다. 하나후다의 사실적인 표현이 화투에는 생략되어 있다. 굳이 섬세한 표현이 놀이 기능에 필요 없었기 때문이다. 화투의 도안물은 현실성이 떨어지는 내용이 대부분이다. 이는 화투에 월별로 나타나는 도안물의 특징이 놀이 안에서 사용될 때 기능에 별다른 영향을 미치지 않는다는 충분한 증거가 된다. 이렇게 선택된 어휘장은 주제가 되고 이후에 동위성(isotopy)과 연결된다. 동위성은 의미론적인 연쇄를 허용하는 원리로 텍스트에 존재라는 의미 생성과 분절을 명사적으로 구성하여 텍스트의 의미를 일관성을 가지고 읽을 수 있도록 한다. 각기 다른 조성 방식을 가진 놀이를 도안물이라는 동일한 잣대로 재단하고 해석해서는 안 될 것이다. 즉 놀이의 원리가 구심점을 이루고 있는 놀이기호가 중요하게 작용한 것이지, 도안물 요소 상호간의 관계로 이루어진 것은 아니라는 것을 알 수 있다.

행위적 역할을 하는 부류소와 주제적 역할을 하는 핵의소가 어떠한 공간적 구조를 창출하며 기능에 어떻게 표출되는지를 '조류' 어휘장으로 비교 분석한 결과를 정리하면 다음과 같다.

핵의소와 부류소가 각각 일치하는 것은 하나후다의 I, VIII과 화투의 i, viii 이다. 핵의소와 부류소가 각각 일치하지 않는 것은 하나후다의 II, III, IV, V, IX, XII와 화투의 ii, iii, iv, v, ix, xi이다. 핵의소는 일치하나 부류소가 일치하지 않는 것은 하나후다의 VI, VII, X과 화투의 vi vii, x 이다. 핵의소는 일치하지 않으나 부류소가 일치하는 것은 하나후다의 XI과 화투의 xii이다. 화투의 '조류' 기호물에서 핵의소와 부류소가 각각 일치하는 것은 15% 정도이다. 즉 화투의 '조류' 기호물군은 하나후다의 '화류' 기호물군보다도 더 관계가 밀접하지 않음을 알 수 있다. 하나후다와 화투의 '풍월류'를 어휘장으로 비교하면 〈표 5-5〉와 같다.

〈표 5-5〉 하나후다와 화투의 '풍월류' 해석소군

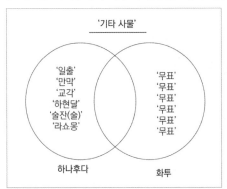

행위적 역할을 하는 부류소와 주제적 역할을 하는 핵의소가 어떠한 공간적 구조를 창출하며 기능에 어떻게 표출되는지를 '풍월류' 해석소군으로 비교 분석한 결과를 정리하면 다음과 같다.

하나후다의 I, III, V, VIII, IX, XI은 이야기를 구성하는 행위적 역할을 하고 있으므로 부류소로 분류된다. 그러나 하나후다의 도안물 안에서 주제적 역할을 담당하고 있지는 않기 때문에 핵의소에는 대응되지 않는다. 또한 이에 비교 대상인 화투의 경우에는 앞에서 대립소의 구성요소와 프로그램 PN의 의미소에서 살펴보았듯이 단순 간결한 구성에 보이는 공간만 존재하므로 이 '풍월류' 해석소군에서 비교할 부류소가 존재하지 않는다. 따라서 핵의소도 마찬가지이다. 즉 화투에는 '풍월류'에 해당하는 기호물군이 존재하지 않으므로 하나후다의 '풍월류' 기호물군 역시 관계가 밀접하지 않음을 알 수 있다.

지정한 하나후다 해석소의 핵의소와 부류소를 화투 해석소의 핵의소와 부류소로 대조 분석한 결과 4가지 형태로 분류되었다. 첫째 두 놀이도구의 핵의소와 부류소가 일치하는 것. 둘째 두 놀이도구의 핵의소와 부류소가 모두 일치하지 않는 것. 셋째 두 놀이도구의 핵의소는 일치하나, 부류소는 일치하지 않는 것. 넷째 두 놀이도구의 핵의소는 일치하지 않으나 부류소는 일치하는 것이다. 이러한 계열체적 분석을 표로 나타내면 아래 〈표 5-6〉과 같다.

〈표 5-6〉 기능 분석을 토대로 한 계열체적 분석표

구성＼문화기호	전통문화기호/놀이문화기호
지시 대상	등장물/상징물
주제	화조풍월류
해석소군 분류	1. 핵의소 일치, 부류소 일치 2. 핵의소 불일치, 부류소 불일치 3. 핵의소 일치, 부류소 불일치 4. 핵의소 불일치, 부류소 일치
공간 범주	1. 연속성/불연속성, 비연속성 2. 긴+연속적+분할된/비연속성 3. 짧은+불연속+분할되지 않은

분류된 네 종류의 해석소군 특징을 주제별로 정리한 결과 12시퀀스 중 시퀀스 1을 제외하고는 시퀀스 2~11의 내용이 일치하지 않았다. 그러므로 이 두 놀이도구의 도안은 같은 내용의 문화를 지닌 기호라고 보기는 힘들다.

하나후다와 화투의 도안물이 어떠한 문화기호로 어떻게 창출되는지를 알아보고자 하나후다와 화투의 월별 도안물을 12시퀀스로 분할하여 그레마스의 시퀀스 분석을 분석 도구로 하여 밝힌 결과 문화 성향이 다르다는 것을 알 수 있었다. 문화적 양상을 달리하는 형상소의 의미를 파악하기 위하여 시퀀스별로 12시퀀스에 등장한 '화조풍월류'를 프롭의 격기능 분석을 보완 도구로 사용하여 기능 분석을 추가하여 분석하였다. 주제적 역할을 하는 핵의소와 행위소적 역할을 하는 부류소를 대립구조로 하여 프롭의 격기능 분석을 분석 도구로 사용하여 그 차이에 대해 분석한 결과 두 도안물은 해석소 안에서 다른 양상을 보였다. 해석소 안에서 양상을 달리하는 하나후다와 화투의 차이에 대해 분석한 결과 하나후다는 전통문화기호에 기저를 두고 있었지만, 화투는 전통문화와 연관성이 많지 않았으며 그보다는 풍자가 놀이의 기능에 극대화를 이루는 역할을 하면서 놀이문화기호에 기저를 두고 있음을 확인할 수 있었다.

5.2.2. 놀이에 나타나는 문화기호의 해석 차이

5.2.2.에서는 하나후다와 화투 이 두 놀이도구의 도안물 구성 체계에 도입된 요소를 분석하여 이 두 도안물에서 표출되는 기호물군이 나타내는 문화기호의 해석 차이를 살핀 뒤, 화투가 1~12월까지의 계절을 나타내며 그 계절에 어울리는 자연물의 내용이 담긴 하나후다의 도안과 같은 공통분모를 갖고 있음에도 불구하고 도안물의 문화 성향에 차이를 보이게 된 저변 상황을 검토하고자 한다.

본 저서에서 하나후다와 화투의 도안분석에 기호학적 접근을 시도하는 데 중요한 토대로 삼은 것은 도안물을 기호의 기능을 지닌 기호물로 본 옐름슬레브의 4등분 기능 도표이다. 옐름슬레브는 기호물을 분석할 때 표현면에 속하는 단위가 내용면에 속하는 단위와 자연적인 쌍을 이루지 않기 때문에 표현(expression)과 내용(content)을 분리하여 따로 분석해야 한다고 주장한다. 소쉬르가 분리한 기표와 기의는 각각 표현 형식과 내용 형식만을 묵시적으로 보여줄 뿐 표현 실질과 내용실질을 간과한 것이다.

이에 본고에서는 옐름슬레브의 언어텍스트 모형을 분석 도구로 하여 하나후다와 화투 도안의 조형물을 각각 표현면과 내용면으로 나누어 분석하여 그 의미의 차이를 밝히고자 한다. 〈표 5-7〉은 소쉬르의 기표와 기의가 표현면과 내용면의 한 측면만을 보여주고 있다.

〈표 5-7〉 기표와 기의의 관계 1

1. 기표	2. 기의	
3. 기호 기표		기의
기호		

여기에서 단어와 문장 수준의 기표와 기의 관계가 텍스트까지도 포함한다. 이를 도식으로 제시하면 다음과 같다.

〈표 5-8〉 기표와 기의의 관계 2

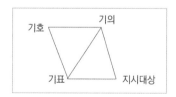

기호물구의 내면적 성격은 핵의소와 부류소에 의해 규정이 가능해진다. 이를 구현하기 위해 하나후다와 화투의 기호물군을 대비시키면 〈표 5-9〉와 같다.

〈표 5-9〉 하나후다와 화투의 형상소 비교표

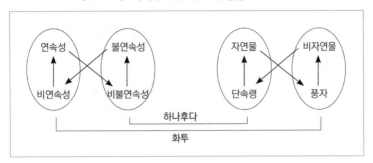

하나후다와 화투의 형상소는 '화조풍월류'의 주제를 통해서 연속성과 불연속성으로 대립시킬 수 있다. 연속성의 해석소는 조형기호학에서 불규칙성의 '망(net)'이 되며, 불연속성은 평행관계의 규칙성으로 규정된다. 따라서 화투는 다면적 성격의 망으로 하나후다는 불연속성의 형상소로 나타난다.

〈표 5-10〉 하나후다와 화투의 핵의소와 부류소 비교표

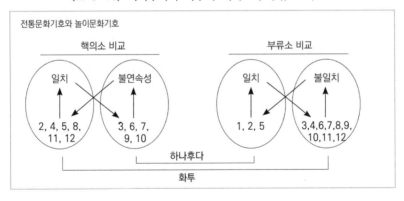

핵의소와 부류소로 두 도안물의 표현면을 살펴본 결과 지각을 통하여 공간으로부터 조응하는 핵의소는 부류소와 조합을 이루어 표현면에서 의미 효과를 나타내는 형상소가 되어 자연세계에 대한 외적 포착을 시도함을 알 수 있었다.

핵의소는 의미소 내에 고정된 기본요소로서 불변의 최소 의미 단위이며, 어휘소라는 발현차원의 요소이다.

부류소는 둘 이상의 어휘소 결합을 내포하며, 문맥에 따라 규정되는 변수이기 때문에 문맥적 의소라고도 한다.

이 두 기호물의 행위는 연속성/불연속성, 비연속성/비불연속성의 범주로 분류할 수 있다. 전통문화기호와 놀이문화기호로 문화기호에 차이를 보이는 하나후다와 화투 이 두 기호물의 행위를 기호 사각형을 이용하여 어떤 연관관계가 있는지를 관찰할 수 있다.

기호학적 사각형은 내용면에서 하나의 동일한 범주, 하나의 동일한 구조를 구성하는 변별적 특성이 유지하는 관계들을 시각적으로 표시하며 의미작용의 기본구조를 가진다. 내용은 의미가 최초로 만들어지는 곳이며, 표현을 위하여 존재가 전제되는 층이다. 표현은 표층의 경로에서 상위의 경로를 밟는 담화적 구조이며, 내용은 심층에서 표층의 경로를 밟는 서사적인 구조이며 의미작용의 기본구조를 제공한다. 아래 〈표 5-11〉의 구조로 살펴보고자 한다.

〈표 5-11〉 하나후다와 화투의 문화기호 사각형

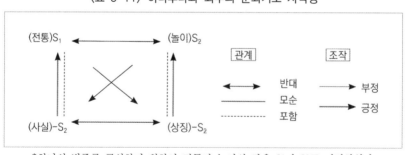

*하나의 범주를 구성하기 위하여 전통과 놀이의 값을 S1과 S2로 지정하였다.

위 그림에서 전통을 S1, 놀이를 S2로 보았을 때, 전통과 놀이는 서로 반대관계에 있다. 전통을 부정하면 S1(전통)에 대한 모순인 -S2(비전통)를 얻을 수 있고, 놀이를 부정하면 S2(놀이)에 대한 모순인 -S1(비놀이)를 얻을 수 있다. 반대관계란 한 사항의 존재가 다른 사항의 존재를 전제하고 또 한 사항의 부재가 다른 전통을 전제한다. 그러나 모순관계란 두 사항이 공존할 수 없는 것을 의미한다. 즉 전통은 놀이와 공존할 수 없다.

하지만 반대 관계에 있는 두 사항은 신화적인 사고에서는 공존할 수 있다. 즉 위의 도식을 반대관계에 놓고 그 의미를 하위 관계에서 다시 정리를 하면 S1은 -S2를 포함하고 S2 는 -S1을 포함한다고 할 수 있다. 이와 같은 등식은 S1과 -S2, S2와 -S1사이에는 포함관계가 있다고 할 수 있다. 다시 말하자면 상징을 긍정하면 전통이 되고 사실을 긍정하면 놀이가 된다. 사실과 상징은 하위 반대관계를 이룬다. 하나후다와 화투의 문화기호 사각형은 이러한 관계망을 시각적으로 표현한 것으로서 전통과 놀이라는 이항 대립적 유의미 과정으로 성립되는 것을 알 수 있다.

이어서 이들 형상소 내부에서 일어나는 기능 작용에 따라 구성되는 일종의 해석소군의 하위구조인 해석소 삼각형을 살펴보고자 한다. 이 해석소 삼각형은 기능을 이끌어가는 기호물 구조의 추이를 밝히는데 유용하기 때문이다. 하나후다와 화투에서는 도안물을 해석소로 선택했기 때문에 그 문맥의 구성 요소는 아래 〈표 5-12〉와 같이 표현된다.

〈표 5-12〉 문화기호 삼각형

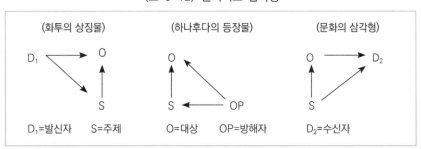

남유럽에서 유입된 카르타의 계보를 잇는 하나후다의 도안물을 분석한 결과 금지령 때문에 전통문화 기호물 형태를 갖게 되었고, 화투의 역사성과 사회성을 분석하여 놀이에 나타나는 화투 상징물의 의미와 기능을 살펴본 결과 풍자로 기능을 극대화하여 놀이의 진작을 이룬 것이다. 이것을 표로 나타내면 다음과 같다.

〈표 5-13〉 하나후다와 화투의 해석소 삼각형

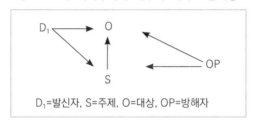

D_1=발신자, S=주제, O=대상, OP=방해자

PN의 해석소를 핵의소와 부류소로 분석한 5.2.2.의 분석 사항을 내용면에서는 이들이 표현하는 문화적 성격을 대조 분석하면 다음과 같은 등식이 성립한다. 내용면에서는 상태 주체와 가치 대상간의 관계가 연접이냐 이접이냐에 의하여 드러난다. 이접(disjunction) 'S∩O'과, 연접(conjunction) 'S∪O'의 정식인 'S∪O⇒S∩O' 그리고 이들 간의 변형행위 P=F변형 [S1⇒(S2⇒S∩O] 또는 P=F변형 [S1⇒(S2⇒S∪O]로 나타낼 수 있다. 행위주체 S1은 상태주체 S2가 대상 O와 연접관계(∪)에 놓이게 하거나 이접관계(∩)에 놓이게 한다.

1은 프롭이 분석한 민담의 경우 '결핍'으로부터 '결핍의 해소'로 이행하는 과정과 같은 변형이다. 이것을 기호학에서는 '획득'이라고 한다. 2는 상실의 프로그램이다. 예컨대 상태주체가 도둑으로부터 재산을 도난당했을 경우에 도둑은 '획득'이고 상태 주체는 '상실'에 해당하는 데 이야기 작용은 누구의 불행은 또 다른 누구에겐 행복이 된다는 가차 없는 엄밀성을 기재한다. 따라서 변형은 논리적이면서도 횡적인 성격을 띤다. 즉 각각의 측면에서 살펴보면 더 분명해진다. 기호의 측면에서 보면 기호는 대상을 지시하면서 대상의 해석소를 결정한다. 그 해석소는 그 이전의 기호인 카르타가 그랬듯이 대상을 지시하면서 다시 새로운 해석소를 결정한다. 해석소의 측면에서 보면 해석소는 기호와 대상의 중개적 표상인데, 이때의 기호는 또한 같은 방식으로 이전의 기호와 대상에 대한 중개적 표상이 된다.

계열적 관계를 분석하기 위해서는 실질과 형식이 있어야 한다. 실질에 대한 연구는 선정된 형식의 테두리 안에서만 수행된다. 즉 심층으로부터 표층으로의 전환은 심층의 요소가 대립의 관계와 등가의 관계들로 구성되어 선택적으로 취해지는 과정이라고 할 수 있다. 이들의 대립과 등가관계를 표로 살피면 다음과 같다.

〈표 5-14〉 대립과 등가 관계

어휘소/의소	과정					
	1, 2, 3, 6, 9, 10	4, 5	7	8	11	12
전통문화기호	+	+	+	+	+	+
놀이문화기호	+	-	-	-	-	-

위의 〈표 5-14〉에서 볼 수 있듯이 '하나후다'와 '화투'의 두 사항은 어떤 자질에 따라서는 서로 대립하지만 다른 자질에 의해 두 사항이 등가(等價)로 파악된다. 어떤 변별적 자질이 의소(seme)라고 한다. 어휘소를 구성하는 요소인 의소는 두 사항이 등가를 이루어 의소적 동일성을 이룰 때 어휘소(lexeme)라고 부를 수 있다. 의소는 의미작용의 최소단위로서 이것은 다른 요소와의 관계에서만 제 모습을 나타낸다. 그러므로 의소(seme)와 어휘소(lexeme)에 의한 유사와 등가의 관계는 하나후다와 화투의 기호물에도 적용할 수 있다.

이것은 다시 말해 계열적 관점에서 보는 내용으로부터 표현으로의 전환은 내용의 요소가 대립의 관계와 등가의 관계들로 구성되어 선택적으로 취해지는 과정이라고 할 수 있다.

5.3. 화투 기호물군의 구조 분석

하나후다의 1월부터 12월까지의 도안에 등장하는 등장물의 소재(素材)를 일본의 고전시가에 나오는 '계절어'의 소재와 대조하여 분석한 결과 도안물에 사용된 소재가 전통문화로 분류되는 기호물군인 것을 확인할 수 있었다. 이어 살펴본 화투 역시 1월부터 12월까지의 사계절을 도안의 소재로 삼고 있었으나 화투의 성립 과정과 발달 과정에서 이 도안물에 대한 해석을 달리 하며 놀이 기능을 발전시켜왔음을 알 수 있었다. 앞서 살펴본 바와 같이 하나후다와 화투는 1월부터 12월까지의 문화 기호물군을 형성하고 있는 12세트의 도안물이 숫자 기능을 가지고 있으며 48장(1세트 4장X12) 구성이다. 이 구성은 원활한 놀이를 하는데 주요한 기능을 차지한다. 그리고 이 기능의 요소들은 문화와 맞물려서 한 개인이 임의로 선택하거나 대체할 수 없다는 점에서 아주 중요하다.

본고에서 분석 대상으로 삼은 화투의 재매개체인 여섯 놀이 도구의 외면적 특징은 그 놀이 도구들이 지닌 전체 구조 속에서 나타나는 내용물의 이미지와 융합되어야 비로소 조형적으로 해석될 수 있는 것이라고 생각한다. 그러므로 앞서 살펴본 3장과 4장의 분석 내용을 토대로 5장에서는 문화 전체를 기호 체계로 보고 그 발생을 연구하는 기호학을 이용하고자 한다.

기호학은 어떠한 뜻을 나타내기 위하여 쓰이는 부호, 문자, 표지 따위를 통틀어 이르는 표현이다. 기호학은 문화 전체를 기호 체계로 보고 그 발생을 연구하는 학문, 문학작품, 음악, 영화, 복장, 건축을 그 대상으로 한다. 그러므로 언어적 방법론으로는 의미작용(signification)의 학문인 기호학(semiotics)이 유용하다고 보아 이 시스템을 이용하였다.

하나후다와 화투의 도안물과 놀이를 하나의 텍스트로 보고 도안에 이용된 소재를 의미들의 집합체로 삼아 체계적으로 분석하는 접근 방법을 통하여 하나후다와 화투 두 도안물의 내용과 기능을 대조 분석하여 이들이 나타내는 문화기호에 새로운 해석을 시도하고자 한다.

5.3.1. 하나후다와 화투의 도안물 텍스트

도안물 자체에 의미의 다양성을 보장해 주는 요소 설정에 대한 해결책은 움베르토 에코(Umberto Eco)의 '열린 텍스트'에서 찾았다. 에코는 예술 작품의 의미 다양성 문제를 제기하면서 작품의 의미는 해석 주체에 따라 다양한 양상으로 해석할 수 있다고 하였다. 이에 본고에서는 에코의 '열린 텍스트'를 수용하여 하나후다와 화투의 도안(圖炳)을 '열린 텍스트'로 상정한다. 일반적으로 텍스트(text)는 작가의 '작품(works)'을 대체하는 개념이다. 작가의 창조물인 작품은 작가의 사상과 감정을 형상화하여 만들어 낸 창조물로서 완결된 의미 체계를 말한다. 롭 포프(Rob Pope)는 텍스트를 기록되어진 것이어야 한다고 하였다. 이 말은 텍스트가 '의미체로서 기록되어진 것'을 뜻한다. 수용자에 의해서 생산되는 텍스트는 해석(interpretation)을 '쓰기(writing)'와 동일하게 보는 '텍스트 수용(textual inter-pretation)'을 전제로 한다. 텍스트 수용 과정은 작품에서도 전략적으로 응용된다. 작가의 창조물인 작품 역시 창작의 단위로 확정되기 위해서는 수용자의 해석 과정인 텍스트 수용이 필요하기 때문이다.

도안물에 텍스트 수용을 전제로 한다는 것은 도안물이 단순한 물질체가 아니라 하나의 의미체라는 말이다. 그러므로 하나후다와 화투라는 산물을 창조해낸 시대적 배경은 언어와 의미를 다루는 기호학적 입장에서 보면 도안물을 바라보는 시각과 접근법의 분석에 차이점을 드러내게 된다.

데리다(Jacques Derrida)는 모방을 둘러싼 순수한 창작의 세계는 처음부터 창조주 외에는 존재하지 않는다며, 시대적 산물은 창조자라기보다는 참여자에 가깝다고 하였다. 또한 데리다는 예술가의 작품은 여러 매체에 능동적으로 참여하여 기존의 것을 인용하는 과정에서 새로운 의미가 생산되는 것이라고 주장하였다.

보드리야르(Jean Baudrillard)는 원본없는 시뮬라크르(simulacra)의 존재를 주장하였다. 화투의 기호물 역시 시뮬라크르를 통한 허구성일 뿐이다. 그 언어적 속성이 최종적 기의(signifide)에 종속되지 않고 다양한 기표(signifier)들이 유희를 지향하는 데에서 시뮬라크르는 화투의 기호물과 같은 역할을 한다. 롤랑바르트는 원본보다는 원본의 각 요소를 해석하여 또다른 예술품을 구성하는 새로운 작가군의 탄생에 의미를 부여하였다. 특히 대중들에게 놀이됨으로써 존재 가치를 부여받는 화투의 기호물은 순수한 창작자로서보다는 참여자일수 밖에 없는 이유를 충분히 제공하고 있다.

화투의 기호물은 수용자의 욕구에 의해서 살아남은 기호이기 때문에 수용자의 관심을 잃으면 그대로 사라져버리는 존재이다. 수용자의 관심과 욕구를 기호물을 통해 끊임없이 확대 재생산하기 위해서는 결국 시대적 산물과 수용자가 동시에 의미를 발견해 내는 '텍스트'로 돌아갈 수밖에 없다. 따라서 수용자는 단순히 기호물의 형태만 지정하는 것이 아니다. 그 의미까지 디자인하게 되며 기호물들은 의미 있는 텍스트로 존재한다.

이를 위하여 앞에서 제시한 분석기준과 분석틀을 적용하여 월별로 전통문화기호를 나타내는 하나후다의 등장물과 그 속에 담긴 정서의 양상이, 화투에서는 어떤 문화기호의 양상으로 표출되는지를 한국의 전통문화 구조물과 비교하여 고찰한 뒤, 두 놀이도구의 도안물에서 대조할 대상의 기호물을 추출하고자 한다.

기호물을 추출을 위하여 우선적으로 시퀀스 분할을 하였다. 시퀀스별로 정리한 하나후다와 화투의 월별 도안물은 공간적 구조와 기능에 따라 아래 〈표 5-15〉와 같이 분류하여 분석의 편의를 위하여 기호를 지정하였다.

<표 5-15> 하나후다와 화투의 기호

시퀀스	기능\월별	하나후다의 기호	화투의 기호
1	1월= 숫자 1	I	i
2	2월= 숫자 2	II	ii
3	3월= 숫자 3	III	iii
4	4월= 숫자 4	IV	iv
5	5월= 숫자 5	V	v
6	6월= 숫자 6	VI	vi
7	7월= 숫자 7	VII	vii
8	8월= 숫자 8	VIII	viii
9	9월= 숫자 9	IX	ix
10	10월= 숫자 10	X	x
11	11월= 숫자 11	XI	xi
12	12월= 숫자 12	XII	xii

하나후다와 화투의 12개 기호에서 보이는 '화조풍월류'의 형상소는 '화류', '조류', '풍월류'로 분할하여 각각의 형상소를 분석한다. 우선 하나후다와 화투의 '화류' 형상소를 비교하면 다음의 <표 5-16>과 같다.

<표 5-16> 하나후다와 화투의 '화류' 형상소 비교표

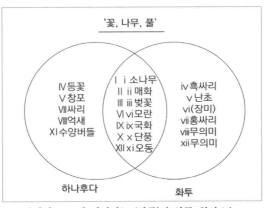

*시퀀스 vi에 나타나는 '화류'의 화투 형상소는
모란설과 장미설이 있으므로 양쪽에 넣어 표시하였다.

'화류' 형상소를 비교한 결과, 일치하는 것은 하나후다의 I, II, III, VI, IX, X, XII와 화투의 i, ii, iii, vi, ix, x, xi이다. 형상소가 일치하지 않는 것은 하나후다의 IV, V, VII, VIII, XI과 화투의 iv, v, vi, vii, viii, xii이다.

하나후다와 화투의 '화류' 형상소가 일치하는 것은 7개이며, 약 6할 정도 이다. 즉 화투의 '화류' 형상소는 하나후다의 형상소와 관계가 그다지 밀접 하지 않음을 알 수 있다. 이어서 하나후다와 화투의 '조류' 형상소를 비교 하면 다음의 〈표 5-17〉과 같다.

〈표 5-17〉 하나후다와 화투의 '조류' 형상소 비교표

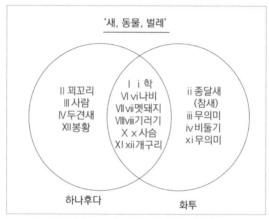

*[PN5]와 [PN9]에는 '조류' 형상소가 없음

'조류' 형상소를 비교한 결과, 일치하는 것은 하나후다의 I, VI, VII, VIII, X, XI와 화투의 i, vi, vii, viii, x, xii이다. 형상소가 일치하지 않는 것은 하나후다의 II, III, IV, XII와 화투의 ii, iii, iv, xi이다. 하나후다와 화투의 '조류' 형상소가 일치하는 것은 10개 중, 6개이며, 약 6할 정도이다. 즉 화투의 '조류' 형상소도 하나후다의 형상소와 관계가 그다지 밀접하지 않음을 알 수 있다.

계속해서 하나후다와 화투의 '풍월류' 형상소를 비교하면 아래 〈표 5-18〉과 같다.

〈표 5-18〉 하나후다와 화투의 '풍월류' 형상소 비교표

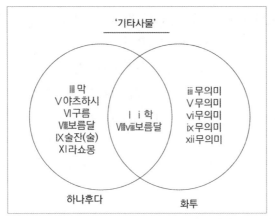

'기타사물'

Ⅲ막
Ⅴ야츠하시
Ⅵ구름
Ⅷ보름달
Ⅸ술잔(술)
ⅩⅠ라쇼몽

Ⅰⅰ학
Ⅷⅷ보름달

ⅲ무의미
Ⅴ무의미
ⅵ무의미
ⅸ무의미
ⅻ무의미

하나후다   화투

[PN2], [PN4], [PN7], [PN10] [PN11]에는 '풍월류' 형상소가 없음

'풍월류' 형상소에서는 특이한 점이 발견되었다. 풍월류의 형상소가 존재하지 않는 시퀀스도 다섯 개나 되었으며, 풍월류의 형상소가 존재하더라도 그 내용이 하나후다와 화투가 일치하는 것은 하나후다의 Ⅰ, Ⅷ과 화투의 Ⅰ, ⅷ, 2개 시퀀스뿐이다. 내용이 일치하지는 않지만 풍월류 형상소가 존재하는 것은 하나후다에서 Ⅲ, Ⅴ, Ⅵ, Ⅸ, ⅩⅠ의 5개 시퀀스였다. 이에 반해 화투의 풍월류 형상소는 공통부분의 학과 보름달 두개뿐이고 나머지 5개 시퀀스의 하나후다 풍월류 형상소에 대응되는 도안 소재들은 모두 의미가 따로 없었다. 따라서 대응되는 형상소가 존재하지 않는다고 할 수 있다. 여기에서 알 수 있는 사실은 하나후다와 화투의 도안은 흡사하나 도안의 소재를 읽어서 형상화하는 데는 많은 차이가 있다는 것이다.

분석기준과 대상을 적용하여 하나후다와 화투 두 놀이 도구에 나타나는 도안물의 문화 성향을 시퀀스에서 분석한 결과, 비교할 수 있는 문화기호를 도출할 수 있었다. 그러나 시퀀스에서의 분할은 텍스트 표면에 나타난 의미소의 형태를 근거로 하였으므로 가정에 지나지 않는다. 그러므로 도안물의 변형된 요소를 기호로 구체화할 필요가 있다. 분할된 시퀀스에서 선

택된 하나후다의 등장물과 화투의 상징물을 의소적 범주로 수렴하여 주변 사물을 정리하면 아래와 같이 대립소만 남게 된다. 하나후다와 화투에 나타나는 대립소의 분석 범위를 비교하면 크게 두 가지의 공통분모가 보인다. 월별로 구성되어 있다는 것과 사계절이라는 계절 배경이다.

사계절과 월별로 구성된 하나후다와 화투의 도안물을 12시퀀스로 분할하여 살펴 본 결과 이야기 도식 단계로 이어지는 동시성의 축에 따라 대표되는 대립소는 하나후다와 화투 도안물의 문화 성향을 비교할 때 공존하는 사항들 간의 관계를 나타내는 동시성의 축을 중심으로 내용 면을 구성하고 있는 사실적과 상징적, 세밀함과 조잡함, 복잡 미묘함과 단순 간결함, 다(多)의미와 소(小)의미, 무한정 공간과 한정 공간의 기본적인 범주가 해석소군으로 채택되어진다. 이러한 구성 요소들은 대립소의 축을 중심으로 해석소(解譯素, interpretant)를 추출해내기 위한 기본 절차이다. 동시성의 축에 따라 대표되는 대립소의 구성요소를 표로 제시하면 다음과 같다.

〈표 5-19〉 대립소의 구성요소

	대립소의 축		
	〉———————〈		
해석소군 →	사실적이다	상징적이다	동
	세밀하다	조잡하다	시
	복잡·미묘하다	단순·간결하다	성
	의미 多포함	의미 小포함	의
	안 보이는 공간도 존재	보이는 공간만 존재	축
의소적 범주 →	하나후다	화투	

위의 기본 절차를 토대로 구체화된 하나후다와 화투의 형상소를 대립구조로 하여 문화적 성향을 달리하는 두 도안물의 차이를 비교하기 위해서는 시퀀스로 분할한 두 놀이 도구의 도안물 체계를 하위 프로그램인 PN

(Programme Narratif)으로 세분하여 변형된 요소를 기호로 구체화할 필요가 있다.

그러므로 5.1.2.에서 제시한 분석기준과 대상을 적용하여 5.2.1.에서 하나후다와 화투 두 놀이 도구에 나타나는 도안물의 문화 성향을 기호작용에서 분석하여, 비교할 수 있는 문화기호를 도출할 수 있었다. 하지만 기호물 분류를 위하여 분할한 기호작용은 텍스트 표면에 나타난 의미소의 형태를 근거로 하였더라도 가정에 지나지 않는다. 이러한 경우에는 도안물의 변형된 요소를 기호로 구체화하는 시각적 전략이 필요하므로 시퀀스마다 계절어에 대한 형상소를 분석하여 분류 모형을 구성하기 위한 기호 유형을 지정하고자 한다.

시퀀스로 분할한 도안물의 기호작용을 다시 하위 프로그램인 PN(Programme Narratif)으로 분류한다. PN은 서사 프로그램이라고 하며, 주체의 수행과 이 수행이 전제하는 기능을 중심으로 표현한 것이다. 표층구조에 나타나는 하나후다와 화투의 월별 명칭을 기준으로 하였다. PN은 4장 1조로 구성된 주체의 수행과 이 수행이 전제하는 기능을 중심으로 분절된 이야기에 잠재된 요소를 표현한 것이다. 그러므로 PN은 주체와 대상간에 현시되는 상태와 이의 변형을 통해 차이가 나는 두 가지의 상태를 연결시켜주는 기본적인 형식을 담당한다. 따라서 두 놀이도구의 도안물을 서사적으로 전개한 통합체인 12개의 시퀀스를 하위 프로그램인 PN으로 정리하고자 한다.

PN은 1세트 4장으로 구성된 주체의 수행과 이 수행이 전제하는 기능을 중심으로 분절된 이야기에 응집된 요소를 표현한다. 그러므로 PN에서는 시퀀스 1에서부터 시퀀스 12까지의 전체적 통합체에서 주체가 되는 요소를 추출하여 형상소를 구성하는 것이 가능하다. 이에 PN에서 형상소를 구성하는 과정을 도식화하여 나타내면 아래 〈표 5-20〉과 같다.

<表 5-20> 프로그램 PN

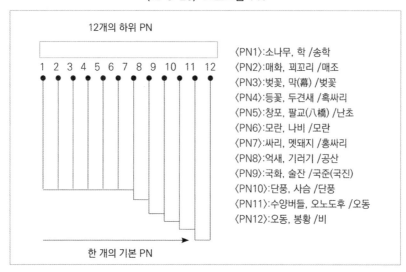

12개의 하위 PN

1 2 3 4 5 6 7 8 9 10 11 12

〈PN1〉:소나무, 학 /송학
〈PN2〉:매화, 꾀꼬리 /매조
〈PN3〉:벚꽃, 막(幕) /벚꽃
〈PN4〉:등꽃, 두견새 /흑싸리
〈PN5〉:창포, 팔교(八橋) /난초
〈PN6〉:모란, 나비 /모란
〈PN7〉:싸리, 멧돼지 /홍싸리
〈PN8〉:억새, 기러기 /공산
〈PN9〉:국화, 술잔 /국준(국진)
〈PN10〉:단풍, 사슴 /단풍
〈PN11〉:수양버들, 오노도후 /오동
〈PN12〉:오동, 봉황 /비

한 개의 기본 PN

PN1~PN12에서 표출되는 하나후다와 화투의 형상소가 나타내는 구성체계를 비교 분석하면 다음의 〈표 5-21〉과 같은 공식이 만들어진다.

〈표 5-21〉 하나후다와 화투의 PN별 형상소

[PN1] F 변형(1월) → I소나무 ∪ I소나무 → I학, (일출) ∪ i학
[PN2] F 변형(2월) → II매화 ∪ ii매화 → II꾀꼬리 ∩ ii종달새(참새)
[PN3] F 변형(3월) → III벚꽃 ∪ iii벚꽃 → III만막, (술), (사람) ∩ iii무의미
[PN4] F 변형(4월) → IV등꽃 ∩ iv흑싸리 → IV두견새 ∩ iv비둘기
[PN5] F 변형(5월) → V창포 ∩ v난초 → V교각(八橋), (사람) ∩ v무의미
[PN6] F 변형(6월) → VI모란 ∪ vi모란(장미) → VI나비, (구름) ∪ vi나비
[PN7] F 변형(7월) → VII싸리 ∪ vii홍싸리 → VII멧돼지 ∪ vii멧돼지
[PN8] F 변형(8월) → VIII억새, 기러기 ∩ viii기러기 → VIII보름달 ∪ viii공산명월
[PN9] F 변형(9월) → IX국화 ∪ ix국화 → IX술잔, (사람) ∩ ix술
[PN10]F 변형(10월) → X단풍 ∪ x단풍 → X사슴 ∪ x사슴
[PN11]F 변형(11월) → XI수양버들 ∩ xii비 → (12월) XI오노도후(小野道風), 개구리, 라쇼몽(羅生門) ∩ xii개구리, (영감)
[PN12] F 변형(12월) → XII오동 ∪ xi벽오동 → (11월) XII봉황 ∩ xi무의미

PN의 기본 절차를 토대로 구체화된 하나후다와 화투의 형상소를 대립 구조로 하여 〈표 5-17, 18, 19〉 화류, 조류, 풍월류의 형상소를 비교하여 문화적 양상을 달리하는 하나후다와 화투의 두 도안물 차이를 비교하였다. PN1~PN12에서 표출된 하나후다와 화투의 형상소는 위에서 살펴본 바와 같이 다른 양상을 보이고 있었다.

'화조풍월류'로 나타나는 두 도안물의 형상소를 비교한 결과 형상소가 연접관계를 나타내는 것은 PN1, PN6, PN7, PN10의 네 개 PN이고, 이접 관계를 나타내는 것은 PN2, PN3, PN4, PN5, PN8, PN9, PN11, PN12의 여덟 개 PN이다. 즉 3할 정도의 형상소 형태가 동일하게 표현되었다. 그 결과 형상소가 연접관계를 나타내는 것은 PN1, 6, 7, 10이고, 이접관계를 나타내는 것은 PN2, 3, 4, 5, 8, 9, 11, 12이다. 그러나 단순히 형상소의 형태가 12개 PN 중 4개 PN정도가 같고 8개 PN이 다르다고 해서 문화기호가 다르다고 단언을 하기는 힘들다.

이에 좀 더 나아가서 각각의 형상소가 의소적 범주 안에서 어떠한 의미를 가지며 어떤 역할을 담당하는지를 확인할 필요가 있다. 그러므로 PN에서 분류한 형상소를 핵의소와 부류소로 더 세분하여 핵의소와 부류소가 열두 개의 시퀀스 안에서 어떤 형태의 문화 성향을 구성하고 있는지 분석하고자 한다. 따라서 보완 도구로 프롭의 격기능 분석을 추가하여 각각의 형상소 안에서 자연현상이 주제적 역할을 하는 핵의소와 행위적 역할을 하며 문화와 정서를 나타내는 역할을 하는 부류소가 어떤 형태의 구성 체계를 이루고 있는지 지정한 기호물에 따른 개체의 내용이 문장으로 표현될 수 있도록 분석하고자 한다.

구체적으로는 PN에서 형상소를 다시 세 종류로 분할한다. '화류', '조류', '풍월류'로 분할한 각각의 해석소군은 분할한 해석소군마다 해석소를 분석하여 도안물의 구성 요소에 따라 유형을 지정한다. 본 저서에서 해석소 (interpretant)는 관계소의 망 속에서 핵의소와 부류소를 내포하며 하나후다와 화투의 도안물을 설명하는 구실을 한다.

지정한 기호물에 따른 개체의 내용이 표현될 수 있도록 각 형상소 안에서 자연현상이 주제적 역할을 하는 핵의소와 행위적 역할을 하며 문화와 정서를 나타내는 역할을 하는 부류소가 어떤 형태의 구성 체계를 이루고 있는지를 확인할 때 하나후다와 화투의 도안에 나타나는 '화조풍월류'의 형상소는 PN에서 지정한 형상소 개체의 내용이 표현될 수 있도록 '화류', '조류', '풍월류'로 분할하여 분석한다. 핵의소와 부류소로 구체화하여 의미소 안에서 어떠한 공간적 구조를 창출하며 기능에 어떻게 표출되는지를 분석할 때도 역시 '화류', '조류', '풍월류'의 각 해석소군은 따로 분석한다.

먼저 '화류'해석소군을 비교 분석한 결과, 핵의소와 부류소가 각각 일치하는 것은 하나후다의 I, II, X과 화투의 i, ii, x 이다. 핵의소와 부류소가 각각 일치하지 않는 것은 하나후다의 IV, VIII과 화투의 iv, viii이다. 핵의소는 일치하나 부류소가 일치하지 않는 것은 하나후다의 III, XI, XII, IX와 화투의 iii, vi vii, ix이다. 핵의소는 일치하지 않으나 부류소가 일치하는 것은 하나후다의 V, XI, XIIII, IV, XI, XII와 화투의 v, xii, xi이다.

화투의 '화류' 기호물에서 핵의소와 부류소가 각각 일치하는 것은 25% 정도이다. 즉 화투의 '화류' 기호물군은 하나후다의 기호물군과 관계가 밀접하지 않음을 알 수 있다.

이어 '조류' 해석군을 비교 분석한 결과, 핵의소와 부류소가 각각 일치하는 것은 하나후다의 I, VIII과 화투의 i, viii이다. 핵의소와 부류소가 각각 일치하지 않는 것은 하나후다의 II, III, IV, V, IX, XII와 화투의 ii, iii, iv, v, ix, xi이다. 핵의소는 일치하나 부류소가 일치하지 않는 것은 하나후다의 VI, VII, X과 화투의 vi vii, x 이다. 핵의소는 일치하지 않으나 부류소가 일치하는 것은 하나후다의 XI과 화투의 xii이다.

화투의 '조류' 기호물에서 핵의소와 부류소가 각각 일치하는 것은 15% 정도이다. 즉 화투의 '조류' 기호물군은 하나후다의 '화류' 기호물군보다도 더 관계가 밀접하지 않음을 알 수 있다.

계속해서 '풍월류'해석소군을 비교 분석한 결과, 하나후다의 I, III, V, VIII, IX, XI은 이야기를 구성하는 행위적 역할을 하고 있으므로 부류소로 분류된다. 그러나 하나후다의 도안물 안에서 주제적 역할을 담당하고 있지는 않기 때문에 핵의소에는 대응되지 않는다.

또한 이에 비교 대상인 화투의 도안물은 앞에서 대립소의 구성요소와 프로그램PN의 의미소에서 살펴보았듯이 단순 간결한 구성에 보이는 공간만 존재하므로 '풍월류' 해석소군에서 비교할 부류소가 존재하지 않는다. 따라서 핵의소도 마찬가지이다. 즉 화투에는 '풍월류'에 해당하는 기호물군이 존재하지 않으므로 하나후다의 '풍월류' 기호물군과의 관계 역시 밀접하지 않음을 알 수 있다.

위에서 PN별 하나후다와 화투의 형상소를 핵의소와 부류소로 세분하여 '화류', '조류', '풍월류'의 문화 성향을 대조 분석한 결과 4가지 형태로 분류되었다. 첫째 두 놀이도구의 핵의소와 부류소가 일치하는 것. 둘째 두 놀이도구의 핵의소와 부류소가 모두 일치하지 않는 것. 셋째 두 놀이도구의 핵의소는 일치하나, 부류소는 일치하지 않는 것. 넷째 두 놀이도구의 핵의소는 일치하지 않으나 부류소는 일치하는 것이다. 이와 같이 분류된 '화류', '조류', '풍월류'의 해석소군을 표로 나타내면 다음의 〈표 5-22〉와 같다.

〈표 5-22〉 해석소군을 토대로 한 계열체적 분석표

구성　　　文화기호	전통문화기호/ 놀이문화기호
주제	'화조풍월류'
해석소군의 종류	1.핵의소 일치, 부류소 일치 2.핵의소 불일치, 부류소 불일치 3.핵의소 일치, 부류소 불일치 4.핵의소 불일치, 부류소 일치

지금까지 그레마스의 시퀀스 분석을 분석 도구로 삼아 하나후다와 화투의 월별 도안물 소재가 어떠한 문화기호로 창출되는지를 알아보고자 12시

퀀스로 분할하여 형상소를 살핀 결과 문화 성향이 다르다는 것을 알 수 있었다. 문화적 양상을 달리하는 형상소의 의미를 파악하기 위하여 시퀀스별로 핵의소와 부류소로 구분하여 '화조풍월류' 소재의 내용을 분석한 결과 두 도안물은 해석소군 안에서 다른 양상을 보였다. '화류', '조류', '풍월류'의 해석소군을 4개의 계열체로 분석한 〈표 5-22〉는 주제적 역할을 하는 핵의소와 행위소적 역할을 하는 부류소로 나뉜다.

분류된 네 종류의 해석소군 특징을 주제별로 정리한 결과 12시퀀스 중 시퀀스 1을 제외하고는 시퀀스 2~11의 내용이 일치하지 않는다. 그러므로 이 두 놀이도구의 도안은 같은 내용의 문화를 지닌 기호라고 보기는 힘들다.

〈표 5-22〉에서 핵의소와 부류소로 두 도안물의 표현면을 살펴본 결과 지각을 통하여 공간에서 표출되는 핵의소는 부류소와 조합을 이루어 표현면에서 의미 효과를 나타내는 형상소가 되어 자연과 현실세계에 대한 외적 포착을 시도하고 있음을 알 수 있다.

이 두 기호물이 나타내는 의미는 연속성/불연속성, 비연속성/비불연속성의 범주로 분류할 수 있다. 이러한 공간 범주를 표로 나타내면 〈표 5-23〉과 같다.

〈표 5-23〉 공간 범주를 토대로 한 계열체적 분석표

구성 \ 문화기호	전통문화기호/놀이문화기호
지시 대상	등장물/상징물
공간 범주	1.연속성/불연속성, 비연속성 2.긴+연속적+분할된/비연속성 3.짧은+불연속+분할되지 않은

기호물의 표현와 내면적 성격은 핵의소(figurative seme)와 부류소(classeme)에 의해 규정이 가능해진다. 이를 구현하기 위해 하나후다와 화투의 기호물군을 대비시키면 〈표 5-24〉와 같다.

〈표 5-24〉 해석소군의 기호 성향과 접목된 요소 비교표

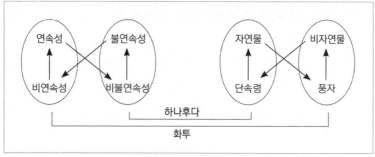

하나후다와 화투의 형상소는 '화조풍월류'의 주제를 통해서 연속성과 불연속성으로 대립시킬 수 있다. 연속성의 해석소(interpretant)는 조형기호학에서 불규칙성의 '망(net)'이 되며, 불연속성은 평행관계의 규칙성으로 규정된다. 따라서 하나후다는 불연속성의 형상소로 화투는 다면적 성격의 망으로 나타난다.

5.3.2. 전통문화기호와 놀이문화기호

앞에서 하나후다와 화투의 도안물 구성 체계를 대조하여 그레마스의 의미 생성 경로를 적용하여 생성되는 두 놀이도구의 도안물에 대한 기호학적 생성 모델을 하나후다와 화투의 기호물에 대한 문화기호로 지정하였다.

그렇다면 화투가 1~12월까지의 계절을 나타내며 그 계절에 어울리는 자연물의 내용이 담긴 하나후다의 도안과 같은 공통분모를 갖고 있음에도 불구하고 도안물의 문화 성향에 차이를 보이게 된 저변 상황을 검토할 필요가 있다. 이를 위하여 5.3.2.에서는 두 도안물의 소재가 표출하는 해석에 차이가 있고 이 때문에 다른 성향의 문화기호를 갖게 된 기표면 내용을 하나후다와 화투의 문화기호 구성 체계에 도입된 요소와 발달 과정을 심층 분석하여 두 놀이도구의 기호물군이 놀이에서는 어떤 형태를 나타내는 그 기호 체계를 고찰하고자 한다.

도안물의 형태가 비슷한 하나후다와 화투가 양국에서 어떤 양상으로 발전·전개되었기에 서로 다른 문화기호를 나타내게 되었는지를 기표면에서 확인한 결과, 도안물의 해석에 차이가 있음을 알 수 있었다. 기의면을 살핀 결과, 기표면의 차이 외에도 화투의 경우에는 놀이 방식에 많은 변형을 보이고 있었다. 이로 인하여 두 놀이도구의 도안 기호물은 각각 전통문화기호와 놀이문화기호로 분류되기에 이른 것이라는 사실을 알게 되었다.

이에 5.3.2.에서는 문화 성향에서 양상을 달리하는 기호물의 주제적 역할과 행위소적 역할을 대립구조로 하여 하나후다와 화투의 도안물을 대변하는 문화기호가 놀이의 기능에서는 어떻게 창출되는지 밝히고자 한다.

서사 속에 나타나는 하나후다 등장물의 의미가 화투의 상징물에서 어떤 내용으로 치환되는지는 롤랑바르트가 서사를 이미지로 만드는 과정에서 제시하고자 한다. 이에 본고에서는 서사 속에 나타나는 등장물의 의미가 하나후다 패에서 어떤 시각적 내용으로 치환되는지를 고찰하기 위해서 서사를 이미지로 만드는 작업을 제시한 롤랑바르트의 이론을 도입하였다.

롤랑바르트는 언어뿐만 아니라 언어를 둘러싸고 있는 사회와 이데올로기, 나아가 인간의 정신과 무의식에 이르기까지 언어와 인간에 미치는 다양한 맥락들을 총체적으로 투사하여 분석하고자 하였다. 텍스트의 의미를 기호학적으로 분석하는 것에 머물지 않고 비언어적 현상, 곧 사회적이고 문화적인 현상까지 분석하였다. 문제는 화투나 하나후다 모두 창작자의 심리적 의도에서가 아니라 수용자의 잠재적 기대치를 포용해 낸 창작자의 입장에서 기호학적으로 재구성해야 하는데 있다. 형상은 언어적 텍스트를 요구하는 일종의 그림 텍스트로서 창작자의 지향성이 담겨진 기호체가 된다. 그러므로 위의 도식은 두 놀이도구에 대한 기호학적 접근 가능성을 타진하는데 적절하다고 여긴다. 하나후다와 화투에 대한 기호학적 접근은 도안상의 텍스트를 여러 가지 기호로 구성된 텍스트, 즉 형상으로 치환하는 절차(process)를 거쳐야 한다.

이를 위해서는 언어텍스트를 분석하는 옐름슬레브의 모형에 시각 텍스트를 분석하기 위해 구성된 롤랑바르트의 신화 모형을 포함시킴으로써 시각테스트의 기호학적 분석을 위한 통합적 틀을 마련하였다.

4.2.에서 하나후다와 화투의 놀이 텍스트를 분석한 결과, 하나후다 도안의 '전통문화기호' 역시 전통문화를 계승 발전시키고자 넣은 것이 아니라, 화투의 '놀이문화기호'와 마찬가지로 놀이기호로서의 역할을 담당했던 것이다. 하나후다와 화투의 1월부터 12월까지의 월별 도안물은 유럽산 가루타와 마찬가지로 숫자로서의 기능을 하기 위한 것이다.

이들 상징기호는 다양한 놀이 기능을 만들어내는데 주요했던 것으로써 전통문화기호를 대변하는 하나후다와 놀이문화기호를 대변하는 화투의 공통분모가 된다. 이것을 도식으로 나타내면 〈표 5-25〉와 같다.

〈표 5-25〉 하나후다와 화투의 도안물과 놀이 형성 과정

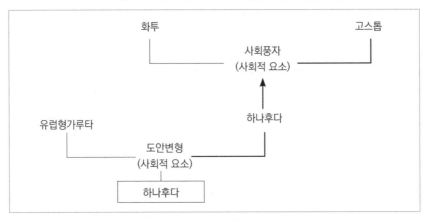

이어서 이들 문화기호의 형상소 내부에서 일어나는 기능 작용에 따라 구성되는요소를 하위구조인 형상소 삼각형으로 살펴보고자 한다. 하나후다와 화투의 형상소에 접목된 구성 요소를 도식화하여 내용면에서 이들이 표현하는 문화적 성격을 대조 분석하면 〈표 5-26〉과 같은 등식이 성립한다.

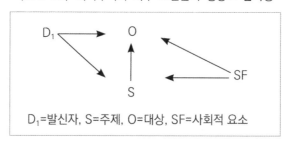

〈표 5-26〉 하나후다와 화투 도안물의 형상소 삼각형

D_1=발신자, S=주제, O=대상, SF=사회적 요소

PN의 해석소를 핵의소와 부류소로 분석하여 살펴본 형상소의 주체와 대상간의 관계가 내용면에서는 연접이냐 이접이냐에 의하여 성격이 결정된다. 이접(disjunction)'S∩O'과 연접(conjunction)'S∪O'의 정식인 'S∪O ⇒S∩O' 그리고 이들 간의 변형행위 P=F변형 [S1⇒(S2⇒S∩O] 또는 P=F 변형 [S1⇒(S2⇒S∪O]로 나타낼 수 있다. 행위주체 S1은 상태주체 S2가 대상 O와 연접관계(∪)에 놓이게 하거나 이접관계(∩)에 놓이게 한다. 따라서 변형은 논리적이면서도 횡적인 성격을 띤다.

하나후다와 화투의 변형 과정을 비교하여 도안물의 성향에 차이를 보이는 두 놀이도구의 기호물 위치를 확인할 수 있었다.

형상소는 이야기 도식에 참여하는 방식에 따라 정의되는 해석소의 역할을 한다. 여기에서 도안물의 이야기 도식인 '조종-기능-수행-취사선택'의 4단계와의 관련성을 살펴보면 형상소는 기호물로 정의할 수 있다. 형상소는 그 자체의 새로운 해석소를 산출하는 역동적 과정을 거치며 기호작용(semiosis)을 한다. 이러한 과정 속에서 의미가 표출된 기호는 반드시 같은 대상을 나타내는 그 이전의 기호에 대한 기호라 할 수 있다. 이러한 과정을 통해 도달된 최종적 해석소(final interpretant)는 대상이 최대한으로 실현된 기호라 할 수 있다.

위의 문화 기호화된 그림을 살펴보면 모든 초점이 감추어진 기능에 집중되어있음을 알 수 있다. 이 해석소의 모델은 추상적인 것이기 때문에 6

개의 위치 안에는 기호물뿐만 아니라 당시의 사회 상황이나 환경, 조형기술 등 조형물을 구성하는 모든 것이 해석소가 된다.

도안물 해석에 차이점을 보이는 두 놀이도구의 상징기호가 공통점을 보이는 기능에서 어떤 역할을 담당했는지를 살필 필요가 있다. 하나후다와 화투에서 공통분모를 이루는 기능은 숫자이며, 이 숫자는 유럽산 가루타에서부터 계승된 것이다. 유럽산 카르타는 숫자의 기능이 탁월한 놀이도구이다. 오락 기능이 강한 속성 때문에 일본에 유입되어서도 숫자의 기능을 유지하려고 수많은 도안의 변천이 있었다고 할 수 있겠다. 수백 년에 걸쳐 수많은 도안의 변천이 있었지만 숫자가 가진 기능은 그대로 유지되면서 보완 발전되어 여러 나라로 퍼져나간 것이다. 자료를 살피면 다음과 같다.

1) 카드는 주사위던지기나 경주, 동전던지기, 또 판 게임이나 점수를 겨루는 게임보다도 좀 더 복잡해서 갬블의 편리한 수단으로 이용되었다.(P. 아놀드). 카드는 짧은 기간 안에 전 유럽으로 확산되어 돈을 벌어들여서 관헌의 규제나 (도박용구라는) 의심의 눈초리를 받았지만, 도박으로서는 많은 갈채를 받았다.

2) 카드가 급속하게 유럽 전역에 확산된 것은 도박용구이었기 때문이다. 현재까지도 유럽을 비롯한 여러 지방에서는 도박과 카드게임은 거의 동의어이다.

3) 운슨가루타가 금지되고 나서 요미가루타, 메쿠리가루타 순으로 생산과 금지를 반복하는 사이에 이 가루타 계통에 화조류의 그림맞추기가 결합되어 마침내 오늘날의 하나가루타가 된 것이다. 이때쯤의 그림은 순전히 일본정취를 띠게 되며, 계산은 유럽적 계산에 의한다.

4) 유럽에서 도박용구이었던 가루타는 도박으로서의 성질도 그대로 우리나라에 전해졌다.

남유럽에서 유입된 카르타의 계보를 잇는 하나후다의 도안물을 분석한 결과 금지령 때문에 전통문화 기호물 형태를 갖게 되었고, 화투의 역사성과 사회성을 분석하여 놀이에 나타나는 화투 상징물의 의미와 기능을 살펴본 결과 풍자로 기능을 극대화하여 놀이의 진작을 이룬 것이다.

이어서 전통문화기호와 놀이문화기호로 문화기호에 차이를 보이는 하나후다와 화투 이 두 기호물의 행위를 기호 사각형을 이용하면 어떤 연관관계가 있는지를 관찰할 수 있다. 즉 각각의 측면에서 살펴보면 더 분명해진다. 기호의 측면에서 보면 기호는 대상을 지시하면서 대상의 해석소를 결정한다. 그 해석소는 그 이전의 기호인 카르타가 그랬듯이 대상을 지시하면서 다시 새로운 해석소를 결정한다. 해석소의 측면에서 보면 해석소는 기호와 대상의 중개적 표상인데, 이때의 기호는 또한 같은 방식으로 이전의 기호와 대상에 대한 중개적 표상이 된다.

하나후다의 등장물과 화투의 상징물을 '전통'과 '놀이'가 대변하는 '문화기호'로 어떻게 창출되어 왔는지 그 과정을 살핀 결과 하나후다는 원류인 유럽산 가루타 형태에서 지속적인 금지령을 피하기 위하여 금지될 때마다 금지되는 도안물의 형태를 버리고 새로운 도안물을 만들어 내어 놀이를 지속시킬 수 있었던 것이다. 그러한 과정 속에서 금지 대상에서 제외되었던 교육계통의 도안물로 표층구조에서 변형을 되풀이하던 중 전통문화기호 형태를 도안물로 취하게 되면서 일본화할 수 있었던 것으로 보인다. 하나후다와 화투에 접목된 기능들의 경로를 살피면 아래의 〈표 5-27〉과 같다.

〈표 5-27〉 카르타, 하나후다, 화투의 기능 경로

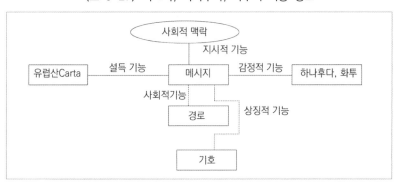

이렇게 문화 성향에 차이를 보이며 구분되는 전통문화기호의 하나후다 기호물군과 놀이문화기호의 화투 기호물군은 각각의 도안 내에서 역할을 담당하면서 그 위치에 따라 주요 사물과 주변 사물을 세부적으로 분류하고 놀이를 이끌어 가고 있음을 기호학적 구조로 입증할 수 있었다.

이어 이 두 기호물군의 도안에 나타나는 문화기호가 놀이 기능에서 나타내는 차이를 대조 분석한 결과, 숫자와 신분제도로 나타내는 기능의 공통분모를 가지고 있으며 하나후다와 화투 두 놀이 도구의 속성에는 차이가 없음을 알 수 있었다. 표면에서 나타내는 전통문화기호와 놀이문화기호는 놀이기능을 위한 문화기호이었음을 알 수 있다. 따라서 화투의 놀이문화기호에서는 상징물 자체보다 그 기호물이 놀이 기능에서 담당하는 숫자의 역할이 더 중요하다. 숫자의 기능은 유럽산 카르타에서부터 계승된 것이다.

즉 놀이문화기호가 주 기능을 하는 형태로 발전하였기 때문이다. 유럽산 가루타가 일본에 유입되어 여러 변천 과정을 거쳐서 하나후다가 만들어졌듯이 화투 역시 일본에서 유입된 하나후다에 여가 선용이라는 국내의 사회 구조적인 영향으로 배경이 구축되고 여기에 풍자가 곁들여져서 놀이 기능이 확장되면서 '놀이문화기호'라는 자생적인 문화기호가 만들어진 것이다.

하나후다가 도안에 변형을 보이며 일본화를 이루었듯이, 화투는 놀이 규칙에 풍자라는 사회적인 요소를 도입하여 기능에 극대화를 이루며 한국화해 가고 있는 것이다.

이것은 이미 텍스트 상에서 통사적 기능을 이완시키고 계열체는 강화하여 시퀀스를 강화한 전략을 세우고 있는 것이다. 시퀀스 방식은 수용자의 참여를 유도하여 문화산업의 가능성을 크게 확장하는 데 일조한다.

타령모음

　화투를 비롯한 마조, 골패, 수투, 투전, 카르타, 하나후다, 여섯 재매개체의 현재 도안은 다양하다. 이들의 공통점은 12개월의 월력을 숫자화 하여 놀이 기능에 수여하여 다양하게 놀이된 것, 국가 차원의 금지령과 단속 대상이 된 것, 점술도구로 이용한 것 등이다. 이들 놀이는 역사적으로 상호교류하면서 발전하기도 하고 도태되기도 한다. 이중 화투는 한국 내에서 놀이가 이루어지며 토착화되어가는 과정에서 특이점이 발견된다. 노래, 즉 타령이 생긴 것이다. 골패타령, 수투타령, 투전타령에 이어 화투도 화투타령이 발생하며 놀이에 노래가 따른다는 것이다. 화투만의 특이점이다. 골패타령, 수투타령, 투전타령, 화투타령이 존재하므로 소개하면 다음과 같다.

*연도 관계없이 가나다 순으로 열거했음

〈골패〉

1. 가야금 병창으로 불렸던 골패타령

얼싸 오늘 하 심심하니 골패 짝패 하여 보자. 쌍준륙에 삼륙을 지르고 쌍준오에 삼오를 지르니 삼십삼천 이십팔수 북두칠성이 앵돌아졌구나. …청부동(靑不同) 백부동(白不同) 매화가 되고 소삼관이 사륙하고 소삼어사 오륙하니 옥당쌍수가 뒤집어 지누나.

2. 19세기 중반 유만공이 읊조린 골패타령

육시루(六市樓)가 십자가(十字街) 가까이 있으니, 사랑(舍廊) 곁에 작은 점포를 따로 두었다. 밤에 아무 일이 없는 장사치 아이들, 양뿔(羊角) 등잔 앞에서 골패를 치누나.

3. 골패타령/윤소인

1 얼싸오날 하도나좋아 골패짝패 허여보자 쌍줄육에 삼육를 지르고 쌍준오에 삼오를 지르니 삼십 삼천 이십팔수 북도 칠성이 앵도라 졌구나 얼쌈마 아뒤여라 방애로다

2 짓고사오 삼육허고 백사 사오 아륙을 허니 홀애비 쌍수가 나달아 오누나 얼쌈마 아뒤여라 방애로다

3 천부동 백부동 매화도 되고 소삼관이 사륙을 허고 서삼어사 아륙허니 옥당 쌍수가 뒤집어 지누나 얼싸마 아뒤여라 방애로다

(후렴) 에헤야 에~야아 어라우겨라 방아로구나 진국명산 만장봉 청천 삭출이 금부용이라

4 얼싸야들아 말들어라 회패짝패 다 그만두고 튀전 육목을 드려놓고 짓구땡이 엿방망이 탕탕 구리로 막부셔 갤거나 얼쌈마 아뒤여라 방애로다

5 갑오중에 무섭기난 이칠갑오 제일이요 뀌미중에 어여쁘기난 새알 뀌미가 제일이라 세끗잡고 우기기난 일송 송이가 제일이로다 얼쌈마 아뒤여라 방애로다

6 갑오중에 떼벗기난 만경창파 운모 중에 흔들흔들이 돛대 갑오로다

(후렴) 에헤야 에~야아 어라우겨라 방아로구나 진국명산 만장봉 청천 삭출이 금부
　　　용이라

7 서투른 자식이 숫자질 허다 물주가 까딱 눈치를 채고 고작을 잡고 따귀를 치니
　인정 없는 망냉이 새끼 한번 실수는 병가상사라 얼쌈마 아뒤여라 방애로다

8 따귀를 맞고 밖으로 나와 땅을 치고 한숨을 쉬니 애성복통에 담배만 피누나 얼
　쌈마 아뒤여라 방애로다

9 다시 손에 튀전은 대면 에끼 천하에 목을 베리라 얼쌈마 아뒤여라 방애로다

(후렴) 에헤야 에~야아 어라우겨라 방이로구나 진국명산 만장봉 청천 삭출이 금부
　　　용이라

10 맹세를 허고 뒤돌아 앉어 한잔 먹자고 개평도 때고 경꼐도 허고 부탁도 허니
　　지천 꾸러기 어린 것 되누나 얼쌈마 아뒤여라 방애로다

11 따라지 중에 더럽기난 일이 팔이 잡것이요 쌍일 팔 전종이 무대 아이고 더러워
　　내 못살겠구나 얼쌈마 아뒤여라 방애로다

(후렴) 에헤야 에~야아 어라우겨라 방아로구나 진국명산 만장봉 청천 삭출이 금부
　　　용이라

4. 골패타령/경상도민요

1. 얼사 오늘 하 심심하니 홋패 짝패나 하여보자. 쌍준륙에 삼육을 지르고 쌍준오
　에 삼오를 지르니 삼십삼천 이십팔수 북두칠성이 앵도라 졌구나.

* 얼사함마 둥게 디어라 방아 방아로다

2. 청부동 백부동 매화가 되고 소삼관이 사륙하고 소삼어사 오륙하니 옥당 쌍소가
　나달아 오누나.

* 얼사함마 둥게 디어라 방아 방아로다.

3. 쥐코 사오 삼육하고 백사 사오 아륙을 하니 홀아비 쌍소가 뒤집어 지누나.

* 얼사함마 둥게 디어라 방아 방아로다 에헤요 에헤요 어라 우겨라 방아로구나. 진
　국명산 만장봉이 청천삭출이 금부용이로다.

4. 아삼륙 작부작은 쌍비연에 서른이 나고 팔읍 단역에 열 넷이 났으니 너말 너
   되를 척척 치러라.
* 얼사함마 둥게 디어라 방아 방아로다.

5. 골패타령
얼싸오날 하도나좋아 골패짝패 허여보자
쌍줄육에 삼육를 지르고 쌍준오에 삼오를 지르니 삼십 삼천 이십팔수
북도 칠성이 앵도라 졌구나 얼쌈마 아뒤여라 방애로다
짓고사오 삼육허고 백사 사오 아륙을 허니 홀애비 쌍수가 나달아 오누나 얼쌈마
아뒤여라 방애로다
천부동 백부동 매화도 되고 소삼관이 사륙을 허고 서삼어사 아륙허니
옥당 쌍수가 뒤집어 지누나 얼싸마 아뒤여라 방애로다
에헤야 에~야아 어라우겨라 방아로구나 진국명산 만장봉 청천 삭출이 금부용이라
얼싸야들아 말들어라 회패짝패 다 그만두고 튀전 육목을 드려놓고 짓구땡이
엿방망이 탕탕 구리로 막부셔 갤거나 얼쌈마 아뒤여라 방애로다
갑오중에 무섭기난 이칠갑오 제일이요 꿰미중에 어여쁘기난 새알 꿰미가 제일이라
세끗잡고 우기기난 일송 송이가 제일이로다 얼쌈마 아뒤여라 방애로다
갑오중에 떼벗기난 만경창파 운모 중에 흔들흔들이 돛대 갑오로다
에헤야 에~야아 어라우겨라 방아로구나 진국명산 만장봉 청천 삭출이 금부용이라
서투른 자식이 숫자질 허다 물주가 까딱 눈치를 채고 고작을 잡고 따귀를 치니
인정 없는 망냉이 새끼 한번 실수는 병가상사라 얼쌈마 아뒤여라 방애로다
따귀를 맞고 밖으로 나와 땅을 치고 한숨을 쉬니 애성복통에 담배만 피누나 얼쌈
마 아뒤여라 방애로다
다시 손에 튀전은 대면 에끼 천하에 목을 베리라 얼쌈마 아뒤여라 방애로다
에헤야 에~야아 어라우겨라 방이로구나 진국명산 만장봉 청천 삭출이 금부용이라
맹세를 허고 뒤돌아 앉어 한잔 먹자고 개평도 때고 경께도 허고 부탁도 허니

지천 꾸러기 어린 것 되누나 얼쌈마 아뒤여라 방애로다

따라지 중에 더럽기난 일이 팔이 잡것이요 쌍일 팔 전종이 무대 아이고 더러워 내
못살겠구나

얼쌈마 아뒤여라 방애로다

에헤야 에~야아 어라우겨라 방아로구나 진국명산 만장봉 청천 삭출이 금부용이라

〈수투〉

1. 수투불림/[네이버 지식백과](조선향토대백과, 2010, 평화문제연구소)

일 났다. 이 원군아. 삼각산이. 사지 되고. 오영문 혁파에. 육 판서는 간 곳이 없고
칠도 흉년에. 팔자 좋은 새 인물이. 구중궁궐 높이 짓고. 장안대도 넘나든다.

2, 수불림/[네이버 지식백과](한국민족문화대백과, 한국학중앙연구원)

일(一字) 한 장 들고 보니. 일월(一月)이라 일일(一日)날은 일 년 중 제일이요.
남녀노소 오락가락. 신년예가 장관이요.

이자(二字) 한 장 들고 보니. 이월(二月)이라 한식날은. 게자취의 넋이 와. 집을 다시
찾고.

삼자(三字) 한 장 들고 보니. 3월이라 삼진날은. 연자 새끼 날아들어. 옛집을 다시
찾고

사자(四字) 한 장 들고 보니. 사월이라 파일날은. 이집 저집 등불 있어. 낮보다 더
밝구나.

오자(五字) 한 장 들고 보니. 5월이라 단옷날은. 넘궁지 가절이라. 아이들은 오락가락
노닐면서 추천장을 보는구나.

육자(六字) 한 장 들고 보니. 6월이라 유두날. 홍노중 덥고 덥다. 할 일은 별로 없고
밀전병이나 하여라.

칠자(七字) 한 장 들고 보니. 칠월이라 칠석날은 견우직녀가 그리워 산다. 일년 일
차를 상봉하여 만단설화라 하누나.

팔자(八字) 한 장 들고 보니. 팔월이라 추석날은. 백곡이 새로 나고. 세월이 풍동하니 우리 농군 마음대로 놀아보세.

구(九字) 한 장 들고 보니. 구일(九日) 날은 천리 타향. 고객들 집 생각이 간절하고.

십자(十字) 한 장 들고 보니. 시월이라 십오일 날은. 이산 저산 돌아보니 등산하는 날이로구나. 마음대로 놀아보세.

3. 수투불림/[네이버 지식백과](한국민족문화대백과, 한국학중앙연구원)

"주먹 같은 일자(一字), 일자나 한 장 들고 보니 일일송송 야밤중에 새별이 어인말고

도굿대 같은 이자(二字), 이자나 한 장 들고 보니 이등[丘] 저등 북을 치니 회월기생이 춤을 춘다

활촉 같은 삼자(三字), 삼자나 한 장 들고 보니 삼동가리 놋제같이 경상감사가 맞들었다

총자루 같은 사자(四字), 사자나 한 장 들고 보니 사촌은 팔촌이라 오촌은 당숙이다

중놈 대가리 오자(五字), 오자나 한 장 들고 보니 오촌은 당숙이라 사촌은 팔촌이다

호래기같은 육자(六字), 육자나 한 장 들고 보니 육원 딴머리 각시머리가 노리개라

두 다리 동갠 칠자(七字), 칠자나 한 장 들고 보니 칠 년 대한 가뭄에 옥수 같은 빗방울이 여기도 뚝떡, 저기도 뚝떡

개 발톱 같은 팔자(八字), 팔자나 한 장 들고 보니 팔십에 노인이 아홉 상좌 거느리고 나무 밑을 걸어간다

두 눈이 꿈쩍 구자(九字), 구자나 한 장 들고 보니 구십에 노인이 팔상좌 거느리고 나무 밑을 걸어간다

이리저리 장자(將字), 장자나 한 장 들고 보니 장안의 광대 박광대, 오만 장이 내 돈이라."

4. 수투풀이[네이버 지식백과](조선향토대백과, 2008, 평화문제연구소)

지방민요: 평양시 민요

채보: 한시형

창: 한경심

일자도 모르는 건 판무식이요

떨떨이 광창 과천동남으로 뻗은 길이라

아 이 앞에 뜬 배는 금강선이요

떨떨이 광창 두만강 두문 소리로다

아 삼월이라 들이면 윤삼월이요

떨떨이 광창 삼형제 두 끝날 같구나

아 사창 비둘기는 먹깜둥이요

네게 두동창 골라 잡고 도사창장이라

아 어머니 오라비는 외삼촌이요

오동복판 골라잡고 도손만치누나 에

오초 동남 너른 뜰이라

육전 육갑이라 일본놈들은 죽일 놈이라

칠산 가는 배는 반 돛 달아라

관악에 두 동창 골라잡고도 칠형제로다 에

팔팔 뛰는 놈은 용달치로구나

아홍에 두등판 골라잡구 두 남초당 글소리라

아 구추 삼경에 달이 밝구나

네게 두동창 골라잡고도 구월산 돌중이라 에

장수란 말은 적토마로다

네게 두동창 골라잡고도 청령도 드는 칼이라

5. 수투풀이[네이버 지식백과](조선향토대백과, 2008, 평화문제연구소)

지방민요: 평양남도 남포시민요

채보: 민요연구실

창: 김호준

아 돌기를 못하면

돈만 잃누나 떨떨이광 창이요

남으루흥 뻗은 길이구나 야

일자나 한자두 모르는건

진남포 강준식이로구나

과천 동알 거지요

남으루흥 뻗은 길이구나 야

올라가면 머리봉 내려가면 꼬리봉

강건느면 문수봉 평양에는 모란봉

뚝 떨어지며는 능라도로구나

〈투전〉

1. 투전불림/우부가(愚夫歌)

… - 이리 모여 노름놀이 저리 모여 투전질에 기생첩 치가하고 오입장이 친구로다.

　　- 가장을 다 팔아도 상팔십이 내 팔자라 종손 핑계 위전 팔아 투전질이 생애로다.

　　- 월수돈 일수돈에 장변리 장체기며 제 부모 몹쓸 행상 투전꾼은 좋아한다.

　　- 주리 틀려 경친 것을 옷을 벗고 자랑하며 술집이 안방이요 투전방이 사랑이라.

2. 튀전타령/경상도민요

1. 얼사 야들아 말 들어라 홋패 짝패 다 그만두고 튀전 육모를 듸려놓고 짓고 땡에

　　엿방망이 탕탕구리로 막 부숴 댈까나.

* 얼사함마 디어라 방아로다. 에헤요 에헤요 에라 우겨라 방아로구나. 진국명산 만장봉이 청천삭출이 금부용이로다.

2. 갑오중에 무섭기는 이칠 갑오가 제일이요, 꾀미 중에 어여쁘긴 새알꾀미가 제일이요 갑오중에 때벗기는 만경창파 운무중에 흔들흔들이 돛대 갑오로다구나.

3. 서투른 자식이 숫자질하다 물주가 까딱 눈치를 채고, 고작을 잡고 따귀를 치는 인정없는 망나니 새끼 한 번 실수는 병가상사라.

4. 따귀를 맞고 밖으로 나와 땅을 치고 한숨을 지니 애성복통에 권연만 피누나.

5. 다시 손에다 튀전을 대면 못된 짓하고서 대명을 기리라.

6. 맹세를 치고 되돌아 앉아 한 잔 먹자고 개평도 뜯고 부탁도 하고 경계하며 지천꾸러기 어린 것 되누나.

7. 따라지 중에 더럽기는 쌍일팔이 고잡것이요, 꾀미 중에 어여쁘긴 새알꾀미가 제일이요, 세 끗 잡고 우기기는 일송송이가 제일이로다.

3. 투전풀이/김종조, 김란홍

돌미도 뒤쩔은 광돌사로구나 밤중에 절반이 여유간다.

하구당 돈다.

백수한산에 심불너로구나 괴천동척이 요남대단 속치마로다.

산수도 갑산 흐르난 물이요

덜덜이 광창이로구 노시구 가지말려마.

명산 홍로두 봄바람이로군 바로두 강산이 요소시지 혼절하구나.

육전육갑은 진술법이니라 영천에 호걸이 요반십에 생남자로다.

장차루 동방이 밝아 오누나

송풍에 광풍이 여고 송송 잠 못 들었소.

구월구일은 망향배루다 자니 백발이 여 소상의 강 솔기 대기라.

낙양추나는 오봉산이로군 유월이 갈길이 여유산은 순문산이라.

발간 형풍에 부벽 서루다

월선이 금탑이 요심마네데 병이 끓는다.

오기도 가게는 정한 사지로군

과녁에 동척이 여후께야 맺구가려마.

영산홍루는 봄바람이로군 덜덜이 광창이 요삼신산 불로초로다.

자 한자도 모르는 건 반무식이로군

과녁에 동척이 요비치나고 사기 넘는다.

그 의미도 혹시근 상팔자루다

낙양의 텅하루 구월색이 동나구나.

일일소지는 황금추이로군

덜덜이 광창이 요갈궁에던 녹대펄이라.

구월구일에 망향배루다 낙양의 텅하루 구밀정에 하냥 노잔다.

영청서 부터믄 흐르난 물이로군

덜덜이 광창이 요신님 가지 말어요.

오기도 가기는 정할사지로군

육전에 육갑이 용사래정 신통하구나.

일일소지는 황금출이로군

과녁에 동척이 요나매님 정만 드렸소.

금줄을 들렀으니 반인관이로군

송풍에 돌결이 용월사나 광이 비었다.

4. 투전풀이/오복녀

일자도 모르는건 박문식이로다

덜레 덜레 광창이지 남으로 뻗은 길이라 에-

이러구야 살 수 있나 할 수 없는 인간이 되었구나

덜레 덜레 광창이지 남으로 흥뻗은 길이라 에-

상갓집의 아주마니 아이고 데고 우지 말고

팥죽이나 잡수소 님으로 흥 뻗은 길이라에-
사믈사믈 얽은님은 오북오북 정만 든다누나
괴천이 동 척이지 남의님 별로 곱더라에-
오스라지고 담 넘어 가누나
오경 밤중 큰애기 너무 곱더라 에-
육육봉은 터인봉 강건너 문수봉
개미허리 잘숙봉 평양의 모란봉이라 에-
칠성님께 명을 빌고 대성님께
복을 비는 아낙네들이 절만하누나 에-
팔자에 없는 아들 딸 나달라고
산천기도를 떠나갑네다 에-
구구하게 구지말고 노름판에 뛰어 앉어
구경이나 하려무나 덜레 덜레 광창이지
남의님 별로 곱더라 에-
장사하다 망한 놈이 노름판에 뛰어들어
개평돈만을 떼고 앉았네 에-
개소리 말아라 범의소리 나가누나
덜레 덜레 광창이지 남으로 흥 뻗은 길이라

5. 투전풀이/유지숙(앨범: 서도명창 유지숙의 북녘소리 토리)
헤에~ 일자도 모르는 건 판무식이로다
떨레 떨레 광창이지 남으로 흥! 뻗은 길이라
헤에~ 이러구야 살 수 있나 저러구야 살 수 있나
떨레 떨레 광창이지 남으로 흥! 뻗은 길이라
헤에~ 상가집의 아주마니 아이고 데고 우지말고
팥죽이나 잡수소

떨레떨레 광창이지 남의 임 벨로 곱더라

헤에~ 사물사물 얽은 님은 오목오목 정만 든다누나

괴천이 동척이지 남으로 흥! 뻗은 길이라

헤에~ 오스라지고 담 넘어 가누나

오경 밤 중 큰애기 너무 곱더라

헤에~ 육육봉은 터인 봉 강 건너 문수봉

개미허리 잘숙봉 평양의 모란봉이라

헤에~ 도리 도리 돌돌 과천봉이오

백수한산의 불로초로다

헤에~ 영산홍록의 봄바람이오

광창의 모란봉 을밀대로다

헤에~ 개소리 말아라 범의 소리 나가누나

떨레 떨레 광창이지 남으로 흥! 뻗은 길이라

〈화투〉

1. 화투타령/전라북도 고창지방

정월 송악에 백학이 울고

이월 매조에 꾀꼬리 운다.

삼월 사구라(벚꽃의 일본말) 북치는 소리

천지백파에 다 날아든다.

사월 흑싸리 못 믿어서

5월 난초가 만발했네.

6월 목단에 나비 청해

7월 홍싸리 멧돼지

8월 공산에 달이 밝아

9월 국진에 국화주요.

10월 단풍에 사슴이 놀고
오동복판 거문고는 줄만 골라도 빙글뱅글
우중의 해님이 양산을 받고 동네방네에 유람 갈까?
다 돌았네 다 돌았네 240으로 다 돌았네.

*채록/수집상황, 충청북도 진천군 주민 현병욱[남, 75]과 윤대근[남, 미상]
2-1. 현병욱의 사설
정월이라 속속들이 사린정을/ 이월메조에 맺어놓고/ 삼월 사구라 산란한마음/ 사월흑파리 흩어진다/ 오월난초 모든 나비/ 유월목단에 춤을 추네/ 칠월홍돼지 걸어놓고/ 팔월팔공단 유람을 갈까/ 구시월 시단중에 낙엽만 날려도 님의생각/ 동지섣달 긴긴밤에 님의 생각이 절로 나네/ 시들새들 봄배추는 찬이슬 오기만 기다리고/ 옥에 갇힌 춘향이는 이도령 오기만 기다린다.

2-2. 윤대근의 사설
정월 석같이 서격한 마음/ 이월 매조에 다 떨어진다/ 삼월 사구라 산란한 마음/ 사월 흑싸리에 흩어지고/ 오월 난초 나비/ 유월 목단에 춤을 춘다/ 칠월 홍다지 홀로 누워/ 팔월 공산을 구경하니/ 구월 국화 굳었던 마음/ 시월 단풍에 다 떨어진다/ 얼씨구 좋다 지화자 좋다/ 아니 놀지는 못하리라.

3. 화투뒤풀이/울산 지역
정월솔가지 속속한 내맘/ 이월메조에 맺어놓고/ 삼월 사쿠라 산란한 맘이/ 사월 흑사리 흑사로다/ 오월 난초 나비가 앉아/ 유월 목둥화에 앉았구나/ 칠월 홍돼지 홀로 눕어/ 팔월공산에 달 밝았네/ 구월국화 구식한 내맘/ 시월단풍에 뚝 떨어지고/ 십이월오동동 달 밝은 밤에/ 십이월낭군님이 날 찾어온다.

4. 화투뒤풀이/월령체가(月令體歌), 사설- 경남 밀양

정월 솔가지 속속헌 마음 이월 매조 다 맺어놓고/

삼월 사꾸라 산란한 마음 사월 흑사리 훗쳐놓고/

오월 난초 나비가 되어 유월 목단에 춤 잘 추네/

칠월 홍돼지 홀로 누워 팔월산에 달이 뜬다/

구월 국화 굳은 한 맘이 시월 단풍에 뚝 떨어지고/

동짓달 오동달은 열두 비를 넘어가네

5. 화투타령/민요

정월 솔가지 속속헌 마음 이월 매조에 맺어놓고/ 삼월 사꾸라 산란한 마음 사월
흑사리 훗쳐놓고/ 오월 난초 나비가 되어 유월 목단에 춤 잘 추네/ 칠월 홍돼지
홀로 누워 팔월공산에 달이 뜬다 구월 국화 굳은한 마음 시월 단풍에 뚝 떨어지고
/ 동짓달 오동달은 열두 비를 넘어가네

출처: [네이버 지식백과] 「화투뒤풀이」(한국향토문화전자대전)
한국향토문화전자대전: http://www.grandculture.net/
한국학중앙연구원: http://www.aks.ac.kr
한국 구비문학대계 개정증보 / 화투뒤풀이
한국 구비문학대계 개정증보 / 화투타령
한국 구비문학대계 개정증보 / 정월송학에/화투풀이하는소리
한국 구비문학대계 개정증보 / 기생과 한량의 화투놀이
한국민족문화대백과사전 개정증보 / 화투타령

참고문헌

〈국내 문헌〉

가라타니 고진 저, 송태욱 역(2003), 일본정신의 기원: 언어 국가 대의제 그리고 통화,
          이매진.

가토 슈이치 외 3인 공저(2002), 김진만 역, 日本文化의 숨은 形, 소화.

고려대학교 일본연구센터 편(2010), 일본문화사전=Japanese cultural dictionary, 문.

교학사편집부 편(2003), 東京 지하철 여행: 일본 드라마 &영화 촬영지, 교학사.

구견서(2000), 현대 日本 문화론, 시사일본어사.

구도게이 저, 장지은 역(2012), 청춘을 키워내다, 일본문화정보포럼.

구태훈(2011), 일본문화사, 재팬리서치21.

구태훈(2012), 일본문화 이야기=(A)culture of Japan, 재팬리서치21.

김태영 외(2010), 일본 문화 이야기, 보고사.

김숙자 외(2017), 일본사정, 사진으로 보고 가장 쉽게 읽는 일본문화, 시사일본어사.

김 영(2007), 일본 문화의 이해, 제이앤씨.

김영심(2006), 일본영화 일본문화, 보고사.

김재평(2007), 일본인의 생활·문화이야기: 글속기행, 서진출판사.

김종덕 외(2008), (그로테스크로 읽는) 일본 문화: 고지키에서 센과 치히로의 행방불
          명까지. 책세상.

김태영(2005), 일본문화의 산책, 보고사.

가와 기타지로, (김욱외 역, 1998), 『발상법』, 서울, 세경북스

가와노 히로시, (진중권 역, 1992), 『예술, 기호, 정보』, 서울, 새길

국립민속박물관(2009), 『한국 민속학·일본 민속학 V』, 서울, 국립민속박물관

광주민속박물관 학예실(1995), 『光州의 民俗놀이-光州民俗博物館 調査研究書 第3輯 광
          주민속박물관 조사연구서 3』, 광주, 광주민속박물관

권수진(1995), 「화투를 소재로 한 현실 반영의 표현 연구: 연구자의 작업을 중심으로」, 부산, 부산대학교 대학원 석사학위논문.

권윤정(1999), 「12지신을 소재로 한 화투패러디」, 서울, 상명대학교 대학원 석사학위논문

권현주(2004), 「花札의 "전통문화기호"와 花鬪의 "놀이문화기호" 고찰」, 서울, 『일본어문학 제23집』, 한국일본어문학회.

권현주(2009), 「傳統文化記號 樣相의 花札 變遷史」, 서울, 『일본어문학 제42집』, 한국일본어문학회.

그레마스, 김성도 역(1997), 『의미에 관하여-기호학적 시론-』, 서울, 인간사랑

김가민(2007), 『화투를 모티브로 한 쥬얼리 디자인 연구』, 서울, 국민대학교 대학원 석사학위논문

김광언(1982), 「한국의 민속놀이」, 『인하 신서 8』, 인천, 인하대학교출판부

김광언(2004), 『동아시아의 놀이』 서울, 민속원

김경용(2002), 『기호학의 즐거움』 서울, 민음사

김경철(1990), 『심리적인 분석으로 본 화투놀이의 레크리에이션적 가치』 서울, 한국여가레크레이션학회

김난승(1987), 『祕法 스리고』 서울, 하나출판사

김덕수(2003), 『경제IQ 높이기』 서울, 한국경제신문사

김덕수(2004), 『경제EQ 높이기』 서울, 한국경제신문사

김문겸(1993), 『여가의 사회학-한국의 레저문화』 서울, 한울아카데미

김복영(1987), 『회화적 표상에 있어서 기호와 행위의 접근 가능성: N. Goodman 기호론의 발전적 고찰』 서울, 숭실대학교 대학원 박사학위논문

김복영(1997), 「회화적 표상에 있어서 기호와 행위의 접근 가능성과 회화적 가능 세계의 의미론(II): 표상적 태도의 의미론 모형을 중심으로」, 『홍대논총29』 서울, 홍익대학교

김선득(2004),『화투의 확대, 과장 기법에 의한 새로운 미감 추구 연구』대구, 영남대
　　　학교 대학원 석사학위논문

김선풍 외(1996),『민속놀이와 민중의식』서울, 집문당

김성배(1980),『한국의 민속』서울, 집문당

김영순 외(2006),『여가와 문화 -여가 연구의 문화코드-』서울, 도서출판 역락

김영한 외(2009),『닌텐도 이야기』서울, 한국경제신문

김용환(1998),『韓國의 風俗畵 上』서울, 民文庫

김점선(2004),『10cm 예술 2』서울, 마음산책

김정남(2010),『닌텐도처럼 창조한다는 것: 화투에서 wii까지』서울, 녹색지팡이&프
　　　레스

김진탁외 1인(1997),『현대여가·위락론』서울, 학문사

김천묵(1996),『화투놀이, 고스톱, 그리고 한국사회』서울,『우리사회연구학 제3집』

김태갑 외(1996),『민요집성-海外우리語文學硏究叢書; 129』서울, 한국문화사

김한주(1977),『고시조에 나타난 자연관』서울, 고려대학교 대학원 석사학위논문

김형철(1995),『장사꾼으로 거듭나는 사무라이 혼』서울, 한국경제신문사

남구희(2000),『한국적 화투 디자인의 소재 개발에 관한 연구』서울, 단국대학교 대학
　　　원 석사학위논문

노나카이쿠 지로, (김영동 감수, 1998),『지식 경영』서울, 21세기 북스

다니엘 롱 외(2012), (일본어로 찾아가는) 일본문화탐방, 지식의 날개(한국방송통신대
　　　학교출판부)

대전외국어고 일본문화연구회 저(2000), 이것이 일본이다, 청조사.

루스 베네딕트 저, 김윤식 외 역(2008), (일본 문화의 틀) 국화와 칼, 을유문화사.

류희승(2012), 일본인과 일본문화, 재팬리서치21.

마에다 히로미 저(2008), (학교에서 배울 수 없는)일본문화, 넥서스JAPANESE.

모로 미야 저, 김택규 역(2007), (이야기) 일본, 일빛.

문옥표 외(2006), 우리 안의 외국 문화: 관광과 음식을 통해 본 문화소비, 小花.

미나미 히로시 저, 정대성 역(2007), 다이쇼 문화 (1905~1927): 일본 대중문화의 기원, 제이앤씨.

문화이론연구소 편(2001), 日本人과 日本文化의 理解, 과정학사.

박용구(2001), 글로벌시대의 일본문화론: 세계화와 문화민족주의, 보고사.

로제 카이와, 이상률 역(1999), 『놀이와 인간』 서울, 문예출판사

롤랑바르트, 이화여대 기호학 연구소 역(1998), 『모드의 체계』 서울, 동문선

문화출판사 편(1964), 『조선의 민속놀이』 서울, 민속원

박영규(1995), 『형법이론과 범죄-生活法律叢書』 서울, 法政社

박인철(1999), 『파리학의 기호학-이론과 실제』 서울, 연세대학교 문과대학

백승국(2006), 『축제 기획을 위한 문화기호학-축제와 문화콘텐츠-』 서울, 다할 미디어

법률연구회(1996), 『下級審條文別(事例別)判決集. 刑法 4』 서울, 法律情報센타, 刑法 IV (第227~331條) 第246條(賭博, 常習賭博)

사토 다다오 저, 정승운 역(2004), 일본 대중문화의 원상, 제이앤씨.

佐藤猛郎 저, 허인순 역(2002), 한국어와 일본어로 읽는 일본문화 키워드 305, 제이앤씨.

서연호(2008), 일본 문화 예술의 현장, 문.

서영식 편(2007), 일본문화강독, 제이앤씨.

송인덕(2010), 한국인의 마음 일본인의 고코로: 일본문화에세이, 문예원.

신봉승(2007), 일본을 답하다, 선.

신혜경(2011), 신혜경 교수와 함께 읽는 日本문화, 지식과교양.

아오키 다모쓰 저, 최경국 역(2000), 일본 문화론의 변용, 小花.

인터내셔널 인터쉽 프로그램(2008), 일러스트로 읽는 일본 미니백과, 다락원.

사사키 겐이치, 이기우 역(1989), 『예술작품의 철학』 서울, 도서출판 신아.

서인석(1984), 『성서와 언어과학-구조분석의 이론과 실천』 서울, 성 바오로 출판사

성병희 외(1996), 『민속놀이와 민중의식』 서울, 집문당

소우가와 쓰네오, 이승수 역(2005), 『놀이의 역사 민족학』 서울, 민속원

송석하(1960), 『한국민속고』 서울, 일신사

송효섭(2000), 『문화기호학』 서울, 도서출판 아르케

스튜어트 컬린, 윤광봉 역(2003), 『한국의 놀이-한국 기층문화의 탐구 9』 서울, 열화당

시모어 채트먼, 김경수 역(1997), 『영화와 소설의 서사구조』 서울, 민음사

신항식(2003), 『롤랑바르트의 기호학』 서울, 문학과 경제사

실천민속학회 편(2001), 『민속문화의 지속과 변화』 서울, 집문당

쓰치야 신타로, 김형석 역(2000), 『캐릭터 비즈니스』 서울, 문지사

쓰지 히로시·스기야마 아키히로, 김인권 역(1986), 『조형 형태론』 서울, 미진사

오오카 마코토 저, 신유미 역(2005), 이야기 일본 문학사, 景仁文化社.

요시미 슌야 외 공편, 오석철 역(2014), 도쿄 스터디즈: 일본 문화의 중심, 도쿄를 바라
　　　보는 38개의 시선, 커뮤니케이션북스

우현년(2002), 고딩 일본에 가다, 열린.

원광대학교 일본어교육연구회 편(2002), 日本 대중문화의 이해: 일본사정, 제이앤씨.

윤상인 외(2006), 일본 문화의 힘: 세계는 왜 J컬처에 열광하는가, 동아시아.

윤혜영(2013), (역사와 문화가 살아 숨 쉬는) 일본문학, 궁미디어(충남대학교 출판문
　　　화원)

이기섭(2013), 일본어와 일본문화, 시간의 물레

이남교(2002), 재미있는 일본말의 뿌리: 한국에서 건너간 일본말·일본문화이야기, 넥
　　　서스.

이상업 외 공저(2006), 일본 문화를 키워온 마음 33가지, 보고사.

이어령(2003), 일본문화와 상인정신, 문학사상사.

이준섭(2014), 교양 일본문화론: 일본문화는 어떻게 표상되었나, 역락.

이지선(2008), 일본의 전통문화, 제이앤씨.

이토 아비토 저, 임경택 역(2009), (동경대 특별 강좌) 일본 사회 일본 문화, 소와당

일본문화연구회 편(2002), 일본 사회와 문화, 책사랑

일본문화연구회 편(2003), 일본과 일본문화=Japan &Japan culture, 불이문화.

일본지역연구회(2005), (새로운) 일본의 이해, 다락원

안수현(2005), 「화투를 통해 본 일본고전시가에 관한 고찰-万葉集 및 八代集을 중심으로-」서울, 『아시아지역연구 제8호』

에릭 홉스봄 외 저, 박지향 외 역(2004), 『만들어진 전통』 서울, 휴머니스트

에릭 홉스봄·테렌스 랑거 저, 최석영 역(1995), 『전통의 날조와 창조』 서울, 서경문화사

에스비에스프로덕션(1993), 『그것이 알고 싶다 1』 서울, 에스비에스프로덕션

여가문화연구회 편(1987), 『한국인의 놀이의식과 여가문화』 서울, 집문당

연희원(1988), 「에코 기호학에 관한 한 연구」서울, 고려대학교 대학원 박사논문

오순환(1999), 『한국 여가문화의 이해』 서울, 일신사

울진군·안동대학교(1991), 『울진의 문화재』 울진, 울진군청

유형오·이준혁(2002), 『게임기전쟁』 서울, 진한도서

위베르 펠드, 양태종 역(2002), 『수사학과 텍스트 분석』 서울, 동인

이강로·교양국사총서편찬위원회(1988), 「교양국사 총서38」. 서울, 세종대왕 기념 사업회

이규경(1849), 『五洲衍文長箋-散稿(오주연문장전-산고)』

이덕봉(1995), 「한국 속의 일본문화」서울, 『일본학보 제35집』 한국일본학회

____(1996), 『화투에 숨겨진 문화기호』서울, 『동덕여대학보 243호』 동덕여자대학교출판부

____(1997), 「화투의 문화 기호적 해석」서울, 『동일어문연구 12』 동일어문학회

____(2000), 「화투의 문화 기호 해석」서울, 『한민족문화연구6집』 한민족문화연구회

이상희(1998), 『꽃으로 보는 한국문화 1』 서울, 넥서스

____(1998), 『꽃으로 보는 한국문화 2』 서울, 넥서스

____(1998), 『꽃으로 보는 한국문화 3』 서울, 넥서스

이승수(2003), 『새로운 축제의 창조와 전통 축제의 변용』 서울, 민속원

이승수(2007), 「민속 원형의 창출과 제도화 -밀양 백중놀이를 중심으로-」서울, 『한국민속학46』 한국민속학회

이어령(1962), 『흙속에 저 바람 속에』 서울, 文學思想社

____(2000), 『붉은 악마의 문화 코드로 읽는 21세기』 서울, 한길 아트

____(2006), 『문화코드』 서울, 문학사상사

이종호(2003), 『신토불이 우리 문화 유산』 서울, 한문화

이호광(1999), 『고스톱 손자병법』 서울, 서음출판사

____(2003), 『고스톱百科: 고스톱 세태 비평서』 서울, 보성출판사

____(2008), 『고스톱X파일: 따는 고스톱 잃는 고스톱』 서울, 서음미디어

이홍(1994), 『고스톱 경제가 가져다 준 위기』 서울, 도서출판 다은

이케우에 히로히코, 이기우 역(1984), 『시학과 문화기호론』 서울, 증원문화사

인정식(1989), 『향토오락과 농악』 서울, 학민사

임동권 외(1997), 『민속놀이론』 서울, 민속원

임성철(2002), 『일본고전시가문학에 나타난 자연-일본문학연구총서17』 서울, 보고사

임영호 편(1996), 『스튜어트 홀의 문화이론』 서울, 도서출판 한나래

임재해(1994), 『한국 민속과 오늘의 문화』 서울, 지식산업사

임재해·한양명(1996), 『한국 민속사 입문』 서울, 지식산업사

장남호 외 공저(2010), (이야기와 감동이 있는) 일본문화 탐방, 충남대학교 출판부.

정수원(2003), 일본문화 이해와 연구, 제이앤씨.

정수원(2012), 일본 사회·문화, 제이앤씨

정숙경(2000), (인터넷으로 보는)일본문화 코드북 All-in-one. 넥서스.

정 형(2009), (사진·통계와 함께 읽는) 일본 일본인 일본 문화, 다락원

조성기(2009), 아니메에서 일본을 만나다, 어문학사.

최관(2007), 우리가 모르는 일본인: 최관 교수의 일본문화론, 고려대학교출판부.

천호재(2014), 일본문화의 이해와 일본어교육, 역락

최광준(2013), (쉽고 재미있는) 新 일본 문화, 다락원

폴 발리 저, 박규태 역(2011), 일본 문화사, 경당

자크뒤부아 외, 용경식 역(1989), 『일반 수사학』 서울, 한길사

장덕순 외(1990), 『구비문학개론』 서울, 일조각

장병윤(2003), 『타짜들의 히든 테크닉(전천후 도박기술 백과사전)』 서울, 보보스

전대완(2008), 『극동이야기』 서울, 명지출판사

정병욱(1993), 『한국고전시가론』 서울, 신구문화사

정영모(1996), 『신선이 남긴 동양화1 화투신서』 서울, 한솔미디어

_____(1996), 『신선이 남긴 동양화2 화투신서』 서울, 한솔미디어

_____(1997), 『신선이 남긴 동양화4 대권』 서울, 한솔미디어

_____(1997), 『신선이 남긴 동양화5 대망』 서울, 한솔미디어

진태하(2000), 「화투는 일본의 최저질 문화-망국 노름 화투를 근절해야 나라가 산다-」
　　　　서울, 『한글한자문화 15집』 전국한자교육추진총연합회

최봉영(1995), 「놀이의 규칙을 통해서 본 한국인의 규범의식-고스톱과 포커의 놀이규
　　　　칙 비교를 중심으로-」 서울, 『국제한국학 25집』 국제한국학연구소

최상수(1991), 『투전』 서울, 한국정신문화연구원, 한국민족문화대백과사전

최영란(2006), 『전통놀이 문화의 이론과 실제』 서울, 서울기획

최철호(1997), 『勞動判例總覽 6, 노동조합편』 서울, 韓國司法行政學會

한국일어일문학회(2009), 일본의 이해: 체험과 분석, 제이앤씨.

한국일어일문학회(2009), 언어표현을 통해서 본 한일문화, 제이앤씨

한국일어일문학회(2009), (세계 속의) 일본문학, 제이앤씨

한일비교문학연구회(2016), 비교문학과 텍스트의 이해: 일본문학·문화의 경계, 소명

허인순 외(2014), (바로 아는) 일본문화, 전북대학교 출판문화원

허인순 외 공저(2009), (이미지로 읽는) 일본문화, 어문학사.

현대일본문화연구팀(2012), 한국과 일본의 신상품 신산업, 소와당

홍윤식 편(2003), 일본 문화의 뿌리를 찾아서, 솔.

후지타 치에코 외(2017), 문화와 함께 배우는 만만한 일본어, 시사일본어사.

하인츠 크로엘, 최길열 역(2000), 『현대 커뮤니케이션 디자인』 서울, 도서출판 국제

한국문화예술진흥원 문화발전연구소(1991), 『여가놀이문화 개발 및 확산방안연구』
　　　　서울, 한국문화예술진흥원

한국 민속사전 편찬위원회(1991), 『한국 민속 대사전』 서울, 민족문화사

한국사회언론연구회(1990), 『현대사회와 매스커뮤니케이션』 서울, 한울

한국일어일문학회(2008), 『게다도 짝이 있다, 일본문화총서 1』 서울, 글로세움

한국텍스트언어학회(2004), 『텍스트언어학의 이해』 서울, 도서출판 박이정

한정섭(1996), 『한국인의 민속신앙』 서울, 불교대학교교재편찬위원회

한양명(1999), 「고스톱론-매도와 찬양을 넘어서」 서울, 『한국역사민속학 8호』 한국
　　　　　역사민속학회

호이징가, 김윤수 역(2004), 『호모 루덴스』 서울, 까치글방

〈일본 문헌〉

이에나가(家永三郎, 1982), 日本文化社, 岩波書店.

이노우에 가즈오(井上和夫, 1972), 『トランプ・花札・ダイス』 東京, 金園社

이노우에 슈타로(井上周太郎, 1982), 『記号としての芸術』 東京, 勁草書房

이데 히데오(井出英雅, 1971), 「やくざ事典」 東京, 雄山閣出版

이와나미쇼텐 편집부 편(岩波書店編輯部 編, 1986), 『後撰集』 東京, 岩波書店.

＿＿＿(岩波書店編輯部 編, 1986), 『拾遺集』 東京, 岩波書店.

＿＿＿(岩波書店編輯部 編, 1986), 『後拾遺集』 東京, 岩波書店.

＿＿＿(岩波書店編輯部 編, 1986), 『金葉集』 東京, 岩波書店.

＿＿＿(岩波書店編輯部 編, 1986), 『詞花集』 東京, 岩波書店.

＿＿＿(岩波書店編輯部 編, 1986), 『千載集』 東京, 岩波書店.

이진희(李進熙, 1995), (新版)日本文化と朝鮮, 日本放送出版協會.

우메다쿠(梅棹忠夫, 1990), 日本とはなにか:近代日本文明の形成と発展, 国際文化フォー
　　　　　ラム.

우메하라(梅原 猛, 1976), 美と宗教の發見: 創造的日本文化論, 講談社.

오키우라(沖浦和光 編, 1997), 日本文化の源流を探る, 解放出版社.

오사다케 다케키(尾佐竹猛, 2005), 「賭博と掏摸の研究」 東京, 神泉社

가네하라(金原省吾, 1942), 日本文化と傳統, 同志同行社.

가타 코지(加太こうじ, 1994),「花札」『日本風俗史事典』東京, 弘文堂

가와무라 신지로(川村辛次郎, 1981),『萬葉人の美意識』東京, 笠間書院

기타 준이치로(紀田順一郎, 1966),『日本のギャンブル』東京, 桃園社

사무카와 히로유키(寒川廣行, 1980),『花札入門』東京, 日本文藝社

시바 료타로·도널드 킨(司馬遼太郎·ドナルド キーン 共著, 1980), 日本人と日本文化, 中
　　　　央公論新社.

司法省調査課 編(2005),「賭博に関する調査」東京, 風媒社

全國歴史教育研究協議會 編(1988),『日本史用語集』東京, 山川出版社

쇼각간 편집부 편(小学館 編輯部 編, 1982),「万葉集」『日本古典文学全集』東京, 小学館.

＿＿＿(小学館 編輯部 編, 1982),「古今集」『日本古典文学全集』東京, 小学館.

＿＿＿(小学館 編輯部 編, 1982),「新古今集」『日本古典文学全集』東京, 小学館.

나카오 사스케(中尾佐助, 1991),『花と木の文化史』東京, 岩波新書

토미나가 리(富永理, 1942),『文化鬪爭の原理, 總力戰叢書 第3冊』東京, 富山房

마스카와 코이치(增川宏一, 1989),『賭博の日本史』東京, 平凡社選書129

＿＿＿(增川宏一, 2000),「花札」『日本民俗大辭典』東京, 吉川弘文館

＿＿＿(增川宏一, 2005),「賭博」東京, 法政大学出版局

모리스에 요시아키·히노니시 스케노리(森末義彰·日野西資孝, 1957),『風俗辭典』東京,
　　　　東京堂出版

모리타 신고(森田誠吾, 1970),「昔, いろはかるた」東京, 求龍堂

하자마 무네오(硲宗夫, 1997),『ワコール商法の祕密』東京, 日本実業出版社

야마모토 다쿠(山本卓, 2005),「賭博大百科」東京, データハウス

歷史學會 編(1974), 日本文化史: 美術と歷史, 創元社.

와타나베 코도(渡部小童, 2005),『花札を初めてやる人の本』東京, 土屋書店

〈연구보고서 및 기사, 기타〉

국어연구소(1989),『한글 맞춤법 및 표준어 규정해설』서울, 한국방송공사 아나운서실

국립국어원 편(2008),『표준국어대사전』서울, 국립국어원

두산동아출판사 편(1982),『두산세계대백과사전』서울, 동아출판사

뉴스레터(2003.9.4), '방문신 특파원의 도쿄통신'

동아일보(1990.1.30), '놀이문화가 없다'

문화일보(2003.1.27), 정충신 기자 '윷놀이는 주사위 게임의 원형'

영남일보(2005.10.21), '한 매니아는 모란을 장미로 알고 있었다'

육근화(2001), 정보화시대의 「일본문화」교육, 大田大學校 人文科學硏究所, 人文科學論
            文集: Vol. 32, p.77~90

정정숙, 일본 문화의 국내 유입과 일본 내 한류 열풍을 통해 본 한일관계의 변화 연구,
서울YMCA 倂設 月南市民文化硏究所, 市民文化硏究 : Vol.5 p.55~79

한겨레신문(1997.8.18), 황상철 기자

KBS프로그램(2010)『스펀지』

SBS프로그램,『그것이 알고 싶다-어느 수준부터 고스톱이 도박이 되는가?』

한국갤럽연구소(1990.1), '화투놀이에 대한 앙케이트 조사'

한국갤럽연구소(2002.9), '한가위놀이에 대한 앙케이트 조사'

한국응용통계연구소(2003), '고스톱 횟수에 대한 앙케이트 조사'

〈참고 포털 사이트〉

다음

네이버 지식인

네이버 지식백과

네이버 두산백과

네이버 블로그

http://www.idomin.com/news/articleView.html?idxno=221133
(최종확인일 2009.10.24)

http://www.kaja.or.kr (최종확인일 2009.10.25)

http://www.whatu.kr/index.php (최종확인일 2009.10.26)

http://www.hantoogame.com/game_sub01.asp (최종확인일 2009.10.27)

http://cafe.naver.com/ision.cafe?iframe_url=/ArticleRead.nhn%Farticleid=11
28 (최종확인일 2009.10.28)

http://amaikoi.com/ (최종확인일 2009.10.29)

http://blog.naver.com/gktmd0806?Redirect=Log&logNo=10050746421
(최종확인일 2009.10.30)

http://100.naver.com/100.nhn?docid=173139 (최종확인일 2009.11.1)

http://kin.naver.com/qna/detail.nhn?dlid=11&dirld=111001&docld=4970914
3&qb=7J20642V67SJ6rWQ7liYIO2ZIO2lrA==&enc=utf8&section=kin&rank=1
&sort=O&spq=O&pid=fxzMC1oi5UhsstBu6nosss—078367&sid=SxzOkozEHEs
AAD-CN6c (최종확인일 2009.11.2)

http://kin.naver.com/qna/detail.nhn?dlid=2&dirld=2&docld=40274362&qb=7
J20642V67SJ6rWQ7liYlO2ZlO2lrA==&enc=utf8&section=kin&rank=3&sort=0&
spq=0&pid=fxz5Hloi5U4ssvs2R4osss—185352&sid=SxzCPuuZHEsAAApykiw
(최종확인일 2009.11.3)

http://blog.naver.com/neomirr?Redirect=Log&logNo=110035777090
(최종확인일 2009.11.4)

http://blog.naver.com/nanzzang00/110014995586 (최종확인일 2009.11.5)

http://dozl.com/bbs/skin/flash_game/game.php?id=t_flash_game&no=101
(최종확인일 2009.11.6)

http://kin.naver.com/db/detail.php?dlid=6&dir_id=60101&eid=7jXba14Ypg0
3LJcIGVVplkfygA9gAM2H (최종확인일 2009.11.7)

http://blog.naver.com/rladnjsxo64?Redirect=Log&logNo=150036967436
(최종확인일 2009.11.8)

http://cafe.naver.com/kiaamclub.cafe?iframe_url=/ArticleRead.nhn%3Farticl
eid=14211 (최종확인일 2009.11.9)

http://cafe.naver.com/kiaamclub.cafe?iframe_url=/ArticleRead.nhn%3Farticl
eid=195 (최종확인일 2009.11.10)

http://cafe.naver.com/kiaamclub.cafe?iframe_url=/ArticleRead.nhn%3Farticl
eid=250 (최종확인일 2009.11.11.)

http://kin.naver.com/qna/detail.nhn?dlid=11&dirld=111002&docld=5893031
8&qb=7jik64W464W464+E7ZuE&enc=utf8&section=kin&rank=5&sort=0&spq
=1&pid=fx9dLv331xNssb/jNHOssv--462377&sid=Sx8yhw4UHOsAAC81QRO
(최종확인일 2009.11.12)

http://blog.naver.com/yulee1228/ (최종확인일 2009.11.13)

http://blog.naver.com/mulko1?Rdeirect=Log&logNo=60004395926
(최종확인일 2009.11.14)

http://kr.ks.yahoo.com/service/ques_reply/ques_view.html?dnum=C&qnum
=4004699 (최종확인일 2009.11.15)

http://kr.blog.yahoo.com/shnam50/4303 (최종확인일 2009.11.16)

http://www.google.co.kr (최종확인일 2009.11.17)

http://seoseok.net (최종확인일 2009.11.18)

http://seoseok.net/ hanahuda/hana30.htm (최종확인일 2009.11.19)

http://seoseok.net/ hanahuda/hana13.htm (최종확인일 2009.11.20)

http://science.binote.com/105130 (최종확인일 2009.11.21)

http://blog.empas.com/galaga/15562942 (최종확인일 2009.11.22)

http://www.sagoonja.com/history_05.asp?LAYER=3 (최종확인일 2009.11.23)

http://heosmurf.egloos.com/tb/4695119 (최종확인일 2009.11.24)

http://www.kncis.or.kr/ (최종확인일 2009.11.25)

http://blog.daum.net/nokksh/16511913 (최종확인일 2009.11.26)

http://ko.wikipedia.org/wiki/%ED%99%94%ED%88%AC
(최종확인일 2009.11.27)

http://blog.joins.com/media/floderlistslide.asp?uid=qkr9645&folder=15&list
_id=8534714 (최종확인일 2009.11.28)

http://www.geocities.co.jp/Playtown/4007/phy30.html (최종확인일 2005.4.1)

http://pine.zero.ad.jp/~zbm24579/ (최종확인일 2005.4.2)

http://members.at.infoseek.co.jp/stone2/hanafuda1.html
(최종확인일 2005.4.3)

http://www.1101.com/nintendo/hakubutsu1/hakubutsu3.htm
(최종확인일 2005.4.4)

http://www.1101.com/nintendo/hakubutsu1/hakubutsu4.htm
(최종확인일 2005.4.5)

http://www.h-eba.com/heba/gamble/main08.html
(최종확인일 2005.4.6)

http://www.cul-net.com/servlet/jp.co.culnet.search.SubCategoryServlet?DA=
07&jsp=daikate_yuugi.jsp (최종확인일 2005.4.7)

http://my.dreamwiz.com/pirami21/gostop02.html (최종확인일 2005.5.15)

http://www.ffortune.net/fortune/tarot/hist/hist6.htm (최종확인일 2005.5.16)

http://www.ojipaper.co.jp/etc/p_m/p05/p05_02.html (최종확인일 2005.5.17)

http://www.page.sannet.ne.jp/mikotan/cardgame/history.htm
(최종확인일 2005.5.18)

http://www.kitamimaki.com/column/rekisi/toranpu.html
(최종확인일 2005.5.19.)

http://members.at.infoseek.co.jp/stone2/hanafuda-gihou1.html
(최종확인일 2005.5.20)

http://www.city.omuta.fukuoka.jp/gakushu/sisetu/karuta/n2_36e374c9_374.
html (2010.6.23)

@nifty 게임포럼[平成7年6月1日施行された現刑法条文はもっと簡明になっている]

〈사진 출처〉

1장

1-1. 권현주(2011), 「하나후다와 화투에 투영된 문화기호의 구조적 연구」 전북대학교
　　　대학원, p.17

1-2. 권현주(2011), 「하나후다와 화투에 투영된 문화기호의 구조적 연구」 전북대학교
　　　대학원, p.23 응용

1-3. 권현주(2011), 「하나후다와 화투에 투영된 문화기호의 구조적 연구」 전북대학교
　　　대학원, p.25

1-4. 권현주(2011), 「하나후다와 화투에 투영된 문화기호의 구조적 연구」 전북대학교
　　　대학원, p.17

1-5. 박인철(1999), 「파리학의 기호학-이론의 실제」 연세대 문과대학, p.42

1-6. 송효섭(2000), 「문화기호학」 도서출판 아르케, p.83

2장

2-1. (스튜어트 컬린 저, 윤광봉 역, 2003) 『한국의 놀이1 한국기층문화의 탐구9』 [네
　　　이버 지식백과] http://www.ikoreanspirit.com/news/articleView.
　　　html?idxno=34834 (최종확인일2020.06.04)

2-2. 수투[한국민족문화대백과사전] (최종확인일2020.06.04)

2-3. 수투[한국학중앙연구원 (최종확인일 2020.06.04)]

2-4. 수투[http://blog.daum.net/ad1414/10815608] (최종확인일2020.06.04.)

2-5. 이동현, [네이버 지식백과]마장[麻雀(마작)](두산백과) http:/www.doopedia.c
　　　o.kr (최종확인일2020.06.04)

2-6. 골패(骨牌), 三才圖-국립민속박물관http://www.nfm.go.kr, 한국세시풍속사전,
　　　[네이버 지식백과]골패놀이[骨牌](한국세시풍속사전), 골패의 모양 작성
　　　자Gus, 작성자 미워, 장서각 도서, [네이버 지식백과]골패치기(동아시아
　　　의 놀이, 김광언), 한국민족문화대백과, [네이버 지식백과]골패[骨牌](한
　　　국민속예술사전 : 민속놀이) http:/encykorea.aks.ac.kr, 다음검색 나
　　　무위키 위키백과, 우리 모두의 백과사전http://blog.naver.com/whso
　　　hn12/100185915666, 한국학중앙연구원 http://www.aks.ac.kr.『한
　　　국 생활사 박물관 10 - 조선생활관 2』(한국 생활사 박물관 편찬위원회
　　　지음, 사계절 펴냄, 서기 2004년) (최종확인일 2020.06.04)

2-7. 포르투갈 카르타, http://www.geocities.co.jp/Playtown/4007/phy30.html
　　　(최종확인일 2005.4.1)

2-8. 에스파냐 카르타, http://movieblogger.tistory.com/1560
　　　(최종확인일 2020.6.4)

2-9. 이탈리아 카르타, http://www.geocities.co.jp/Playtown/4007/phy30.html
　　　(최종확인일 2016.12.1.)

2-10. 차투랑가, 샤트란지 http://billyoung.tistory.com/2, ≪모두의 체스≫기초 1
　　　강 - 체스의 역사, 작성자 여유와 낭만 (최종확인일2020.06.04.)

2-11. 2대2의 4인용 차투랑가, ≪모두의 체스≫기초 1강 - 체스의 역사, 작성자 여유
　　　와낭만, 체스의 유래 작성자 곰팅이, 샤트란지, http://www.chessvari
　　　ants.com (최종확인일2020.06.04)

2-12. 2인용 차투랑가, 샤트란지, http://billyoung.tistory.com/2≪모두의 체스≫기
　　　초 1강 - 체스의 역사, 작성자 여유와 낭만 (최종확인일2020.06.04)

2-13. 트럼프, 카드놀이, 카드작성자 임설 (최종확인일2020.06.04.)

2-14. 이탈리아 비스콘티 타로, 타로 카드와 놀이용(트럼프), 카드작성자 임설 (최종확 인일2020.06.04.)

2-15. 유럽산 타로, http://www.city.omuta.fukuoka.jp/gakushu/sisetu/karuta/ n2_36e37 4c9_374.html

2-16. 마르세이유 타로, 타로 카드와 놀이용(트럼프), 카드작성자 임설 (최종확인일20 20.06.04)

2-17. 웨이트 타로, 타로 카드와 놀이용(트럼프), 카드작성자 임설 (최종확인일2020.0 6.04)

2-18. 메이저 알카나, 현존하는 가장 오래된 타로카드, 작성자 새벽노을, [온탕오브레 전드]타로카드 작성자 온탕, [출처]트럼프카드의 의미, 작성자 금귤, [네 이버 지식백과]카드[card] (두산백과), http://www.doopedia.co.kr (최종확인일 2020.06.04)

2-19. 마이너 알카나, 타로의 기원과 역사, 작성자 타로 헤는 달, 트럼프카드의 의미, 작성자 금귤, [네이버 지식백과]카드[card] (두산백과), http://www.d oopedia.co.kr (최종확인일 2020.06.04)

2-20. 투전, 온양민속박물관소장 한국학중앙연구원, http:/blog.daum.net/ad1414/ 10815608, 소장품번호 민속 000460, 국립민속박물관 (최종확인일2020.06.04.)

2-21. 수투온양민속박물관소장, 한국학중앙연구원, [네이버 지식백과]수투풀이(조선 향토대백과, 2010, 평화문제연구소), [네이버 지식백과]수투풀이(조선 향토대백과, 2008., 평화문제연구소), 한국민족문화대백과[네이버지식 백과], 골패1(문화콘텐츠닷컴) (문화원형백과, 2003, 조선후기 시장), 한국콘텐츠진흥원, e뮤지엄

2-22. 규슈(8현 구성), 일본의 지방별 지도 (최종확인일2020.06.04)

2-23. 덴쇼가루타 2, 가루타를 하는 모습. http://movieblogger.tistory.com/1560 (최종확인일2020.06.04)

2-24. 운슨가루타 1, http://www.geocities.co.jp/Playtown/4007/phy30.html (최종확인일 2005.4.1.) 운슨가루타 2, 가루타를 하는 모습. http://movie blogger.tistory.com/1560 (최종확인일2020.06.04)

2-25. 김득신의 밀희투전(密戲鬪牋), https://winsys.tistory.com/896[한암의 누리 사랑방] (최종확인일2020.06.04.)

2-26. 분석대상의 텍스트 제작 및 유입시기, 본 저서에서 작성

3장

3-1. 플레잉 카드ⓒ Jacob Lund/Shutterstock.com, 다음검색, 트럼프 카드의 유래, 살아있는 생활의 지혜, [편앤판]트럼프 카드 이야기 (그림과 무늬, 그리고 속 이야기), 작성자 편앤판 (최종확인일 2020.06.04)

3-2. 조커 도안, 위키백과, 우리 모두의 백과사전 (최종확인일 2020.06.04)

3-3. 분석대상 텍스트의 도안물 비교, 본 저서에서 작성
고구려 고분벽화 수레바퀴모습, 한성백제박물관, 고구려 고분 벽화 학술대회, 작성자 윤세권 (최종확인일 2020.06.04)

3-4. 분석대상 텍스트의 도안물 비교, 본 저서에서 작성

3-5. 분석대상 텍스트의 도안물 비교, 본 저서에서 작성

3-6. 분석대상 텍스트의 도안물 비교, 본 저서에서 작성

3-7. 남유럽산 카르타의 계보, 본 저서에서 작성

3-8. 돗토리현[鳥取縣, Tottori], 일본의 지방별 (최종확인일 2020.06.04)

3-9. 수산리 고분의 부채를 든 귀부인 도안, 한성백제박물관, 고구려 고분 벽화 학술대회, 작성자 윤세권 (최종확인일 2020.06.04)

3-10. 메쿠리후다, http://www.ffortune.net/fortune/tarot/hist/hist6.htm (최종확인일 2005.5.16)

3-11. 도쿄[東京, Tokyo], 일본의 지방별 지도-지도가 맞지 않음 (최종확인일 2020.06.04)

3-12. 목판에 도안을 제작하는 모습, [아¡하] 화투·투전·하나후다···한중일, 작성자 헤니 (최종확인일 2020.06.04)

3-13. 지방 후다의 탄생 배경, 본 저서에서 작성

3-14. 미쓰와, http://www.geocities.co.jp/Playtown/4007/phy30.html (최종확인일 2005.4.1)

3-15. 후쿠토쿠, http://www.1101.com/nintendo/hakubutsu1/hakubutsu4.htm (최종확인일 2005.4.5)

3-16. 구로우마, http://www.1101.com/nintendo/hakubutsu1/hakubutsu3.htm (최종확인일 2005.4.4)

3-17. 사쿠라가와, http://www.idomin.com/news/articleView.html?idxno=221133 (최종확인일 2009.10.24)

3-18. 구로후다 1 구로후다 2 구로후다 3 구로후다 4 http://www.kitamimaki.com/column/rekisi/toranpu.html (최종확인일 2005.5.19.) http://www.geocities.co.jp/Playtown/4007/phy30.html (최종확인일 2005.4.1)

3-19. 이세, http://www.city.omuta.fukuoka.jp/gakushu/sisetu/karuta/n2_36e374c9_374.html (최종확인일 2010.6.23)

3-20. 아카하치, http://www.page.sannet.ne.jp/mikotan/cardgame/history.htm (최종확인일 2005.5.18)

3-21. 고마쓰, http://www.1101.com/nintendo/hakubutsu1/hakubutsu3.htm (최종확인일 2005.4.4)

3-22. 메쿠리 부류, 본 저서에서 작성

3-23. 가부후다, http://movieblogger.tistory.com/1560

3-24. 오니, http://www.1101.com/nintendo/hakubutsu1/hakubutsu3.htm (최종확인일 2005.4.4)

3-25. 가부 부류, 본 저서에서 작성

3-26. 데모토비키, http://www.kaja.or.kr (최종확인일 2009.10.25)

3-27. 하나가루타 부류, 본 저서에서 작성

3-28. 메후다 도안, http://www.1101.com/nintendo/hakubutsu1/hakubutsu3.htm (최종확인일 2005.4.4)

3-29. 에치고바나, http://www.1101.com/nintendo/hakubutsu1/hakubutsu3.htm (최종확인일 2005.4.4)

3-30. 하나아와세, http://www.whatu.kr/index.php (최종확인일 2009.10.26)

3-31. 하치하치하나, http://www.1101.com/nintendo/hakubutsu1/hakubutsu3.htm (최종확인일 2005.4.4)

3-32. 하나가루타의 전개 요소, 본 저서에서 작성

3-33. 가이오오이, http://members.at.infoseek.co.jp/stone2/hanafuda-gihou1.html (최종확인일 2005.5.20)

3-34. 우타가이, http://www.geocities.co.jp/Playtown/4007/phy30.htmll (최종확인일 2005.4.1)

3-35. 우타가루타 1, http://www.hantoogame.com.game_sub01.asp (최종확인일 2009.10.27)

3-36. 가쵸에아와세가루타, http://amaikoi.com/ (최종확인일 2009.10.29)

3-37. 우타가루타 2, http://amaikoi.com/ (최종확인일 2009.10.29)

3-37. 햐쿠닝잇슈, http://100.naver.com/100.nhn?docid=173139 (최종확인일 2009.11.1.)

3-38. 이로하가루타, http://blog.naver.com/gktmd0806?Redirect=Log&logNo=10050746421 (최종확인일 2009.10.30)

3-39. 일본 가루타의 두 계통, 본 저서에서 작성

3-40. 하나후다의 탄생 배경, 본 저서에서 작성

3-41. 하나후다 계통도, 본 저서에서 작성

3-42. 덴쇼가루타의 놀이방식, 본 저서에서 작성

3-43. 교토[京都, Kyoto], 일본의 지방별 지도 (최종확인일 2020.06.04)

3-44. 하나후다의 전국화 배경, 본 저서에서 작성

3-45. 카르타와 하나후다, 화투의 1월 도안물 비교, 타로(TAROT)의 유래 작성자 사주 카페 타로카페 https://story-img.kakaocdn.net/dn/d2Jscw/hyqoX WETyD/hq3C5SFLBwaLyNbDmbkYt0 (최종확인일 2020.06.04.), http://seoseok.net/hanahuda/hana30.htm (최종확인일 2009.11.19.), http://blog.naver.com/yulee1228/ (최종확인일 2009.11.13)

3-46.~3-56. 출처 동일함.

3-57. 카르타, 하나후다, 화투 도안물의 구조 비교, 본 저서에서 작성

3-58. 화투의 계보, 본 저서에서 작성

3-59. 분석대상 텍스트의 도안물 비교, 본 저서에서 작성

3-60. 화투 계통도, 본 저서에서 작성

3-61. 다문화에서 파생된 놀이문화기호, 본 저서에서 작성

4장

4-1. 네 명이 하는 골패놀이, 김준근, 〈골패하고〉, 《기산풍속도첩》, 19세기 말, 무명 에 채색, 독일 함부르크민족학박물관. ⓒ 조흥윤, 한국학중앙연구원 (최종확인일 2020.06.04)

4-2. 긍재(兢齋) 김득신의 밀희투전(密戲鬪牋), 김득신의 투전도(鬪錢圖), 종이에 담채 22.4*27cm 간송미술관 (최종확인일 2020.06.04)

4-3. 고시조와 만요슈의 식물 출현 횟수 비교표, 본 저서에서 작성

4-4. 화류의 작품별 출현 빈도 순위, 본 저서에서 작성

4-5. 화투의 12가문, http://blog.naver.com/yulee1228/ (최종확인일 2009.11.13)

4-6. 플레잉카드 잭,퀸,킹의 12가문 도안 비교, [네이버 지식백과]트럼프[cards] (브리 태니커 비주얼사전 〉스포츠와 게임, 2012.) (최종확인일 2020.06.04)

4-7. 화투의 발전 과정, 본 저서에서 작성

4-8. 화투의 4장 1조 구성 요소, 본 저서에서 작성